능력주의 신화의 기원

The Origins of the Meritocracy Myth

식민주의와 현대 규율

능력주의 신화의 기원
식민주의와 현대 규율

초판1쇄 인쇄 2025년 11월 5일
초판1쇄 발행 2025년 11월 14일

지은이 선재원
발행인 노현철
발행처 도서출판 해남

출판등록 1995. 5. 10 제 1-1885호
주 소 서울특별시 마포구 마포대로8길 9 영명빌딩 405호
전 화 739-4822
팩 스 720-4823
이 메 일 haenamin30@naver.com
홈페이지 www.hpub.co.kr

ISBN 978-89-6238-210 5 93320

능력주의

The Origins of the Meritocracy Myth

신화의 기원

식민주의와 현대 규율

선재원 지음

노동 문제를 중심으로 식민 시대에서 탈식민 시대의 효율적 생산과 공정한 분배에 관한 분석

도서출판 해남

머리말

이 책은 노동 문제를 중심으로 한 식민 시대에서 탈식민 시대 이행 과정의 효율적 생산과 공정한 분배에 관한 분석이다. 관련하여 저자의 두 책이 있다. 첫째, 『인재형성과 기술혁신: 해방, 전쟁, 재건의 한국경제』(해남, 2022)는 탈식민 시대 이후 노동 문제를 중심으로 한 효율적 생산과 공정한 분배에 관한 분석이다. 둘째, 『사회적 합의의 역사적 교훈: 일본의 구조조정과 노사정관계, 1890~1990』(해남, 2015)은 생산과 분배 과정에서 발생한 문제의 해결방안에 관한 분석이다.

이 책은 35년간 내 연구 인생의 총결산이다. 좋은 자료를 소개받아 석사논문과 박사논문은 짧은 시일 내에 마칠 수 있었다. 그러나 박사논문이 출판에 이르기까지 10년이 걸렸다. 그 후 햇수로 20년 걸려 이제야 개정 증보판을 출판하게 되었다.

박사논문의 기반이 된, 석사학위 청구논문(「植民地期朝鮮における雇用構造の特質: 小野田セメント社の事例を中心に」[「식민지기 조선의 고용구조 특질: 오노다시멘트사 사례를 중심으로」], 1992) 첫머리에 "인간 개개인의 생존 행위와 '인격 무시=차별' 철폐를 위한 투쟁으로 역사가 발전해 왔다"라고 적혀 있다. 굽이굽이 둘러 왔지만, 내 연구 인생은 생애 첫 논문 첫머리에 적은 문제 제기에 대한 답을 찾아온 길인 것 같다.

박사논문(「植民地と雇用制度: 1920·30年代朝鮮と日本の比較史的考察」[「식민

지와 고용제도: 1920·30년대 조선과 일본의 비교사적 고찰」, 1996)과 첫 출판(『近代朝鮮の雇用システムと日本: 制度の移植と生成』[『근대조선의 고용시스템과 일본: 제도의 이식과 생성』], 東京大学出版会, 2006)은 일본어, 개정 증보판은 한국어로 출판한 이 책(2025)이다. 분석 초점이 '식민지와 고용제도'에서 '제도의 이식과 생성'으로 좁혀졌고, 또다시 '능력주의 신화의 기원'으로 확대되었다. 따라서 이 책은 박사논문에 '1장: 시대 구분, 3장: 신화 도입, 5장: 새로운 도전, 8장: 총력전, 9장: 신양반층과 임금, 10장: 그물천장' 분석을 추가하고, 서장과 종장을 새롭게 작성하여 완성되었다.

이 책은 세 편의 공동연구 결과를 포함하고 있다. ① 宣在源(선재원)·石井晋(이시이 스스무)(1997), 「1920·30年代日本と朝鮮の人口移動と工業労働者」(「1920·30년대 일본과 조선의 인구이동과 공업 노동자」), 東京大学経済学会, 『経済学論集』 제63권 제3호, ② 宣在源(선재원)·康庚城(강경성)(1999), 「第二次世界大戦期朝鮮における労働力動員政策: 植民地における社会統合と総力戦体制」(「제2차 세계대전기 조선의 노동력 동원 정책: 식민지의 사회통합과 총력전 체제」), 東京大学経済学会, 『経済学論集』 제65권 제3호, ③ Yong-Woo Lee(이용우) and Jae-Won Sun(선재원)(2023), "Wage Differential Structure in Gender and Nationality: A Case Study of the Chosen Industrial Bank under Japanese Rule, 1920~1944"(「성별 민족별 임금격차 구조: 일제하 조선식산은행 사

례, 1920~1944」), *Hitotsubashi Journal of Economics*, Vol. 64.

5장 1절 1항은 ①의 이시이 스스무 담당 부분을 반영했고, 8장 전체는 공동 작성한 ②를 반영했다. 9장은 ③을 기본으로 박현 박사 도움을 받은 데이터베이스 구축, 연구사 정리, '1. 은행 화이트칼라'는 선재원, '2. 임금 격차 분해 분석 방법'과 '3. 임금 격차 분해 분석 결과'는 이용우가 담당했다. 이시이 스스무 교수와 고인이 된 강경성 씨, 그리고 수준 높은 임금 분해 분석에 열정을 아끼지 않은 이용우 교수께 감사드린다.

이 책을 완성하기까지 도움을 주신 여러분께 감사드리며, 구체적 내용은 이미 간행된 책에 적은 감사의 글로 대신하고자 한다. 이 책을 완성하기까지 응원과 비판을 함께 한 사랑하는 동반자 박은경, 나의 미래인 진원, 진건과 간행의 기쁨을 나누고자 한다. 평생 연구하고 몸소 실천하신 아버님과 누구보다도 기뻐하셨을 어머님께 존경의 마음을 다하여 이 책을 바친다.

3.1운동 106주년 해

선재원

차례

Ⅱ 능력주의 신화는 어떻게 덕목이 되었는가?: **심성과 이념**

Ⅲ 능력주의 신화는 어떻게 만들어졌는가?: 시장과 정책

표 차례

그림 차례

서장

식민주의와 능력주의 신화

서장
식민주의와 능력주의 신화

1. 식민주의(Colonialism) 유산을 어떻게 이해할 것인가
2. "하늘은 스스로 돕는 자를 돕는다": 동서고금(東西古今)의 덕목(ethos)과 현대 규율
3. 어떻게 분석할 것인가
4. 무엇을 분석할 것인가

우리는 능력주의 신화의 늪에 빠져 있다. 능력주의가 본래 취지에서 벗어났는데도 공정하다는 착각에서 헤어나지 못하고 있다. 우리는 '능력주의 신화'를 본래의 능력주의라 믿는 무의식 속의 '주술'에 사로잡혀 있다. 그렇다면 이런 주술이 어떻게 사회규율이 되어 현재 우리를 지배하고 있는 것일까?

1. 식민주의(Colonialism) 유산을 어떻게 이해할 것인가

"침식의 결과가 해안가의 풍경을 결정한다."[1]

1) 페루 선주민과의 대화와 카탈루냐 독립운동: 스페인 식민주의

2014년 4월에 페루의 쿠스코(Cusco)를 방문했었다. 마침 부활절 기간이라 TV에서는 부활절 관련 방송이 넘쳐났다. 길거리에는 소박하지만 열정적인 예수의 탄생과 부활 연극이 공연되었고, 부활절 축하 노래를 힘차게 부르는 행렬이 지나갔다.

페루는 스페인이 기독교 전파를 명목으로 1535년에 침공하여 1821년에 독립할 때까지 287년간 지배당했다. 종주국 지배자의 종교와 그 문화가 피지배자였던 선주민의 일상으로 확고히 자리 잡은 것을 목격한 충격적 순간이라 아직도 뚜렷하게 기억한다.

쿠스코 주변의 역사 탐방을 위해 현지인의 안내를 받았다. 선주민인 안내인과의 대화에서 자녀들은 학교에서 선주민 언어를 배우고 있으며, 스페인어와 동시 학습이 쉽지는 않지만 계속 시키겠다는 의지 표명이 인상 깊었다.

카탈루냐(Catalonia)는 스페인에 의해 1164년부터 현재까지 862년간 지배당하고 있다. 지배 854년째인 2017년에 카탈루냐 자치정부는 시민 41%가 투표에 참여하여 81%가 찬성한 분리 독립 찬반 투표 결과에 기초하여 독립을 선언했다. 그러나 스페인 중앙정부는 카탈루냐 의회를 해산시켜 자치권을 박탈하고 직접 통치를 선언했다.[2] 카탈루냐 독립운동은 현재까지도 진행되고 있다.

2) 북아일랜드 두 주민과 아일랜드 독립, 그리고 현재: 영국 식민주의

2015년에 잉글랜드 런던에서 출발하여 스코틀랜드, 오크니(Orkney) 아일랜드, 북아일랜드를 거쳐 아일랜드를 승용차로 여행했었다. 평야가 많던 잉글랜드를 벗어나니 산악지대의 스코틀랜드가 나타났다. 도로표지판에 스코틀랜드 일부 지역에는 영어와 게일어(Gaeilge)가 같이 쓰여 있었고, 거리 표시가 북아일랜드에서는 마일(mile)이었는데 아일랜드로 들어서자 킬로미터(km)로 바뀐 점이 인상 깊었다.

아일랜드가 독립할 때 분리되어 지금까지 지배당하고 있는 북아일랜드의 북쪽 도시 데리(Derry)의 피의 일요일(Bloody Sunday, 1972년 1월 30일) 사건을 전시한 박물관을 방문했다. 평화적 시위대에 영국군이 발포하여 가톨릭계 시민 14명이 사망한 사건이다. 당시 사건을 열정적으로 설명하던 박물관 직원과 북아일랜드 다른 지역에서 당시 사건에 대해 담담하게 반응하는 잉글랜드계로 짐작되는 주민의 대비가 인상적이었다.

아일랜드는 잉글랜드가 1171년부터 지배했으나 1921년에 독립하여 탈식민지 중에 가장 긴 751년 동안 지배당했다. 켈트족 후손인 아일랜드인은 오랜 영국의 지배로 통용어는 영어이지만 공식 제1 언어는 고유어인 아일랜드어(게일어)이다.

더블린(Dublin)에서 입국 심사도 없이 지배국이었던 잉글랜드(Holy Island)로 3시간 반 만에 가는 배 위에서 만감이 교차했다. 현재는 다른 나라인 피지배 지역이었던 곳에서 종주국이었던 곳으로 이동할 때 분리된 국경을 느끼지 못했기 때문이었던 것 같다.

3) 모피회사 HBC와 NWC의 혈투: 영국과 프랑스의 식민지 각축과 '근대화'

2013년에 학생들 어학연수 인솔로 캐나다 중부 마니토바(Manitoba) 주 위니펙(Winnipeg)시를 방문했었다. 한 달의 일정 동안 마니토바주 문서관(Archives of Manitoba)에 방문했다가, 당시 현존하는 가장 오래된 기업인 HBC(Hudson's Bay Company) 자료(유네스코 세계기록유산)가 보관된 사실을 알게 되었다.

찰스 2세의 사촌 루퍼트(Rupert) 왕자는 1670년에 찰스 2세 왕으로부터 독점 상업 권리인 왕실특허권(charter)을 부여받아 캐나다 투자에 관심을 보인 19명과 HBC를 설립했다.[3] 이에 프랑스 정부는 위기의식을 느껴 선점했던 북미대륙 북동 지역에서의 세력 우위를 기반으로 1686년에 HBC의 주요 모피 거래소(post)를 점령했다.

그러나 HBC는 1713년 위트레흐트조약(the Treaty of Utrecht) 체결 후에 프랑스의 캐나다에서의 지위 약화를 틈타 점령당했던 모피 거래소를 탈환하고 사업을 확대했다. 한편, 1779년에 프랑스인 모피 거래상을 중심으로 NWC(North West Company)가 설립되었다. 이후 HBC와 NWC는 치열한 경쟁을 치르며 캐나다 지역을 양분하여 모피 거래 사업을 전개했으나, 1821년에 HBC는 NWC를 합병했다.

찰스 2세가 HBC에 독점 상업권리를 부여하여 탄생한 '루퍼트랜드'(Rupert Land)는 현재 캐나다 전체의 40%를 차지한다. 캐나다 독립은 1867년 영국의 자치령으로 시작되었는데, 1869년 캐나다 정부가 HBC 소유 루퍼트랜드를 구입하며 전환점을 맞이했다.

프랑스어가 통용어인 캐나다 동부 퀘벡(Quebec)의 독립 지향은 현재 진행형이다. 한 달 동안 머물렀던 캐나다 중부 위니펙시의 프랑스계 캐나다인 홈스테이 주인은 프랑스어로도 예배가 진행되는 교회를 다녔으며, 영국계 캐나다인 주도의 국정 운영에 대한 불만을 강하게 드러내기도 했다.

'근대화'의 상징적 현상으로 이야기되는 국민국가(nation-state)가 캐나다와 같이 선주민이 사는 지역에서 식민지 종주국들의 각축과 거래의 결과로, 또는 종주국이 식민지를 포기할 수밖에 없는 과정에서 탄생했다. 식민자와 피식민자의 의식과 무의식 속에 뿌리 깊게 자리 잡았던 식민주의 유산은 국민국가 형성의 형태를 불문하고, 또한 우리의 의지와 관계없이 의식과 무의식 속에서 우리를 지배하고 있다.

2. "하늘은 스스로 돕는 자를 돕는다": 동서고금(東西古今)의 덕목(ethos)과 현대 규율

"너희가 마음속으로 '이 재물은 내 능력과 내 손의 힘으로 모은 것'이라고 생각할 것 같아서 걱정이 된다."[4]

1) 능력주의에 대한 오해

사회운동가이자 사회학자 마이클 영(Michael Dunlop Young, 1915~2002)은 1958년에 능력주의(meritocracy)가 개혁 없이 운영되면 2034년에 벌어질 일이라며 현실을 경고하는 디스토피아 소설『능력주의: 2034년, 평등하고 공정하고 정의로운 엘리트 계급의 세습 이야기』(*The Rise of the Meritocracy*)를 출간했다. 즉, 그는 이른바 '근대화'를 거쳐 영국의 사회규율이 '세습되는 신분제'에서 '세습되지 않는 공정한 능력주의'로 전환되었다고 착각하여 믿는 '능력주의 신화'의 위험성을 경고했다.

그에 따르면 능력(merit)은 지능(I.Q.)+노력(effort)이다. 즉, 본래의 능력주의(meritocracy)는 세습 '신분제'가 근대화 과정에서 타파되어 탄생한 '개인 능력'에 대한 공정한 사회평가 시스템(체제)이다. 'democracy'가 '민주체제'가 아닌 민주주의로 번역되었듯이, 'meritocracy'도 '능력체제'[5]가 아닌 능력주의로 번역되어 우리에게 혼동을 준다. 한편, 실태를 반영한 능력주의는 소득과 부의 최대 원천이 토지가 아닌 노동력인 세상을 위해 맞춤 제작된 귀족 제도라고 할 수 있다.[6]

막스 베버(Maximilian Carl Emil Weber, 1864~1920)는 "신은 스스로 돕는

자를 돕는다”(God helps those who help themselves)라는 자기 주도성과 자율성을 강조하는 덕목(ethos)이 아우렐리우스 아우구스티누스(Aurelius Augustinus, 354~430) 논리에서도 발견할 수 있다고 한다.[7] 시대, 지역, 입장을 초월한 덕목으로 받아들여지는 이 격언은 노동력을 제공하고 대가를 받는 행위를 신에 의한 ‘섭리’의 작용이라고 해석하게 하여, 자기 주도성을 가지고 자율적으로 참여하는 ‘노동’에 신성한 정당성을 부여한다.[8] 이 과정을 통해 ‘자수성가의 윤리’가 본래 노동 과정에서 취했던 감사와 겸손의 윤리를 압도하게 되었다.

인간의 노력과 신의 섭리의 일치는, 구성원의 협력이 있어야만 얻을 수 있었던 사실을 외면해도 되는 근거를 제공하여 오만방자한 능력주의 신화를 탄생시켰다. 그러나 인류 특성은 ‘경쟁’이 아니라 ‘협력’ 행위에 친화적이고 그 행위로 사회가 진보해 왔다.[9]

‘능력’이 진정한 사회적 공헌도와 실제 업적으로 이어진다는 본래의 능력주의가 설득력이 있다는 점을 누구도 부정할 수 없다.[10] 그러나 능력주의가 본래 취지가 아닌 능력주의 신화 형태로 운용된다면 불평등 심화의 해결책이 아니라 오히려 불평등 심화의 근원이 된다.[11] 불평등 심화를 해결하려면 ‘기회의 평등’을 넘어 ‘조건의 평등’을 실현해야 한다.[12] 인종차별은 현재에 영향을 미치는 과거의 차별(past-in-present discrimination)만이 아니라,[13] 차별자와 피차별자가 교체되어도 그 차별구조의 계승을 가능하게 한다. 그렇다면 우리가 오해하여 공정하다고 믿고 있는 ‘능력주의 신화’는 어떻게 만들어졌을까?

2) 최대 다수 '개인'의 최대 행복: 공리주의

애덤 스미스(Adam Smith, 1723~1790)는 『국부론』(*An Inquiry into the Nature and Causes of the Wealth of Nations*, 1776)에서 저렴하고 질 높은 상품을 자유롭게 거래해야 서민 개개인의 실질소득이 향상되어 나라도 부강해진다고 주장했다. 이에 기초하여 그는 영국 국내 상공업자의 독점 행위를 뒷받침하는 '중상주의'(mercantilism) 사회경제 사상을 강하게 비판했다. 버나드 맨더빌(Bernard Mandeville, 1670~1733)의 『꿀벌의 우화: 개인의 악덕, 사회의 이익』(*The Fable of the Bees, or, Private Vices, Public Benefits*, 1705)[14]이 스미스의 '자유주의' 사상에 큰 영향을 끼쳤다. 당시 도덕체계로는 파격적이었던 '개인의 사치와 이기심이 부를 창출한다'는 맨더빌의 주장은 독점 행위를 옹호하는 중상주의를 강력히 비판하는 것으로 귀결된다는 점에 주목해야 한다.

이 점에 주목하면 스미스의 자유주의는 '거래의 자유'를 통해 독점 행위를 근절시키려 했던 사회경제 사상이었다. 따라서 스미스의 『국부론』 요지는 영국 국내 상공업자들의 독점을 방지하도록 관세장벽을 철폐하여 시장을 개방하고 분업, 즉 생산성 향상을 통해 얻은 부가 서민 개인에게 분배되어 경제적 격차, 궁극적으로는 사회 격차를 줄여야 한다는 것이다. 스미스의 '자유주의'는 국내 독점 행위에 대한 비판이 출발점이었고, 사회적 격차의 해소가 종착점이었던 것이다. 이러한 스미스의 자유주의에 대한 해석은 시장 메커니즘의 중요성이 '거래의 자유' 자체에 있는 것이지 결과인 '효용' 창출에 있는 것이 아니라는 아마티아 센(Amartya Kumar Sen)의 지적과 일맥상통한다.[15]

한편, 스미스는 정부가 경제에 개입하지 않으면 자연적 자유의 질서인 효율적 시장경제 질서가 저절로 형성되어 시장경제가 큰 문제 없이 순조롭게 발전할 것이라고 보았다. 그러나 존 스튜어트 밀(John Stuart Mill, 1806~1873)은[16] 자유주의와 자본주의 경제가 최초로 확립된 빅토리아 여왕 시대(1837~1901)에 상공업은 비약적으로 발전했으나 노동자들은 빈곤에서 벗어나지 못하는 '시장의 실패'가 발생했다고 판단했다. 밀은 '정치권력자의 권한을 제한하여 이들의 횡포로부터 인민을 보호하는 것'이 자유의 핵심이라고 믿었기 때문이다. 진보적 자유주의 사상은 영국 자본주의 시장경제의 번성기에 싹텄다. 진보적 자유주의의 시초이자 대표 사상가인 밀은 산업혁명 이후 자본가와 노동자 간의 빈부 격차 실태에 직면하여 자본주의 시장경제의 구조적인 문제 해결을 모색했다.[17]

밀의 공리주의 철학 형성에 절대적 영향을 미친 제러미 벤담(Jeremy Bentham, 1748~1832)은 사회개혁에 누구보다도 적극적이었다.[18] 벤담이 주장한 주요 사회개혁은 무료교육, 질병수당, 노년보험, 최저임금제, 정년보장취업, 연좌제 금지, 절차와 증거에 의한 재판 등이었다. 밀은 모든 학문이 학문 자체로 머물러서는 안되고 반드시 사회진보에 기여해야 한다고 생각했다. 이러한 밀의 실천 의지는 공리주의 목적 실현을 위한 필수조건이었다.

밀의 철학적 기초는 '최대 다수의 최대 행복', 즉 가장 많은 개인들이 가장 많이 행복을 누리는 사회가 정의롭다는 공리주의(功利主義, untilitarianism)이다. 밀은 에피쿠루스(Epicurus, 기원전 341~270)에서 벤담까지의 공리(utility, 효용·유용)에 대한 주장에 기초하여, '공리'를 '행복'한 또는 '고통으로부터 면제'된 상태라고 정의했다.[19] 밀은 이러한 행복(사회 전체의 행복)의 원리가 지탱되는 조건으로 사회 구성원이 '강한 구속력을 발휘하는 이웃에 대한 일

체감'을 자신의 고유한 감정으로 느낄 수 있어야 한다고 주장했다.[20]

밀은 영국의 인도 식민 지배기구인 동인도회사(East India Company, 1600~1874)에 사망할 때까지 근무(1819~1836)했던 아버지 제임스 밀(James Mill, 1773~1836)을 따라 17세부터 36년간(1823~1858) 동인도회사에서 근무했다. 그는 인도인의 발전과 이익을 위해 영국에 의한 '선의의 개입'이 불가피하다고 주장했다.[21] 그러나 알렉시스 토크빌(Alexis de Tocqueville, 1805~1859)은 타인에 대한 보편적 관심과 배려를 주장하며 '선의의 간섭'(개입)을 정당화하는 밀의 공리주의적 윤리관을 근본적으로 비판했다.[22] 토크빌은 밀과 직접 교유하여 그의 사상을 깊게 이해했으나, 탐방한 미국의 민주주의 실현 과정에 관한 분석 결과를 담아 민주주의 제도 연구의 고전(古典)이 된 『미국의 민주주의』(*De la démocratie en Amérique*, 1835~1840)에서의 주장에 기초하여 비판했다.

밀은 '공리=효용'을 진보하는 존재(progressive being)인 인간의 항구적 이익에 기반을 둔 가장 넓은 개념으로 규정했고, 개별성과 사회성을 아우를 때 인간이 진정 행복해질 수 있다고 생각했다.[23] 밀의 공리(효용)주의는 자기발전이 궁극적 가치이고, 이 사고구조에서는 '자유'도 '효용'의 하위 개념이 된다. 따라서 밀은 '자발적 진보'가 어려운 야만사회의 '공리=효용' 추구, 즉 개화를 위한 선의의 개입이 정당하다고 판단했다. 밀은 피식민자들을 더 높은 발전단계의 문명 수준으로 이행시킬 수 있다면, 가장 광대한 식민지를 보유한 '자유국가' 영국이 '강력한 독재'를 하더라도 정당하다고 주장했다.[24] 이렇게 밀이 선의의 개입을 정당화하고 그에 대한 비판의식이 없었던 이유는, '자발적 진보'를 지속 가능하게 하는 '우애'(友愛)로 상징되는 '사회적 평등'에 대한 깊은 성찰이 부족했기 때문이다.[25]

존 롤스(John Rawls, 1921~2002)는 오늘날 많은 사람들이 공리주리가 가장 합리적인 정의관이라고 받아들이고 있다고 한다.[26] 그러나 롤스는 공리주의 정의관이, 만족의 총량이 개인들에게 어떻게 분배되는지에 대해, 한 개인이 자신의 만족을 시간적으로 어떻게 분배할 것인가에 대해 간접적으로만 문제 삼고 있다고 비판했다.[27]

즉, 공리주의가 모든 사람의 보다 큰 행복을 위해 필요한 경우에는 행위자의 사적 이익의 희생을 요구하고, 보다 더 운이 좋을지 모르는 타인들의 보다 큰 행복을 위하여 일부의 사람들이 보다 적은 복리와 자유를 갖는 것을 허용하는 주장이라고 비판했다.[28] 정의를 '자유와 평등이 실현된 상태'로 요약하는 롤스는, '공리주의'를 자유는 보장하지만 평등까지 보장해야 한다는 전제를 갖지 못하고, 어느 경우에나 최대의 만족만 산출한다면 옳은 분배가 된다는 주장이라고 비판했다.

지금 우리는 최대 다수의 '개인'이 최대의 행복을 누리는 것이 정의롭다는 공리주의 세계에 살고 있다. 그 실현 과정이 공정해야 하는데 과연 그랬을까?

3) 승자독식(勝者獨食): 사회진화론

19세기에 등장한 적자생존(適者生存), 우승열패(優勝劣敗)로 요약되는 '사회진화론'(Social-Darwinism)은 식민 시대에는 문명화된 식민자가 미개한 피식민자를 선도(善導)해야 한다는 식민주의를 강화시켰고, 제1차 세계대전 후 탈식민 시대에는 식민주의를 대체하여 지배 이념으로 자리잡았다.

윤치호(尹致昊, 1865~1945)는 대한제국기(1897~1910) 관료이자 정치가였다.[29] 조선 말기에는 일본과 미국에서 유학했고 갑오개혁(1894~1896)에 동참했으며 독립협회(1897)와 만민공동회(1898) 활동의 주역이었다. 1911년에 부친이 사망하자 남작 작위를 이어받았고, 1912년에 105인 사건 주모자로 검거되어 1년 4개월 옥고를 치루었으나 일본천황의 특별사면으로 풀려났다.

윤치호는 갑신정변(1884)에 직접 가담하지 않았으나 신변의 위협을 느껴 상하이로 망명했다. 망명 당시 미국 총영사 스탈(G. Stahl)의 알선으로 중서서원(中西書院)에 입학했다. 3년 6개월 동안 교육을 받는 과정에서 이 학교의 선교교육자 알렌(A. J. Allen) 학장과 본넬(W. B. Bonnel) 교수의 영향으로 기독교인이 되었다. 중서서원을 수료한 뒤 알렌과 본넬의 알선으로 1888년 미국으로 건너간 윤치호는 미국 유학을 마치고 중서서원으로 돌아가 1893년부터 1895년까지 영어를 가르쳤다.

중서서원에서 수학하고 미국에서 유학하는 동안 사회진화론의 세례를 받은 윤치호는 1894년 11월 상하이에서 문명화된 일본이 미개한 조선을 지배할 수 있다는 근거에 대한 자신의 속마음을 일기장에 털어놓았다.

> "한 '민족'(nation)으로서 조선인들은 미래가 없다. 그들의 기질에서 지킬 만한 가치가 있는 요소는 단 하나도 없다. 그들이 중국인의 인내심을 가지고 있는가? 아니다! 그들은 일본인과 같은 무사도(武士道) 정신과 민족적 명예심으로 충만한가? 아니다! 비록 더럽더라도 그들은 중국인들처럼 부지런한가? 아니다! 비록 게으르지만 그들은 아메리카 인디언들처럼 용맹한가? 아니다! 그들은 비록 교활하다 해도 기민하고 상술에 밝은가? 아니다! 비록 단순하다 해도 그들은 솔직하고 마음이 열려 있나? 아니다! 간단히 말해서 그들은 야만인에게 더 나은 점—두려움 없음과 호전적 정신과 같은—조차도 없는 야만인이다. 유

교와 전제주의가 윗돌과 아랫돌이 되어 사람을 짐승보다 낫게 하는 모든 기질을 그 사이에서 갈아버려 가루로 만들어 버렸다. 일본은 이제까지 조선인들이 스스로 개혁을 하도록 내버려 두었다. 그러나 그들이 개혁에 대한 의지도 능력도 없는 것을 보고 일본은 그 고삐를 일본의 수중에 넣기로 결심한 것 같다. 만일 내가 일본인이라면, 나는 다른 아무것도 할 수 없을 것이다. 돌보거나 죽이거나!"[30]

오랜 이른바 문명국 생활에서 '힘이 곧 정의'라는 사회진화론 규칙이 무엇을 의미하는지 몸소 체험한 윤치호는, 약한 자가 죄인이라는 생각이 지배적이었다.[31] 즉, '힘이 곧 정의'라는 불가피한 세계 법칙에 따라 '문명화에 실패한 인종은 곧 사라진다'고 생각했다. 한편, 그는 조선인이 '약자답게 행동할 줄 알고', 외국 지배하에서 '점진적 문명화' 수업을 받으면 '강자'가 될 수 있다는 견해를 가지기도 했다.

미국 독립(1776)을 시작으로 19세기 전반기 아메리카 대륙 각 지역 독립의 물결은 강자가 약자를 물리적으로 지배하는 것을 정당화하는 '식민주의' 논리를 약화시켰다. 사회진화론은 19세기 중반부터 허버트 스펜서(Herbert Spencer, 1820~1903)에 의해 식민주의를 대체하는 논리로 개발되어 보급되었다. 사회진화론의 보급으로 경쟁에서 이긴 능력 있는 강자가 능력 없는 약자보다 성과의 분배를 더 많이 차지해야 한다는 논리가 합리적이고 공정한 것으로 받아들여지게 되었다.

3. 어떻게 분석할 것인가

1) 보편성 · 특수성 비판: 오리엔탈리즘 · 서발터니티 · 식민지 근대성

19세기 후반 누가 능력 있고 강한 자인가에 대한 한반도 민중의 인식이 변하기 시작했다. 즉, 한반도 민중의 인식이 1875년 9월 일본 군함 운요(雲揚)호가 강화 해협을 불법 침입한 강화도 사건으로 바뀌었다.[32] '제1차 조선전쟁' 및 '제2차 조선전쟁'으로도 불리는 조선 지배권을 둘러싼 청일전쟁(1894~1895)과 러일전쟁(1904~1905)[33]에서 승리한 신흥세력 일본은 조선 민중에게 강렬한 인식을 심었다.

갑신정변(甲申政變)과 동학농민운동(東學農民運動, 1894)은 각각 '능력주의 신화'와 '인본주의' 이념으로 식민 시대와 탈식민 시대를 거치며 사회규율 형성에 큰 영향을 끼쳤다. 조선의 관료, 정치가들은 식민지 종주국 열차에 마지막으로 올라탄 일본을 능력 있는 강한 자로 인식했다. 그들은 일본을 지렛대로 청나라 지배를 벗어나려 갑신정변을 단행했으나 실패했다. 조선 민중은 동학농민운동을 통해 구체제를 붕괴시키려 했고 외세를 배격하려 했다.[34] 이 운동은 사회지배구조 타파로 인간 평등을 실현하는 인본주의(人本主義, humanitarianism)에 철학적 기초를 두고 1860년에 창시된 동학 운동에 참여한 동학교도, 농민, 재촌 선비에 의해 주도되었다.

전근대 사회에서 근대 사회로, 봉건 사회에서 자본주의 사회로의 전환과정 분석에 몰두했던 근대주의(modernism) 분석 개념과 구별되는, 오리엔탈리즘(Orientalism), 서발터니티(subalternity), 식민지 근대성(colonial modernity)

은 식민 시대에서 탈식민 시대의 전환과 계승을 제대로 해부할 수 있는 분석 개념이다. 본서는 이 세 분석 개념에서 출발한 연구 성과를 활용하여, 식민 시대의 공공연한 지배 권력이 탈식민 시대의 '은밀한' 지배 권력으로 전환되고 계승된 과정과 배경을 파악한다.

에드워드 사이드(Edward Wadie Said, 1935~2003)는 동양문명이 그 '특수성' 때문에 서양문명의 '보편성'에 수렴된다는 근대주의(modernism)를 『오리엔탈리즘』(*Orientalism*, 1978)[35]을 통해 근본적으로 비판했다.

사이드는 막스 베버(Max Weber)의 프로테스탄티즘(Protestantism), 유대교(Judaism), 불교(Buddhism) 연구가 의도하지는 않았겠지만 오리엔탈주의자(Orietalists)의 연구 영역에 흡수되었다고 평가한다. 그 이유는 베버 연구가 동양과 서양의 경제적 또는 종교적 심성(mentalities)에 근본 차이가 있어 동양인은 무역, 통상, 경제의 '합리성'에 관한 능력이 없다고 믿는 19세기 오리엔탈주의자의 동의를 얻었기 때문이라고 한다.

사이드의 근대주의 비판은, '근대주의'가 이른바 문명인이라고 자부하는 자들이 미개인에 대해 먼저 자신들과 다르다고 '타자화'했으나, 지배 권력을 정당화하기 위해 미개인 선도(善導)라는 선의로 개입할 수 있는 이념적 근거를 제공하는 모순에 빠져 있다라는 내용으로 요약할 수 있다. 다시 말하면, 사이드는 근대주의가 이른바 문명인이 이른바 미개인에 대한 '집단적 인격 무시'를 공공연하게 정당화하는 논리라고 비판했다.

그러나 『오리엔탈리즘』도 피식민자 또는 피지배자 당사자(서발턴, subaltern)의 정체성 또는 그들의 역사를 주체적으로 재구성하지 못했다. 프란츠 파농(Frantz Fanon, 1925~1961)은 식민주의적 운명이 자기분열의 증식을 초래한다고 주장했다.[36] "흑인은 두 개의 차원에서 살고 있다. 자신의 동류

(同類)를 대하는 것과 백인을 대하는 것이다. 흑인이라면 백인과 있을 때 다르고 다른 흑인을 대할 때 또 달리 처신한다. 의심할 바 없이 이 자기분열의 증식은 식민주의적 운명이 만들어 낸 직접적인 결과이리라."

파농은 피식민자 인도차이나(베트남, 라오스, 캄보디아)인이 항쟁한 이유를 그들 자신의 고유 문명을 발견했기 때문이 아니고, 여러 가지 이유로 '숨을 쉬기 어렵게 되었기 때문'이라고 주장한다.[37] 파농은 노예제에 의해 인간성을 말살당했던 선조와 달리 자신은 노예가 아니며, 진정한 소통을 위해서는 식민자와 피식민자 선조들이 남긴 '비인간적 목소리'에서 멀어져야 한다고 제안한다.

정종현(2019)은 식민지기 도쿄제국대학(1886 설립)과 교토제국대학(1897 설립)을 중심으로 당시 아홉 개 제국대학 조선인 졸업생의 입학 배경, 유학 생활, 귀국 후 활동과 해방 직후 국민국가 건설 과정에 미친 영향을 분석했다.[38] 그는 제국대학 조선인 졸업생들 가운데 우국지사(憂國之士)도 있었지만, 졸업생들이 식민지인과 제국 엘리트라는 분열된 또는 동전의 양면과 같은 정체성을 가진 존재였다는 점을 강조한다. 또한 그는 식민주의 경험을 무시하거나 부인하는 것은 한국 근현대사의 중요한 퍼즐 조각을 빠뜨리는 것과 같다고 지적한다.

가야트리 차크라보르티 스피박(Gayatri Chakravorty Spivak)은 피식민자 집단 서발턴이 시민권 또는 제도라는 회로에서 '의사소통'이 확립될 때, 그 서발턴은 '헤게모니'(지배 이념)로 가는 길에 들어서게 된다고 주장하며 파농의 주장과 거리를 둔다.[39] 스피박은 식민지 지배를 받았던 사람, 또는 소수 인종 집단이 곧 서발턴이라고 할 수 없다고 한다. 그의 주장에 기초하여 정리하면, '서발턴'이란 '탈식민화된 공간의 순전한 이질성'을 동시대 사회에서 끊임없이 질문을 던지기 위한 '통로' 또는 '징검다리'라고 할 수 있다.

김원(2010)은 노동자 주체를 실증적으로 재현하려 했던 노동사연구 방법론의 근본적 한계를 비판하고, 노동자들이 주어진 틀 속에서 벗어나 기존 질서와 '불화'된 순간을 포착하여 서술할 수밖에 없다고 주장한다. 즉, 지배담론과 관련하여 또는 그 구조 속에서 노동자 주체를 그려낼 수밖에 없다는 점을 강조하고 있다.

식민지기 일본인과 조선인 상호관계의 주요 현상을 '저항'만이 아니라 '협력'관계의 형성과 유지 과정이라고도 분석한 윤해동(2003)은, 식민자와 피식민자에 의해 '협력'이 만들어지고 그것에 의해 '회색지대'가 형성된 상태를 '식민지 근대성'으로 규정했다. 또한 윤해동(2010)은 식민지에서 저항과 협력이 교차하는 지점에 존재하는 '정치적인 것'을 '식민지 공공성'이라고 정의했다. 마쓰모토 다케노리(松本武祝, 1998)는 식민지 조선에서 사회통합을 진행할 때 총독부가 조선인의 '자발성'을 유도할 수밖에 없었고, 그 결과 제한적이었지만 '식민지 공공성'이라는 역사적 경험을 할 수 있었다고 한다. 한편, 조경달(2012)은 '식민지 공공성' 주장을 '근대성'과 '황민성'을 내면화하지 않고 고뇌가 깊어 식민지 권력에 포섭될 수 없는 조선 민중의 정신세계를 이해하지 못한 결과라고 비판한다.[40]

야마노우치 야스시(山之内靖, 1933~2014)는 위르겐 하버마스(Jürgen Habermas)의 주장을 '커뮤니케이션적 이성'에 기반하여 시스템 사회를 특징짓는 기능주의적 이성을 비판적으로 상대화한 것이라고 요약한다.[41] 그러나 야마노우치는 공적 생활과 사적 생활이 상호 침투하여 양자의 분리가 어려운 현대 사회에서 하버마스 전략의 유효성을 인정하기 어렵다고 평가한다.

'주의주의'(voluntarism)에 기초하여 '공리주의'(utilitarianism)를 비판한 탤컷 파슨스(Talcott Parsons, 1902~1979)의 주장[42]을 기반으로 야마노우치는, 제2차 세계대전기 총력전 체제의 역사적 의의를 '사회편성의 바꿈'이라고 규정했다. 즉, 총력전 체제 형성과 운용을 계급 사회로부터 시스템 사회로 이행시킨 역사적 사건이라고 평가했다.

야마노우치는 총력전 체제에서 진행된 '편성바꿈'을 분석할 때 '제1급 시민'과 '열등시민'과의 계층성에 주목했다. 그가 말하는 '열등시민'이란 여성, 노동자, 그리고 일본 국내의 조선인 및 미국의 흑인과 같은 에스닉 그룹(ethnic group)이다. 열등시민의 존재는 한 국가의 경제적 자원뿐만 아니라 인적 자원까지도 전면적으로 동원해야만 하는 총력전 체제에서는 '중대한 장해'가 된다고 주장한다.

그 이유는 '열등시민'이 시민으로서 정당성을 부여받지 않아 정치적 책임을 져야만 하는 위치에 있지 않고 총력전 수행에서 '주체'적 담당자가 되려고 하는 '내면적 동기'가 없기 때문이라고 주장한다. 그렇기 때문에 나치즘과 같은 전쟁 수행의 주도자는 '열등시민'을 '강제적 균질화'를 통해 총력전 체제에 통합해야만 했다고 한다. 또한 총력전 시대를 경과함에 따라 국가와 시민 사회, 가족과 시민 사회 간의 경계선이 애매하게 되어 공적 생활과 사적 생활 간의 상호 침투가 진행되었다고 주장한다.

미야타 세쓰코(宮田節子, 1935~2023)는 일본제국 내의 '열등시민'인 식민지 조선의 조선인 사회통합정책인 '황민화' 정책의 성격을 '강제적 균질화'로만 파악하지 않았다.[43] 미나미 지로(南次郎, 1874~1955) 조선총독(1936~1941)은 '반도인을 충량(忠良)한 황국 신민이 되게 하는'[44] '내선일체'(内鮮一体)의 논리를 제창했다. 미야타는 전쟁 수행의 주도자였던 일본인이 내선일체의 논리를 '동화'의 논리로 제시했지만, 조선인은 민족 '차별로부터 탈출'의 논리로 받아들이며 황민화 정책에 대응했다고 주장한다.

그렇지만 미야타는 전쟁 수행 주도자는 '동화'의 논리를 제시하면서도 조선인들이 동화되리라고 믿지 않았고, 조선인 자신도 내선일체의 논리를 차별로부터의 탈출 논리로 받아들이면서도 탈출이 실현되리라고는 생각하지 않았다고 통찰했다. 다시 말하면, 전쟁 수행의 주도자는 조선인이 동화되리라고는 생각하지 않았지만 효율적으로 전쟁을 수행하기 위해 조선인에게 동화의 논리를 제시하는 것을 통해 '내면적 동기'를 부여했고, 조선인은 차별로부터의 탈출이 실현되리라고 생각하지는 않았지만 내선일체 논리를 받아들여야 차별을 완화시킬 수 있다고 판단했기에 대응한 것이라고 한다.

본서는 현대 사회의 '공적 생활과 사적 생활의 상호 침투'가 진전되었으나 '상호 침투'가 진행된다고 하더라도 '주체'가 소멸되지는 않는다는 입장이다. 따라서 본서는 제2차 세계대전기 식민지 조선의 전쟁 수행 주도자가 총력전 수행이라는 논리에 기초해 조선인에게 '공적 생활'을 요구하여 그들에게 어느 정도 '침투'했더라도 그들을 총력전 체제에 완전히 통합시키기 위해서는 그들과의 '소통'이 필요했었다는 점에 주목한다.[45]

2) 고유성과 공통성, 그리고 전환과 계승

우리는 현재 최대 다수 개인의 행복이 최대로 실현되는 것이 정의라는 '공리주의' 논리가 지배적인 사회에 살고 있다. 또한 우리는 행복의 실현 과정에서 능력 있는 자가 더 큰 보상을 얻는 것이 공정하다고 믿고 있다. 그렇다면 역사 속에서 과연 '능력'은 무엇이었던가? 능력 있는 자가 지배하는 사회, 그것을 지탱하는 체제는 어떻게 형성되었을까?

미야지마 히로시(宮嶋博史)는 이매뉴얼 월러스틴(Immanuel Wallerstein, 1930~2019) 연구 성과에 기반하여, 이른바 근대 이후의 인간 활동을 분류한 권력(행사), 생산(활동), 일상(생활)에 대한 분석 방법으로 정치학, 경제학, 사회학이 형성되었다고 한다.[46] 다시 말하면, 첫째 권력 행사라는 공공의 영역을 대상으로 하는 정치학, 둘째 생산 활동이라는 반공공의 영역을 대상으로 하는 경제학, 셋째 일상 생활이라는 사적 영역을 대상으로 하는 사회학이 형성되었다는 것이다.

사회경제사 분석 방법에 기초하여 미야지마는 장기적 관점에서 조선, 중국, 일본을 비교하며 근대 동아시아 역사상을 새롭게 제시했다.[47] 그는 주요 분석 대상을 국가와 정치에서 사회와 문화로 바꾸었고, 이른바 전근대와 근대로 나누어 단절적으로 파악하는 분석 시각을 연속적 파악 시각으로 전환시켜 아시아 각 사회의 풍부한 개성을 드러나게 했다.

미야지마는 동아시아의 장기적인 사회변동을 거시적으로 볼 때, 그 최대 분수령이 이른바 전근대와 근대 혹은 식민지화 전후가 아니라, 세계사적으로 보면 '전통'으로 소농 사회가 성립된 이른바 근대 이행기에 해당하는 14~17세기라고 주장한다.[48] 미야지마는 소농 사회란 '농업 사회에서 스스로 토지를 소유하든 타인의 토지를 빌리든 관계없이 기본적으로 자신과 가족 노동력만으로 독립적인 농업 경영을 하는 소농이 지배적 존재인 사회'라고 정의한다.[49] 그리고 소농 사회가 중국에서는 송대부터 명대에 걸쳐 오랜 기간에 걸쳐 서서히, 한반도에서는 조선 후기에, 일본에서는 에도 시대 전기에 성립되었다고 주장한다. 또한 그는 동아시아가 20세기 말에 소농 사회의 성립기에 버금가는 두 번째 전환점을 맞이했고, 동아시아에서 소농 사회라는 '전통'이 이어지고 있다고 한다.

미야지마의 분석은 장기적 관점에서 사회변동을 파악할 때 유효하며, 이른바 근대 아시아를 후진적으로 파악해 온 기존 연구의 분석 방법에서 벗어나 이른바 근대 아시아의 고유성을 밝히는 데 공헌했다. 그러나 그의 분석 방법에 따르면, 동아시아 지역의 고유성은 밝혀지더라도 19세기 이후 동아시아 각 지역에서 각자 다른 큰 변화를 거친 뒤의 고유성을 밝힐 수는 없다. 즉, 일본과 조선이 유럽과는 다른 동아시아로서의 공통성이 있더라도, 19세기 이후 식민지 종주국과 식민지라는 각각의 고유성을 가질 수밖에 없었다. 더욱이 식민지 조선에서 일본인과 조선인이 관계를 형성했을 때의 경험이 현재 다양한 측면에서 그들의 의식과 행동을 규정하고 있음을 부정할 수 없다.

또한 유럽과는 다른 동아시아의 고유성을 규명하는 것만으로는 19세기 이후 인간관계의 근본적 변화가 초래한 전 세계 공통적 사회 변화 현상을 밝힐 수 없다. 따라서 본서는 19세기 이후 세계사적 관점에서 본 식민 시대에서 탈식민 시대로 전환하는 과정에서 식민주의를 계승하는 조선에서의 사회경제적 공통성을 분석한다. 즉, 고용 문제를 중심으로 19세기 후반 이후 그리고 식민지기 조선의 사회경제적 변화는 어떤 것이었으며, 그 변화를 담당했던 조선인과 일본인의 행동양식을 규정한 의식은 어떻게 형성되었는지, 조선인과 일본인 양자의 관계는 어떻게 형성되었는지, 나아가 조선총독부는 그 관계에 어떤 형태로 개입하려 했는가를 분석한다.

자본주의 시장경제체제의 능력주의 본질은 사회적 관계를 통해 개인이 효율적으로 창출한 효용 가치에 대해 공정한 평가에 기준하여 보상을 분배하는 것이다. 전 세계 소득 격차(전체 소득에서 차지하는 상위 10%의 소득 비율 추계)는 제1차 세계대전 직후인 1920년(59.7%)부터 제2차 세계대전기를 거쳐 1970년(53.7%)까지 개선되었다.[50] 그러나 1980년(60.9%)에 급격히 악화되어 그 추세가 2000년(67.9%)까지 지속되다가 2010년(65.3%)부터 개선 추세로 바뀌었으나, 소득 불평등 수준은 여전히 높다.

제2차 세계대전 후 세계적인 경제성장은 우리가 믿었던 '능력주의'가 '능력주의 신화'였던 사실을 자각할 수 없게 했다. 격차구조가 고착화된 1980년대부터 '능력주의 신화'의 실체를 인식하기 시작했다. 불공평한 현재의 '능력체제'를 타파하기 위해서는 '능력주의 신화'의 본질을 파악해야 한다. 그 본질을 파악하기 위해서는 그 기원을 분석해야 한다.

알렉산더 우드사이드(Alexander Woodside)는 오리엔탈리즘 연구에 기반하여 중국, 베트남, 한국의 과거제를 분석하여 근대주의의 편협성과 위험성을 비판했다.[51] 그는 이른바 근대 이전 세 지역의 직업적 엘리트에 의한 귀족제 대체 현상인 과거제 운용을 능력주의 운용으로 평가했다. 귀족제였던 유럽 사회에서 비귀족 출신의 공무원 수가 늘어나, 인간의 능력을 측정할 수 있다는 믿음이 확산되던 1860년대에 영국 노동당 기관지에 '능력주의'(meritocracy)라는 용어가 사용되기 시작했다고 한다. 그는 과거제의 '선진성'만이 아니라, 비인격적으로 행정화된 경영(administrative management) 그리고 능력 본위 사회로의 변질 '위험성'을 지적했다.

신분제가 해체되면 비권력계층의 신분상승 욕구에 따라 사회적 이동이 이루어지고 그 결과 새로운 권력계층이 생성된다. 미야지마는 조선 시대에 양반의 사고 양식, 가치관, 생활 이념, 생활관이 향리층 등 상민과 노비층에 침투하며 '양반 지향 사회'가 생성되었다고 주장한다.[52] 인본주의 동학

사상의 이념 기반으로 새로운 신분상승 세력으로 등장했던 신향(新鄕), 신분철폐를 지향했던 서얼 출신의 양반과 중인층, 그리고 일반 평민과 천민[53]에게도 자신들이 지향하는 사회와 '양반 지향 사회'가 정반대 위치에 있었던 것은 아니었다. 상속 형태가 자녀 균분 상속에서 장자 상속으로 변화하는 과정에서 경제적 기반을 상실한 양반이 새로운 직업을 찾아 나섰고, 그것마저 실패할 경우에 사회적 지위가 추락했다. 반면에 새롭게 등장한 직업군이 '신양반층'을 형성했다.[54]

『역사비평』은 '능력주의' 개념 탄생의 배경, 한반도에서의 기원과 현재까지의 역사적 전개에 대해 통찰 깊은 분석을 특집으로 구성했다.[55] '능력주의'라는 용어는 성장 서사와 불평등을 정당화하는 주류 사회학에 대한 비판으로 등장했고,[56] 다층적 출발점의 하나로 1930년대 젊은이들의 의식 속에서 식민지적 기원을 찾았다.[57] 해방 후 능력주의는 교육을 통해 제도적으로 구조화되고, 기업 운영의 원칙으로 작동하며 공론장을 통해 지배적 가치체계 또는 상식으로 확산되어 관습으로 스며들어, 인간은 자유롭고 평등한 대우를 받아야 한다는 정언명령에도 불구하고 이른바 능력별 위계 서열을 내면화한 인간을 양산했다.[58] 대학 서열주의는 학력주의의 약화를 의미하지 않고, 학력주의의 '도착된 능력주의' 특성이 강화되어 나타난 현상이다.[59] 공장 관리자는 노동자의 '능력'을 주관적으로 평가했으며, 노동규율을 지키지 않거나 파업을 주도하는 노동자에게 '능력 없다'며 불이익을 주었다.[60]

이 협동 연구 성과는 '하늘은 스스로 돕는 자를 돕는다'라는 능력주의 신화가 식민지기부터 현재까지 사람들에게 '양반 지향하기'라는 출세욕망을 자극했다는 점을 잘 드러내고 있다.

박권일(2021)은 능력주의라는 이념이 엘리트에 의해서가 아니라, 대중의 동의와 그 동의 생산(manufacture of consent)의 정당화 메커니즘으로 형성되어 유지된다고 한다.[61] 그는 능력주의를 '실질적 불공정'을 은폐하고 형식적 공정성에만 집중하게 만드는 현상이라고 특징짓는다. 그리고 한국 능력주의의 핵심 특징을 '시험을 통한 지대추구 행위'로 규정한다. 지대추구 행위(rent-seeking behavior)란 생산성 향상에 기여하지 않고 소유권만을 행사하여 이익을 얻는 행위를 말한다.

박권일은 모든 지대추구 행위 자체가 문제가 아니라, '승자독식과 부익부 빈익빈'을 낳는 지대추구가 문제라고 한다. 그 전형적인 한국에서의 사례가 '고시'를 둘러싼 행위라는 것이다. 결론적으로 그는 한국 능력주의의 가장 큰 특징을 '시험을 통한 지대추구와 승자독식의 제도화'라고 규정하며 그 실태를 잘 드러냈다.

김두식(2018)은 누구도 부정하기 어려운 공감대가 형성되었기에 '시험권력' 신화가 탄생되었다고 한다.[62] 공감대가 형성된 이유는 가장 옳은 방식은 아니지만 선출되지 않은 권력의 원천이 누구에게나 열려 있어 공정한 절차에 따른 어려운 시험을 통과했다는 데 있다고 믿기 때문이라고 한다. 그런데 그는 '시험을 통한 지대추구와 승자독식의 제도화'도 무색하게 하는 법조계의 사회 지배 권력 장악 과정이 존재한다는 사실을 실증적으로 분석했다.

즉, 그는 해방 직후에 형성되고 1980년대까지 법률가의 세계를 지배한 사람들이 어렵고 공개적인 시험제도를 통해 선출되지 않은 이른바 '무자격자'였다는 사실을 판사 596명, 검사 505명, 변호사 1,904명을 치밀하게 분석하여 밝혀냈다. 해방 직후에 이들 '무자격자'가 이른바 '공정'한 절차를 통하여 선발된 '자격자' 법률가들을 '좌익판검사'로 몰아 숙청하는 사건도 면밀히 분석했다. 여기에서 '자격자'란 1923년부터 1943년까지 도쿄에서 시험을 치루었던 고등시험 합격자, 1922년부터 1944까지 경성에서 시험을 치루었던 조선변호사 시험 합격자를 말한다. '무자격자'란 식민지기 서기 경력자로 해방 후에 간단한 시험을 거쳐 변호사가 된 자, 1945년 8월 15일에 시험을 치루다가 일제의 항복선언으로 중단되었으나 합격 처리된 조선변호사 시험 응시자 106명의 '이법회'(以法會) 회원 등을 말한다.

김두식은 우리가 믿고 있었던 것과는 달리 권력, 명예, 부의 상징인 한국 법조계에 능력 있는 자가 등용되는 능력주의가 적용되지 않았었다는 사실을 역사적 근거에 기초하여 증명했다. 즉, 법조계가 해방 이후 무자격자에 의해 지배되어 왔고, 무자격자들이 좌익척결이라는 미명하에 그나마 남아 있던 자격자들도 숙청했다는 역사적 사실을 밝혔다. 이 실증연구를 통해 그는 '공정'하고 어려운 시험을 통과했기에 지대추구와 승자독식을 해도 당연하다고 믿었던 한국 법조계의 성립 과정에 대한 통념을 깼다.

3) '효율'과 테일러리즘=과학적 관리법 적용

미국의 황금 시대(Gilded Age[도금 시대], 1865~1890) 산업 중심지 시카고의 주민 대부분은 미국 이외 지역 태생 또는 그 자녀들이었다.[63] 1870년대 중반 일리노이(Illinois)주 『시카고 트리뷴』(*Chicago Tribune*)은 파업 중의 이민 벽돌제조공을 인간이지만 "이성적 생물은 아니"라고 보도했고, 『시카고 포스트 메일』(*Chicago Post & Mail*)은 보헤미아(체코) 출신 주민을 "육체적으로도 정신적으로도 지적으로도 도덕적으로도 썩어 문드러져 추락한 짐승, 잔인하고 강한 욕구로 도둑질 잘하는 음란한 놈들"이라고 묘사했다.

프레더릭 윈슬로 테일러(Frederick Winslow Taylor, 1856~1915)는 19세기 후반에 다양한 배경을 가진 노동자들로 구성된 미국의 제조기업 생산현장 경험에 기초하여 생산성 향상을 위한 실행 방안 수립에 한 평생 몰두했다.[64] 테일러는 1901년에 실용적이었다고 평가되지만 통합된 수준까지 미치지 못했던 체계적 관리(systemetic management)를 과학적 관리(scientific management)로 끌어올렸다. 상향 평준화 기준으로 기업 경영합리화를 실현하는 과학적 관리 실천 운동이 테일러리즘(Taylorism)이다. 이민자로 구성된 미국의 생산현장은 막스 베버의 직(職)을 세습하지 않은 구성원으로 만들어진 '몰가치적' 근대 조직[65]을 실현하기 쉬운 조건이었다.

테일러는 부유한 환경에서 태어나 사립 명문 고등학교(Phillips Exeter Academy, 1778~현재)를 졸업했지만 대학 교육을 거부하고, 도제와 공업 부문의 경험 축적을 선택하여 1878년에 미드베일 철강회사(Midvale Steel Company, 1867~1976) 기계 부문에서 일하기 시작했다. 그는 기량(ability)과 근면성(hard work)을 인정받아 승진을 거듭했고, 스티븐스 공과대학(Stevens Institute of Technology, 1870~현재)에서 통신교육을 통한 기계기사 자격(Engineering Degree via Correspondence Courses)을 취득하고 1885년에 주임기사(chief engineer)가 되었다.

산업 관리자(industrial manager)로 폭넓은 경험을 쌓고 산업기계 발명가로도 높은 평가를 받았던 테일러는 1893년부터 경영 컨설턴트(consultant)로 활동했다. 이후 그는 과학적 관리법의 대명사인 시간연구(Time Study)를 발전시켰다. 시간연구는 스톱워치로 각 작업단계를 측정하여 불필요한 시간을 제거하고 '숙련자가 표준조건에서 작업'할 때 필요한 표준 작업시간

(standard time)을 설정하는 연구이다. 테일러는 중위 수준(average) 기량의 노동자가 아닌 최고 수준(first-class) 기량의 노동자를 기준으로 표준 작업시간을 측정했다.[66] 그는 최고 수준을 측정 기준으로 해야 중위 수준 작업시간 측정이 용이하기 때문이라는 이유를 제시했다. 최고 수준에 기준한 작업시간 측정은, 최고 수준 이하의 대부분 노동자에게 생산성 향상을 위해 과학적 관리법을 적용해야 한다는 테일러리즘 운동에 정당성을 부여하는 근거가 되었다.

테일러는 19세기 말 자본집약적으로 기술 진보된 대규모 공장, 광산, 철도 공장을 운영할 때 전통적 관리자에 의한 경험주의(empiricism)를 거부하고 과학적 실험 결과에 기초한 체계적 관리 시스템의 적용을 제창했다.[67] 즉, 첫째 원가계산이 가능한 회계제도, 둘째 생산계획이 가능한 생산관리 시스템, 셋째 노동자에게 쉽게 지휘명령을 할 수 있는 도급제(실적 보상제, Piece Rate Systems)를 제안했다. 작업장 권한을 '현장 감독자에서 공장 관리자로' 이전시켜 개인적 특성이나 인간관계에 기초한 관리에서 벗어나 실적에 기초한 관리를 제창했던 것이다.

1898년에서 1901년까지 베들레헴 철강회사(Bethlehem Iron Company [Bethlehem Steel Company], 1857~2003)에 컨설턴트로 재직한 테일러는, 금속절삭공구의 성능을 향상시켜 고속도강(High Speed Steel)을 발견하여 발명가로 이름을 높였고, 능률 향상의 체계적 방안도 도입했다.[68] 이를 기반으로 테일러는 과학적 관리법의 틀을 마련했고, 『공장관리』(*Shop Management*, 1903)와 『과학적 관리의 원리』(*The Principles of Scientific Management*, 1911)라는 저술을 통해 완성했다. 영어 원본 출판 직후에 독일, 프랑스, 중국, 일본에서 번역되어 테일러리즘이 보급되는 촉진제 역할을 했다.

'테일러주의'를 한마디로 평가하면, 물질적 보상의 '과학적' 연관관계를 강화하여 노동생산성을 높인다는 유토피아적 이론이었다.[69]

4) '공정'과 고용 시스템 운용

효율적인 생산 활동의 결과로 얻어진 성과의 공정한 분배는 고용 시스템의 운용에 의해 결정된다. 존 던롭(John T. Dunlop, 1914~2003)은 노사관계 시스템(Industrial Relations Systems)이라는 분석 개념으로 규명하려 했다.[70] 인격주의(人格主義, personality-based approach)를 노사관계 시스템의 주요 변동 요인으로 적용한 사구치 가즈로(佐口和郎, 1991)의 비판이 본서 분석에 도움이 된다.

첫째, 던롭이 '노사관계 시스템'을 기본적으로 수렴론으로 파악하고 있지만, 각 지역에서의 노사관계는 보편성이나 합리성으로 해소할 수 없는 고유한 요소를 내포하고 있다. 둘째, 던롭은 '규칙'을 안정적인 것으로 간주하지만, '규칙'은 근본적인 불안정성을 내포하고 있다는 전제하에 그 안에서 안정성이 재생산될 수 있는 조건에 대해 분석해야 한다. 셋째, '이념'(ideology)을 각 주체 간에 공유된 것으로 보고 있지만, 이념에 각 주체에 의한 사상 차이가 포함되어 있다는 것을 전제로, 공유된 것과 공유되지 않는 것이 노사관계 시스템에 어떤 변화를 가져왔는가에 대해 분석해야 한다.

이러한 비판을 바탕으로 사구치는 산업민주주의(industrial democracy)의 대체 헤게모니로서 '인격주의'라는 분석 개념을 일본의 산업민주주의 형성 모색기였던 제1차 세계대전 후부터 제2차 세계대전기까지를 대상으로 분석했다. 그는 인격주의란 '노동자의 인간으로서의 존엄성을 인정하는 것'이며, 이는 사회적 지위 확보를 요구하는 이념으로서의 보편적 요소와 경영자가 주도하고 노동자도 수용한 상품의 거래 주체로서가 아니라 같은 인간으로서라는 의미의 노사 평등의 방식 및 노동자의 무매개적 국가 의존 경향이라는 일본 고유의 요소를 가지고 있다고 한다. 또한 그는 제2차 세계대전 이후 어떤 비일상적인 사태가 발생하여 자신의 이익을 지키고자 할 때, 노동조합은 제2차 세계대전기에 경험한 국가에 대한 적극적 기여를 조건으로 한 생활보장이라는 선택 폭이 좁은 논리에 따라 행동할 수밖에 없게 되었다는 전망을 제시했다.

사구치의 분석 개념은 한 지역의 노사관계 시스템의 형성 과정에서 공통성과 고유성을 동시에 분석하면서, '규칙'을 형성하는 각 주체의 사상에 주목함으로써 노사관계 시스템의 형성 과정을 장기적인 관점에서 분석할 수 있게 한다. 그러나 그의 연구는 '인격주의'를 각 주체가 공유했던 사상으로 분석하는 데는 성공했지만, 각 주체의 사상 차이를 분석하는 데 성공했다고 보기는 어렵다. 따라서 그는 '규칙'을 근본적으로 불안정성을 내포하고 있음에도 불구하고, '규칙'의 형성 과정에서 '인격주의'의 역할에 대해 주로 안정성을 재생산할 수 있는 조건으로 분석하고 있다. 또한 '인격주의'의 역할에 대해서는 분석하고 있지만, 각 주체가 '인격주의'를 공유하게 된 각자의 내적 동기에 대한 분석은 하지 않았다.

사구치는 일본 고유의 요소로 노동자의 무매개적 국가 의존 경향을 지적하고 있으며, 이것이 전후 일본 노동조합의 행동을 규정했다고 한다. 그러나 본서는 일본 노동자들이 총력전에 동원되는 가운데 인격적으로 인정을 받은 것은 당시의 전략적 선택의 결과이며, 전후 경제가 발전하고 노동조합의 선택의 폭이 확대되는 가운데, 비상사태가 발생해도 국가에 대한 적극적 기여를 조건으로 생활보장이라는 선택의 폭이 좁은 논리로 구속되는 상황은 없어졌다고 판단한다.

본서에서 '노사관계 시스템'이 아닌 '고용 시스템'이라는 분석 개념을 설정한 이유는 Kochan, Katz, McKersie(1986)의 KKM 이론이 던롭 이론의 기본 틀을 넘어서지 못했음에도 불구하고, 단체교섭과 인사관리정책, 그리고 작업현장과 개인 및 조직 관계에만 분석의 초점을 맞춘 던롭 이론 비판에 성공했기 때문이다. 즉, Kochan 등이 1970년대 이후 미국의 노동조합 조직률 하락에 따라 경영자 전략에 의해 노사관계가 크게 규정된 사실을 밝혀 경영자, 노동조합, 정부의 장기 전략 및 정책이 노사관계 시스템을 규정한다고 제시한 점을 연구 공헌으로 평가할 수 있다.

따라서 본서에서는 자본주의 시장경제에서 노사관계가 성립하는 경우, 노사정이 완전히 대등한 입장에서 협상하는 것은 불가능하며, 경영자의 장기적 전략에 의해 크게 좌우된다는 입장을 취하고 있다. 이러한 의미에서 '고용 시스템'이라는 분석 개념을 설정했다.

4. 무엇을 분석할 것인가

식민 시대에서 탈식민 시대로의 전환 과정에서 생성된 사회 현상은 무엇이며 불가역적으로 연속된 규율은 무엇인가? 강화도조약 이후 일본 제일은행(第一銀行)의 부산지점 개설(1878)로 조선에 대한 일본의 사회경제적 지배도 본격화되었다. 일본인이 설립한 조직의 일본인 경영자(사용자)에게 조선인 노동자 개인이 신분관계가 아닌 자율적 의지로 고용되어 이전에는 경험하지 못했던 새로운 인간관계를 형성하기 시작했다.

제1차 세계대전 이후부터 제2차 세계대전기까지의 한반도의 고용 시스템은 공업화가 진행되면서 공장제도가 확산되는 가운데 각 주체가 각자의 사상에 따라 행동하는 과정에서 형성되었다는 공통성과 동시에 고유성을 가졌다. 즉, 식민 시대에서 탈식민 시대로의 전환 과정에서 한반도의 고용 시스템은 식민자에 의한 자본도입으로 공업화가 진행되는 가운데 조선인이 지배민족인 일본인에게 고용되어 양자의 관계에 통치기구였던 조선총독부가 개입하는 과정에서 생성되었다.

개인의 조건 또는 상태는 집단적 관계에 의해 결정된다. 각 개인 주체 간의 충돌과 협력 과정에서 역사가 변화한다는 변증법적 역사관을 본서 분석에 적용하면, 정치적 지배계층 및 사회석·경제적 지배계층인 조선총독부 및 일본인 경영자와 피지배계층인 조선인 노동자와의 충돌과 협력 과정을 분석해야 한다. 즉, 정치적 및 사회적·경제적 동화체제의 형성과 전개 그리고 그 조건에 적응하고 극복하려 했던 조선인 노동자의 사고와 행동 양식을 분석해야 한다.

1) 시대 구분

무엇에 기준해야 유구한 세월의 식민 시대에서 탈식민 시대로 전환한 시대 구분을 설득력 있게 설명할 수 있을 것인가? 본서는 '지배연수'를 기준으로 일관된 초장기(1000~2015) 시계열 데이터를 식민 시대와 탈식민 시대의 구분 기준으로 제시한다. 여기에서 '지배연수'란 각 종주국에 의한 각 지배 지역의 지배 기간을 합산한 기간을 말한다.

조지 클라크(Gregory Clark, 2007)는 인류의 생활 수준이 오랜 기간 크게 향상되지 않았는데 산업혁명의 효과가 파급되는 1800년경부터 크게 향상되었고, 동시에 소득 격차도 확대되었다고 주장한다. 그의 연구는 다양한 분야의 연구와 자료를 망라하여 산업혁명의 영향을 생활 수준 향상의 전환점으로 파악함과 동시에 소득 격차의 기원으로 파악했다는 점에서 획기적이다. 그렇지만 두 가지 의문이 남는다.

첫째, 생활 수준 향상의 기준을 실질임금, 영양분, 신장이 아닌 '자유로운 개인 행위가 가능한 사회제도의 형성'[71]으로 설정하더라도 1800년이 생활 수준의 전환점이라고 할 수 있을까? 특히 피지배 지역의 주민들에게도 그럴 것인가? 둘째, 제2차 세계대전 후 사상 초유의 전 세계적인 경제발전을 산업혁명의 연장선으로 볼 수 있을 것인가? 제2차 세계대전 후의 전 세계적인 경제발전을 산업혁명의 연장선으로 간주하는 연구는 세계화의 중단 전후, 즉 제1차 세계대전 전과 제2차 세계대전 후에 경제성장이 실현되었다고 하는 연구[72]에서도 확인할 수 있다. 제2차 세계대전 후에 전쟁이 종료되어 안정적인 시장거래가 가능하게 되었던 것은 사실이다. 그러나 또 하나의 중요한 사실은 정치적·사회적 지배에서 벗어나 획기적으로 자유롭게 된 다수가 시장거래에 참여하게 되었다는 점이다. 이상의 두 가지 의문은 최근 한국을 사례로 제2차 세계대전 이전에 산업혁명이 시작되어 그 연장선상에서 제2차 세계대전 후의 경제성장을 설명하고 있는 차명수(2014)에게도 해당된다.

종주국의 식민지 지배 지역 변화 과정을 분석한 대표적 연구 성과인 부다 에트마(Bouda Etmad, 2000)는 면적과 인구를 기준으로 18세기부터 20세기까지를 대상으로 분석했다. 그러나 지배 지역의 면적과 인구에 관한 기록이 각 시기마다 불균등하게 분포되어 있어 동일한 기준에 의한 일관된 변화 과정을 확인하기 어렵다.

이 책에서는 면적만을 기준으로 한 단점이 있지만, 일관된 기준으로 식민 시대에서 탈식민 시대로의 전환 과정을 초장기적 관점에서 확인 가능한 데이터베이스를 구축하여 분석한다.

2) 심성과 이념

(1) 오래된 전통

소농 사회의 농가 경영은 기본적으로 가족 중심으로 이루어졌지만, 농번기뿐만 아니라 평상시에는 공동노동 조직을 이용하여 농작업(農作業)이나 기타 작업을 수행했다. 따라서 소농 사회였던 일본과 조선의 농민은 농사 능률을 향상시키기 위해 협동 조직을 만들어 항상적으로 운용했다. 그 과정에서 농민은 협동의 심성을 길렀고, 미성년자는 성년자와 같은 '한 사람 몫'의 능력을 인정받기 위해 노력했다.

일본과 조선은 스스로 토지를 소유하든 타인의 토지를 빌리든 관계없이 자신과 가족 노동력만으로 독립적 농업 경영을 하는 소농 사회를 오랫동안 경험하는 과정에서 농번기와 평소에 공동노동 조직을 통해 '협동'해야 노동 '능률'을 높일 수 있다는 사실을 몸에 익혔다. 여기에서 '노동조직'이란 생산의 효율화를 위해 일정한 규범에 따라 일을 적절히 구분하고 적임자에게 맡겨서 생산의 효율화를 꾀하는 인간의 협동체계를 말한다. 본서는 소농가족에 의한 농업 생산 과정 그 자체보다 소농가족이 존재할 수 있었던 사회적 기반, 즉 마을공동체 내에서의 구성원 간 관계에 주목한다.

시이나 시게아키(椎名重明, 1987)는 공동연구를 통해 19세기 말부터 20세기 중반까지의 영국, 프랑스, 독일, 오스트리아, 이탈리아, 헝가리, 미국, 캐나다, 중국, 스리랑카와 일본의 각 지역과 각 시대를 비교 분석했다. 공동연구의 결론으로 그는 지주–소작인 관계를 중심으로 농촌 사회를 분석한 기존 연구를 비판하고, 가족 경영(family farm)의 초역사적이자 초공간적 관철을 주장했다. 이 책은 시이나 연구를 참조하며 일본의 농촌 공동노동 조직에 대해 인간관계를 중심으로 농촌 공동체 조직과 운용을 분석한다.

조선의 농촌 공동조직에 관해서는 구체적인 실증에 근거하여 조선 및 한국 농촌 사회를 체계적으로 분석한 최재석(1975)에 의존하고 있다. 또한 두레공동체의 전체상과 농민 문화에 대한 연구,[73] 농업 생산조직의 변화를 해방 전후에 걸쳐 분석한 연구,[74] 한 마을을 조사 답사와 인터뷰를 통한 인류학적 방법으로 철저하게 분석한 연구[75]를 참조했다.

(2) 신화 도입

조선 민중의 향상심은 공리주의의 통속(생활) 도덕 격인 '하늘은 스스로 돕는 자를 돕는다'라는 덕목이 널리 퍼지는 가운데 촉발되었다. 한반도에도 진인사대천명(盡人事待天命)이라는 격언이 존재했지만, 조선 민중은 식민 시대에서 탈식민 시대로의 전환 과정에서 사회진화론과 함께 보급된 '하늘은 스스로 돕는 자를 돕는다'라는 덕목의 세례를 받으며 향상심이 고조되었고, 그것이 능력주의 신화 형성의 기반이 되었다.

1920년에 설립된 한반도 최초 전국 노동자단체[76] 조선노동공제회는 노동자의 덕목(ethos)으로 '노동 존중(勞動尊重), 자조, 사회적 헌신'을 제시했다. 즉, 조선노동공제회는, 첫째 당시 세계적으로 보급되고 있었던 노동신성주의(勞動神聖主義)에 기초하여 '일하는 것은 성스러운 행위'라는 점을 강조하고, 전통적으로 천시되어 왔던 노동 특히 육체노동에 대한 멸시를 비판하여 '노동 존중'이라는 새로운 덕목을 제시했다. 둘째, '일하는 것은 스스로 독립하는 것을 가능하게 하는 행위'라는 점을 강조하고 '자조'(自助)를 새로운 노동자의 덕목으로 제시했다. 셋째, 노동이 개인적인 경제적 지위 향상의 추구만이 아니라 개개인의 인격 가치를 인식하고 유지하는 것을 통해 건강한 사회가 형성될 수 있도록 하는 '사회적 헌신'(social service) 행위라는 새로운 덕목을 제시했다.

김현주(2008)는 '노동(자)'라는 용어가 번역어로 등장한 1890년대 후반부터 시기별 해석을 시도한 결과, 1920년 조선노동공세회의 창립취지서에 관한 『동아일보』 사설에서 '노동(자)'라는 용어가 개인－사회－국가라는 개념체계 속에서 안착되었고 '시민권'도 얻었다고 보았다.[77] 노동 운동이 고양되는 1920년대 이전의 노동(자)에 대한 사상사적 배경을 분석한 점에서 뛰어나다. 그러나 유길준이 『노동야학독본』에서 '사회'라는 용어를 사용한 것은 사실이나 국가와 구별되는 자발적인 개인의 연대라는 '사회'를 언급한 것은 아니기에, '『노동야학독본』에서 모든 논의는 가족－국가－사회라는 개념체계 안에서 전개된다'라는 주장에 동의할 수 없다.

조경달(2012)은 통속 도덕인 '근검사상'이 이른바 근대 조선 민중에게 확산되고 내면화되는 과정을 밝히며, 개화사상가인 유길준이 1908년에 『노동야학독본』을 간행하여 근검사상을 확산시킨 점에 주목했다.[78] 유길준이 직업의 귀천을 명확히 부정했고, 직업윤리와 애국사상을 결합시켜 직업관을 천직이 아닌 국직으로 규정했다는 평가와 근검사상 등 통속 도덕에 대한 그의 주장[79]에 동의한다. 그러나 노동관에 대한 계몽이 충분히 침투되지 않아 조선인의 노동관이 유민형(流民型)에서 근검형(勤儉型)으로 전환되지 못한 상태에서 식민지화되었다고 평가한 점에 대해서는 1910년대 이후의 변화에 대해 주목하지 않았기에 동의하기 어렵다.

최희정(2004; 2020)은 식민지기 자조론에 관한 가장 체계적인 연구이고, 이 책의 최남선『자조론』에 대한 이해에도 도움이 되었다. 그러나 자조론의 역할이 1930년대 개인의 성공이라는 좁은 의미의 입신출세론으로 급격히 축소되었다고 강조하는 점에는 동의하기 어렵다. 한편, 김남이(2010)와 김남이·하상복(2010)은 최남선의『자조론』이 개인 입신출세의 가치를 유포하는 이상의 의미를 담고 있었다는 점을 강조하고 있다.[80]

이 책은 기존 연구를 참조하며 한반도 최초 전국 단위 노동자단체 조선노동공제회가 제시한 노동자의 덕목이 어떤 사상사적 배경에서 도입되어 조선 민중은 그것을 어떻게 받아들였는가를 분석하고자 한다.

(3) 내면화

조선 민중은 차별로부터의 탈출이 실현되리라고 생각하지는 않았지만 차별을 완화시킬 수 있다고 판단하여 동화의 논리로 대응했다. 이 동화의 논리는 능력 있는 강한 자가 지배 권력을 유지하고 더 많은 보상을 받아도 된다는 '능력주의 신화'를 받아들이는 '내면적 동기'를 부여했다. 그러나 식민화 과정에서 동화가 진행되었지만 다른 피식민지에서와 마찬가지로,[81] 피식민자에 대해 타자성을 유지하는 관행 또한 지속되었다.

식민지 지배를 내면화시키는 '동화 논리'의 기반이 '조선인론'이었다.

식민지 지배에 정당성을 부여하려는 내면화 논리로서의 '동화'에 관한 대표적 연구로 하타다 다카시(旗田巍, 1908~1994, 1969), 미야타 세쓰코(1985), 이시이 간지(石井寬治, 1986)가 있다.

하타다는 전통적인 일본인의 조선인 관점으로 일선동조론, 정한론, 대동합방론, 한일합방론, 그리고 에도 시대의 조선 관점, 자유민권파, 탈아론자, 근대사학자, 사회주의자 및 인류주의자의 조선에 대한 관점을 검토했다. 그는 결론으로 '동화의 논리'란 상대의 존재 그 자체를 일절 부정하는 것에 의해 일체화하려는 것이며, 그 동화의 성격은 독자적 문화와 역사를 가진 민족으로서 조선의 존재를 존중하는 것도 아니면서 지배 복종의 관계를 명확히 하는 것도 아니었다고 평가했다.[82]

일본인의 조선인론 연구로 언론인, 민본주의자, 사회주의자 등 일본인 지식인의 조선 인식에 대해 방대한 자료를 분석하여 체계적으로 규명한 연구,[83] 탈아론 이후의 후쿠자와 유키치(福沢諭吉, 1835~1901)의 조선론을 밝힌 연구,[84] 현대 일본의 역사 인식에 의문을 제기하며 이른바 근대 일본의 조선 인식에 대해 검토한 연구[85]가 주목할 만하다.

도야마 이치로(冨山一郎, 1990)는 이른바 근대 일본 사회가 형성되는 과정에서 일본 민족과 이질적인 집단인 '오키나와인'이 노동자로서 일본화되는 과정을 밝혔다.[86] 그는 근대 일본 사회에서 제거되어야 할 '오키나와인'이 형성되는 과정이, 위생, 이성, 근면으로 구성된, 추구해야 할 '일본인'이 등장하는 과정이기도 했다고 한다.

이 책에서 '동화의 논리'란 조선인이라는 독특한 것을 없애고 일본화하는 과정에서 양자의 거리가 좁혀지더라도 영원히 일체화되지 않는다는 전제에 기반한 논리이며, 이러한 논리는 실체적인 측면도 있었지만 궁극적으로 실현 불가능한 것이었다고 판단한다. 다시 말해, 동화 논리는 조선인이 일본화되더라도 민족 차별 의식은 근본적으로 지속된다는 전제를 바탕으로 한 논리였다. 동화 논리를 확산시키려 했던 이유는 '조선 민족'의 존재를 없애는 것을 통해 지배와 복종의 대립관계에 대한 의식을 마비시키려 했기 때문이다.

따라서 일본인의 조선인 노동자관은 조선총독부가 피지배 민족인 조선인에게 의식하든 의식하지 않든 통치의 실제 담당자가 되는 일본인에게 식민지기 전 기간에 걸쳐 조선 통치 이념으로 확산시키려 한 '동화의 논리' 그리고 그 기반이 된 '조선인 일반론'의 영향을 받으며 형성되었다.

3) 시장과 정책

(1) 새로운 도전

식민지 공업화로 인한 노동시장 참여 기회 확대는 조선인의 향상심을 자극시켰다. 그러나 신뢰할 수 있는 인구조사에 따르면, 남성의 기회가 늘었으나 여성의 기회는 줄었다. 이는 공업화 초기 노동시장에의 참여 기회 총량이 줄었던 다른 지역과 비슷한 양상이다.

식민지기 조선의 공업화가 생산액 증가라는 측면에서 1930년대에 급격하게 진행된 사실은 최근의 수량적 분석에 의해 부정할 수 없는 사실이 되었다.[87] 이러한 인식에 기초하여 식민지 공업화와 자산액 증가 및 분포와의 관계,[88] 소득[89] 및 소비[90] 그리고 신장[91]과의 관계를 기준으로 한 생활수준 연구가 있다.

이러한 연구 성과에 기반하여 이 책은 1930년대 식민지 공업화가 고용에 어떠한 영향을 미쳤는가에 대해 검토할 수 있는 논의 기반을 제공하고자 한다. 당시 가장 조사 정도(精度)가 높았던 '국세조사'(인구센서스)는 1930년 조사에 비해 1940년 조사에 총인구가 증가했음에도 불구하고 총유업자가 감소하여 유업률이 현저하게 감소한 결과를 나타냈다. 이러한 조사 결과에 대해 허수열(1992)은 조사 정도가 높아진 결과이며, 김낙년(2003)은 '납득이 가지 않는 결과'[92]라고 평가했다.

김낙년(2010)은 호구조사와 국세조사를 비교하여 추계한 결과, 1930년 조사 원 데이터의 유업자 수는 과대평가되었을 가능성이 높고, 1940년 조사 원 데이터의 유업자 수는 과소평가되었을 가능성이 높다고 판단하고 유업자 추계 결과를 제시했다.

김낙년(2010)의 문제점은, 첫째 호구조사와 국세조사의 차이점에 대해서는 설명하고 있으나, 1930년 국세조사와 1940년 국세조사의 조사 기준이 정말 변경되었는가에 대해 자료 검토에 기초한 검증 없이 1940년의 국세조사의 정도가 1930년 국세조사보다 높아졌다고 추측한 점이다.

둘째, 국세조사의 마직물 '종사자'의 격감 현상에 대해, 전혀 다른 통계 계열인 '공업제조호수 통계'의 가내공업 '제조호수'의 완만한 감소에 기초하여 비판한 점이다. 김낙년(2010)은 1940년 국세조사 유업자 조사 결과를 과소평가로 인식하는 구체적 근거로 '직물업' 유업자 감소를 검토했다. 즉, 국세조사의 조선인 직업별 유업자 수를 1930년 조사 결과와 1930년 조사 기준으로 재편한 1940년 조사 결과를 비교한 뒤, 직물업 중 마직물의 사례를 들어 종사자(업주 및 기직공) 수의 급격한 감소를 지적한 것이다. 감소의 이유를 1930년 조사 결과에는 유업자 기준이 느슨하여 부업이나 내직(內職)의 성격이 강한 마직물 종사자가 포함되었고, 1940년 조사 결과에는 유업

자 기준이 엄격하게 되어 배제되었기 때문이라고 한다.[93]

그러나 그의 주장은 "마직물의 경우에는 거의 모두가 가내공업 형태로 생산되어 왔지만 공장 생산으로 전환하지 못한 채 1930년대에 걸쳐 상대적인 쇠퇴가 빠르게 진행되었다"는 본인의 기존 주장과 상반된다.[94] 본서는 공장제의 급격한 확대 과정에서 직물업 생산이 공장 생산으로 흡수되는 가운데 가내공업 제조호수 자체는 급격하게 감소하지 않더라도 부업이나 내직(內職) 형태의 가내공업 종사자가 감소되었고, 일정 정도의 종사자는 공장노동자로 전환되었다고 인식한다. 이 책의 인식은 '1910년대 초의 20%에 불과하던 공장 생산 비율이 1930년대 말에 80%로 높아지게' 되었고 '방직공업에서 가장 빠르게 공장제가 확산되었다'는 박기주(2006a)[95]의 인식과도 일치한다.

이 책의 인식은, 이 책에서 1930년대 총유업자 감소에 관한 원인을 충분히 논증했다고는 할 수 없지만, 감소 및 유업률 저하의 사실을 부정할 만한 충분한 근거가 없기 때문에 국세조사의 결과를 당시의 사실에 가까운 결과로 받아들여 식민지 공업화 논의를 진전시켜야 한다는 것이다.

이러한 이 책의 인식은 식민지공업화와 관련된 노동생산성 향상에 관한 Duol Kim and Ki Joo Park(2008)과 1980년대 저개발국, 개발도상국, 선진국 100여 개국에 관한 데이터를 분석한 Goldin(1995)과 정합적이다. 특히 Goldin(1995)은 새로운 기술이 도입되는 경제발전 과정 초기에는 가내공업 제품의 상대가격 하락 및 농업에서의 여성 노동력 수요 감소와 더불어 가족의 암묵적인 여성 노동력 임금 미지불 구매에 의해 여성 노동참가율이 하락한다는 결론을 제시하고 있어 이 책의 주장과 일치한다.

(2) 이중구조

향상심에 자극되어 노동시장에 참여한 조선인은 개인 능력에 기초한 평가가 아닌 식민지 민족인지 피식민지 민족인지 여부에 따라 나누어진 노동시장에 적응해야만 했다. 조선인은 이중구조의 벽을 넘기 위해 교육훈련에 적극 대응하여 그 벽을 넘은 경우도 있었으나, 조선인 대부분은 이중구조의 벽을 넘기 어려웠다. 테일러리즘과 상반되는 비효율적인 이중구조는 생산성 향상을 저해하는 결과를 초래했다.

호리 가즈오(堀和生, 1995)는 식민지 조선의 공업화가 일본 자본에 의한 군수공업이고, 조선의 재래산업과 연관을 갖지 않는다는 '이중경제론'을 비판했다.[96] 그는 동아시아 경제의 흐름 속의 최대 공업 지역이었던 경기도 및 경성 지역의 산업구조, 기간산업인 전력업과 최대 기업군이었던 일본질소 연계기업의 금융, 노동력 조달, 생산 과정을 분석하여 식민지 조선 공업의 재생산 과정을 종합적으로 분석했다. 경제순환체계를 식민지 조선 분석에도 적용시켜 경제의 '효율' 실현 과정을 체계적으로 밝힌 점을 높이 평가할 수 있다. 그러나 '이중경제론'을 주장했던 기존 연구의 취지는 경제순환 효율을 밝히려 했던 것이 아니라, 불공정한 분배체제에 대한 비판에 있었다. 따라서 호리는 '이중경제론'에 대한 전면적 비판에 성공했다고 할 수 없다.

일본의 식민지 국책 기업인 만철(南滿洲鐵道株式會社, 1906~1945)과 같이,[97] 한반도 생산현장에서도 테일러의 과학적 관리법을 적용시키며 생산성 향상을 꾀했다. 향상심에 자극된 조선인 노동자는 교육 수준을 높이고 숙련을 축적하며 이동률을 낮추고 생산성 향상을 달성하여 '공정'한 대우 실현을 통해 민족별로 나누어진 이중 노동시장을 극복하기 위해 분투했다.

박순원(Park, Soon-Won, 1999)은 한반도 내외의 노동시장과 기업(오노다시멘트사)의 내부 노동시장 분석을 통해 조선인 노동자의 분투를 분석했다.

(3) 사회안정

식민 시대에서 탈식민 시대로 전환한 1919년 한반도에서의 3.1운동은 노동정책의 성격을 변화시켰다. 자본주의 시장경제체제에서 안정적 노동력 공급을 위해 영국에서 노동 문제에 대한 사회안정정책으로 처음 시행되었던 공장법이 일본 국내에도 적용되었고, 1920년대부터 식민지 조선에도 그 적용이 논의되기 시작했다.

일본 사회정책 논쟁의 출발점이 된, 공장법 제정에 관한 오코우치 가즈오(大河内一男, 1905~1984)의 연구에 따르면, 공장법은 국가 주도하에 '원시적 노동관계'를 해소하고 '노동력 보전'을 위해 제정되었다.[98] 도조 유키히코(東條由紀彦, 1988)는 공장법 제정을 산업혁명과 그로 인한 '비소유 자유의 보편화'가 복층적 시민 사회 간의 모순 해결 수단으로 보았다.[99] 즉, 그는 공장법이 "공정성의 체계가 형성되고 있던 시기의 노사관계를 집약적으로 표현한 것"이라고 한다.[100] 이 책은 공장법 제정의 의의를 청소년과 여성 보호를 통한 '노동력 보전'과 동시에 경영자와 노동자의 관계를 은혜와 충성이라는 자의적인 주종관계에서 권리와 의무에 기반한 관계로 전환하는 것을 법적으로 보장하는 것이라고 규정한다.

식민지 조선의 공장법 적용은 일본 국내 자본의 조선 진출 분석과 관련한 연구[101]와 공장법 적용 논의의 결과에 주목한 연구,[102] 그리고 청소년과 여성 보호라는 공장법 적용 취지와 연관되는 사회사업 전개에 관한 연구[103]를 참조할 수 있다.

한편, 金三洙(1993)는 해방 후 1950년대 한국의 집단적 노사관계의 역사적 전제로 제2차 세계대전기 식민지 조선에서 제한된 공장법의 내용을 포함한「공장근로시간제한령」(이하「제한령」) 시행에 주목하여 전쟁동원체제에서 '공장법과 구빈법의 원형'을 발견했다고 주장했다.[104] 그는 식민지 조선의 전시동원이 조선 민중에게 미친 영향의 역사적 의미를 '유사 국민화'라는 가설로 정리했다.

그러나 국민국가가 공장 노동자를 국민으로 포용할 때의 기본 전제는, 비록 현실이 동반되지 않더라도 노동자와 경영자의 관계가 일정한 규칙에 따라 법적으로 보장되어야 한다.「제한령」은 전시동원 대책으로 '노동력 보전'을 위한 내용을 포함했지만, 일본인 경영자와 조선인 노동자와의 관계가 명문화된 규칙에 근거하도록 '취업규칙' 제정을 의무화하지 않아, 경영자와 노동자의 관계가 은혜와 충성이라는 자의적인 주종관계를 벗어나지 못했기에 '원형'이라고 평가할 수 없다.

따라서 이 책에서는 식민지 본국 일본에서 시행된 공장법이 식민지 조선에 결국 적용되지 않았으나, 논의 과정을 분석하여 식민지 조선의 노사관계와 제3자 개입의 실상을 파악하여 그 역사적 함의와 능력주의 신화 형성에 미친 영향을 밝히고자 한다.

(4) 총력전

조선총독부는 제2차 세계대전에 돌입하여 총력전을 위한 효율적인 후방 지원체계를 구축하기 위해 '자발적'인 조선인의 동원을 꾀했다. 조선총독부 관료는 '내선일체'의 논리를 제시하면서도 조선인들이 동화되리라고 믿지 않았고, 조선인 자신도 내선일체의 논리를 차별로부터의 탈출 논리로 받아들이면서도 탈출이 실현되리라고는 생각하지 않았다. 조선인은 차별로부터의 탈출이 실현되리라고 생각하지는 않았지만 내선일체 논리를 받아들여야 차별을 완화시킬 수 있다고 판단했기에 대응했다.

기미지마 가즈히코(君島和彦, 1977)는 제2차 세계대전기 식민지 조선 전쟁동원체제의 기본 이념인 '내선일체'가 국민정신총동원운동과 국민총력운동을 통해 '총력전' 승리를 위해 조선인의 '자발성'을 끌어내려 했다는 점을 지적했다.[105] '내선 무차별 평등에 도달하는 것'이라는 내선일체 이념이 대두된 이유는, 중일전쟁이 장기화됨에 따라 조선인의 반일감정이 고조되었기에 식민자와 피식민자를 구분하는 이념으로는 '자발적' 전쟁 동원에 성공할 수 없다고 판단했기 때문이다.[106]

안자코 유카(庵逧由香, 1995)는 총력전 체제 노동력 동원 기저조직의 편성 과정에 대한 선구적 연구이며, 그는 후속 연구로 식민지 본국 일본과 식민지 조선의 연계된 총력전 체제와 그 대비를 체계적이고 종합적으로 분석했다.[107] '총력전 체제'의 일본적 표현인 '총동원 체제'는 제1차 세계대전 이후 세계 전쟁의 형태가 된 '총력전'에 대응하기 위해 준비되었다.[108] 1910년대와 1920년대에는 '총동원 체제' 연구 및 정책 추진을 위한 전임기관이 설치되어 준비 조사가 실시되었다. 1918년에 「군수동원법」의 효시인 「군수공업동원법」이 일본 국내에서 제정되어 조선에도 적용되었다. 1930년대에는 '잠정총동원기간계획'이 일본 국내에서 시작되고, 식민지 조선에서도 '조선자원조사회'를 중심으로 해당 계획이 구체적으로 책정되었다. '총동원 체제'의 실행조직 형성은 일본 국내보다 배타적 권력을 가진 조선총독이 지배하는 식민지 조선에서 빠르게 형성되었다.

국민정신총동원조선연맹(이하 정신연맹)은 1938년에 당시 일본인과 조선인 유력자에 의해 준비되었다. 준비위원은 가다 나오지(賀田直治, 朝鮮商工會議所 會頭[회장]), 니와 쇼지로(丹羽清次郎, 朝鮮基督教聯合會 委員長), 마에다 노보루(前田昇, 朝鮮報國會 贊助員), 야나베 에이사부로(矢鍋永三郎, 金融組合聯合會 會長), 하야시 시게키(林茂樹, 漢城銀行 頭取[은행장]), 박영철(朴榮喆, 商業銀行 頭取[은행장]), 윤치호(尹致昊, 中央基督教青年會 會長), 조병상(曺秉相, 京畿道 道會議員), 최린(崔麟, 每日新報社 社長), 한상룡(韓相龍, 朝鮮生命保險株式會社 社長)이었다. 이렇게 구성된 정신연맹의 지도부는 조선인을 동원하기 위해 '외압'과 '자발성 유도'를 꾀했다.[109] 전시동원체제의 조선인 자발성 유도는 조선총독부 기관지 『매일신보』(每日申報)에서도 확인된다.[110]

이 책은 식민자인 전쟁 수행의 주도자가 전쟁 승리를 위해 피식민자인 조선인을 자발적으로 동원시키려 했다는 점을 주목한다. 그러나 사회질서 형성을 위한 사회통합을 실현할 때는 양 '주체' 간에 '소통'이 불가결한 요소이다. 따라서 총력전 체제 전쟁 수행의 주도자가 식민지의 '열등시민'인 조선인을 통합하기 위해 '소통'을 시도했는가 또는 성공했는가에 주목한다. 즉, 전쟁 수행 주도자가 어떠한 이념에 기초해 어떠한 기저조직을 통해 조선인을 통합하려고 했는가에 대해 검토한다.

4) 제도와 운용

(1) 신양반층과 임금

사회경제적 기반이 있는 집안에 태어나 향상심도 있어 높은 학력을 취득할 수 있었던 조선인은 식민지 조선의 최고 직장 중 하나였던 조선식산은행에 취직할 수 있었다. 민족 간 차별이 없었던 것은 아니지만 다른 직장과 구별될 정도로 차별이 적었던 조선식산은행의 조선인 은행원들은 이른바 근대화로 새롭게 형성된 계층인 화이트칼라로서 새로운 지배계급인 '신양반층'에 진입할 수 있었다.

식민지기 임금 격차의 본격적 연구는 소비자 물가지수와 명목임금을 이용해 실질임금을 추정한 허수열(1981)로 시작되었다. 그는 추정한 실질임금을 바탕으로 숙련 노동자의 경우 1920~1930년대 실질임금이 1910년대 임금을 초과한 반면, 조선인이 대부분인 비숙련 노동자의 경우에는 그 추세가 반대였음을 밝혔다. 이후 조선인 비숙련 노동자의 실질임금 상승 추세를 밝힌 연구,[111] 비숙련 노동의 실질임금이 증가했을 뿐만 아니라 국적, 성별, 숙련도에 따른 임금 격차의 전반적 축소를 밝힌 연구[112]로 이어졌다.

이러한 연구는 식민지기 노동시장의 임금 격차 실태를 밝히는 데 기여했으나, 학력, 직업, 노동시장 경험 등을 반영하여도 임금 격차가 지속된 이유를 규명하지는 못했다. 무엇보다 기존 연구는 임금 격차를 생산성과 차별에 따른 차이로 명시적으로 분해하여 분석하지 않았다는 점에 치명적 한계가 있다. 이 책은 풍부한 미시 임금 데이터를 분석하여 이러한 치명적 한계를 극복하고자 한다.

Moskowitz(1979)는 조선식산은행의 임금 격차를 선구적으로 연구했다. 그의 연구는 민족별 임금 격차 축소를 강조한 것으로 오해받았었다. 그러나 그는 조선식산은행에서 일본인과 조선인의 임금 격차가 줄었다고 제시했지만, 민족별 임금 차별 구조가 해방될 때까지 유지되었다고 결론지었다. 정병욱(2003; 2007)은 조선식산은행의 '종업원 퇴직 및 사망 기록'을 발견하여 식민지 지배체제에서 조선식산은행 조선인 행원들이 겪었던 차별과 동화정책의 증거를 제시했다. 차명수 외(2014)는 조선식산은행의 행원

퇴직 및 사망 기록을 해방 후 임금조사와 연계하여 내부 노동시장에서 결정된 임금구조가 외부 노동시장에서 결정된 임금구조보다 경직적이라는 가정하에, 학력에 따른 한국 금융산업의 장기 임금 격차 추이를 추계하여 고학력 행원의 임금 프리미엄이 크게 감소했다고 주장했다.

김종한(1998)은 1928년 건설 노동자의 임금에 관한 소규모 단면자료를 이용하여 식민지기 토목 및 건설업의 임금 분해를 처음으로 분석했다. 그는 Oaxaca(1973)와 Cotton(1988)의 모델을 사용하여 민족에 따라 분해한 결과, 설명할 수 없는 부분(37.4%)을 민족별 차별의 근거로 제시했다.

이 책에서는 조선식산은행의 '퇴직사망자대장'의 정보를 활용하여, 임금의 평균 분해와 사분위수 분해, 그리고 성별 임금 분해를 시도한다.

(2) 그물천장

식민지 조선의 최대 기업인 일본질소의 조선인은 새로운 고용기회를 얻고 향상심에 자극되어 승급과 승진을 위해 노력했지만 현실은 녹록치 않았다. 노력에 대한 보상과 명예가 손에 닿을 듯했지만 그것은 희망고문이었다. 한편, 일본인은 같은 일본질소 종업원 자녀에 같은 학력이라도 조선인보다 초임을 더 받는 우월하게 주어진 지위를 향유했고 새롭게 형성되었던 지배계층인 '신양반층'에도 편입되었다.

일본질소의 고용과 임금에 관한 연구는, 상급 공원의 일본인과 하급 공원의 조선인이라는 고용구조의 특징을 강조한 고바야시 히데오(小林英夫, 1967; 1973), 민족 간 임금 격차를 강조함과 동시에 낮은 비율이었지만 상급 공원 가운데 조선인의 존재를 지적한 가스야 겐이치(糟谷憲一, 1975)가 있다. 安秉直(1988)은 기업 내부 자료를 면밀히 분석하여 상급 공원 중에 조

선인의 비율이 증가하고 있는 현상을 강조하고 소수였지만 조선인 사원의 존재에 주목했다.[113]

安秉直(1988)은 일본 자본에 의한 공업화를 강조한 고바야시와 가스야와는 달리, 조선인 노동자가 능동적으로 대응하여 양적으로 성장하고 질적으로 발전했다고 주장했다. 안병직(1989)은 安秉直(1988)의 주장을 확장하여 식민지기 전체 공업에서도 조선인 노동자의 양적 성장과 질적 발전을 확인할 수 있다고 주장했다. 특히 전시기의 총력전에 의한 일본인 기술자 및 숙련공의 공백을 조선인이 메우는 과정에서 그 경향이 가속화되었다고 주장했다.

주장의 근거로 태평양전쟁기의 조선인 기술자의 증가를 제시했다. 그러나 전체 조선인 기술자 수가 증가하고 전체 일본인 기술자 수가 감소한 것은 사실이나, 중공업 부문의 일본인 기술자 수는 증가했다. 이러한 사실은 식민지 조선의 공업화는 전시기에도 일본인 중심으로 진행되었다고 평가할 수 있다.

양지혜(2016)는 일본질소 조선공장의 중일전쟁 전후의 고용정책과 실태를 대비하며 전시기에도 일본인 중심 고용정책이 전개된 점을 실증하며 安秉直(1988)을 비판했다. 양지혜(2017)는 일본질소 조선공장의 임금규정의 변화를 추적하여 일본질소 경영진이 민족 간 차별의 시정을 시도한 것처럼 보이지만, 결과적으로는 차별이 강화되었다고 주장했다. 또한 양지혜(2016)는 성장인가 차별인가라는 '진영론'이 아니라 실태 파악에 주력해야 한다고 주장한다.

(3) 집단적 인격 무시

대규모 시멘트회사에 취업한 조선인의 임금은 학력, 숙련도, 나이를 고려하지 않았을 때 일본인의 절반 수준이었다. 사내연수와 근속연수 증가를 통해 그 격차를 일부 줄일 수 있었으나, 지휘명령할 수 있는 지위까지의 승진은 없었다. 이러한 격차에 대한 조선인의 불만은 대공황의 여파로 인원을 정리할 때 터져 나왔다. '불공평'한 격차는 효율적인 테일러리즘을 적용하고 공정한 고용 시스템을 운용하여 생산성 향상을 실현하려 했던 경영목표에 어긋나는 결과를 초래했다.

식민자가 주도하는 노동지휘체계에서 피식민자 노동자 주체를 실증적으로 재현하려면 기존 질서와 '불화'된 순간을 포착하여 분석해야 한다.[114] 1928년 일본인 감독이 조선인 노동자를 구타한 사건으로 시작되어 식민지기 최대 노동자 투쟁으로 확산된 '원산 노동자 투쟁'[115]은 식민지기 노동자 투쟁의 최대 연구 대상으로 수많은 연구 업적이 있다.[116]

현명호(2021)는 관련 기존 연구를 민족해방운동 또는 계급투쟁, 노동자 문화, 합법투쟁에서 비합법투쟁으로의 전환점에 관한 분석이었다고 평가했다. 그리고 그는 원산이라는 도시의 사회적·경제적·공간적 조건에 천착했다. 즉, 그는 원산 노동자 투쟁을 '원산상업회의소'를 중심으로 원산의 투자환경 개선을 위해 노동자의 고용 유연화를 적용하려던 일본인 자본가의 도시 공간 전유, 이에 맞선 원산 노동자의 경제공동체인 '원산노동연합회'의 점거 운동으로 재해석했다. 원산상업회의소는 원산 조선인 노동자를 원산 부두 업무에 익숙하지 않은 인천 조선인 노동자로 대체하여 부두 작업의 '효율'을 떨어뜨리는 행동 양식을 보였다.

원산 노동자 투쟁에서 일본인 감독이 조선인 노동자를 구타하고, 일본인 경영자 대표가 조선인 노동자 대표를 존중하지 않는 '집단적 인격 무시'를 확인할 수 있다. 여기에서 집단적 인격 무시란, 특정 개인이 타인에 대해 인격을 무시할 때, 개인의 능력이나 인격을 기준으로 무시하기 전에, 그 개인이 속한 집단에 대한 평가를 기준으로 무시하는 것을 의미한다.

이명학(2023)은 일본질소와 경인 지역 최대 공업 지역인 부평지구의 사택 제공 실태를 분석하여 식민지기 주거 공간에 나타난 차별의 실상을 밝혀냈다.[117] 조선인 노동자는 '신양반층'에 편입된 일본인 사원 및 노동자와 조선인 사원에게 제공하고 자신들에게는 제공하지 않은 이른바 '양반 사택'을 상징적 차별의 근거로 받아들였다.

식민주의는 어떻게 계승되고 있는가?: 전환과 계승

I

CHAPTER 01

식민 시대에서 탈식민 시대로: Index of Possessions and Colonies 데이터베이스 분석, 1000~2015

Chapter 1

식민 시대에서 탈식민 시대로: Index of Possessions and Colonies 데이터베이스 분석, 1000~2015

1. 데이터베이스
2. 식민의 시대
3. 탈식민의 시대
4. 소결: '은밀한' 지배

1. 데이터베이스

1) 자료 소개

여기에서 사용하는 데이터베이스는 지배 지역의 장기간 역사를 상세히 수록하고 있는 온라인 백과사전(http://www.worldstatesmen.org/COLONIES.html)을 이용하여 작성되었다.

이 백과사전은 대항해 시대 이전에 덴마크가 할란드(Halland)를 800년부터 1645년까지 지배했던 역사와 더불어, 1991년에 소련연방이 해체되어 러시아의 지배 지역이 감소한 내용도 포함하고 있다. 또한 1997년 홍콩이 중국에 반환되어 영국의 지배 지역이 감소했으며, 2014년부터 러시아가 크림미아(Crimea)를 지배하기 시작한 내용까지 포함하고 있다.

이 백과사전의 정보를 이용하여 작성한 Index of Possessions and Colonies 데이터베이스(IPC-DB)는 대항해 시대 이전부터 최근까지의 지역 간 지배 역사를 일관된 기준으로 장기간에 걸쳐 고찰하는 데 유용하다. 그렇지만 다음과 같은 단점을 유의해야 한다.

첫째, 각 지배 지역의 가중치가 설정되지 않았다는 점이다. 둘째, 몽골 지배 지역에 관한 정보가 없고 중국 지배 지역 정보가 불충분하는 등 동양 종주국에 의한 지배의 역사가 충분히 반영되지 않았다는 점이다.

2) 작성 방법

IPC-DB는 다음과 같은 기준에 따라 입력하여 작성되었다.

첫째, 지배 시기가 겹치는 경우에는 앞의 연(年)을 삭제하고 뒤의 연(年)부터 입력하여 이중계산을 방지했다.

예를 들면, 알자스(Alsace)의 경우 원자료에 프랑스가 1678~1870, 1918~1940, 1944~현재까지 지배하고 있다고 기록되어 있고, 독일의 지배 시기는 1870~1918, 1940~1945년으로 기록되어 있다. 이럴 경우 데이터베이스에는 1678~1869년 프랑스 지배, 1870~1917년 독일 지배, 1918~1939년 프랑스 지배, 1940~1943년 독일 지배, 1944~현재 프랑스 지배로 입력했다.

또 하나의 예로 오키나와(Okinawa and Ryukyu Islands)의 경우, 원자료에 일본이 1872~1945, 1972~현재까지 지배하고 있다고 기록되어 있고, 미국이 1945~1972년에 지배했다고 기록되어 있다. 이럴 경우에는 1872~1944년 일본 지배, 1945~1971년 미국 지배, 1972~현재 일본 지배로 입력했다.

둘째, 하나의 지역이 두 개의 종주국에 의해 지배된 것으로 기록되었을 경우에는 그중 가장 긴 기간에 걸쳐 지배한 종주국에 의한 지배 기간만을 입력하여 이중계산을 방지했다.

예를 들면, 올랜드제도(Aland Islands)의 경우 스웨덴이 1180~1809년, 1918년, 러시아(Russia/Soviet Union)가 1714~1721, 1742~1743, 1808~1917년에 지배했다고 기록되어 있다. 즉, 스웨덴이 지배한 1180~1809년에 러시아 지배 기간 1714~1721, 1742~1743년이 중복되어 기록되어 있다. 이 경우에는 후자의 러시아 지배 기간을 입력하지 않고 스웨덴의 지배 기간만을 입력했다.

특히, 제2차 세계대전 중 하나의 지역이 중복되어 지배되었다는 기록의 경우에 하나로 통일하여 이중계산을 방지했다. 즉, 본 IPC-DB는 제2차 세계대전 중의 일시적 지배가 포함되어 있지 않다. 예를 들면, 버마(Burma)

가 1885~1948년에 영국에 의해 지배되었는데 일본에 의해서도 1942~1945년에 지배되었다고 기록되었을 경우, 1885~1948년 영국 지배로 입력했다.

레바논(Lebanon)도 1516~1918년에 오스만/터키(Ottoman/Turkey), 1832~1840년에 이집트, 1918~1946년에 프랑스, 1941~1946년에 영국 지배로 기록되어 있다. 이 경우는 둘째 기준에 의거하여 이집트 지배 기간을 입력하지 않음과 동시에 넷째 기준을 적용하여 영국의 지배 기간도 입력하지 않아 결국 오스만/터키에 의해, 1516~1917년 그리고 프랑스에 의해 1918~1946년에 지배되었다고 입력했다.

셋째, 하나의 지역이 복수 또는 분할되어 지배된 것으로 기록되었을 경우에는 중복되지 않도록 입력하여 이중계산을 방지했다.

예를 들면, 미국 플로리다(Florida)의 경우 플로리다 전체 지역을 1565~1763, 1783~1821년에 스페인이 지배했고, 1763~1783년에는 영국이 지배했다고 기록되어 있다.

또한 플로리다 캐롤라인 요새(Fort Caroline)는 1564~1565년에 프랑스가 지배했고, 플로리다 서부는 1565~1763, 1763~1781년에 영국이 지배했고, 플로리다 동부는 1565~1763, 1781~1821년에 스페인이 지배했다고 기록되어 있다. 이럴 경우에 플로리다를 하나의 지역으로 간주하여 지배된 기간을 중복되지 않도록 조정했다. 즉, 1564년에 프랑스, 1565~1763년에 스페인, 1763~1782년에 영국이 지배한 것으로 입력했다.

넷째, 제1차 세계대전 후의 국제연맹(League of Nations)과 제2차 세계대전 후의 국제연합(United Nations) 그리고 제2차 세계대전 후 분할 점령한 경우에는 지배 지역으로 간주하지 않았다.

즉, 국제연맹에 의해 관리된 21개 지역과 국제연합에 의해 관리된 19개 지역은 IPC-DB에 포함되어 있지 않다. 그리고 제2차 세계대전 후 영국, 프랑스, 러시아, 미국에 의해 점령된 오스트리아, 독일은 IPC-DB에 그 어느 나라에 의한 지배로도 입력되어 있지 않다. 다만 일본의 경우는 1945~1950년 기간에 미국 단독으로 점령되어 있는 것으로 기록되어 있기에 IPC-DB에 미국의 지배로 입력되어 있다.

3) 분석 시기와 유의점

여기에서는 이상과 같은 기준에 따라 선정된 1,325개 지역으로 만들어진 IPC-DB를 중심으로 식민주의 역사를 고찰하기로 한다.

원자료는 800년부터의 지배 역사를 수록하고 있지만 800년부터 1000년까지의 지배 지역 수가 적고 변화도 거의 없어, 그 의미에 대해 파악하기 어렵기에 분석 대상에서 제외한다. 따라서 제1장의 분석 대상은 1000년부터 저자가 원자료가 수록된 웹사이트에 접속한 2016년 1월 31일 직전 해인 2015년까지로 한정한다.

IPC-DB에 수록된 지역의 명칭은 시대에 따라 바뀌었다. 독자의 이해를 돕기 위해, Burbank and Cooper(2010)[1]를 참조하여 오늘날 통용되는 지명으로 통일했다.

4) 검증

지배 지역 수는 1000년부터 아메리카대륙 발견 직전인 1487년까지 전증했고, 1488년부터 1689년까지 급증했다(그림 1-1). 1690년부터 1815년까지 지배 지역 수가 정체했다가 이후 감소하고 1835년부터 급격히 증가했다. 지배 지역 수는 제1차 세계대전 직후인 1919년부터 감소했다가 제2차 세계대전기에 상승한 뒤 1946년부터 급격히 감소했다.

이러한 IPC-DB 지배 지역 수에 관한 전체 동향은 기존 연구와 정합적인가? 대항해 시대 이후부터 제2차 세계대전 이전까지의 변화에 한정된 연구이지만, 저자가 살펴본 연구 중에 가장 신뢰할 수 있는 연구 결과라고 판단한 Etemad(2007)와 비교하며 검증하고자 한다.[2]

Etemad(2007)는 면적과 인구를 기준으로 세계 지배 지역의 변화를 조사했다. 그에 의하면 1760년부터 1830년까지의 지배 지역이 1/3로 감소했지만 지배 인구는 6배나 증가했다고 한다(표 1-1). 이는 북아메리카와 남아메리카 각 지역의 독립에 의해 지배 면적 비율이 급감했지만, 인구밀도가 높

그림 1-1 전 세계 지배 지역 수의 장기 추이(1000~2015년) (단위: 지역 수)

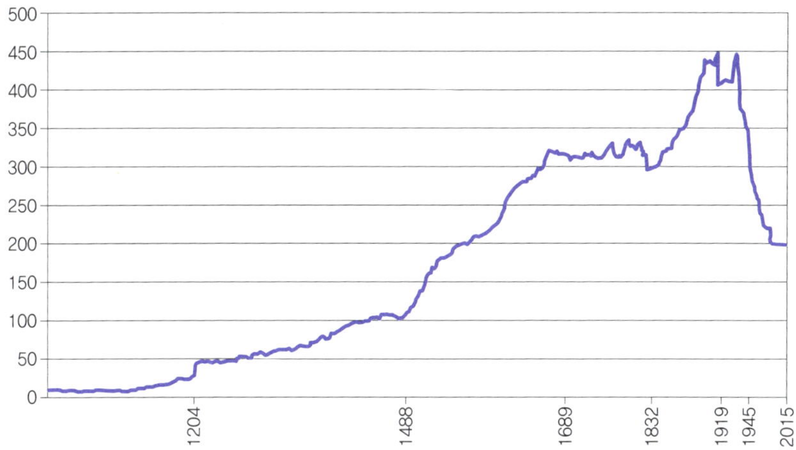

자료: Index of Possessions and Colonies.

표 1-1 전 세계 지배 면적 비중 및 지배 인구 비중과 지배 지역 수의 추이 (단위: %)

연도	면적	인구	합계	지역 수
1760	18	13	10.5	312
1830	16	18	12.0	300
1880	18	22	20.0	367
1913	39	31	35.0	430
1938	42	32	37.0	414

주: 전 세계 지배 면적 및 전 세계 지배 인구는 서유럽, 미국, 일본의 지배 지역을 계산한 것이나 전 세계 지배 지역 수는 중국의 일부 지배 지역까지도 포함되어 있음.
자료: Etemad, Bouda(2007), p. 17; Index of Possessions and Colonies.

은 인도 등의 지배 지역이 확대된 결과였다.

1880년에는 지배 지역 면적이 1760년 수준인 전 세계 면적의 18%가 되었다. 지배 지역의 인구는 1830년 전 세계 인구의 18%에서 22%로 증가했다. 1913년에는 면적과 인구가 각각 39%, 31%, 1938년에는 각각 42%, 32%로 증가했다.

IPC-DB에 따르면 지배 지역 수가 1760년에 312개 지역, 1830년에 300개 지역, 1880년에 367개 지역, 1913년에 430개 지역, 1938년에 414개 지역이었다.

Etemad 분석과 IPC-DB의 절대치 결과를 연간 증감률을 기준으로 비교하면 상승과 하락의 경향이 유사하다는 것을 알 수 있다(그림 1-2). 1830~1880년과 1880~1913년의 증감률 기울기가 다른 이유는 영국과 프랑스가 상대적으로 인구밀도가 높은 지배 지역을 확대해 나간 반면 그 이외의 종주국, 즉 스페인과 오스만/터키가 다수의 지배 지역을 상실했기 때문이다(그림 1-3).

따라서 IPC-DB는 18세기부터 20세기까지 면적과 인구를 기준으로 지

그림 1-2 전 세계 지배 면적·비중과 지배 지역 수의 증감률 추이

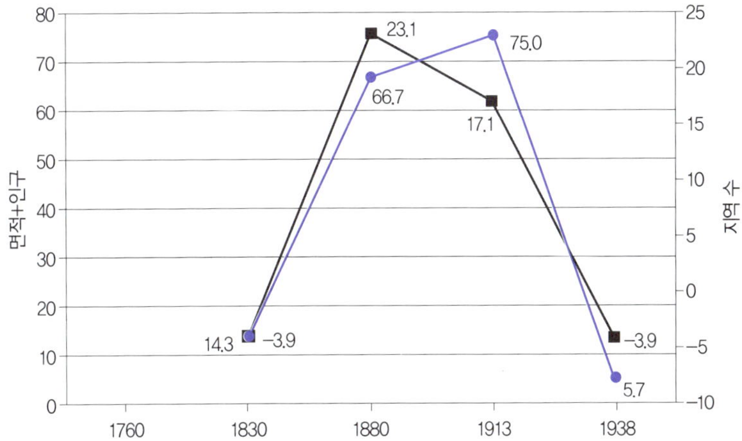

자료: 표 1-1과 같음.

그림 1-3 주요 종주국의 지배 지역 수 추이(1000~2015년)

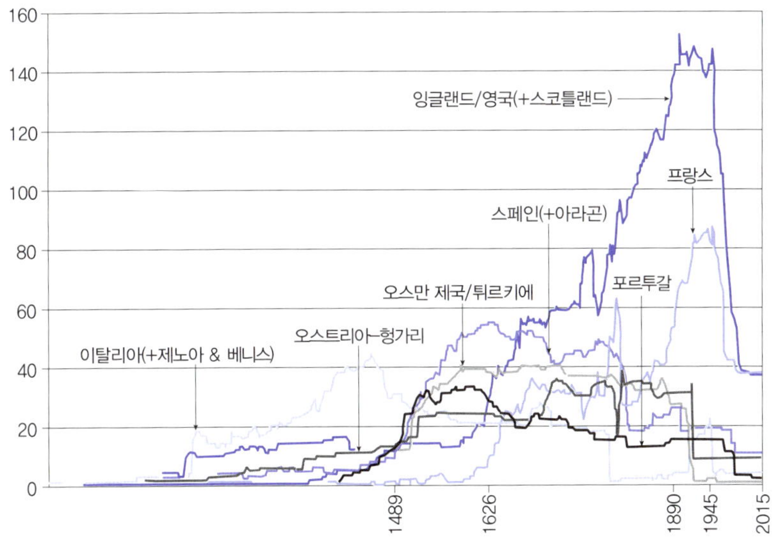

자료: Index of Possessions and Colonies.

배 지역의 변화를 분석한 Etemad(2007)보다 정치하지 못하지만, Etemad(2007)가 제시하지 못한 10세기부터 현재까지의 변화를 연속적으로 파악할 수 있다는 점에서 유용하다.

2. 식민의 시대

1) 이탈리아의 부상과 침체: 1000~1487년

대항해 시대 이전 시기는 지배 지역이 지속적으로 증가하기는 했으나 증가율이 낮았고 그 절대 수도 적었다(그림 1-1, 그림 1-3). 1204년부터 지배 지역 수가 늘기 시작했는데, 그 변화를 주도한 나라가 이탈리아였다.

1203년에 영국과 이탈리아의 지배 지역이 모두 4개 지역이었으나, 1204년에는 영국이 11개 지역, 이탈리아가 13개 지역으로 확대되었다(IPC-DB).

이 시대 전체 변화를 살펴보면, 이탈리아와 영국의 지배 지역 수가 11세기 말까지는 같았지만, 12세기부터 격차가 발생하여 12세기 후반 이후 확대되었다. 그 격차는 계속 확대되어 1457년에 영국의 지배 지역은 12개 지역으로 정체된 반면, 이탈리아의 지배 지역은 계속 증가하여 최대 43개 지역이 되었다. 이탈리아와 영국의 수준은 아니었지만, 북유럽의 각 지역이 주변 지역을 지배하고 있었던 점을 간과해서는 안된다. 즉, 1204년에 덴마크가 6개 지역, 스웨덴이 3개 지역, 노르웨이가 5개 지역을 지배하고 있었다(IPC-DB).

지배연수, 즉 각 종주국에 의한 각 지배 지역의 지배 기간을 합산한 연수를 기준으로 이 시대의 특징을 살펴보자(표 1-2). 이 시대 이탈리아 지배 연수는 7,449년으로 가장 많으며, 영국이 3,839년, 덴마크가 3,078년, 오스트리아-헝가리가 2,138년, 노르웨이가 2,024년, 스페인이 1,515년, 스웨덴이 1,005년, 오스만/터키가 657년, 포르투갈이 430년이었다.

지배연수를 기준으로 이 시대 각 지역 간 지배 상황을 살펴보면, 이 시대 압도적 지배자는 이탈리아였고 영국은 그 뒤를 따르고 있었다. 이 시대 또 하나의 특징은 북유럽 각 지역, 즉 덴마크, 노르웨이, 스웨덴이 영국, 오스트리아-헝가리, 스페인에 버금가는 지배력을 갖고 있었다는 점이다.

이상과 같이 대항해 기술이 발전하기 이전의 약 5세기 동안은 이탈리아를 선두로 영국이 추격하는 형태로 주변 지역을 지배하는 시대였다. 북유럽의 지배력도 버금가는 수준이었다. 대항해 시대 이전 시기의 종주국들은 인접 지역의 지배를 유지·확대하며 대항해 시대 이후의 급격한 지배 지역 확대를 준비하고 있었다.

2) 군웅할거와 영국의 대두: 1488~1689년

'대항해 시대'로 불리는 이 시기는 이탈리아의 지배력이 침체하는 가운데 여러 종주국, 즉 오스만/터키, 오스트리아-헝가리, 스페인, 포르투갈이 경쟁적으로 지배력을 확대한 시대였다(그림 1-3). 뒤늦게 경쟁에 참여한 영국은 이 시대 후반부에 지배력을 급격히 확대시켰다.

이 시대 시작점인 1488년에 초점을 맞추어 살펴보면, 이탈리아의 지배 지역이 30개 지역으로 대항해 이전 시대에 이어 여전히 우위를 점했다. 오스트리아-헝가리가 13개 지역, 영국이 12개 지역, 포르투갈이 12개 지역,

덴마크가 10개 지역으로 그 뒤를 이었다(IPC-DB).

이 시대 마지막 해인 1689년에는 상황이 바뀌어 영국이 55개 지역을 지배하게 되어 처음으로 최고의 지배력을 갖게 되었다. 한편, 스페인은 51개 지역으로 영국에게 최고 지위는 내주었지만 2위를 유지했다. 오스만/터키가 40개 지역, 그리고 프랑스가 35개 지역을 지배하며 두각을 나타냈다. 이탈리아가 26개 지역, 오스트리아-헝가리, 포르투갈, 네덜란드가 23개 지역, 스웨덴이 14개 지역, 덴마크가 9개 지역으로 여전히 지배력을 행사하고 있었다.

영국이 최고 지배력을 갖게 되는 결정적 계기는 1588년에 스페인 무적함대와의 전투에서 승리했기 때문이다. 스페인 무적함대 패배 사건 직후에 지배력 균형이 바로 바뀐 것은 아니었지만 32년이 경과하여 지배력 균형에 변화가 발생한 것을 확인할 수 있다.

즉, 1620년에 영국의 지배 지역이 22개로 증가하여 21개 지역을 지배했던 이탈리아를 넘어서게 되었다. 불과 3년 뒤인 1623년에는 영국이 25개 지역을 지배하게 되어 24개 지역을 지배했던 오스트리아-헝가리를 넘어섰다. 1632년에는 영국이 38개 지역을 지배하게 되어 37개 지역을 지배했던 오스만/터키를 능가하게 되었다. 영국은 스페인 무적함대에 대승한 지 77년 만인 1665년에 지배 지역을 50개 지역으로 확대하여 49개 지역을 지배했던 스페인을 추월하고 세계 최고의 지배력을 갖게 된 것이다.

이 시대의 지배연수는 스페인이 8,473년으로 압도적으로 높았고, 오스만/터키가 6,529년, 포르투갈이 5,298년으로 뒤를 이었다(표 1-2). 영국은 4,910년으로 이 시대 중반 이후의 절대적인 지배력 확대를 준비했다. 이탈리아는 영국에 뒤진 4,680년, 오스트리아-헝가리가 4,387년이었다. 이 시

표 1-2 시대별 종주국의 지배연수(1000~2015년) (단위: 년)

	1000~1487	1488~1689	1690~1831	1832~1918	1919~1944	1945~1992	1993~2015	계
잉글랜드/영국(+스코틀랜드)	3,839	4,910	9,732	10,797	3,700	3,719	894	37,591
스페인(+아라곤)	1,515	8,473	6,083	1,836	499	722	264	19,392
프랑스	94	1,789	4,743	4,176	2,166	2,451	912	16,331
이탈리아(+제노아 & 베니스)	7,449	4,680	2,270	302	442	193	96	15,432
오스만제국/튀르키에	657	6,529	5,290	2,495	32	52	24	15,079
오스트리아-헝가리	2,138	4,387	4,407	2,785	234	423	216	14,590
포르투갈	430	5,298	2,608	1,205	390	454	56	10,441
덴마크	3,078	1,968	1,588	550	124	168	72	7,548
네덜란드(+할란드)	0	1,614	2,632	999	260	383	163	6,051
프로이센 독일	149	400	1,180	1,742	475	510	264	4,720
스웨덴	1,005	1,135	1,361	557	130	235	120	4,543
러시아/소련	0	149	801	1,690	417	1,129	192	4,378
미국	0	0	1	883	654	1,260	439	3,237
페르시아/이란	0	1,275	1,012	364	130	276	168	3,225
노르웨이	2,024	314	0	17	104	235	120	2,814
중국	0	158	1,179	548	40	240	144	2,309
뉴질랜드	0	0	0	459	275	488	240	1,462
호주	0	0	0	104	234	554	264	1,156
일본	0	0	0	278	348	73	72	771
이집트	394	56	29	167	26	32	0	704
벨기에	0	0	0	69	174	180	48	471
계	22,772	43,135	44,916	32,023	10,854	13,777	4,768	172,245
연평균	46.7	213.5	311.9	376.7	417.5	287.0	207.3	169.5

자료: Index of Possessions and Colonies.

대의 프랑스는 다른 종주국에 비해 지배력이 현격하게 약하여 지배연수가 1,789년에 불과했다.

이상과 같이 항해 기술의 발달로 신대륙을 발견한 뒤의 약 2세기는 스페인이 압도적 지배력을 행사하는 가운데 오스만/터키, 포르투갈, 영국, 오스트리아-헝가리가 군웅할거하는 시대였다. 이 시대 후반기 영국은 스페인과의 전쟁에서 승리한 것을 계기로 최고의 지배력을 행사하는 지위를 획득하여 다음 시대의 독주를 예고했다.

3) 아메리카에서 아프리카와 아시아로: 1690~1918년

이 시대는 대항해 시대 이후 지배 지역 확대가 정체되기 시작한 1690년(319개 지역)부터 정체가 종료되는 1831년(297개 지역)의 전반부와 초유의 지배 지역 확대 기간이었던 1832년(298개 지역)부터 1918년(448개 지역)까지의 후반부로 나눌 수 있다(표 2, IPC-DB). Fieldhouse(1967)는 종주국들이 아메리카에서 아프리카와 아시아로 지배 지역을 확대한 기점을 나폴레옹이 퇴위했던 1815년으로 삼고 있다.[3] 그러나 IPC-DB에 따르면, 지배 지역 수가 급증한 1832년을 그 기점으로 삼을 수 있다.

전반부(1690~1831)는 대부분의 종주국이 지배 지역을 확대하지 못하는 정체 상태에 머물러 있는 가운데 영국만이 지속적으로 지배 지역을 확대했다(그림 1-3). 18세기 초반 일시적으로 오스트리아-헝가리가 지배 지역을 확대했고, 프랑스는 18세기 후반부터 19세기 초기까지 나폴레옹의 지배력 확대로 지배 지역을 급격히 확대했다. 그럼에도 불구하고 1690~1831년 기간의 지배연수를 살펴보면, 영국이 9,732년으로 다른 종주국과 비교하여 월등히 지배력이 높았고 이후 그 지위를 잃지 않았다(표 1-2). 한편, 스페인의 지배연수는 6,083년으로 영국에 역전당했으나 이 시기까지는 지배력을 현격하게 잃지 않았다. 오스만/터키가 5,290년으로 그 뒤를 이었으며, 프랑스가 4,743년으로 선두주자들을 추격하기 시작했다.

후반부(1832~1918)는 다른 종주국들이 정체와 증감을 거듭하는 사이에 영국과 프랑스만이 지배 지역을 급격히 확대했다(그림 1-3). 영국은 1783년의 57개 지역에서 캐나다의 빅토리아(Victoria, 1839)와 홍콩(1841) 등 새로운 지역을 추가하여 1918년에 최고점인 146개 지역으로 지배 지역을 급격히 확대했다(IPC-DB). 프랑스는 지배 지역 수를 1838년 28개 지역에서 최고점인 1918년의 82개 지역으로 증가시켜 증가율로는 영국과 비슷한 수준이었다.

그 결과 이 시기의 지배연수에 따르면 영국이 10,797년으로 절대적인 우위를 점했고, 프랑스가 4,176년으로 영국을 추격했다(표 1-2). 오스트리아-헝가리가 2,785년, 오스만/터키가 2,495년, 스페인이 1,836년, 포르투갈이 1,205년으로 그 뒤를 이었고, 이탈리아는 302년으로 종주국의 지위를 급격히 상실하고 있었다.

이상과 같이 종주국 중에서 선두주자가 아니었던 영국은, 대항해 시대에 두각을 나타냈다. 이후 영국은 최대의 지배 지역이었던 북미 지역을 상실한 뒤에도 그 경험을 살려 아프리카와 아시아에 진출하여 급격히 지배 지역을 확대하여 독보적인 종주국의 지위를 확보했다. 한편, 프랑스는 나폴레옹에 의해 지배 지역을 급격히 확대했다가 급감했으나 이후 아프리카와 아시아에 진출하여 영국에 버금가는 증가율로 지배 지역을 확대하여 제2위의 종주국 지위를 확보했다.

3. 탈식민의 시대

1) 탈식민: 1919~1992년

제1차 세계대전 이후 총 지배 지역 수가 최고점으로 복귀하는 일은 발생하지 않았다(그림 1-2). 즉, 제1차 세계대전 직후에 탈식민의 시대가 시작되었다. 제2차 세계대전기에 총 지배 지역 수가 급격히 증가했지만 최고점인 1918년(448개 지역)의 수준으로 복귀하지는 않았다(IPC-DB). 탈식민의 시대는 지배 지역의 수가 급감했다가 급증했던 제1차 세계대전 후부터 제2차 세계대전 종전 직전까지의 시기(1919~1944)와 제2차 세계대전 종전 후부터 소련 붕괴까지의 시기(1945~1992)로 구분할 수 있다.

제1차 세계대전 후 각 종주국의 지배 지역 수의 변화는 다음과 같다(IPC-DB). 오스트리아-헝가리는 34개 지배 지역(1918)에서 9개 지역(1919)으로 1년 만에 급감했고, 독일은 33개 지역(1913)에서 15개 지역(1919)으로 감소했다. 한편, 오스만/터키의 지배 지역은 36개 지역(1875)을 정점으로 제1차 세계대전이 발발했을 때 14개 지역(1914)으로 절반 이하로 감소했으며, 제1차 세계대전이 끝났을 때는 4개 지역(1919)으로 대폭 축소되었다.

최대 종주국 영국은 제1차 세계대전 직후에 역사상 최대 지배 지역인 148개 지역(1921)을 지배했다가 137개 지역(1937)으로 감소했다. 이후 증가하여 제2차 세계대전 직후에 147개 지역(1945)을 지배했다가 이후 급격히 감소했다.

프랑스는 제1차 세계대전 직후에 84개 지역(1920)을 지배했나가 영국과는 달리 제2차 세계대전까지 감소하지 않았다. 프랑스 지배 지역은 제2차 세계대전 중에 감소했다가 제2차 세계대전 끝날 무렵 최대 87개 지역(1945)까지 확대되었다. 제2차 세계대전 이후 지속적으로 감소했으나 영국의 지배 지역 수보다 감소하지는 않았다.

러시아는 제1차 세계대전 중에 23개 지역(1915)을 지배했다가 제1차 세계대전 직후에는 10개 지역(1919)으로 감소했다. 그 이후 제2차 세계대전까지 증가하여 제2차 세계대전 직후에 최대 31개 지역(1945)으로 확대되었다가 이후 서서히 감소했다.

탈식민의 시대 전반기(1919~1944)에 프랑스 지배연수는 2,451년으로, 영국의 지배연수 3,700년의 66%에 해당되어 이전 시기(1832~1918)인 39%보다 확대되었다(표 1-2). 이 시기에 다른 종주국보다 급격히 지배력을 상실한 종주국은 오스만/터키(32년), 오스트리아-헝가리(234년)였으며, 이들은 유럽의 각 지역만을 지배했었다는 공통점이 있다.

탈식민 시대 후반기(1945~1992)에 프랑스의 지배연수는 2,451년으로 영국의 지배연수 3,719년의 66%로 탈식민 시대 전반기(1919~1944)와 같은 수준을 유지했다. 여기에서 주목할 만한 사실은 탈식민 시대에 러시아와 미국이 다른 종주국들과는 달리 종주국의 지위를 높여 갔다는 것이다.

즉, 러시아의 지배연수(1,129년)와 미국의 지배연수(1,260년)가 영국 지배 연수의 각각 30%, 34%에 해당되어 탈식민의 시대 전반기 영국 지배연수의 각각 11%, 18%에 해당되는 것에 비해 비약적으로 상승했다(IPC-DB). 종래 종주국의 지배력이 약화되는 가운데 새로운 종주국들의 지배가 강화되었던 사실을 확인할 수 있다.

그렇다면 탈식민의 파급효과는 어떠했을까? 그 파급효과는, 첫째 장기 사회 변화의 지표인 인구 변화를 통해 확인할 수 있다(표 1-3). 각 시기의

표 1-3 지배 지역과 지역별 인구의 변화

<table>
<tr><th rowspan="3">연도</th><th colspan="2">지배 지역(개, %)</th><th colspan="8">인구(백만 명, %)</th></tr>
<tr><th rowspan="2">절대 수</th><th rowspan="2">증가율</th><th colspan="2">세계</th><th>아시아</th><th>아프리카</th><th>유럽</th><th>소련</th><th>아메리카</th><th>오세아니아</th></tr>
<tr><th>절대 수</th><th>증가율</th><th colspan="6">증가율</th></tr>
<tr><td>1000</td><td>9</td><td></td><td>253</td><td></td><td></td><td></td><td></td><td></td><td></td><td></td></tr>
<tr><td>1500</td><td>118</td><td>0.51</td><td>461</td><td>0.12</td><td>0.10</td><td>0.16</td><td>0.16</td><td>0.05</td><td>0.17</td><td>0.22</td></tr>
<tr><td>1700</td><td>316</td><td>0.49</td><td>680</td><td>0.19</td><td>0.28</td><td>0.09</td><td>0.17</td><td>0.28</td><td>-0.62</td><td>0.00</td></tr>
<tr><td>1800</td><td>325</td><td>0.03</td><td>954</td><td>0.34</td><td>0.37</td><td>-0.05</td><td>0.43</td><td>0.49</td><td>0.69</td><td>-0.40</td></tr>
<tr><td>1900</td><td>439</td><td>0.30</td><td>1,634</td><td>0.53</td><td>0.36</td><td>0.30</td><td>0.70</td><td>0.95</td><td>1.93</td><td>1.09</td></tr>
<tr><td>1950</td><td>374</td><td>-0.31</td><td>2,520</td><td>0.85</td><td>0.83</td><td>0.95</td><td>0.56</td><td>0.71</td><td>1.38</td><td>1.53</td></tr>
<tr><td>2000</td><td>198</td><td>-1.24</td><td>6,055</td><td>1.73</td><td>1.91</td><td>2.49</td><td>0.51</td><td>0.92</td><td>1.81</td><td>1.65</td></tr>
</table>

주: 증가율은 전년도부터 해당 연도까지의 연평균.
자료: Index of Possessions and Colonies; 송병건 · 허은경 옮김(2009), p. 41.

지배 지역 증가율과 세계총인구증가율은 다음과 같다. 즉, 1000~1500년 시기에 0.51과 0.12, 1500~1700년 시기에 0.49와 0.19, 1700~1800년 시기에 0.03과 0.34, 1800~1900년 시기에 0.30과 0.53, 1900~1950년 시기에 -0.31과 0.85, 1950~2000년 시기에 -1.24와 1.73이었다.

여기에서 탈식민의 시대에 인구가 폭발적으로 증가한 점이 주목할 만하다. 그리고 지배 지역 수가 줄어들었을 때 세계총인구증가율이 상승한 사실을 확인할 수 있다. 즉, 탈식민 시대의 지배 지역 증가율과 세계총인구증가율은 반비례 관계에 있었다.

1800~1900년 시기를 제외하고 지배 지역이 감소하면 세계총인구가 증가했다. 정치적 부자유의 제거가 발전을 초래한다고 할 수 있기에,[4] 지배 지역의 감소가 정치적 부자유를 제거했고 경제발전의 기반을 마련하여 인구증가에 영향을 미쳤다고 할 수 있다.

표 1-4　1인당 GDP 성장률 변화 (단위: %)

	세계	아시아	일본	아프리카	서유럽	동유럽	구소련	서구 기타	남미
1000~1500	0.05	0.05	0.03	−0.01	0.13	0.04	0.04	0.00	0.01
1500~1820	0.05	0.00	0.09	0.00	0.14	0.10	0.10	0.34	0.16
1820~1870	0.54	−0.10	0.19	0.35	0.98	0.63	0.63	1.41	−0.03
1870~1913	1.30	0.42	1.48	0.57	1.33	1.39	1.06	1.81	1.82
1913~1950	0.88	−0.10	0.88	0.92	0.84	0.60	1.76	1.56	1.43
1950~1973	2.92	2.91	8.06	2.00	3.92	3.81	3.35	2.45	2.59
1973~2001	1.41	3.55	2.14	0.19	1.80	0.68	−0.96	1.84	0.91

주: 1) 아시아는 일본 제외.
2) 서구 기타에는 미국 포함.
자료: Maddison(2003), p. 263.

탈식민 파급효과는, 둘째 일인당 GDP 성장률 변화를 통해 확인할 수 있다(표 1-4). 각 시대의 전 세계 일인당 GDP 성장률은 1000~1500년에 0.05%, 1500~1820년에 0.05%, 1820~1870년에 0.54%, 1870~1913년에 1.30%, 1913~1950년에 0.88%, 1950~1973년에 2.92%, 1973~2001년에 1.41%이었다.

일인당 GDP 성장률이 대항해 시대 이전 및 대항해 시대보다 산업혁명 효과가 파급되었던 시기와 19세기 후반부터 제1차 세계대전 이전의 시기보다 두 배 이상 높았다. 그렇지만 일인당 GDP 성장률이 제2차 세계대전 후에는 19세기 후반부터 제1차 세계대전 이전의 시기보다 두 배 이상 높았다. 지역별로 살펴보면, 서유럽의 경우 제1차 세계대전 이전의 안정기보다 제2차 세계대전 후 안정기의 일인당 GDP 성장률이 세 배 높았다.

한편, 일본을 제외한 아시아의 경우에 절대 수치는 서유럽에 뒤지지만, 제1차 세계대전 이전 안정기보다 제2차 세계대전 후의 안정기의 일인당 GDP 성장률이 일곱 배 높았다. 특히 석유파동 이후의 시기에는 일본을 제외한 아시아의 일인당 GDP 성장률이 절대 수치에서도 서유럽의 두 배 가까웠다. 그 원인으로 시장거래의 안정, 저렴한 기술의 보급 등을 지적할 수 있다. 그렇지만 피지배 지역이 대부분이었던 일본을 제외한 아시아 지역에서 전면적으로 자유로운 개인 행위가 가능하게 되었다는 점을 주목해야 한다.

2) 탈식민의 정체: 1993~2015년

탈식민이 제2차 세계대전 후 급격히 진행되다가 1992년 소련연방이 해체되어 그 진행을 가속화시켰는데 이후에는 정체되었다. 그렇다면 현재의 지배 지역은 앞으로도 지배 지역에서 벗어나기 힘들 것인가?

IPC-DB에서 2015년 현재 총 잔존 지배 지역은 198개 지역이다(표 1-5). 잔존 지배 지역의 평균 지배연수는 277.0년이고, 총 지배연수는 54,846년이다. 한편, 총 탈지배 지역은 999개 지역이고, 평균 지배연수는 117.6년이며, 총 지배연수는 117,464년이다. 잔존 지배 지역의 평균 지배연수가 탈지배 지역의 평균 지배연수보다 길기 때문에 2015년 현재의 지배 지역은 지배에서 탈피하기 어려운 것인가?

먼저 IPC-DB에 수록된 탈지배 지역 중에 최단기 지배 지역의 지배연수는 203년이고, 최장기 지배 지역은 영국에 의해 지배당한 아일랜드로 그 지배연수가 751년이다(부표 1-1). 잔존 지배 지역 중에 최단기 지배 지역의 지배연수는 23년이지만 최장기 지배 지역의 지배연수는 966년이다(부표 1-2).

표 1-5 탈지배 지역과 잔존 지배 지역의 지배연수 비교 (단위: 년)

	지역 수	평균 지배연수	총 지배연수
잔존 지배 지역 계	198	277.0	54,846
지배연수 상위 탈지배 지역	198	346.0	68,504
탈지배 지역 계	999	117.6	117,464

주: 지배연수는 1000~2015년의 수치.
자료: Index of Possessions and Colonies.

잔존 지배 지역 중의 최장기 지배연수가 탈지배 지역의 최장기 지배연수를 상회한다. 그렇지만 잔존 총 지배 지역 198개 지역과 같은 수의 탈지배 지역의 지배 연수 상위부터 198개 지역을 살펴보면, 평균 지배연수가 346.0년이고 총 지배연수는 68,504년이다. 즉, 탈지배 지역의 평균 지배연수가 잔존 지배 지역의 그것보다 길고 총 지배연수도 길다. 이와 같은 사실을 고려하면 잔존 지배 지역이 앞으로 그 상태에서 벗어나기 어렵다고만 할 수 없다.

4. 소결: '은밀한' 지배

대항해 이전 시대(1000~1487)에는 이탈리아가 최대 종주국의 지위로 부상했으나 이후 침체했다. 이러한 상황을 틈타 영국이 추격을 시작했고 북유럽도 주변 지역에 대해 지배력을 강화했다. 대항해 시대(1488~1689)에는 항해 기술의 발달로 오스만/터키, 오스트리아-헝가리, 스페인, 포르투갈, 영국이 군웅할거하는 중에 신대륙이 발견되어 지배 지역 획득 경쟁이 격화되었다.

대항해 전반기에는 여전히 이탈리아가 주도했으나 영국이 대두하게 되었고 북유럽은 주변 지역에 대한 지배력을 유지했다. 지배 지역이 최고 속도로 증가했던 시대(1690~1918)에는 영국이 북미 지역을 상실했음에도 불구하고 아프리카 및 아시아의 지배 지역을 확대하여 독보적 종주국의 지위를 확보했다. 프랑스는 나폴레옹의 등장으로 지배 지역을 확대했으나 이후 급감했다가 영국에 버금가는 지배 지역 획득 증가율로 제2위의 종주국 지위를 확보했다.

탈식민의 시대는 제1차 세계대전 후인 1919년에 시작되었다. 프랑스는 제2차 세계대전기에 지배 지역이 감소했으나 감소율이 크지 않아 영국의 지위에 다가갔다. 제2차 세계대전 이후 지배 지역은 급격히 감소했으며, 프랑스는 영국의 지배 지역 수와 어깨를 나란히 했다.

탈식민의 파급효과는 제2차 세계대전 후 사상 초유의 인구증가와 일인당 GDP 증가율을 통해 확인할 수 있었다. 이러한 배경에는 탈식민 이후 피지배 지역 주민들의 자유로운 개인 행위가 급격히 확대한 사실이 있었다. 한편, 탈식민 정체의 시대(1993~2015)를 거쳐 2015년 현재 잔존해 있는 지배 지역은 오랜 기간 지배당했던 지역도 탈식민했던 상황을 고려해 보면 탈식민의 가능성이 낮다고만 할 수 없다.

IPC-DB의 분석 결과로, 지배 지역이 제1차 세계대전까지 확대되었고 그 이후로 감소했으나 여전히 남아 있다는 사실을 확인했다. 탈식민되었거나 식민 상태이거나 또는 종주국이었거나 식민주의의 역사적 경험에서 쉽게 벗어나기 어렵다. 이제부터 탈식민의 시대인 현재에도 여전히 살아 숨쉬고 있는, 식민의 시대에 뿌리내린 식민주의가 능력주의 신화라는 덕목으로 계승되어 규율이 새롭게 만들어지고 작동했던 역사적 과정을 분석하기로 한다.

부표

부표 1-1 탈지배 지역(지배연수 상위)

순위	지배연수	지배 지역	종주국
1	751	Ireland(1171~1921)	England/United Kingdom(+Scotland)
2	685	Zara/Zadar(1115~1154, 1160~1183, 1204~1797, 1918~1944)	Italy
3	664	Holstein(1201~1865)	Denmark
4	650	Halland(800~1645)	Denmark
5	649	Carniola(Krain/Slovenia)(1270~1918)	Austria-Hungary
6	632	Scania(800~1332, 1360~1653)	Denmark
7	629	Aland Islands(c.1180~1809, 1918)	Sweden
8	628	Finland(c.1180~1808)	Sweden
9	626	Oldenburg(1148~1773)	Denmark
10	607	Bohemia-Moravia(1939~1945)	Prussia Germany
11	568	Fricktal(1230~1797)	Austria-Hungary
12	560	Iceland(1380~1940/1944)	Denmark
13	560	Cerigo(1205~1275, 1309~1797)	Italy
14	548	South Tyrol(1363~1805, 1814~1918)	Austria-Hungary
15	546	Rumelia(1363~1908)	Ottoman Empire/Turkey
16	543	Macedonia(Skopje)(1371~1913)	Ottoman Empire/Turkey
17	533	Trieste(1382~1809, 1813~1918)	Austria-Hungary
18	524	Kosovo(1389~1912)	Ottoman Empire/Turkey
19	514	Bulgaria(Vidin, Tuna, Rumelia)(1395~1908)	Ottoman Empire/Turkey
20	506	São Tomé and Príncipe(1470~1975)	Portugal
21	505	Vorderösterreich(Further Austria)(1301~1805)	Austria-Hungary
22	505	Cerigotto(1293~1797)	Italy
23	503	Albania(Shkoder, Valore, Uskib)(1410~1912)	Ottoman Empire/Turkey
24	475	Mozambique(Portugese East Africa)(1501~1975)	Portugal
25	467	Harjedalen(1178~1645)	Norway
26	467	Jamatland(1178~1645, 1677)	Norway
27	465	Crete(1204~1363, 1364~1669)	Italy
28	463	Norway(1000~1015, 1028~1035, 1375~1814)	Denmark

부표 1-1 계속

순위	지배연수	지배 지역	종주국
29	453	Newfoundland(1497~1949)	England/United Kingdom(+Scotland)
30	452	Goa(Portuguese India)(1510~1961)	Portugal
31	450	Nice(1388~1792, 1814~1860)	Italy
32	450	Treviso(1339~1379, 1389~1797)	Italy
33	447	Macao(Macau)(1553~1999)	Portugal
34	446	Bosnia-Hercegovina(1463~1908)	Ottoman Empire/Turkey
35	445	Fiume(1471~1809, 1813~1918)	Austria-Hungary
36	438	Samos(1475~1912)	Ottoman Empire/Turkey
37	427	Diu(1535~1961)	Portugal
38	423	Istria(coast: 1374~1797)	Italy
39	420	Serbia(Belgrade, Nish, Kalemegdan)(1459~1878)	Ottoman Empire/Turkey
40	417	Cacheu(1588~1974)	Portugal
41	412	Corfu(1386~1797)	Italy
42	411	Ionian Islands(1386~1797)	Italy
43	403	Jordan(1516~1918)	Ottoman Empire/Turkey
44	403	Syria(Damascus, Aleppo)(1516~1918)	Ottoman Empire/Turkey
45	403	Damão(Daman)(1559~1961)	Portugal
46	402	Lebanon(Beirut, Acre, Saidon)(1516~1918)	Ottoman Empire/Turkey
47	402	Palestine(Jerusalem)(1516~1918)	Ottoman Empire/Turkey
48	401	Angola(Portuguese West Africa)(1575~1975)	Portugal
49	400	Hejaz(1517~1916)	Ottoman Empire/Turkey
50	395	Parga(1401~1452, 1454~1797)	Italy
51	395	Egypt(1517~1798, 1801~1914)	Ottoman Empire/Turkey
52	394	Belluno, Bassano and Vicenza(1404~1797)	Italy
53	393	Bohemia(1526~1619, 1620~1918)	Austria-Hungary
54	393	Hungary(1526~1849, 1849~1918)	Austria-Hungary
55	393	Moravia(1526~1918)	Austria-Hungary
56	393	Slovakia(1526~1918)	Austria-Hungary
57	393	Verona and Padua(1405~1797)	Italy

부표 1-1 계속

순위	지배연수	지배 지역	종주국
58	391	Cyrenaica(1521~1911)	Ottoman Empire/Turkey
59	390	Rhodes(1522~1912)	Ottoman Empire/Turkey
60	390	Puerto Rico(1508~1898)	Spain(+Aragon)
61	389	Croatia(1527~1809, 1813~1918)	Austria-Hungary
62	388	Dalmatia(1409~1797)	Italy
63	388	Cuba(1511~1899)	Spain(+Aragon)
64	385	Orkney Islands(c.874~1380/1469)	Norway
65	385	Shetland Islands(c.874~1380/1468)	Norway
66	382	Sardinia(1326~1708)	Spain(+Aragon)
67	377	Cattaro/Kotor(1420~1797)	Italy
68	373	Naxos(1207~1579)	Italy
69	370	Mania(1453~1822)	Ottoman Empire/Turkey
70	368	Transylvania(1551~1849, 1849~1918)	Austria-Hungary
71	368	Iraq(Baghdad, Basra, Mosul)(1534~1623, 1638~1918)	Ottoman Empire/Turkey
72	365	Kuwait(1534~1914)	Ottoman Empire/Turkey
73	363	Greece(Athens, Salonika, Thessaly)(1460~1822)	Ottoman Empire/Turkey
74	363	Montenegro(1516~1878)	Ottoman Empire/Turkey
75	360	Andros(1207~1566)	Italy
76	360	Tripolitania(Tripoli)(1551~1912)	Ottoman Empire/Turkey
77	357	Saint Christopher(Kitts)(1623~1666, 1671~1983)	England/United Kingdom(+Scotland)
78	356	Nevis(1628~1983)	England/United Kingdom(+Scotland)
79	354	Barbuda(1628~1981)	England/United Kingdom(+Scotland)
80	350	Antigua(1632~1981)	England/United Kingdom(+Scotland)
81	345	Cyprus(1570~1914)	Ottoman Empire/Turkey
82	343	Dutch East Indies(Netherlands East Indies) (1602~1811, 1816~1949)	Netherlands
83	342	Barbados(1625~1966)	England/United Kingdom(+Scotland)
84	340	Tarasp(1464~1803)	Austria-Hungary
85	340	Gold Coast(1621~1960)	England/United Kingdom(+Scotland)

부표 1-1 계속

순위	지배연수	지배 지역	종주국
86	340	Zante(1485~1797)	Italy
87	337	Moldavia(1541~1877)	Ottoman Empire/Turkey
88	337	Walachia(1541~1877)	Russia/Soviet Union
89	334	Cape Verde(1642~1975)	Portugal
90	334	Portuguese Timor(East Timor)(1642~1975)	Spain(+Aragon)
91	333	Mykonos(1252~1258, 1390~1715)	Italy
92	333	Philippines(1565~1898)	Spain(+Aragon)
93	329	Moluccas(1621~1949)	Ottoman Empire/Turkey
94	328	Masawa(Eritrea)(1557~1884)	Ottoman Empire/Turkey
95	327	East Prussia(1618~1945)	Prussia Germany
96	326	Santo Domingo(1492~1801, 1808~1821, 1861~1863)	Spain(+Aragon)
97	325	Bessarabia(Moldova)(1488~1812)	Ottoman Empire/Turkey
98	323	Corone(1209~1500, 1685~1715)	Italy
99	323	Brazil(1500~1822)	Portugal
100	322	Modon(1209~1500, 1686~1715)	Italy
101	321	Panama(1501~1821)	Spain(+Aragon)
102	314	The Bahamas(1648~1657, 1670~1781, 1781~1973)	England/United Kingdom(+Scotland)
103	312	Tunis(1531~1535, 1574~1881)	Ottoman Empire/Turkey
104	312	Wake Island(1586~1898)	Spain(+Aragon)
105	310	Memel(1618~1920, 1939~1945)	Prussia Germany
106	309	Sicily(1282~1285, 1409~1713)	Austria-Hungary
107	308	Madras(1640~1947)	England/United Kingdom(+Scotland)
108	308	Cephalonia(1206~1214, 1483~1485, 1502~1797)	Italy
109	308	Crimea(1475~1783)	Ottoman Empire/Turkey
110	307	Senegal(1626~1758, 1779~1809, 1817~1960)	France
111	304	Fernando Poo and Annobon(1474~1778)	Portugal
112	303	Yucatan(1519~1821)	Spain(+Aragon)
113	302	Saint Thomas-Saint John's(1666~1667, 1672~1917)	Denmark
114	301	Aden(1538~1839)	Ottoman Empire/Turkey

부표 1-1 계속

순위	지배연수	지배 지역	종주국
115	301	New Spain(Mexico)(1521~1821)	Spain(+Aragon)
116	300	Nicaragua(1522~1821)	Spain(+Aragon)
117	299	Trinidad(1498~1797)	England/United Kingdom(+Scotland)
118	299	Guatemala(1523~1821)	Spain(+Aragon)
119	299	New Granada(Colombia)(1520~1811, 1815~1821)	Spain(+Aragon)
120	298	Gascongy/Guyenne(1152~1449)	England/United Kingdom(+Scotland)
121	298	Dutch Guiana(Suriname)(1665~1802, 1816~1975)	Netherlands
122	298	El Salvador(1524~1821)	Spain(+Aragon)
123	294	Algiers(1536~1830)	Ottoman Empire/Turkey
124	294	Chiapas(1528~1821)	Spain(+Aragon)
125	294	Honduras(1528~1821)	Spain(+Aragon)
126	293	Fernando de Noronha(1504~1628, 1654~1736, 1737~1822)	Portugal
127	290	Leeward Islands(1671~1960)	England/United Kingdom(+Scotland)
128	290	Azerbaijan(Baku)(1516~1806)	Ottoman Empire/Turkey
129	289	Quito(Ecuador)(1532~1820)	Spain(+Aragon)
130	289	Venezuela(1528~1811, 1812~1816)	Spain(+Aragon)
131	288	Bissau(1687~1974)	Portugal
132	287	Peru(1535~1821)	Spain(+Aragon)
133	286	Bombay(1662~1947)	England/United Kingdom(+Scotland)
134	285	Gotland(1360~1645)	Denmark
135	283	Roussillon(1137~1185, 1242~1276, 1443~1642)	Spain(+Aragon)
136	282	French India(1673~1954)	France
137	282	Anjediva(Angediva)(1505~1506, 1682~1961)	Portugal
138	281	Río de la Plata(Argentina)(1536~1816)	Spain(+Aragon)
139	279	Paraguay(1535~1813)	Spain(+Aragon)
140	278	Upper Peru(Bolivia)(1548~1809, 1809~1825)	Spain(+Aragon)
141	275	Chile(1541~1810, 1814~1818)	Spain(+Aragon)
142	274	Dutch Gold Coast(1598~1871)	Netherlands
143	272	Hebrides Islands(c.874~1266)	Norway

부표 1-1 계속

순위	지배연수	지배 지역	종주국
144	271	Samos(1204~1475, 1502~1558)	Italy
145	267	Bengal(1681~1947)	England/United Kingdom(+Scotland)
146	267	Gibraltar(1309~1333, 1462~1704)	Spain(+Aragon)
147	264	Mazagan(El Jadida)(1506~1769)	Portugal
148	263	Bahrain(1521~1783)	Persia/Iran
149	261	Estonia and Osel(1710~1918, 1940~1991)	Russia/Soviet Union
150	260	Latvia(1710~1917, 1940~1991)	Russia/Soviet Union
151	260	Chiloé(1567~1826)	Spain(+Aragon)
152	259	Oran and Mazalquivir(1509~1708, 1732~1792)	Spain(+Aragon)
153	258	Gorée(1677~1692, 1693~1758, 1763~1779, 1783~1800, 1817~1960)	France
154	257	Gambia(1661~1695, 1713~1779, 1816~1970)	England/United Kingdom(+Scotland)
155	256	Tabarca(1451~1506, 1542~1741)	Italy
156	256	Luxembourg(1457~1713)	Spain(+Aragon)
157	255	Euboea/Negroponte(1216~1470)	Italy
158	254	Costa Rica(1568~1821)	Spain(+Aragon)
159	250	Corsica(c.1050~1077, 1285~1297, 1559~1768)	Italy
160	242	Naples(1492~1707, 1734~1759)	Spain(+Aragon)
161	240	Crete(1669~1908)	Ottoman Empire/Turkey
162	237	Mosquito Coast(1658~1894)	England/United Kingdom(+Scotland)
163	237	Florida(1565~1763, 1783~1821)	Spain(+Aragon)
164	234	Syria(1291~1516, 1832~1840)	Egypt
165	233	British Honduras(Belize)(1749~1981)	England/United Kingdom(+Scotland)
166	233	Abkhazia(1578~1810)	Ottoman Empire/Turkey
167	231	Mariana Islands(Ladrones)(1668~1899)	Spain(+Aragon)
168	230	Guam(1668~1898)	Spain(+Aragon)
169	228	Santa Maura/Leukadia(1362~1479, 1500, 1689~1797)	Italy
170	227	Saint Vincent and the Grenadines(1627~1636, 1672~1673, 1762~1779, 1783~1979)	England/United Kingdom(+Scotland)
171	227	New Mexico(1595~1821)	Spain(+Aragon)

부표 1-1 계속

순위	지배연수	지배 지역	종주국
172	226	Outer Mongolia(1688~1911, 1920~1921)	China
173	226	Danish India(Tranquebar)(1620~1845)	Denmark
174	225	Palestine(1291~1516, 1832~1840)	Egypt
175	224	Tannu Tuva(1688~1911)	China
176	222	Chios(1345~1566)	Italy
177	220	Deshima(Dejima)(1641~1860)	Netherlands
178	220	Chaul(1521~1740)	Portugal
179	219	New France(1542~1760)	France
180	218	Dutch India(Coromandel Coast)(1608~1825)	Netherlands
181	216	Silesia(Breslau)(1526~1742)	Austria-Hungary
182	216	Ussari/Valdivostok(1644~1860)	China
183	216	Qandahar(1504~1709, 1738~1747)	Persia/Iran
184	215	Sakhalin/Kuye(1644~1858)	China
185	213	Montpellier(1137~1349)	Spain(+Aragon)
186	212	Aquitaine(1199~1294, 1303~1324, 1360~1453)	England/United Kingdom(+Scotland)
187	212	Calais(1347~1558)	England/United Kingdom(+Scotland)
188	212	Dominica(1761~1778, 1784~1978)	England/United Kingdom(+Scotland)
189	212	Monaco(1174~1297, 1301~1331, 1357~1395, 1402~1419)	Italy
190	211	Sainte-Marie de Madagascar(1750~1960)	France
191	211	Georgia(1578~1801)	Ottoman Empire/Turkey
192	210	Grenada(1609, 1762~1779, 1783~1974)	England/United Kingdom(+Scotland)
193	210	Malta(1282~1492)	Spain(+Aragon)
194	209	British Persian(Arabian) Gulf Residency(1763~1971)	England/United Kingdom(+Scotland)
195	205	Baçaim(Bassein)(1535~1739)	Portugal
196	204	Salsette(1534~1737)	Portugal
197	204	Silesia(Upper & Lower)(1742~1945)	Prussia Germany
198	203	São Tomé de Meliapore(1523~1662, 1687~1749)	Portugal
계	68,504		

주: 지배연수는 1000~2015년의 수치.

부표 1-2 잔존 지배 지역(전수)

순위	지배연수	지배 지역	종주국
1	966	Schleswig(945~1865, 1920~)	Denmark
2	860	Niederösterreich(Lower Austria)(1156~)	Austria-Hungary
3	860	Oberösterreich(Upper Austria)(1156~)	Austria-Hungary
4	852	Catalonia(1164~)	Spain(+Aragon)
5	812	Alderney(1204~)	England/United Kingdom(+Scotland)
6	812	Brechou(1204~)	England/United Kingdom(+Scotland)
7	812	Herm(1204~)	England/United Kingdom(+Scotland)
8	812	Jethou(1204~)	England/United Kingdom(+Scotland)
9	812	Sark(1204~)	England/United Kingdom(+Scotland)
10	808	Guernsey(1204~1940, 1945~)	England/United Kingdom(+Scotland)
11	808	Jersey(1204~1940, 1945~)	England/United Kingdom(+Scotland)
12	750	Herbrides Islands(Western Isles)(1266~)	England/United Kingdom(+Scotland)
13	736	Gotland(995~1360, 1645~)	Sweden
14	734	Styria(1282~)	Austria-Hungary
15	734	Wales(1282~)	England/United Kingdom(+Scotland)
16	721	Balearic Islands(1229~1276, 1343~)	Spain(+Aragon)
17	717	Isle of Man(1290~1313, 1317~1328, 1333~)	England/United Kingdom(+Scotland)
18	653	Vorarlberg(1363/1451/1765/1814~)	Austria-Hungary
19	645	Tyrol(1363~1805, 1814~)	Austria-Hungary
20	636	Faroe Islands(1380~)	Denmark
21	611	Canary Islands(1405/1479~)	Spain(+Aragon)
22	596	Madeira(1420~)	Portugal
23	584	Azores(1432~)	Portugal
24	519	Melilla(1497~)	Spain(+Aragon)
25	513	Görz(Gorizia)(1500~1809, 1813~)	Austria-Hungary
26	504	Navarre(1512~)	Spain(+Aragon)
27	502	Arabistan(1514~)	Persia/Iran
28	480	Alexandretta(Hatay)(1516~1918, 1939~)	Ottoman Empire/Turkey
29	476	Isla Alborán(1540~)	Spain(+Aragon)

부표 1-2 계속

순위	지배연수	지배 지역	종주국
30	467	Peñón de Velez de la Gomera(1508~1522, 1564~)	Spain(+Aragon)
31	463	Khorasan(1506~1755, 1803~)	Persia/Iran
32	460	Kärnten(Carinthia)(1553~1809, 1813~)	Austria-Hungary
33	457	Peñón de Alhucemas(1559~)	Spain(+Aragon)
34	441	Gilan(1567~1723, 1732~1920, 1921~)	Persia/Iran
35	436	Gradisca(1511~1647, 1717~)	Austria-Hungary
36	435	Ceuta(1580~)	Spain(+Aragon)
37	427	Basse-Navarre(Bearn & Navarre)(1589~)	France
38	426	Orkney Islands(1468/1590~)	England/United Kingdom(+Scotland)
39	426	Shetland Islands(1469/1590~)	England/United Kingdom(+Scotland)
40	413	Scotland(1603~)	England/United Kingdom(+Scotland)
41	407	Bermuda(1609~)	England/United Kingdom(+Scotland)
42	391	Martinique(1625~)	France
43	387	Skane(Scania)(1332~1360, 1658~)	Sweden
44	383	Montserrat(1632~1667, 1668~1782, 1784~)	England/United Kingdom(+Scotland)
45	382	Curaçao(1634~)	Netherlands
46	381	Guadeloupe(1635~1813, 1814~)	France
47	381	Bonaire(1635~)	Netherlands
48	380	Aruba(1636~)	Netherlands
49	380	Sint Eustatius(1636~)	Netherlands
50	378	Pious Establishments of France in Rome (1635~1797, 1801~)	France
51	376	Saba(1640~)	Netherlands
52	374	Roussillon/Perpignan(1462~1493, 1642~)	France
53	371	Sint Maarten(1631~1633, 1648~)	Netherlands
54	371	Halland(1645~)	Sweden
55	371	Harjedalen(1645~)	Sweden
56	371	Jamatland(1563~1570, 1645~)	Sweden
57	369	Reunion(Bourbon/Bonaparte)(1642~1810, 1815~)	France
58	366	Manchuria(1636~1931, 1945~)	China

부표 1-2 계속

순위	지배연수	지배 지역	종주국
59	365	Anguilla(1650~1967, 1969~)	England/United Kingdom(+Scotland)
60	365	Saint Helena(1651~)	England/United Kingdom(+Scotland)
61	362	Pomerania(Hint: 1654~1945, Vor: 1654~)	Prussia Germany
62	348	Charloais(1477~1493, 1684~)	France
63	348	Isla del Perejil(1668~2002, 2002~)	Spain(+Aragon)
64	346	British Virgin Islands(1665~1666, 1672~)	England/United Kingdom(+Scotland)
65	346	Cayman Islands(1670~)	England/United Kingdom(+Scotland)
66	345	Orange(1660~1665, 1673~1697, 1702~)	France
67	340	Saint-Martin(1648~1672, 1679~1702, 1715~1759, 1763~1781, 1784~1794, 1795~1801, 1802~1810, 1816~)	France
68	338	Franche Comte(1678~)	France
69	334	Turks and Caicos(1678~1706, 1710~)	England/United Kingdom(+Scotland)
70	334	Saint Pierre and Miquelon(1604~1713, 1763~1778, 1783~1793, 1802~1803, 1816~)	France
71	326	Greenland(1380~1410, 1721~)	Denmark
72	312	Gibraltar(1704~)	England/United Kingdom(+Scotland)
73	290	Avignon and Comtat Venaissin(1226~1290, 1791~)	France
74	285	Alsace(1678~1870, 1918~1940, 1944~)	France
75	283	Taiwan(1683~1895, 1945~1949, ROC: 1949~)	China
76	276	Saint-Barthélemy(1648~1785, 1878~)	France
77	259	Tibet(1720~1913, 1951~)	China
78	248	Montbeliard(1534~1535, 1676~1697, 1792~)	France
79	246	Corsica(1768~1794, 1796~)	France
80	245	EastTurkestan/Xinjiang(1759~1864, 1877~)	China
81	241	South Georgia and the South Sandwich Islands(1775~)	England/United Kingdom(+Scotland)
82	226	Pitcairn(1790~)	England/United Kingdom(+Scotland)
83	221	Finale(1449~1450, 1797~)	Italy
84	218	Mulhouse(1798~)	France
85	216	East Frisia(1744~1807, 1813~1815, 1866~)	Prussia Germany

부표 1-2 계속

순위	지배연수	지배 지역	종주국
86	212	Crimea(1774/1783~1991, 2014~)	Russia/Soviet Union
87	211	Falkland Islands(1766~1774, 1814~)	England/United Kingdom(+Scotland)
88	211	West Falkland(1766~1774, 1814~)	England/United Kingdom(+Scotland)
89	206	Salzburg(1805~1810, 1816~)	Austria-Hungary
90	206	British Indian Ocean Territory(1810~)	England/United Kingdom(+Scotland)
91	205	Crozet Islands(1772~1853, 1893~)	France
92	205	Kerguelen Islands(1772~1853, 1893~)	France
93	202	Savoy(1536~1559, 1792~1814, 1861~)	France
94	202	Tromelin Island(1814~)	France
95	201	Ascension(1815~)	England/United Kingdom(+Scotland)
96	200	Inaccessible Island(1816~)	England/United Kingdom(+Scotland)
97	200	Nightingale Island(1816~)	England/United Kingdom(+Scotland)
98	200	Tristan da Cunha(1816~)	England/United Kingdom(+Scotland)
99	200	Lorraine(1766~1870, 1918~1940, 1944~)	France
100	197	British Antarctic Territory(1819~)	England/United Kingdom(+Scotland)
101	185	Amsterdam & St.-Paul Islands(1792~1853, 1893~)	France
102	178	Nice(to 1388, 1792~1814, 1860~)	France
103	175	Mayotte(1841~)	France
104	174	French Oceania(1842~)	France
105	174	French Polynesia(1842~)	France
106	174	Antipodes Islands(1842~)	New Zealand
107	174	Auckland Islands(1842~)	New Zealand
108	174	Bounty Islands(1842~)	New Zealand
109	174	Campbell Island(1842~)	New Zealand
110	174	Chatham Islands(1842~)	New Zealand
111	172	Saarland(1815~1918, 1935~1945, 1957~)	Prussia Germany
112	169	Islas Chafarinas(1847~)	Spain(+Aragon)
113	167	West Baluchistan(to 1747, 1849~)	Persia/Iran
114	167	Hohenzollern(1849~)	Prussia Germany

부표 1-2 계속

순위	지배연수	지배 지역	종주국
115	163	New Caledonia(1853~)	France
116	160	Bajo Nuevo Bank(1856~)	United States
117	160	Baker Island(1856~)	United States
118	160	Howland Island(1856~)	United States
119	160	Jarvis Island(1856~)	United States
120	160	Kingman Reef(1856~)	United States
121	160	Serranilla Bank(1856~)	United States
122	158	French Possessions on Saint Helena(1858~)	France
123	158	Johnston Atoll(1858~)	United States
124	158	Navassa Island(1858~)	United States
125	157	Amur(1858~1920, 1922~)	Russia/Soviet Union
126	155	Ussari/Valdivostok(1860~1920, 1922~)	Russia/Soviet Union
127	151	Lauenburg(1865~)	Prussia Germany
128	151	Schleswig-Holstein(S: 1865~, H: 1866~)	Prussia Germany
129	150	Venetia(1866~)	Italy
130	150	Frankfurt(1866~)	Prussia Germany
131	150	Hanover(1866~)	Prussia Germany
132	150	Hesse-Kassel(1866~)	Prussia Germany
133	150	Nassau(1866~)	Prussia Germany
134	145	Glorioso Islands(Iles Glorieuse)(1892~)	France
135	140	Sakhalin(N: 1875~1920, 1922~; S: 1875~1905, 1945~)	Russia/Soviet Union
136	137	Torres Strait Islands(1879~)	Australia
137	133	French Domain in the Holy Land(1856/1873/1874/1886~)	France
138	129	Wallis and Futuna Islands(1887~)	France
139	129	Kermadec Islands(1887~)	New Zealand
140	129	Midway Island(1867~)	United States
141	128	Sirri Island(1887~1902, 1904~)	Persia/Iran
142	125	Clipperton Island(1858~1897, 1931~)	France
143	124	Volcano Islands(1891~1945, 1968~)	Japan

부표 1-2 계속

순위	지배연수	지배 지역	종주국
144	119	Bassas da India(1897~)	France
145	119	Europa Island(1897~)	France
146	119	Juan de Nova Island(1897~)	France
147	119	Heligoland(1890~1945, 1952~)	Prussia Germany
148	118	Guam(1898~)	United States
149	118	Palmyra Atoll(1898~)	United States
150	118	Puerto Rico(1898~)	United States
151	118	Wake Island(1898~)	United States
152	117	Bonin Islands(1876~1945, 1968~)	Japan
153	117	Okinawa and Ryukyu Islands(1872~1945, 1972~)	Japan
154	116	Lord Howe Island(1900~)	Australia
155	116	Cook Islands(1900~)	New Zealand
156	116	American Samoa(1900~)	United States
157	115	Niue(1901~)	New Zealand
158	114	Ducie Island(1902~)	England/United Kingdom(+Scotland)
159	114	Henderson Island(1902~)	England/United Kingdom(+Scotland)
160	114	Oeno Island(1902~)	England/United Kingdom(+Scotland)
161	114	Guantanamo Bay(1899/1903~)	United States
162	105	Northern Territory(1911~)	Australia
163	102	Norfolk Island(1914~)	Australia
164	101	Jervis Bay Territory(1915~)	Australia
165	99	U.S. Virgin Islands(1917~)	United States
166	98	Trentino-Alto Adige(1918~)	Italy
167	96	Svalbard Island(1920~)	Norway
168	95	Northern Ireland(1921~)	England/United Kingdom(+Scotland)
169	95	Jan Mayen Island(1921~)	Norway
170	94	Neutral Morenset(1918~1940, 1944~)	Belgium
171	93	Eupen-Malmedy(1919~1940, 1944~)	Belgium
172	93	Ross Dependency(1923~)	New Zealand

부표 1-2 계속

순위	지배연수	지배 지역	종주국
173	92	French Southern and Antarctic Lands(1924~)	France
174	92	Kuril Islands(1854~1875, 1945~)	Russia/Soviet Union
175	91	Swains Island(1925~)	United States
176	90	Tokelau(1926~)	New Zealand
177	90	Franz Josef Land(1926~)	Russia/Soviet Union
178	89	Hauteville House(Guernsey)(1927~)	France
179	89	Trieste(1918~1945, 1954~)	Italy
180	89	Bouvet Island(1927~)	Norway
181	87	Peter I Island(1929~)	Norway
182	85	Ashmore and Cartier Islands(1931~)	Australia
183	83	Australian Antarctic Territory(1933~)	Australia
184	78	Gough Island(1938~)	England/United Kingdom(+Scotland)
185	78	Queen Maude Land(1938~)	Norway
186	72	Tannu Tuva(1944~)	Russia/Soviet Union
187	72	Northern Mariana Islands(1944~)	United States
188	71	East Prussia/Kaliningrad(1758~1762, 1945~)	Russia/Soviet Union
189	69	MacDonald and Heard Islands(1947~)	Australia
190	61	Cocos Islands(Keeling Islands)(1955~)	Australia
191	58	Christmas Island(1958~)	Australia
192	56	British Sovereign Base Areas(1960~)	England/United Kingdom(+Scotland)
193	54	Aksai Chin(1962~)	China
194	47	Coral Sea Islands(1969~)	Australia
195	45	Tunb Islands(1971~)	Persia/Iran
196	44	Abu Musa Island(1971~)	Persia/Iran
197	42	Paracel Islands(1974~)	China
198	23	Baikonur(to 1991, 1994~)	Russia/Soviet Union
계	54,846		

주: 지배연수는 1000~2015년의 수치.

능력주의 신화는 어떻게 덕목이 되었는가?: 심성과 이념

II

CHAPTER 02

오래된 전통: 농촌 공동노동 작업과 능력주의

Chapter 2

오래된 전통: 농촌 공동노동 작업과 능력주의

1. 유이와 두레 및 품앗이
2. 한일 지역 사례 비교
3. 소결: 협동과 능률

1. 유이와 두레 및 품앗이

1) 성립 요건과 운용 원리

일본 농촌사회학과 도시사회학의 체계를 완성했다고 알려진 스즈키 에이타로(鈴木栄太郎)는 일본 농촌 사회 분석을 통해 도출한 이론을 조선의 농촌 공동노동 조직 분석에도 적용했다.[1] 그는 경성제국대학 교수로 재직(1942~1945)했을 때 조선 농촌 사회의 분석에 몰두했다.

스즈키는 일본의 농촌 공동노동 조직, 즉 '유이'(結)의 기본 성격을 다음과 같이 정리했다.[2] 첫째, 조직의 주체가 친척이나 근린 지역의 지인으로 형성된 자연촌이라는 지역적 제약을 받고 있다. 둘째, 작업 '능률 향상을 위한 협업'이라는 합리적 원리를 내포하고 있다. 셋째, 조직 운영 방식은 노동력의 등량 교환을 원칙으로 하고 있어 구성원 간의 대등한 관계가 형성된다. 넷째, 구성원 간의 친목을 꾀하고 있어 공동 사회적이다.

농촌 공동노동 조직은 어떻게 오래된 전통으로 남을 수 있었을까? 그 이유는 공동노동 조직을 합리적으로 유지시키는 운용 원리가 작동하고 있었기 때문이다.[3]

농촌 공동노동 조직은, 첫째 구성원 서로가 옛부터 알고 있으며, 구성원은 조직 운영 규범을 따라야 한다는 인식이 강했다. 둘째, 규범을 위반했을 때에는 다양한 형태로 제재(制裁)를 받았다. 셋째, 농번기 때에 대등한 노동력 교환으로 구성원 간에 협동이 이루어졌다. 넷째, 공동 작업을 할 때 공동체에서 온전히 일할 수 있는 능력자로 인정받기 위해 경쟁적으로 일해야 하는 유인책이 작동하며 운용되었다. 농촌 공동노동 조직은 이렇게 효율적으로 운용되었기에 오랫동안 유지될 수 있었다.

스즈키에 의하면, 자연촌 구성원은 규범과 제재에 대한 공통 사회의식을 갖고 있으며, 규범은 구성원에게 강한 구속력을 갖고 있다고 한다. 사회의식은 생활의 모든 방면에 걸쳐 체계적으로 생활규범에 영향을 미치고 있으며, 규범의 '공동자'(共同者)는 규범에 따른 행동을 독려하고 서로 감시한다.[4]

고이즈미 고이치(小泉幸一)는 자신의 저서 『농촌노동조직의 일 양식으로서의 유이 관행』(農村労働組織の一様式としてのユヒの慣行)에서 노동력을 계산할 때 약속을 어기거나 '유이'에 대한 답례를 하지 않을 경우 제재를 받았다고 한다.[5] 이러한 행위들이 마을의 도덕적 관념을 만들고 공동노동 조직을 유지시켰다고 한다. 더욱이 제재가 관철되는 과정에서 '뺀질거리'거나 '게으름을 피우는' 행위는 비도덕적 행위로 여겼다고 한다. 이러한 부덕(不德)을 범할 때에는 모두에게 '웃음거리'가 될 뿐만 아니라, 나아가서는 '집안 망신'이 되고 '마을의 수치'라는 이야기를 듣고, '사람의 도리'를 하지 못한다거나 '인정(人情)이 없다'라는 비난을 들었다고 한다.

이러한 도덕적 가치와 행위에 기준한 평가는 '유이' 운영에 효과가 있었으며, 마을 운영에도 가장 효과적이었다고 한다.[6] 그래서 '유이'가 마을의 생활 조직으로 정착되었다고 한다.[7]

공동 작업은 서로 돕는다는 도덕적 가치만이 아니라, 개인 간 혹은 작업반 간에 경쟁심을 유발하는 방식으로도 운영되었다. '유이'는 단순한 노동력 교환이라고 하는 타산적 관념이나 상호부조의 도덕적 관념만으로 운영되지 않았다. '유이' 공동 작업을 진행할 때 참가자 각 개인의 능력을 최대한 발휘하도록 작업을 '경기화'(競技化)했다. 마을에서 작업할 때 한 사람

몫을 할 수 있는 기량이 없으면 마을에서 무시당했다. 따라서 '유이' 공동 작업을 할 때에 참여자 개인은 '십이분'의 능률을 올려 한 사람 몫을 할 수 있는 사람으로 평가받도록 노력했다.

조선의 경우에도 공동 작업을 할 때 유인책을 제공하여 경쟁을 유발하는 사례를 확인할 수 있다.

마직물을 짜는 부녀자들이 한자리에 모여 조를 편성하고 서로 경쟁하며 공동 작업하는 것이 대표적이다.[8] 경쟁에서 패배한 조가 음식과 술을 준비하여 이긴 조와 함께 춤추고 노래하고 승리를 축하하며 모두 즐겼다. 공동 작업은 각 작업자가 자신의 능력을 마을 전체 구성원 앞에서 공식적으로 인정받는 중요한 기회였기 때문에 공동 작업 참여자들은 경쟁적으로 일했다.

2) 농촌 공동노동 작업의 한일 비교

대표적 농촌 공동노동 조직으로 일본에는 '유이', 조선에는 '두레'와 '품앗이'가 있었다. 구성원에 대한 농촌 공동노동 조직의 구속력을 중심으로 두 지역을 비교 검토한다.

'유이'는 '동등하게 서로 연결하다, 결합하다, 집단화하다, 단결하다'라는 뜻을 갖고 있다.[9] 유이는 농업의 공동 작업만이 아니라 양잠, 축산, 가공, 포장, 장작채벌, 운반 등의 공동 작업으로도 활용되었다.[10] 즉, 유이는 다양한 형태로 활용되었기에 끈질기게 남을 수 있었다. 유이는 영속적으로 결사를 지속하는 형태와 필요에 따라 일시적으로 모이는 형태가 있었다.[11]

한편, 자본주의 경제가 농촌에 유입되면서 농촌 공동노동 조직을 매개로 한 조직의 구속력이 서서히 약화되었다. 그럼에도 불구하고 유이는 다양한 형태로 활용되었기에 농촌 공동노동 조직 구성원의 행동에 대한 구속력은 다양한 형태로 존속했다.[12]

조선의 농촌 공동노동은 공동 작업, 공동 경작, 방수(防水), 치수(治水)를 하는 과정에서 이루어졌다.[13] 이것을 조직 형태를 기준으로 두레와 품앗이로 나눌 수 있다.[14]

두레는 '조정능력을 갖춘 집단적이고 조직적인 노동 형태'이다.[15] 두레는 지방에 따라 농사(農社), 농청(農廳), 농기(農旗), 거사(醵社), 농계(農契), 목청(牧廳)으로 불렸다.[16] 두레는 유이와 같이 밭일 등 농경 활동에 널리 활용되었을 뿐만 아니라, 부녀자들의 가내 수직업(手織業)에도 활용되었다.[17] 따라서 두레는 형태를 바꾸며 공동 작업 조직으로 뿌리 깊게 남았다.[18]

품앗이는 상시 조직인 두레와 달리 임시적으로 서로 돕기 위한 조직이다. '품'이란 교환 또는 고용하는 노동력이라는 의미이며, '앗이'란 결핍 또는 차용(借用)의 의미이다.[19] 품앗이는 노동력 교환에서 두레와 비교해 조직 편성이 자유로웠기에 두레보다 광범위한 지역에서 활용되었다.[20]

스즈키는 일본과 조선의 부문별 농촌 사회 집단을 비교한 후에 양 지역의 농촌 공동노동 조직을 다음과 같이 비교했다.[21]

첫째, 품앗이는 노동력의 교환이라기보다는 상호부조 행위의 '규율'이며 '예의'라고 해석할 수 있다는 점에서 유이와 공통점이 있다.[22] 유이는 어떤 작업할 때만 구성되는 것과 비교적 영속적으로 고정해 존속하는 것이 있지만, 품앗이는 영속적인 것이 거의 없다. 품앗이와 비교해 유이는 약속된 기간이 훨씬 장기적인 것도 적지 않고, 생업 이외의 생활에서도 노동력 교환으로 이용되는 경우가 많다.[23]

둘째, 두레는 일본에 없는 조직이고 '사'(社)라고도 불린다.[24] '대(大)모심기' 또는 '본(本)모심기'로 불리는 일본의 모내기 협동 작업은 품앗이 계통인 유이로 두레와는 다르다. 두레는 마을 내 농경자들이 모두 모여 마을 내 전체 경지를 일제히 공동으로 작업하는 조직이다.[25] 마을의 사회의식이 두레의 참가를 강제적으로 명령하고 있다. 이것이 두레의 가장 큰 특징이다.

소규모 농가인 세농(細農)은 두레에 참가해 피고용자가 아닌 일반 주민과 동일한 입장을 유지하며 노임(勞賃)[26]을 받을 수 있다. 고용주와 피고용인의 관계를 맺지 않고도 품삯을 받을 수 있는 제도이다. 마을 사람들을 모두 대등한 지위를 유지하며 임금노동제도를 그 안에 포함시키고 있는 조직이다. 즉, 노동력을 구성원의 대등한 관계에서 교환한다는 점에서 두레와 유이는 닮았지만, 두레가 유이보다 구성원에 대한 구속력이 강하다.

이상과 같이 1930년대부터 1940년대 전반에 걸쳐 일본과 조선의 농촌 공동노동 조직에 관한 조사와 연구에 기초하여 한일 농촌 공동노동 조직의 비교 결과를 정리하면 다음과 같다.

첫째, 두레는 마을의 전 구성원이 참가해야만 하고, 노동력 제공의 다소의 차이는 임금으로 지불할 수 있으며, 장기간의 계획에 따라 조직이 운용되었다. 둘째, 품앗이는 임시적으로 조직이 구성되고 운영되며 노동력 제공의 차이가 허용되었다. 셋째, 유이는 기본적으로는 마을 구성원 전원이 참여해 노동력 제공의 차이를 허용했고, 장기간의 계획에 따라 또는 즉흥적으로 작업이 이루어지는 경우가 있어 장단기 운영 조직 원리가 상황에 따라 작동했다.

즉, 조직의 구성원에 대한 구속력의 면에서 보면 유이는 품앗이보다 강했지만 두레보다는 약했다고 평가할 수 있다.

2. 한일 지역 사례 비교

조선과 일본의 농촌 공동노동 조직에 관한 구체적 비교는 전시기에 조사되었던 사례를 통해 가능하다. 이 조사는 조선과 일본 지역 모두 비농업 부문의 노동력 부족이 농업 부문까지 확대되어, 전통적인 농촌 공동노동 조직을 재편성하고 농업노동의 효율을 향상시키기 위해 시행되었다.

일본의 경우, 『제국농회보』(帝國農会報) 1940년 8월호에 요시오카 긴이치(吉岡金市), 스즈키 에이타로(鈴木栄太郎), 고이즈미 고이치(小泉幸一), 가와하라 니자에몽(川原仁左衛門), 요네쿠라 시게토(米倉茂俊)를 포함한 23명의 연구논문으로 '농촌 공동 작업' 특집이 실렸고, 각 지방 농촌 공동 작업의 모범 사례가 소개되었다. 『조선농회보』(朝鮮農会報) 1942년 12월호에도 일본 아이치현(愛知県)의 사례도 소개되었다.

조선의 경우, 스즈키 에이타로의 논문 이외에도 공동노동 조직의 해체 과정과 '공동노동의 재발흥'을 강조한 강정택(姜鋌澤, 1941)의 연구가 있다. 또한 전통적인 공동노동의 목적은 효율의 향상과 함께 유희(遊戲)이기도 했지만 노동력 부족이 현저했던 전시기에는 효율 향상을 위한 공동노동의 조직 재편이 요구된다고 주장한 인정식(印貞植, 1943a)의 연구가 있다. 한편, 조선의 공동노동 조직을 활용하여 공동 경영을 장려하려 했던 전시기 전의 후나코시 미쓰오(船越光雄, 1929)의 연구도 참조할 만하다.

여기에서는 쌀 산지로 유명한 아키타현(秋田県) 쓰카보리마을(塚堀組)의 농사실행조합장이 1941년에 모심기 공동 작업에 관해 조사한 보고서와 두레조직이 1980년대까지 존속했다는 전남 보성(寶城) 신전(薪田)마을에 대해 스즈키 에이타로가 1944년에 조사한 보고서를 분석한다.

1) 일본 아키타현(秋田県) 히라카군(平鹿郡) 아사히촌(旭村) 쓰카보리마을(塚堀組)

(1) 조사 시기 및 방법·개관

쓰카보리 사례는 이 마을의 농사실행조합장이었던 스즈키 기요시(鈴木清)가 1941년에 공동노동의 효율을 향상시키기 위해 유이를 재편성하여 실시한 모심기 공동 작업에 관한 조사에 기초한다.[27] 저자는 1994년에 쓰카보리를 방문하여 스즈키 기요시와 마을 일을 했던 다카하시 다다오(高橋忠雄 1919년생) 씨 등을 만나 조사 결과를 확인하고 보완했다.[28]

쓰카보리 마을은 요코테(横手) 분지의 동쪽 중앙에 위치하고, 조사 당시 40여 가구로 구성되어 있었으며, 농사일은 제2차 세계대전 전부터 벼농사 단작 중심이었다. 다카하시 다다오 씨에 따르면 이 마을의 공동 작업은 모심기는 대규모로, 벼 베기는 소규모로 이루어졌다. 이러한 작업 형태는 전국적으로 비슷했다.[29] 또한 아키타 지방의 일반적인 공동 작업은 모심기와 제초 작업으로 알려져 있는 것과 다르지 않았다.[30] 한편, 아키타 지방에서의 '유이'는 '유히', '요히', '품교환'이라고 불리기도 했다.[31]

(2) 유이 작업 조직

스즈키 기요시는 1941년에 아키타 지방의 경지 1정보에 필요한 작업 종류별 노동력 내역을 조사했다(표 2-1). 조사 결과에 따르면 이 마을의 모심기 작업의 남녀별 합리적 배분은 4(남):6(여)이었다. 공동 작업을 할 때의 작업반 규모는 10명 이하가 되면 분업 효율이 떨어지고, 최대 34~35명을 넘으면 작업 도중에 휴식, 이동, 작업 조직 간의 연락 조절 등의 통제

표 2-1 아키타 지방의 경지 1정보에 필요한 노동력 내역 (단위: 명)

	모종 떼기	모심기 줄틀 만들기	모종 운반·물 관리	모종 던지기	모심기
작업자	남	남	남	어린이	여
인원	5	1	1	1	12

자료: 鈴木清(1942), pp. 24~25.

가 곤란하기 때문에 10명, 20명, 30명의 규모가 최적 단위라고 판단했다. 실제 작업반은 9개 호(제1반), 10개 호(제2반), 11개 호(제3반)로 나뉘었다.[32]

모내기 작업은 모종 떼기, 모종 운반, 모종 던지기, 모심기 줄틀 만들기, 모심기 그리고 총괄 지휘하는 물 관리 등으로 구성되었다. 따라서 이 작업은 단순히 양적인 공동노동이 아니라 질적인 각 작업 간의 분업에 기초한 협업이었다. 즉, 모내기 공동 작업이 실질적으로 능률적이기 위해서는 팀워크로서의 각 작업 간 균형을 중심으로 한 합리적인 배분이 필요했다. 조선의 경우에도 모내기 작업의 정교성을 중시하며 적정 인원 배분을 통해 공동노동을 운영한 사례가 확인된다.[33]

(3) 일정의 결정 과정 및 운용

마을 구성원에게 중대한 관심사였던 모내기 공동노동 일정의 결정 과정을 살펴보면 촌락공동체 농가 간의 관계가 잘 드러난다. 제1단계는 1년 전의 호별, 단지별 작업 일정 및 소요인력의 실적을 조사한다. 제2단계는 조사 결과에 따라 반별로 협의회를 개최한다. 제3단계는 최종 결정을 조합장에게 맡긴다. 제4단계는 작성된 작업 일정을 마을회의에서 수정을 거쳐 구성원 전원이 최종적으로 확인하고 공동 작업을 시작한다.

표 2-2 단위면적당 반별 소요 노동력 내역 (단위: 명)

일정	제1반	제3반	차이
6월 4~6일	2.29	2.50	-0.21
7~9일	2.36	2.46	-0.10
10~12일	2.31	2.43	-0.12
13~15일	2.30	2.16	0.14
16~17일	-	2.24	-

자료: 鈴木清(1942), pp. 24~25.

이 일정 결정은 지연적·신분적 관계와 가족 노동력의 많고 적음 그리고 물 관리의 편리함과 불편함 등과 같은 자연적·사회적 여건을 고려하여 결정되었다. 일정 결정은 조직적 서열을 기초로 하면서도, 구체적인 작업 일정표는 조직적 서열이 희박하게 드러나도록 했다. 따라서 쓰카보리의 공동노동 일정 결정 과정은 신분적 상하관계 대신에 자연적·합리적인 관계를 우선했다.

공동노동 작업의 능률은 제3반보다 제1반이 높았다(표 2-2). 그 원인은, 첫째 제1반은 집중하여 순차적으로 작업했지만, 제3반은 분산하여 작업했다. 둘째, 따라서 모내기 줄틀과 같은 특수 기능자가 한 반에 한두 명밖에 없어 분산하여 작업한 제3반의 능률이 떨어졌다. 셋째, 한층 더 분산할 경우에는 일의 정확한 분할을 제대로 할 수 없어 노동력의 낭비가 생겼다. 넷째, 제1반과 같이 반의 구성원 전원이 함께 작업하는 경우에는 심리적으로 안정되어 통제의 효율도 높았기 때문이다.

즉, 모내기 공동노동 작업은 결코 모종의 이앙기술 그 자체 또는 잘하고 못함에 따라 능률이 결정되는 것은 아니며, 조직의 구성과 운용의 형태가 작업 능률을 최종적으로 결정했다.[34]

유이를 편성할 때는 노동력 교환 계산이 용이하도록 성년끼리, 남성끼리, 여성끼리 등 육체적으로 동등한 능력을 가진 사람들로 구성하는 것이 일반적이었다.[35] 한편, 도치기현(栃木県)에서는 남성 1명의 노동력을 여성 1.3명과 동등하게 인정하고, 시즈오카현(静岡県) 시타군(志太郡)에서는 노동력의 차이를 임금으로 보충했다. 모내기 이외의 농경을 위한 유이는 남성 1명에 대해서 여성 2명을 동등하게 인정하는 신슈(信州) 지이사가타군(小県郡)의 사례도 있었다. 축력과 인력을 교환할 경우에는 대체로 우마 1일에 대해 인력 2일로 계산하는 것이 일반적이었다.

이상과 같이 일본의 농촌 공동노동 조직은 공동체를 유지하는 규범과 노동력 교환이라는 유인책에 기초하여 운용되었다. 또한 작업반원의 최적 구성과 작업 조직의 유연한 편성 그리고 신분적 상하관계에 근거하지 않는 작업 일정의 합리적 결정을 통해 공동 작업의 효율 향상을 꾀했다.

2) 조선 전라남도(全羅南道) 보성군(寶城郡) 웅치면(熊峙面) 대산리(大山里) 신전동(薪田洞)

(1) 조사 방법과 개관

스즈키 에이타로는 1944년 2월 하순에 신전마을에 체류하며 1주일간 조사했다.[36] 저자는 1994년과 1995년에 신전마을을 방문하여 스즈키의 조사를 확인하고 보완했다.[37]

신전마을은 전라남도 보성군 웅치면 대산리의 다섯 개 자연마을의 하나로 언덕에 둘러싸여 외부 지역과 격리되어 있다. 마을 사람들의 증언에 따르면, 해방 후 최대 혼란기였던 한국전쟁 때의 영향이 적었고 두레조직

그림 2-1 전라남도 보성군 웅치면의 행정 조직 및 자연마을의 구성

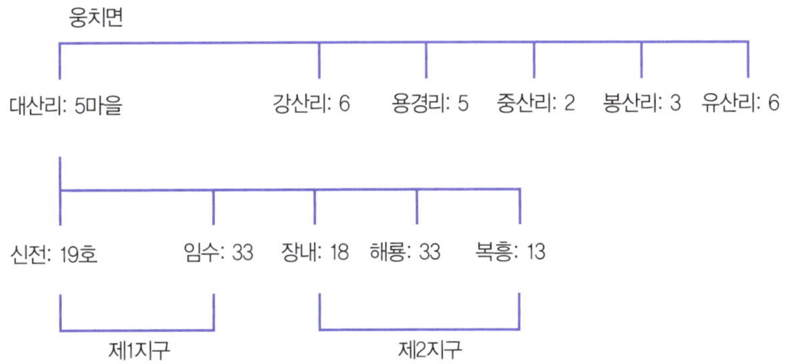

주: 1) 호수는 1944년 3월 현재.
2) 지구는 1926년경에 구획되어 1994년 조사당시까지 이어짐.
자료: 鈴木栄太郎, 「湖南農村調査野帳抜書」, 『著作集 V』, 1944, pp. 311~312.

과 운영도 1980년대까지 존속했다고 한다. 신전마을은 1944년 3월 현재, 19호로 구성되어 있었으며, 1994년에는 13호였다. 농사일은 1994년 현재에도 해방 전과 같이 쌀 단작 위주였다. 식민지기 논농사 지역은 전라남도, 전라북도, 경상남도, 경상북도, 충청남도, 경기도이고, 논농사·밭농사 혼합 지역은 충청북도, 강원도, 황해도이며, 밭농사 지역은 평안남도, 평안북도, 함경남도, 함경북도였다.[38] 전라남도의 논농사 비율은 50%였다. 밭농사 지역인 북부 지역의 농촌 공동노동은 품앗이 또는 소를 중심으로 소규모로 이루어졌다.[39]

논농사 지역인 경상남도 울산읍 달리(達里)의 사례조사와 다수의 관련 연구는 신전마을의 사례를 보완하는 데 도움을 준다.[40] 1936년에 약 130호였던 달리에 관한 조사는 경제, 위생, 질병, 주거 상태 그리고 공동노동 조직과 농기구에 대해 이루어졌다.[41] 공동노동 조직과 농기구에 대한 조사는 면접도 추가하여 이루어졌다.

(2) 두레 작업 조직

신전마을의 공동노동 조직의 종류로는 두레, 품앗이, 모둠 차례가 있었으나, 여기에서는 두레에 대해 살펴본다.

두레의 종류로는 대동(大同)두레(17, 18세~50대 후반)와 소동(小同)두레(13, 14세~17, 18세)가 있었다.[42] 대동두레에는 좌상(座上), 공원(公員, 부좌상), 집사(때로는 2~3명)라는 임원이 각각 한 명씩 있었다. 대동두레의 임원은 소동두레의 고문역할도 했다. 조사 당시 해룡마을의 좌상은 해룡마을 대지주의 상머슴이었던 김자근(金慈根)이었다. 한편, 달리의 좌상은 '수총각'이라고 불렀다.

대동두레에는 원칙적으로 각 호 모두가 가입해야 한다. 다만 적격자가 없어도 가입은 할 수 있지만 작업이 끝난 후에는 부족한 노동력 공급을 임금으로 계산하여 갚았다. 제공받은 노동력에 대해서는 노동력으로 갚아야 했으나, 그렇지 못할 경우에는 투입인원으로 계산해 임금 형태로 갚았다. 이렇게 모아진 임금은 농악대 수선비로 쓰거나 자기경작 면적보다 훨씬 많은 노동력을 제공한 사람들에게 나누어 주었다.

두레는 모내기, 제초, 풀베기 때 운영되었으나 조직과 운영의 형태는 작업 내용에 따라 다소 차이가 있었다. 한편, 경기도 수원 지역은 제초할 때만 두레가 운영되었다.[43] 모내기철에는 소 보유 농가를 중심으로 부락의 장자(長者)가 친목관계를 가미하며 3개의 작업반을 10명 이내로 편성했다. 이러한 편성은 신전마을 주변 지역에서도 일반적으로 이루어진 형태였다. 한편, 제초 때에는 사람을 중심으로 작업반을 편성했다. 모내기와 제초는

그림 2-2 경상남도 울산읍 달리의 동(洞)두레 작업 조직

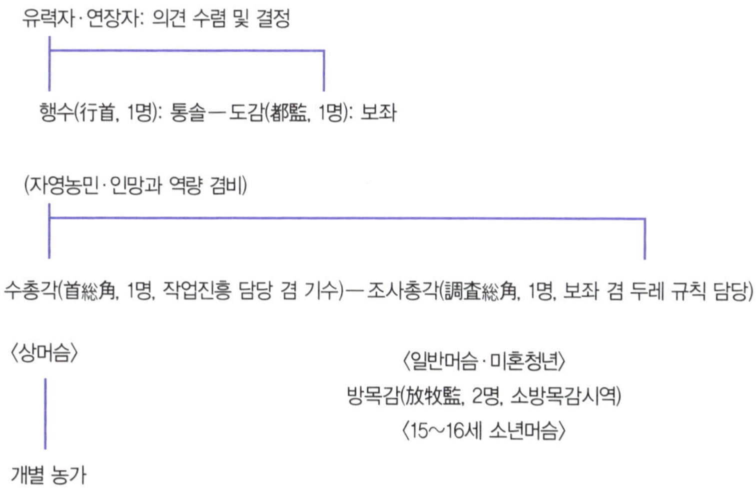

자료: 姜鋌澤(1941), p. 4 참조하여 작성.

대동두레를 중심으로 편성했고, 퇴비를 만들기 위한 풀베기 때는 소동두레를 중심으로 편성했다.[44]

두레의 조직과 운영의 체계를 달리의 사례로 상세히 살펴보기로 한다. 달리의 조사자는 일반 두레보다 조직의 구속력이 강하다고 알려진 '동(洞)두레'에 대해 조사했다.[45] 연장자인 유력자 아래 행수(行首)와 도감(都監)이 수총각(首総角)과 조사총각(調査総角) 및 방목감(放牧監)을 지휘·감독하고 수총각은 개별 농가를 조직하여 운영했다(그림 2-2). 작업 조직의 편성이나 일정의 결정은 유력자인 연장자가 각자의 의견을 존중하며 결정했다. 작업의 총괄은 자영농민으로 인망(人望)이나 역량(力量)을 겸비한 행수가 담당했다.[46] 상머슴인 '수총각'이 공동노동을 직접 관리하고 일반머슴이나 미혼

청년으로 구성되는 조사총각과 15~16세 소년머슴으로 구성되는 방목감이 수총각을 보좌했다.[47] 공동 작업이 이루어지는 기간에는 개별 농가에서 장정 1명을 내보내야 하는데 해당자가 없을 때에는 농청(農廳, 두레의 다른 이름)에서 계산하여 작업 후에 대금을 납부했다. 단, 과부농가의 경우에는 의무가 면제되었다.

(3) 결성 과정 및 운용

두레의 결성은 마을 사람들이 넓은 집의 사랑채에 모여 임원을 호선하는 것으로 시작되고, 대동두레와 소동두레는 각각 다른 날에 결성된다. 한편, 노동에 직접 참가하지 않는 대지주는 참석하지 않는다.

소동두레 구성원이 두레를 결성할 때에 대동두레의 동료로서 인정되는 의식, 즉 미성년자가 성인으로 인정받는 의식이 주목할 만하다. 소동두레 소속의 소년이 17, 18세가 되면 대동두레의 승격이 공인되었다. 승격이 공인된 소년의 농가는 술을 제공하여 예를 갖추었다. 이러한 의식은 다른 사례에서도 확인된다.[48] 달리의 경우에는 머슴에 대해 비슷한 의식이 있었다. 이러한 의식을 통해 미성년 머슴이 성년 머슴으로 인정받고 성년 머슴이 여러 해 일하면 경영주까지 승격되는 계제(階梯)는 수공업의 장인도제의 관계를 방불케 했다.[49]

일본의 각 마을에서도 연령대별 집단이 형성되어 엄중한 승격가입 의례가 있었다.[50] 예를 들어, 어린이 집단에서 청년 집단으로 승격하면 마을 사람으로부터 성년 노동력으로 공인받았다. 어린이 집단의 경우는 우두머리(頭), 두목(親分), 대장이라 불리는 최고 연장자가 통솔자가 되고, 작은 우두머리, 작은 두목, 두 번째 대장이 그 뒤를 이었다. 그 이하는 연령순으로 각각의 역할과 이름이 정해져 있어 집단의 질서를 어지럽히는 구성원에 대해서는 따돌림 등의 제재를 가했다.

신전마을의 모내기 작업은 아침 일찍 북을 치면 마을광장에 작업자들이 모이며 시작되었다. 그날의 작업 일정이 정해지면 농기를 앞세우고 벌칙이 적혀 있는 곤장을 두드리며 작업 장소로 나갔다. 집합시간에 지각한 자, 싸움을 한 자, 술 취한 자는 곤장으로 맞았다.[51] 작업자들은 소종과 소고의 소동두레, 대종, 소종, 북의 대동두레로 구성된 농악대의 소리를 들으며 갔다. 조사가 이루어졌던 전시기는 물자가 부족했던 시기라 점심을 각자 집으로 돌아가 먹었지만, 물자가 비교적 풍부했던 시기에는 제초 때 점심식사는 물론 간식과 저녁 그리고 술도 제공받았다.

이상과 같이 조선의 농촌 공동노동 조직은 규범을 마을공동체 전원에게 동일하게 적용하지만, 노동력 교환 정도와 연령별에 따라서도 집단을 나누어, 작업 능력의 격차를 공인시키고 개인 능력에 따른 조직 운용을 했다. 또한 작업의 내용에 따라 작업반을 적정하게 편성하는 등의 방법을 통해 공동 작업의 효율성도 향상시켰다.

3. 소결: 협동과 능률

조선과 일본의 농촌 공동노동 조직의 운용 원리는 공동체의 전통적 규범과 위반했을 때의 제재, 농번기의 대등한 노동력 교환과 일정한 연령에 달한 사람이 공동 작업의 과정에서 성년의 능력자로 공인받을 수 있는 것이 유인책으로 작용해, 작업하는 동안 경쟁을 유발한다는 점에서 유사했다.

작업조직의 실제 운용에서도 전통적 상하관계보다 효율을 높일 수 있는 합리적인 수평관계로 편성한다는 측면에서 유사했다. 구성원에 대한 조직의 구속력은 상시 조직이었던 두레의 존재를 미루어 보아 일본보다 조선이 강했다고 할 수 있다.

조선과 일본의 오래된 전통인 농촌 공동노동 조직은 구성원으로서 능력을 인정받기 위한 자발적 경쟁을 유인하고 구성원 간에 대등하게 협업하는 규율에 입각하여 효율을 추구했다. 스스로 도울 수 있다는 심성을 갖게 된 조선인에 대해 일본인에게 계몽의 대상으로 인식하게 한 식민주의는 오래된 전통을 왜곡된 방향으로 이끌었다.

CHAPTER 03

능력주의 신화의 도입과 자조

Chapter 3
능력주의 신화의 도입과 자조

1. 『자조론』의 탄생과 확산
2. 유길준의 『노동야학독본』(1908)
3. 최남선의 『자조론』(1918)
4. 조선노동공제회, 『공제』(1920)
5. 「생존경쟁과 능력주의」, 『조선일보』(1921)
6. 소결: 향상심과 헌신

1. 『자조론』의 탄생과 확산

『자조론』(*Self-Help*)은 1859년에 초판, 1866년에 개정판으로 출판되었다. 개정판 제1장 「국가와 개인」(National and Individual)의 첫머리에 "장기적으로 국가의 가치는 개인 총합의 가치로 이루어진다"(The worth of a State, in the long run, is the worth of the individuals composing it)라는 존 스튜어트 밀(John Stuart Mill, 1806~1873, 이하 밀)의 말이 인용되어 있고, 본문에도 밀을 인용하고 있다.[1]

새뮤얼 스마일즈(Samuel Smiles, 1812~1904)의 『자조론』 관련하여 이 책에서 사용한 문헌은 다음과 같다. 영어판은 John Murray 출판사, 1902년판(Peter W. Sinnema 편집 및 소개 2002년판), 일본어판은 中村正直 역, 博文館, 1926년 개정판; 中村正直 역, 講談社, 1991년판; 中村正直 역, 渡部昇一 · 宮地久子 현대어역, 2009년판; 畔上賢造 역, 1906년판; 竹内均 역, 2002년판, 한국어판은 崔南善 譯說, 1918년 국한혼용문판; 장만기 역, 2006년판이다.

1) 새뮤얼 스마일즈의 『자조론』(1859): "하늘은 스스로 돕는 자를 돕는다."

스마일즈는 벤담 사상의 영향을 받고 합리적인 개인으로 구성된 사회의 도래를 열망했다.[2] 그는 차티스트 운동이 약화되는 1840년대에 공리주의에 바탕을 둔 개혁 활동의 하나로 야학이라고도 할 수 있는 '상호향상회'와 같은 소모임에 관심을 가지게 되었다. 이 점은 정치개혁 활동에 참여했

표 3-1 자조론의 탄생과 확산

연도	영국	일본	조선
1792	London Corresponding Society 창립		
1836	차티스트 운동 시작		
1859	*Self-Help*(S. Smiles)/*On Liberty*(J. S. Mill) 출판		
1863	*Utilitarianism*(J. S. Mill) 출판		
1866	*Self-Help* 개정판		
1871		『西國立志論』(*Self-Help*) 출판(中村正直 역)	
1872		『自由之理』(*On Liberty*)/『學問의 勸誘』 출판(福沢諭吉)	
1875		자유민권운동 시작	
1894			동학농민운동 시작
1897		勞動組合期成會 창립	
1906		『自助論』(*Self-Help*) 출판(畔上賢造 역)	『自助論』(*Self-Help*) 번역 시작(崔南善)
1908			『勞動夜學讀本』(俞吉濬) 출판
1918			『自助論』(*Self-Help*) 上 출판(崔南善 역)
1919			3.1운동
1920			朝鮮勞動共濟會 창립
1920			『自助論』(*Self-Help*) 下 완역(崔南善), 미출간
1921			「생존경쟁과 능력주의」(『조선일보』 사설)
1931			『自由論』(*On Libterty*) 소개

자료: 『동아일보』(1931. 3. 9); Cole(1948), pp. 137~174; 高橋昌郎(1988); 中村隆英(2015), pp. 207~209.

다가 『노동야학독본』과 같은 계몽서를 발간하고 계몽 활동을 했던 유길준의 행적과 비슷하다.

스마일즈는 '상호향상회'에 모인 청년들의 요청으로 개인의 자존과 자립을 이룰 수 있는 자기 함양의 길에 대한 강연을 거듭했다. 그 강연록을 모은 것이 1859년에 출판한 『자조론』이다(표 3-1). 스마일즈에게 영향을 미친 존 스튜어트 밀의 대표 저작인 『자유론』(*On Liberty*)이 같은 해에 출간되었다.

자조론은 단순히 입신출세를 위한 방법으로서의 자조가 아니라 인간 정신의 발전을 위한 자조였다. 즉, '열심히 일하여 빈곤을 벗어나라는 충고 이상의 어떤 것'으로 '건전, 절제, 극기, 자기 해방을 지향하는 인간의 진보'를 위한 것이었다.

2) 나카무라 마사나오의 『西國立志編』(1871)과 아제카미 겐조의 『自助論』(1906)

*Self-Help*의 편역서 나카무라 마사나오(中村正直, 1832~1891)의 『서국입지편』(西國立志編)은 후쿠자와 유키치(福澤諭吉, 1835~1901)의 『학문의 권유』(学問のすゝめ)의 출판보다 5개월 먼저인 1871년 9월에 출판되었다. 『서국입지편』 또한 메이지(明治) 시대의 성서라고 할 만큼 인기가 있었다.[3] 영국의 주요 독자는 부르주아와 상층 노동자층이었지만, 일본의 주요 독자는 관리와 교원 등을 포함한 무사계층이었다. 그래서 나카무라는 *Self-Help*를 독자층인 무사들이 평소 추구해야 할 덕목으로 지향하고 있던 '입지'에 초점을 맞추어 '서쪽 나라의 입지'로 번역하여 이해를 도왔다.

『서국입지편』이 일본 주요 독자층인 사무라이 계급에게 인기가 있었던 이유는 일본의 전통적 통속 도덕과 친밀했기 때문이다.[4] 당시 일본 통속 도덕의 지침이었던 '유학'은 개인의 노력을 강조했다. 따라서 나카무라는 개인이 목표를 달성하여 성과를 얻는 단위라고 생각했던 스마일즈의 주장을 독자층에 잘 전달할 수 있었다.

아제카미 겐조(畔上賢造, 1884~1938)는 1906년에 *Self-Help*를 『자조론』(自助論)으로 번역했다. 아제카미는 제목만이 아니라 'National and Individual'을 '방국(邦國)과 인민'으로 번역한 나카무라와 달리 '국가와 개인'으로 번역했다.[5] 메이지 시대를 거쳐 'Nation'이 '국가'로 'Individual'이 '개인'으로 정착되어 갔다.[6]

3) 노동자 자율단체의 성립과 노동자 덕목의 확산: 영국, 일본, 조선

자조론을 비롯한 노동자의 덕목 확산 과정과 노동자 자율단체의 성립 시기가 각 나라에서 다르다.

영국 최초의 노동자 자율단체인 '런던교류협회'(London Corresponding Society)는 산업혁명이 진행 중이었던 1792년에 창립되었다. 이후 산업혁명의 성과에 대한 권리가 공정하게 배분되지 않자 노동자 권리 획득 운동인 '차티스트 운동'이 1836년경부터 전국으로 확산되었다.[7] 신분제 구속의 옛날 관행에서 벗어나 노동자 권리 획득의 능력과 의지를 높이려는 야학 운동 과정에서 스마일즈의 『자조론』이 간행(1859)되었다. 같은 해에 산업혁명 과정을 거치며 고전적 자유주의의 한계를 인식하여 개인 자유의 권리를 공공의 차원에서 보장해야 한다는 존 스튜어트 밀의 『자유론』이 간행되었고, 스마일즈의 『자조론』 개정판(1866)에 밀의 『자유론』의 핵심 내용이 인용되었다.

일본 최초의 노동자 자율단체인 '노동조합기성회'(勞動組合期成會)는 스마일즈의 『자조론』과 밀의 『자유론』이 출간되고 '자유민권운동'(1872)이 시작된 후인 1897년에 창립되었다. 노동조합기성회는 산업혁명의 경제적·정치적 성과 배분에 관한 불공정에 대해 노동자의 권리 획득을 요구한 영국과는 달리, 정치적 권리에 요구가 집중되었다. 또한 차티스트 운동이 『자조론』과 『자유론』의 저술에 영향을 미친 것과는 달리, 『학문의 권유』와 더불어 『자조론』과 『자유론』이 오히려 자유민권운동의 전개에 영향을 주었다는 점이 다르다.

조선 최초의 노동자 자율단체 '조선노동공제회'(朝鮮勞動共濟會)는 신분제 철폐 및 옛 관행 타파를 위한 '동학농민운동'(1894)과 인류의 보편적 권리 및 독립을 요구한 '3.1운동'(1919)의 영향을 받아 1920년에 창립되었다. 조선노동공제회는 스마일즈의 『자조론』과 인류의 보편적 권리와 의무 그리고 노동자의 권리와 의무를 확산시키기 위해 간행된 『노동야학독본』(勞動夜學讀本)(1908)의 주요 주장을 받아들여 확산시켰다.

이상과 같이 세 나라 최초 노동자 자율단체의 성립 시기와 그 배경은 달랐지만, 『자조론』을 비롯하여 노동자의 덕목이 자율적인 노동단체의 활동에 의해 확산되었다는 점은 다르지 않았다.

2. 유길준의 『노동야학독본』(1908)

1) 유길준과 『노동야학독본』

유길준(1856~1914)은 실학자로서 개국을 주장한 박규수(朴珪壽, 1807~1877)의 권유에 따라, 어윤중(魚允中, 1848~1896) 수행원으로 신사유람단에 참가하여 일본에 건너가 후쿠자와가 경영하는 도쿄의 게이오기주크(慶應義塾)에 유학했다.[8] 임오군란(1882) 이후 학업을 중단하고 1883년 1월에 귀국하여 『한성순보』(漢城旬報) 발간을 꾀했으나 순탄치 않자, 같은 해 7월 보빙사(報聘使) 민영익(閔泳翊, 1860~1914) 수행원으로 미국에 건너갔다.

유길준은 도쿄 유학시절(1881~1882) 도쿄제국대학에서 생물학을 강의하며(1877~1882) 일본에 최초로 '사회진화론'을 소개한 미국인 진화론자 모스(E. S. Morse)를 만났고, 그의 강의를 수차례 들었던 것으로 보인다.[9] 유길준은 1883년 보빙사 일원으로 미국에 갔을 때, 보스톤에서 모스를 다시 만나 개인 지도를 받았으며 대학 입학을 위한 예비학교(Governer Dummer Academy)에도 다녔다. 이러한 과정에서 유길준은 '적자생존'(適者生存), '우승열패'(優勝劣敗)에 기초한 '사회진화론'을 조선 사회를 '문명화'하기 위한 원리이자 덕목으로 받아들였다.[10]

갑신정변(1884) 실패 소식이 들리자 학업을 중단하고 유럽 각국을 순방한 뒤에 1885년 12월에 귀국했다. 유길준은 김옥균(金玉均, 1851~1894), 박영효(朴泳孝, 1861~1939)와 함께 박규수의 제자였기에 갑신정변 주모자로 간주되어 1892년까지 연금(軟禁) 생활을 했는데, 그 기간에 집필한 책이 『서유견문』(西遊見聞, 1895)이었다.

유길준이 1883년에 저술했으나 출판하지 않았던 『경쟁론』(競争論)을 『서유견문』에 '인세(人世)의 경려(競励)'라는 항목으로 실었다.[11] 유길준은 1894년 친일 내각에 참여하여 갑오개혁(甲午改革, 1894~1896)의 이론적 기초를 제공했고, 갑오개혁 실패 이후 일본으로 망명했으나 쿠데타 실패가 발각되어 일본 정부에 의해 유폐(幽閉)되었다가 1907년에 귀국할 수 있었다.

유길준은 정치개혁에서 계몽 운동으로의 전환점에서 『노동야학독본』(이하 '독본')을 발간했다. '독본'은 1905년경 보통교육을 받지 못한 노동자를 위해 운영한 야학에서 사용할 교과서로 간행되었다.[12]

2) 노동자의 존엄

(1) 인간 존엄

유길준은 '독본' 첫머리에서 "사람은 하늘과 땅 사이에서 가장 신령하다"고 한다(1과).[13] 그 이유는 사람이 '도리, 권리, 의무, 자격, 직업'에 대해 깨닫고 있기 때문이라고 한다.

사람의 '도리'는 가족, 사회, 국가의 윤리를 지키고 기강을 바로잡는 과정에서 지켜지며, 잘 지키면 어진 사람이 될 수 있다고 한다(2과).

사람의 '권리'는 자신의 하는 일을 방해 받지 않고 자신의 소유물을 침범하지 못하는 것이라고 한다(3과). 자신의 권리는 남에게 절대 사양하지 말고 남의 권리는 절대 침범하지 말 것이며, 한 사람의 권리를 지켜야 한 나라의 권리도 지킬 수 있다고 강조한다.

사람의 '의무'는 직분(職分)을 지키는 것으로 어버이에게 효도하고 임금에게 충성하며 어른으로서 어린이를 가르치는 일이라고 한다(4과). 의무를 다하지 않으면 권리를 행사할 수 없다는 점을 강조한다. 사람은 태어나며 주어진 신령한 성품을 가진 '지위', 즉 '자격'이 있으나 '지식'을 갖추지 않으면 어리석은 동물과 다를 바 없다고 한다(5과).

사람의 '직업'은 사람의 생애와 같아 직업 없는 사람은 목숨이 있어도 생애가 없는 것이며, 나라는 직업 있는 자가 많으면 번성하고 적으면 쇠락한다고 한다(6과).

정신으로 일하는 직업과 육체로 일하는 직업이 있으나 직업에는 귀천이 없기에 '총리대신'으로 일한다고 자랑하지 말고 '등짐꾼'이라고 부끄러워하지 말라고 한다.

따라서 유길준은 직업이 사람에게 중요하나 "직업이 사람을 구함이 아니오 사람이 직업을 구함"임을 강조했다.

(2) 노동 신성

유길준은 노동을 '박힌 일'이라는 의미의 정업(定業)과 '뜬 일'이라는 의미의 잡업(雜業)으로 나눌 수 있다고 한다(16, 17, 18과). 정업 노동으로는 농업·잠업·축산·임업·수산업 등의 '농사 노동', 목수·미장·도공·대장장이·석공·직공 등의 '공장 노동', 보부상 등의 '부상 노동', 뱃사람·사냥꾼·어부·백정 등의 '특별한 지각과 한정 있는 노동'이 있다고 한다. 잡업 노동은 모내기꾼·품팔이 등의 '시간벌이 노동'이라고 한다. 정업이든 잡업이든 '정직', '성실', '근면'하게 일할 것을 명심해야 한다고 강조한다.

'정직'함은 '일을 이루는 근본'이고, "사람이 비록 가난하여 노동하는 일을 하더라도 그 마음을 정직하게 가지고 분수에 상당한 삯을 구하면 즐겨 부리는 자가 자연히 많으리니 진실로 이러하면 나의 벌이가 잘될 것"이라 한다(19과).

'성실'함이란 "한 돈 품삯 받거든 그 값어치 정성으로 하고 한 냥 품삯 받거든 그 값어치 진실하게 하여 삯대로 일을 하되 주인이 보거나 말거나 일꾼을 거느리는 사람이 있거나 없거나 내 나라 사람의 일이거나 외국 사람의 일이거나 내가 맡은 역사는 나 할 도리대로 밤이나 낮이나 추우나 눈이 오나 비가 오나 일심정력 들여서 정한 시간 어기지 말고 약속"을 지키는 것이라 한다(20과). '근면'하게 일하지 않으면 "게으르고 놀고 남의 지은 밥만 먹으며 남의 지은 옷이나 입는 자"가 되며 "나라의 좀이며 사회의 도적"이라고 한다(21과).

그러므로 유길준은 '노동'이 국가와 사회의 근본이며 국가를 부강하게 하고 사회를 발전시킬 수 있기에 '거룩'하다고 한다(22과).

(3) 도덕적 자유

유길준은 '세상일의 뼈대'인 '도덕'에 어긋나면 국가의 부강과 사회의 문명이 참되지 못하다고 강조한다(33과). '도덕'은 부모 자식 간 효도와 형제 간 우애와 같은 사적 도덕과 자선사업을 도우고 공중 이익을 중시하는 공적 도덕으로 나뉜다고 한다. 도덕은 법률과 같이 강제성을 띠지 않지만 사람의 마음을 다스린다고 한다.

'자유'는 "하고 싶은 일을 하고, 하고 싶지 않은 일은 하지 않는 것"임에 틀림없으나, 도덕과 법률의 규제를 받기에 "자유는 자유롭지 못하는 가운데 있다"는 점을 강조한다(34과). 내가 자유가 있는 만큼 남도 자유가 있으니 각각 자신의 자유를 지키기만 하고 양보하지 않으면 다툼이 끊이지 않아 '짐승의 자유'만 있을 것이라 한다.

따라서 유길준은 '말의 자유'와 '일의 자유'는 남에게 방해되지 않을 때에 내가 하고자 하는 대로 할 수 있고 남의 방해도 받지 않는다고 강조했다.

(4) 노동자의 도리

유길준은 '상조'(相助), 즉 '분업'(分業)이 성립되려면 문명과 생활을 가능하게 하고 '팔고 사는 매개가 되어 만물의 가치를 정하는 표준'인 '돈' 또는 '재물'을 가벼이 여기지 말라고 한다(35, 36, 37과). 그리고 '검약'하는 생활을 공들여 습관화하고 '저축'하여 안락한 생애를 보내야 한다고 한다.

노동자는 작은 일이든 큰일이든 '약속'을 어기지 않고 '신뢰'를 지켜야 하며, 남을 속이지 않고 불신을 배척하는 '진언'(眞言)을 해야 한다고 한다(38, 39과). 또한 기금을 마련하여 재난을 당했을 때 남의 도움을 받기 전에 먼저 도움을 줄 수 있는 '자선'(慈善)을 베풀어야 하고, '청결'한 위생 상태를 유지하여 전염병을 예방해야 한다고 한다(40, 41과). 잘못한 일이 있었을 때는 뉘우치고 새롭게 결단하는 '용기'를 가지고 '단합'해야 한다고 한다(42, 43과).

유길준은 노동자들에게 '외국 사람 물밀 듯이 오는 세상'에서 '욕심내며 닥치면 가져가니' 케케묵은 선비 "옛사람의 찌꺼기는 이 세상에 쓸데없다. 새 학문을 닦지 아니하면 네 노릇은 남의 종이 될 뿐"이라고 지적하며 "살려거든 죽기를 무릅쓰자"고 '분발'을 촉구했다(44과).

또한 사람이 태어나면서 '하늘에서 받은 권리가 처음에는 비록 평등'하지만 "제 손으로 만든 지위는 사람마다 다르니 귀한 자가 있으면 천한 자도 있으며 부자도 있으면 가난한 자도 있다"고 하며 '기회의 평등'이 주어지는 '사회질서'의 도래를 강조했다(45과).

유길준은 '품팔이라도 하여 나 사는 방법을 내가 세우면' 그 누구도 자신의 '자유'를 빼앗지 못할 것이라 한다(46과). 그는 "사람이 능히 그 한 몸의 독립을 지켜야 그 나라의 독립을 보전할 수 있으니 나라 사람이 다 '독립'하는 사람이 된 후에야 국가의 '독립'을 온전히 할 수 있다"고 강조한다.

(5) 경쟁과 자조

유길준은 '내가 남보다 나으려고 하여 잘하기를 힘쓰는 일'이 '경쟁'이고, '공연히 사람보고 서로 다투라 함이 아니'며 '서로 다투지 아니하면 천만 사물의 경황이 뒷걸음질 친다'고 한다(47, 48과). 그는 "경쟁하는 일이 없으면 사람의 세상이 다시 야만 시대가 되니 세계의 진보는 경쟁에 있다"고 강조한다.

유길준은 '독본'의 마지막 과(課) '자조'에서 새뮤얼 스마일즈의 *Self-Help*(1859) 본문 첫머리에 기록된 "하늘이 스스로 돕는 사람을 돕는다"(Heaven helps those who help themselves)는 격언을 거론한다(50과). 이는 "고기를 잡고자 하면 그물을 가지고 물에 들어가며 나무 하려거든 도끼를 메고 산에 올라야 한다"는 비유로 "사람이 스스로 도운 후에 남이 도우니 하늘이 스스로 돕지 아니하는 사람을 돕지 않는다"는 의미라고 설명한다.

유길준은 '자조'가 '농부가 장인의 물건을 사니 이는 장인이 간접으로 농부를 도움이요 장인이 농부의 곡식을 사니 이는 농부가 간접으로 장인을 돕는 것'이라는 '노동성과' 상호교환의 근간이라는 점을 강조한다.

3. 최남선의 『자조론』(1918)

1) 최남선 『자조론』 '역설'(譯說)

『자조론』의 원저자 스마일즈는 남부 스코틀랜드에서 제지업과 도매업을 하는 집안 출신이고, 자본주의 가치관을 소개하는 저술가로 활동했다.[14] 나카무라는 하층 사무라이 집안에서 태어나 도쿠가와 막부의 유학생단 감독으로 임명되고, 1867년에 영국에 건너가 1868년에 귀국하여 출판인과 번역가로 활동했다.[15]

최남선(崔南善, 1890~1957)은 중인 출신으로 서당에서 한학을 공부했고, 1906년 일본 도쿄의 와세다(早稲田)대에 입학하여 '대한유학생회보'(大韓留学生会報) 편집인으로 활동했다. 1907년 와세다대 정치학과가 '조선 국왕이 일본 천황을 알현'하는 가상 상황을 주제로 모의국회를 개최하려 하자 항의하는 조선인 유학생의 총대를 맡았다가 퇴학당했다.[16]

최남선은 유학 당시인 1906년부터 『자조론』 번역을 시작했고, 귀국한 뒤에 출판사 신문관을 설립하여 『소년』(少年)(1908)을 창간했다.[17] 최남선은 출판 활동을 시작으로 신학문을 적극적으로 수용하며 조선의 '신청년' 계몽 운동을 시작했던 것이다.

조선의 지식인들이 나카무라의 번역본이 출간된 직후부터 『자조론』을 접했으리라 예상되지만, 문헌으로 확인되는 것은 1906년부터이다.[18] 최남선은 1918년에 *Self-Help*의 13장 중 6장까지를 번역하여 『자조론』 상권을 출간했다. 후반부는 독립선언서 직싱으로 투옥되었을 때 번역했으나 출간하지 않았다(표 3-1).

최남선은 한글 번역본 체제는 주로 나카무라 번역본을 따르고, 내용은 아제카미의 번역본을 따랐다.[19] 나카무라의 『서국입지편』(西國立志編)도 *Self-Help*를 직역하지 않고 번역과 설명을 통해 자신의 사상을 주장했지만, 최남선의 『자조론』은 더욱 자신의 사상을 강하게 주장한 '역설'(譯說)서였다.

최남선의 『자조론』(自助論) 상권은 총 287쪽 중 스마일즈 저술 원본은 227쪽(79.1%), 나카무라의 해설은 4쪽(1.4%), 최남선의 해설은 56쪽(19.5%)이었다. 최남선 해설은 자조론서(自助論序), 역자조론서언수칙(譯自助論敍言數則), 젊은 독자(少年讀者)에게 10조(條), 그리고 제1장부터 제6장까지의 각 장의 머리말(弁言)로 구성되었다.[20]

최남선은 자신의 주장에 기초한 스마일즈의 원본 번역을 통해 사회 진보를 위한 슬로건으로서의 '자조'를 강조했다.

2) 젊은 독자에게 권함

최남선은 젊은 독자(少年讀者)에게 10개 항목으로 정리하여 『자조론』을 읽도록 권유했다.[21]

1. 『자조론』은 평범한 서양인 '덕행'(德行)의 근본과 서양사상의 정수(精華)를 전하고 있어, 신문명의 물질적 결과에 큰 영향을 받았으나 그 정신적 원류를 이해하지 못하고 정(情)에 이끌리는 사람들에게 현대 문명의 주요 내용과 형성 과정을 인식하게 하여 '경쟁심'(角逐心)을 고취시킬 것이다.
2. 『자조론』은 체험을 바탕으로 한 '문명진보'와 '사업성취의 근본원리'

에 관한 내용으로 서투른 이야기기와 헛소리가 없고,

3. 세계 역사의 실제적 발전을 알려 주고 있으며,
4. 아주 평범한 가운데에서 위업을 이루어 선구자가 된 영웅의 실제적 교훈을 소개하여 모두에게 분발할 수 있는 계기를 마련하고자 만든 것이다.
5. 『자조론』은 좋은 성과라고 반드시 경과가 순탄하지 않았고 선량한 사람이라고 반드시 평탄하지 않았으며, 공익의 일일수록 사회의 반응이 냉담하고 고상한 사람일수록 시련이 더욱 심각하여, 순조로운 자에게 귀감이 될 것이며 역경에 처한 자에게 위안이 될 것이다.
6. 『자조론』은 가난과 박해가 목표 있는 사람을 막지 못하며, 어떤 어려움도 이를 극복하고 스스로를 단련하는 자에게는 정복될 수 있는 살아 있는 증거를 제시한 것이니, 강자에게는 무익하지만 약자에게는 백만 원군이 될 것이다.
7. 『자조론』은 가장 경계해야 할 것이 외부 권력이 아니라 자기 나태함이며, 가장 믿을 것이 금전과 지위가 아니라 근면이라는 점에서 모든 사람과 국가가 평등함을 보여 준다.
8. 불평과 고독은 젊은 독자의 사고를 해치기에 『자조론』은 젊은 독자에게 불만을 실행력으로 바꾸고, 고독을 성찰의 기회로 삼는 중요한 길잡이가 될 것이다.
9. 『자조론』은 소설과 같은 흥미나 비속한 정을 만족하려거나 인생의 살아 있는 교훈과 처세의 귀감으로 삼기 위한 것이 아니라 자신의 앞길과 인생의 표본을 삼기 위해 읽어야 할 것이나. 젊은 독자가 곧 신문명의 역군으로 선배의 경험을 듣는 것과 같이 읽어야 하는데,

다만 그 문자만 읽을 것이 아니라 그 정신의 골수까지 흡수하여 자기의 피와 살로 만들 수 있도록 읽어야 할 것이다.

10. 요컨대, 『자조론』은 무수한 전기의 집합이요, 꼭 필요한 격언을 모아놓은 것이요, 인생의 큰 문제에 대한 가장 절실한 답안이요, 문명 발달과 인사 성패의 파노라마요, '수제치평'(修齊治平)에 관한 큰 논문이다. 따라서 사상을 함양할 것이며 성품을 훈련할 것이며 상식을 훈련할 것이며 상식을 수양할 것이며 용기를 북돋게 할 것이기에, 신시대 청년에게 널리 퍼지면 크게 도움 될 좋은 선생님인 것이다.

이상과 같이『자조론』을 통해, 첫째 최남선은 서양 문명이 '경쟁심'에 의해 발전해 왔고 그것이 서양 문명의 정신적 원류라고 설명했다. 둘째, 그는 매우 평범한 사람들도 신분에 구애받지 않고 '자조'를 통해 스스로 위업을 달성할 수 있는 시대가 왔다고 강조했다.

3) 진보를 위한 덕목 '자조'

자조(Self-Help)의 의미를 간결하게 잘 전달하는 "하늘은 스스로 돕는 자를 돕는다"라는 널리 알려진 문구는『자조론』본문 첫머리를 장식한다.[22]

이러한 문구와 개인의 성공이 주요 내용인 자조론은 개인의 물질적 성공만을 강조했다는 비판을 받았다.[23] 그러나 저자인 스마일즈는 당시 진보적인 잡지인『리즈타임즈』(*Leeds Times*) 편집에 참여했고, 노동계급의 '협동'과 '공동참여'를 모색하는 리즈 소비조합(Leeds Redemption)을 긍정적으로 인정했으며, 공공교육 및 공공의료 등 개혁적 의견을 제시하여 '중산계급 급진주의 좌파'로도 불렸다. 당시 사회주의 계열에 영향력이 있었던 잡지인 『메리 잉글랜드』(*Merrie England*)를 편집하고 출판한 로버트 블래츠포드(Robert Blatchford)는 스마일즈를 비난한 동료 사회주의자들을 비판하며, 노동계급 대중에게 *Self-Help*의 정독을 권유했다.

최남선이 번역하여 공간한 『자조론』 상권은 총론인 제1장, 제2장부터 마지막 제13장까지 비귀족계급 출신으로 근면, 노력, 성실, 절제를 통해 자기 발전을 이룩한 300명 이상의 혁신적인 과학발명가, 사업가, 예술가 등 빅토리아 시대의 '영웅'이 소개되었다.[24]

제1장 '자조: 국가와 개인'의 경우에는 이발사 출신 신학자, 벽돌공 출신 건축가, 직포공 출신 수학자, 제화공 출신 해군제독, 재단공 출신 역사가, 직공 출신 의원 등의 자기 발전 과정이 소개되어 있다. 최남선은 스마일즈가 이 소개를 통해 "국가의 쇠퇴가 개인의 나태, 이기심, 악덕 때문이듯이 국가의 진보는 개인의 근면, 정력, 덕행의 총화"라고 주장했던 점을 강조했다.

최남선은 또한 스마일즈가 개인의 노동에 의해 진보가 달성된다고 주장한 점을 강조했다.[25] "사람이 먹는 빵 가운데 어느 것도 육체적이건 정신적이건 그 자신의 노동으로 벌어들인 빵만큼 맛있지 않다는 것은 분명하다. 노동으로 대지가 개척되었으며 인간은 야만에서 벗어났다. 노동 없이 문명은 한 걸음도 나아가지 못했다. 노동은 긴요한 것이고 의무일 뿐만 아니라 축복이다. 오직 게으른 사람만이 그것을 고통으로 느낀다."

최남선은 근면하게 노동을 해야 개인의 열성과 인내가 생겨날 것이라고 한다. 또한 노동은 최고의 지적 문화와 양립 가능하다고 한다. 스마일즈는 이러한 노동행위가 '자조'를 가능하게 한다고 강조했던 것이다.

4) 제국주의와 자조주의

총론인 제1장의 '제국주의(帝国主義)와 자조주의(自助主義)'는 스마일즈 원전에는 '시저리즘'(Caesarism)로 되어 있으나, 中村正直 번역본에는 '시저리즘의 일파와 자조의 설과 반대되는 것을 논함'(シーザリズムの一派と自助の説と反対なることを論ず), 畔上賢造 번역본 목차에는 '제왕주의(帝王主義)와 자조주의(自助主義)', 본문에는 '제국주의(帝国主義)와 자조주의(自助主義)'로 번역되어 있다. 최남선은 畔上賢造 번역본 본문에 따라 목차와 본문 모두에 '제국주의와 자조주의'로 번역하여 설명했다.[26]

최남선은 '자립의 근본'을 논하지 않고 인류 진보의 원동력을 '제왕'(帝王), '애국'(愛国), '의회'(議会)에서 찾는다면 옳지 않다고 강조한다. '제왕숭배'는 '우상숭배' 최악의 형태이며, 위력을 숭배하는 배금주의(拝金主義)처럼 인격을 추락시킬 것이라 했다. 건전하고 강력하여 '국민'(国民)에게 유포할 만한 '교의'(教義) 또는 덕목으로 '자조주의'가 가장 중요하다고 강조한다. '자조주의'와 '제왕숭배주의'는 서로 어울리기 어려운 원수라고 하며, 빅토르 위고(Victor-Marie Hugo, 1802~1885)의 "펜은 검보다 강하다"라는 말을 인용하여 자조주의가 제왕주의를 능가할 수 있다고 주장했다.

이상과 같이 최남선은 '자조주의'를 무력에 의한 절대 지배, 즉 '제국주의'를 무너뜨릴 수 있는 원동력으로 판단했다. 그러나 그는 '적자생존', '약육강식'의 논리로 귀결될 수밖에 없는 '자조주의'의 뒷면을 적어도 이때까지는 깨닫지 못했다.

5) 개인과 사회

한말 지식인들은 『자조론』 번역 과정에서 소개된 '자조'의 개념을 대한제국의 '자강' 독립 또는 자립의 논리로 공론화시켰다.[27] 입헌군주론에 입각한 유길준은 '개인의 노동행위'가 '자조'를 가능하게 하고 그것이 '대한제국의 자강'에 근간이 된다는 점을 강조했다. 그러나 유길준은 군주에 대항하는 시민사회를 상정하지 않았다. 한편, 스마일즈는 무엇보다도 '인격'을 고양해야 세속적 성공도 가치가 있으며, 가장 고양된 의미에서 '개인의 자조'에 대한 의무는 '이웃의 자조'를 필연적으로 포함한다고 주장했다.[28]

최남선은 이러한 스마일즈의 주장을 적극 받아들여 유길준과는 달리 『자조론』에서 '사회적 진보'가 가능한 '자유로운 개인'을 강조했고, 그 연합에 의한 '사회'를 강조했다.

즉, 최남선은 번역이 아닌 자신이 작성한 제1장 머리말(弁言)에서 "자신(自身)을 스스로 수련하지 못하고 자가(自家)를 스스로 다스리지 못하고 자사(自事)를 스스로 감당하지 못하고 자계(自計)를 자립(自立)하지 못하면 그 영향이 클 것이라고 강조했다. 개인(個人)의 집합으로 사회(社會)가 성립하니 사회의 흥망은 개인 상태(個人狀態)의 총계(總計)"[29]라고도 강조했다.

제3장 머리말에서 "개인의 상태가 진보적이면 번성치 않은 사회가 없으며, 개인의 활동이 진취적이면 부영(富榮)치 않은 사회가 없으니 한 사람이 나라(邦)를 흥망성쇠하게 한다"[30]고 주장했다.

이와 같이 최남선은 자신의 언어로 개인 역량의 총합에 의해 사회의 성쇠가 결정되고, 개인이 진보적 또는 진취직 여부에 따라 사회의 성패 여부가 결정된다고 강조했다. 조선은 공교육과 공조하는 일본 국내와의 여건과 달랐지만, 최남선은『자조론』을 번역하는 과정에서 개인과 사회의 개념을 자신의 사상으로 확립시켜 자신이 발간하는 잡지 등을 통해 보급했다.[31]

4. 조선노동공제회,『공제』(1920)

1) 최초 전국 자율 노동단체 '조선노동공제회' 창립

조선노동공제회는『자조론』의 '경쟁'과 '자조'라는 새로운 이념의 세례를 받으며, 3.1운동 다음 해인 1920년 4월에 노동자를 포함한 언론인, 교육자, 변호사 등에 의해 창립되었다. 창립을 주도한 그들은 1907년 설립된 신민회(新民會) 계열로 1909년에 동시에 조직된 합법 청년단체인 청년학우회(靑年學友會)와 비합법 청년단체인 대동청년단(大東靑年團) 회원이었다. 대동청년단은 국권 회복을 목표로 활동했는데, 1911년 신민회 사건 등으로 활동이 엄하게 제한되었었다.

그러나 그들은 3.1운동 직후부터 비공식 집회를 계속 개최하여 '노동문제연구회'(勞動問題硏究會)를 조직했다. 이 연구회가 조선노동공제회의 기반이 되었다. 조선노동공제회 활동은 창립 당시에는 지식인층과 경성 본부 구성원을 중심으로 전개되었다. 한편, 노동자를 중심으로 조직된 전국 각지의 기존 노동단체와 새로운 단체가 지부로 가입하기 시작하여 노동자 중심으로 전환되었다. 이러한 활동으로 조선노동공제회 회원 수가 해산 직전인 1922년에 15,000명이 되었다.[32]

2) 사회진화론과 세계 개조 사상

조선노동공제회가 창립된 시기는 '민주주의(democracy, 民主制)를 위한 전쟁'이라는 슬로건을 내세운 연합국 측이 제1차 세계대전에서 승리함에 따라, 민주주의 사상이 전 세계에 영향을 끼쳤던 시기였다. 민주주의 사상은 일본에서 '세계의 대세'인 '세계 개조 기운'(世界改造氣運)으로 받아들여 다이쇼(大正) 데모크라시 운동으로 발전했는데,[33] 노동 문제를 중심으로 전개한 조직이 우애회(友愛會)였다.

세계 개조 사상으로서의 민주주의는 조선에서도 받아들여졌는데, 조선의 노동 문제를 중심으로 세계 개조 사상에 기초한 운동을 전개한 조직이 조선노동공제회였다. 우애회를 중심으로 한 일본의 노동 운동은 "노동자가 사회를 조직하는, 하나의 인격자로서 존중되는" 사회로 개조할 것을 주장했다.[34] 이러한 '인격주의'(人格主義)에 기초한 사회 개조의 주장은 조선노동공제회의 주장에서도 확인된다.[35]

조선노동공제회가 개조 운동을 전개하는 구체적인 방법에 대해 두 가지 주장이 존재했다. 첫째, 사회주의 사상에 기초하여 자본주의 제도를 개혁하고 노동자의 인격이 존중되는 제도를 만들 것을 주장한 '제도개혁론'(制度改革論)이었다. 둘째, 노동자의 실력양성을 통해 사용자와 대등하게 되고 사회 속에서 인격자로서 존중될 것을 주장한 '실력양성론'(實力養成論)이었다.[36]

1920년대 초 독립운동의 이념적 기초가 된 1910년대 지식인의 실력양성론은 조선 민족이 독립 역량이 없기 때문에 독립운동에 앞서 문명 개화를 통한 실력양성에 힘을 기울여야 한다는 주장이었다. 이 실력양성론은 독립

을 전제로 한다는 점에서 '동화주의적 실력양성론'과 구별된다.[37]

3) '노동멸시'관 비판

조선노동공제회 기관지 『공제』(共濟)는 한글·한자 병용이고, 창간호(1920년 9월, 170쪽), 제2호(1920년 10월, 134쪽), 제7호(1921년 4월, 94쪽), 제8호(1921년 6월, 128쪽)만 현재 남아 있다. 제3호부터 제6호까지는 조선총독부 검열 결과 폐간되었다.[38] 이하 『공제』의 내용을 중심으로 한반도 최초 전국 노동자 자율단체의 주장과 활동 취지를 분석한다.

'인격주의'에 기초하여 노동 문제를 중심으로 조선 사회의 개조를 꿈꾸었던 조선노동공제회는 조선의 노동 문제 근본이 '일한다는 것', 특히 육체를 통해 일하는 것을 멸시하는 현상에 있다고 인식하여, 노동멸시관을 혹독하게 비판했다. 즉, "빈곤하다 하되 회사 직공 노릇하는 이가 얼마나 되며 고학생(苦學生)이라 하되 지게 지는 이가 그 얼마나 되는고"[39]라고 지적하며, 육체노동을 멸시하여 기피하는 경향을 강하게 비판했다.

또한 "노동을 천(賤)히 여길 뿐만 아니라 노동하는 이의 인격까지 천히 여기었다."[40] "문화 가치의 창조자를 존시(尊視)하고 물질 가치의 창조자를 천시(賤視)하는 것은 현 사회의 일반적 경향이며 도덕(道德)이라"[41]며, 노동하는 사람의 인격을 존중하지 않는 세태를 강하게 비판했다.

4) 조선인 노동자의 덕목(ethos)

(1) 노동 신성

조선노동공제회는 노동멸시 세태를 극복하기 위해 다음과 같은 덕목을 노동자가 갖추어야 한다고 주장했다.

첫째, 일하는 것은 '성(聖)스러운 행위'라고 주장했다.

조선노동공제회는 "평등(平等)의 광명(光明)을 통찰한 자는 반드시 노동(勞動)의 신성(神聖)을 말해야 하니, 이것이 어찌 오늘날의 새로운 말이라고 할 수 있겠는가? 그러나 국제 노동 문제가 창도(唱導)된 이후로, 노동의 신성에 대한 인식은 과거에는 일부 소수와 국부적인 것이었으나, 이제는 일반적이며 세계적으로 확산되었고, 이상적으로만 여겨지던 것이 이제는 사실적으로 현실(顯實)화되었도다"[42]라며 노동신성주의(勞動神聖主義)의 세계적 확산을 전했다.

노동자는 스스로 깨어나야 하며, 이것이야말로 노동자가 나아가야 할 가장 중요한 문제라고 조선노동공제회는 지적한다. 힘이 있는 곳에 생명이 존재하는 것과 마찬가지로, 노동자도 인간으로서의 권리를 주장하고 실천하며, 노동자로서의 의무를 완수할 수 있도록 '지혜'(智慧)와 '덕'(德)을 쌓고 기능을 숙련해야, '노동은 신성하다'는 진리를 깨닫을 수 있다. 그리고 '평등하고 밝은 사회'에서 행복을 누릴 수 있다는 것을 스스로 자각해야 한다고 강조했다.

또한 노력하고 분투(奮鬪)하면 노동자의 '인권'과 '지위'가 회복되고, 노동의 대가도 공정하게 분배될 것이다. 그러나 만약 노동자가 깨어나지 못하고 행동이 느슨해진다면, 고통은 두 배로 커지고 불안은 극도로 심해져,

단 한순간도 삶의 안정과 평온을 누릴 수 없을 것이 분명하다고 주의를 환기시켰다.[43]

즉, 신성한 행위인 일하는 것을 통해 행복을 누릴 수 있고, 사회의 한 구성원으로서의 지위도 확보할 수 있다고 힘주어 말했던 것이다.

(2) 사회적 헌신

둘째, 일하는 것은 '사회적 의무를 수행하는 행위'라고 주장했다.

조선노동공제회는 '개인적 사람'으로만 노동하는 사회는 오히려 해롭고, 개인적 사람의 상태에서 벗어나 '사회적 사람'의 상태로 전환해야 한다고 주장한다. 사회적 사람으로 전환하려면 "'강대한 자극'과 '유력한 원조'가 필요하며, 그것은 노동자의 심중(心中)에 '사회적 헌신'(social service)의 관념, 즉 '산업'에 대해 '사회적 헌신'의 관념을 환기하는 것"이라고 설명했다.[44]

조선노동공제회는 "'노동자 문제'라고 하는 것이 '물질상의 문제'가 아니라, '인격 가치의 인식과 인격 가치의 유지, 말하자면 경제적 조건과 정신적 조건이 배합되어야 처음으로 완전'하게 되고, '쌍방이 일치'되어야 완전히 해결할 수 있다"고 주장했다.

이상과 같이 조선노동공제회는 '노동자 문제'가 경제적 조건을 충족시키는 것을 전제로 하면서도 '인격'을 자각하고, 그것을 유지하는 과정을 통해 근본적으로 해결될 수 있다고 주장했다.

(3) 자조와 자립

셋째, 일하는 것은 '스스로 독립하는 것을 가능하게 하는 행위'라고 주장했다.

조선노동공제회는 설립 취지서에서 노동자들은 자녀를 교육하지 못하고 직업을 보장하지 못하며, 병이나 재난을 구제하지 못한 채, 다만 남을 위해 부림을 당하고 천대를 받으며, 남을 위해 누에를 치고, 남을 위해 돌을 다루는 일을 해왔다고 지적했다.[45] 한편, 노동자들은 서로 이해가 일치하고 지위도 같으니, 스스로 가슴을 치며 깊이 생각해 보면, 남을 원망하기보다는 스스로를 책망하지 않을 수 없을 뿐이라며 그동안의 상황을 냉철히 언급하기도 했다.

그러나 이제는 스스로 돕고(自助) 스스로 살아가고(自存), 스스로 깨닫고(自覺) 스스로 발전하는 것(自高)을 알게 되었다. 이에 자신의 노력을 남에게 빼앗기지 않으며, 자신의 의식주와 행복을 남에게 의존하지 않고 스스로 구하여, 마침내 하늘의 뜻에 따르는 바른 길이 열렸으니 노동자에게 새로운 목표가 생겼다고 힘주어 말했다.

조선노동공제회 창립 당시의 회장 박중화(朴重華)는 대동청년단 회원이자 청년학우회 발기인이며 보성(普成)중학교 교장을 역임했다.[46] 그는 창립 취지에 대해 노동은 '사회의 근본'이며 애정은 '인류의 본성'이기에, 스스로의 힘으로 의식주를 해결하는 동시에 서로 사랑과 협력으로 돕고 생활의 안정을 꾀하며 '공동의 존엄과 영광'을 추구해야 한다고 강조했다.[47]

더욱이 그는 조선노동공제회가 시대의 요구뿐만 아니라 세상의 실정에 맞게 창립되었고, 그 방향 또한 현실과 처지에 맞게 가장 시급한 문제부터 우선적이고 실질적으로 해결해야 한다고 주장했다. 노동자를 위한 이상적 사회 실현을 미래의 과제로 남겨 둔다면, 가장 시급히 해결해야 할 문제는 노동자의 교육, 경제, 위생 문제라고 주장했다.

그 문제 해결을 위한 구체적 활동 방침으로 박중화는, ① 지식계발(知識啓發), ② 품성향상(品性向上), ③ 환난규휼(患難救濟), ④ 직업소개(職業紹介), ⑤ 저축장려(貯蓄奬勵), ⑥ 위생장려(衛生奬勵), ⑦ 노동조사연구(勞動調査硏究)를 제언했다.

'지식계발'에 대해 그는 노동 관련 지식이라고 하면, 노동시장의 요구에 맞춰 대응할 수 있는 기술 지식으로 좁게 해석될 수도 있으나 아직 '우리는 일반적 상식조차 부족한 상황'이므로, 먼저 전반적인 지식을 널리 보급하는 것이 계몽의 주요 목표가 되어야 한다고 주장했다.

'품성향상'에 대해 그는 노동자가 타고난 사회의 지배자이며 생산의 주인임을 스스로 깨닫고 자부하는 동시에, 그 지위를 보장하고 권위를 발휘하려면 그에 걸맞은 '인격'과 '능력'을 갖추어야 한다고 강조했다. 또한 적절한 인격과 능력을 습득하려면 먼저 '품성'과 '성격'을 수양하는 것이 발전을 위한 필수조건이라고 힘주어 말했다.

이상과 같이 조선노동공제회는 노동자에 대해 개인의 행복을 추구하고 사회적 의무를 다하는 과정에서 사회 개조를 실현할 수 있는 새로운 노동자의 덕목 지향을 강조했다. 즉, 노동자에 대해 '일하는 것'은 신성한 행위이고 '사회적으로 헌신하는 행위'이기도 하다는 것을 인식하고 그 행위에 의해 '자립'이 가능하다는 것을 강조했다.

여기에서 조선노동공제회가 말하는 '자립'이란 자신이 사회를 조직하는 한 인격자라는 것을 자각하고 '인격을 유지하기 위한 능력을 가진 상태'이다. 조선노동공제회는 이러한 자립 실현을 위해 자기 수양을 하면서 지식을 계발해야 한다고 강조했다.

이상과 같이 조선노동공제회가 조선인 노동자에게 추구하도록 강조한 새로운 노동자 덕목은 조선노동공제회가 설립된 1920년 노동절에 경성에서 개최된 강연회를 비롯하여 전국적으로 개최된 강연회 등을 통해 전 조선으로 확대되었다.[48]

5. 「생존경쟁과 능력주의」, 『조선일보』(1921)

『노동야학독본』(1908)에서 조선인 노동자의 덕목을 제시한 유길준은 1883년 일본에서 모스(Morse)를 만난 뒤 미국으로 유학가기 전에 '사회진화론' 원리를 『경쟁론』으로 정리했다.[49] 즉, "인생의 만사가 '경쟁'을 의지하지 않는 일이 없으니 크게 천하 국가의 일부터 작게 한 몸 한 집안의 일까지 실로 다 '경쟁'으로 인해서 먼저 진보할 수 있는 바라. 만일 인생에 경쟁하는 바가 없으면 어떤 방법으로 그 지덕(智德)과 행복을 증진할 수 있는가?" 라는 주요 내용으로 '사회진화론' 원리를 정리했다.[50]

유길준은 1883년에 이미 '경쟁의 안목'을 높이고 '경쟁 정신을 활발히' 하여 신문물을 배우면 곧 부강을 이루고 '국위를 만방에' 떨칠 수 있다는 '낙관적' 사고에 기초하여, '경쟁'을 최고의 덕목으로 하는 새로운 세계에서 조선이 크게 성공할 수 있다고 믿었다.[51]

당시 여론을 주도했던 조선일보는 제1차 세계대전이 종료된 후 국제연맹의 결성으로 세계 정세가 안정될 것으로 보이지만 안심할 수 있는 상황이 아니라고 언급하며, 「생존경쟁과 능력주의」라는 사설을 통해 '생존경쟁'에서 이기려면 '능력주의'를 강화해야 한다고 주장했다.[52]

그 이유로 세계 문명의 수준이 평등하지 않고 높고 낮은 계급이 있으

그림 3－1 조선일보 사설「생존경쟁과 능력주의」(1921년)

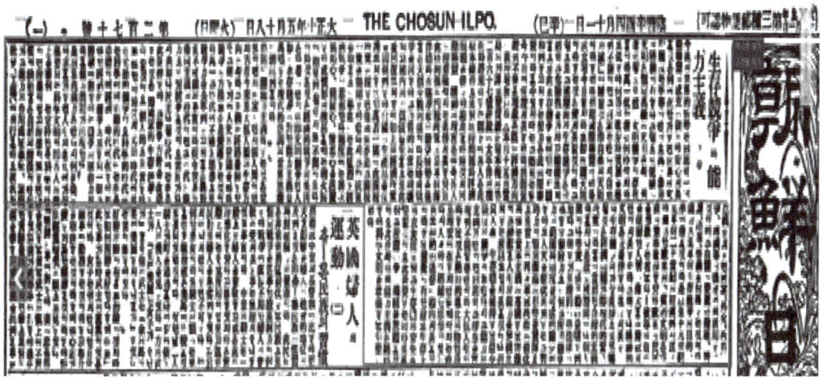
THE CHOSUN ILPO.

자료:『朝鮮日報』(1921. 5. 18).

며, 문명이 낮은 사람들은 문명이 높은 사람들에게 지배당하기 쉽기에 문명이 낮으면 그 존재조차 위태로워질 수 있기 때문이라고 지적했다. 과거에는 문명 수준이 큰 차이 없었지만, 생존경쟁이 계속되는 가운데 문명의 발전 속도가 빨라진 뒤에는 능력 있는 자만이 살아남을 것이라고도 주장했다.

조선이 뒤처지지 않으려면 더 이상 과거의 방식에 안주해서는 안되며, 교육과 산업을 발전시키고 학문과 기술을 연마하여 세계의 흐름에서 도태되지 않도록 스스로 힘을 키워야 한다고 강조했다.

따라서 당시 여론을 주도했던 조선일보는 조선인에게 문명과 실력을 갖춘 '능력주의'를 기반으로 스스로 발전해야 국제 사회에서 당당히 살아남을 수 있는 힘을 기를 수 있고, 그것이야말로 생존할 수 있는 길이며, 그것을 위해 끊임없이 노력해야 한다고 주장했던 것이다.

6. 소결: 향상심과 헌신

조선인 노동자에게 제시된 대표적인 덕목 '자조'는 자본주의 성숙기의 영국, 메이지 유신기의 일본, 개항 이후의 조선에서 탄생되고 확산되었다. 영국에서 탄생된 『자조론』은 자본주의의 구조적인 문제를 해결하려는 진보적 자유주의와 그 근본 철학인 공리주의의 영향을 받으며 형성되었다.

구체제가 붕괴된 메이지 시대 일본에서는 신체제 형성의 원동력으로 받아들여졌다. 열강의 지배가 확산되고 있었던 조선에서는 처음에 국가 자강의 원동력으로 받아들여졌으나 제1차 세계대전 이후에는 '자립' 실현의 원동력으로 받아들여졌다.

한반도 최초 전국 단위 자율 노동자단체인 조선노동공제회의 기관지 『공제』에서 제시한 조선인 노동자가 추구해야 할 덕목 중에 '노동 신성'과 '자조'는 유길준에 의해 최초로 제시되었다. 유길준은 권리와 의무를 다하는 인간은 존엄하고, 일의 형태와 상관없이 정직하고 성실하고 근면하게 행하는 '노동은 신성'하며, 도덕적으로 어긋나지 않는 자유를 누려야 하고, 신뢰와 질서와 경쟁에 기초한 노동자 규율을 강조했다. 이러한 덕목은 '자조'를 통해 실현 가능하다고도 강조했다. 최남선은 서양 신문명의 정신적 원류가 '경쟁심'이며, 평범한 사람들도 신분에 구애받지 않고 '자조'를 통해 '자립'을 실현할 수 있다고 강조했다.

유길준과 최남선은 개인 '자조'를 통한 '자립' 실현이 나라를 강하게 만들 수 있다는 신념이 있었다. 그러나 두 사람은 '적자생존', '약육강식'의 논리로 귀결될 수밖에 없는 '자조'의 뒷면을 알아차리지 못했다.

유길준과 최남선이 '자조'를 통한 문명 사회 실현에 주목하여 '자조'의 부작용을 간과했으나, 조선노동공제회는 '품성', '인격' 향상을 통한 '사회적 헌신'의 필요성을 강조하며 '자조'의 부작용을 예방하려 했다. 이렇게 세계적 탈식민화 현상과 민주주의 사상 보급과 더불어 확산된 자조론은 조선인 노동자의 '인격을 유지하기 위한 능력'을 갖추려는 의지에 불을 당겼다.

CHAPTER 04

능력주의 신화의 내면화: 동화 논리의 보급

Chapter 4

능력주의 신화의 내면화: 동화 논리의 보급

1. 조선인론에 기초한 '동화의 논리'
2. '동화의 논리'에 기초한 조선인 노동자론
3. 경영자와 관료의 조선인 노동자론
4. 교육훈련: '반도노무자'에서 '황국근로자'로
5. 소결: 동화와 간극

1. 조선인론에 기초한 '동화의 논리'

'조선인론'은 일본의 조선 식민지 지배의 기본 논리였던 '동화(同化) 논리'의 기반이었다. 이러한 설명의 대표적 연구로 하타다 다카시(旗田巍),[1] 미야타 세쓰코(宮田節子),[2] 이시이 간지(石井寬治)[3]가 있다.

하타다는 '동화의 논리'란 상대의 존재 그 자체를 일절 부정하는 것에 의해 일체화하려는 것이며, 그 동화의 성격은 독자적 문화와 역사를 가진 민족으로서의 조선의 존재를 존중하는 것도 아니면서 지배 복종의 관계를 명확히 하는 것도 아니었다고 평가했다.[4]

동화 논리의 기반이었던 '조선인론'의 대표적 문헌은 다카하시 도오루(高橋亨)의 『조선인』(朝鮮人, 1920)이다. 이 문헌은 3.1운동 전후 다카하시의 논리 변화도 확인할 수 있어 조선인론 분석에 깊이를 더 할 수 있다. 다카하시는 한국병합 이전부터 조선에 거주하여 조선총독부 관료를 지낸 후 경성제국대학 교수를 역임했고, 패전 후에는 한반도 연구의 중심이 된 덴리(天理)대학 교수를 역임했다.[5]

다카하시는 1915년에 『조선인 특성의 연구』(朝鮮人特性之硏究, 필사본)를 저술했고, 이 책은 1920년에 3.1운동 이후 자신의 조선인론을 덧붙여 『朝鮮人』이라는 제목으로 조선총독부 학무국에서 발행되었다. 그 내용은 총설(지리, 지질, 인종, 언어, 사회, 역사, 정치, 문학 및 미술, 철학, 종교)과 조선인의 단점(사상의 고착, 사상의 종속, 형식주의, 당파심, 문약, 심미 관념의 결핍, 공사 혼란) 및 장점(관용, 유유자적, 종순, 낙천)으로 구성되었다.

1) 종속과 종순

다카하시는 동화의 논리적 근거로 조선인의 '사상의 종속'에 주목했다. 즉, "조선인은 독창력이 부족하고 연구심이 풍부하지 않은 고착적인 성격에 의해 선입주(先入主)인 중국(支那)으로부터 배운 지식을 무상최선(無上最善)이라고 믿어 일체의 현상을 이것을 전제로 판단할 뿐 노력하여 다른 신원리(新原理)를 창설하려는 욕구가 없다. 이러한 조선인은 대체로 최근까지 중국 사상의 굴레(羈絆)를 벗어나려는 노력을 하지 않고 경과"[6]하고 있다고 주장했다.

따라서 "조선의 역사는 독립적 국가의 역사로서 가치가 없다. 약 2000년에 걸쳐 내부로부터 비판한 적이 없어 예속의 역사임에 틀림없"고, "조선인 자신도 자국의 역사를 매우 경시하여 불필요한 학문으로" 여겼다고 주장했다.[7]

다카하시는 조선인의 장점이 역사와 사회 구조에 의한 '종순'(從順)이라고 강조한 뒤에, 조선인의 종래 결점이 일본 통치에 의해 개선되고 있었다고 한다.[8] 그것을 가속화시키기 위해 일반 일본인들을 자각시켜 개선 교육 강화에 동참시켜야 한다고 한다.

즉, 조선 민족의 "형식주의 비심미적(形式主義非審美的), 문약(文弱), 당파심(党派心), 공사 혼란(公私混淆)"의 특성은 "일본 통치가 해를 거듭함에 따라 점차 소멸해 갈 것이 틀림없다." "적어도 그렇게 하지 않으면 일본은 조선인에 대해 지도로 부조(扶助)하는 소임을 다하지 못했다고 변명할 여지가 없다. 세간에 왕왕 조선인 특성의 어두운 면만을 보고 쉽게 열등 민족으로 취급하여 경멸하고 천시하여 관심을 가지지 않는 자가 있다. 이렇듯 속이 좁아 동정심이 없음은 '조선인 동화의 대업'을 성취할 수 없게 만든다."

또한 다카하시는 "조선에 있는 일본인은 조선인이 종래 악정(惡政)의 결과 양성된 어두운 성질(性質)을 선정(善政)과 우수 민족의 감화를 통해 깨끗이 씻어 내어 일본인에 동화하는 동시에 민족적으로 향상시키는 것이 의무라고 자각해야만 한다"고 했다.

2) 3.1운동과 조선인론

이와 같이 조선인이 독창성이 없어 지도를 필요로 한다고 하는 일본인의 조선인론은 당시 일본인, 특히 지식인의 일반적 인식이었다. 예를 들면, 후쿠자와 유키치(福澤諭吉)의 조선론[9] 등에서도 확인할 수 있다.

그러나 3.1운동의 충격으로 종래의 조선인론이 동요했다. 즉, 일본 정계는 "조선의 현재는 실로 용이한 상태가 아니다. 따라서 이러한 상황에 대책을 세우기 위해서는 민심의 상태를 살피는 것이 선결 문제"라고 판단했다. 이에 1922년 11월 정당을 초월하여 국회 차원에서 세이유카이(政友會)·겐세이카이(憲政會)·무소속의 하원의원(代議士) 각 1명과 도코카이(同光會) 직원 1명을 조선에 파견하여 '민의'(民意)를 살폈다.[10]

다카하시는 조선인론 동요에 대해, "작년(1919) 독립운동이 발발함에 따라 조선인의 특성으로 종순을 언급하는 것을 비난하는 경우가 있다. 그렇지만 작년과 같이 계획적으로 된 것에는 어떤 종순한 민족이라 하더라도 운동에 참가하는 것은 당연"[11]하다고 주장했다.

또한 "조선인 특성의 가장 근본적인 것으로 언급한 사상인 종속, 즉 사대주의의 현저한 발로로 현재 조선 청년들은 예전 조선인이 중국 사상에 종속당해 중국에 대한 사대주의를 고집한 것과 같이, 미국 사상에 종속당해 미국에 대한 사대주의를 고집하기 시작했다. 이것은 실로 조선인의 신라 이래의 최대 특성을 기반으로 발생하여 성장하는 사상 문제인 이상, 장래 우리 일본의 조선 통치에 대해 절대적 위협과 불안을 제공하는 것이 될 것이다. 또한 조선에서 일본인의 손에 의해 잘못되지 않은 일본인 사상을 관철시킬 수 있는 교화시설(制度)이 통치 백 년의 장기계획이 되어야 할 것"[12] 이라고 주장했다.

다카하시는 3.1운동의 사상적 기반이 독자적인 것이 아니고, '사상종속'(思想從屬)의 대상이 중국으로부터 미국으로 변했을 뿐이기에 사대주의를 불식시키지 못했다고 평가했다. 따라서 이 사대주의를 개선하기 위해서는 조선인의 장점인 '종순'을 살리면서 일본인의 사상을 가르칠 수 있는 교화제도가 필요하다고 강조한 것이다.

즉, 다카하시는 3.1운동 이후에도 그의 '동화 논리'의 근거였던 조선인은 '사상이 종속'되어 있고 그 특성이 '종순'이라고 하는 조선인론을 바꾸지 않았다.

3) 동화의 논리

다카하시는 동화가 달성되면 일본인과 조선인 양 민족에게 이익이 되는 점, 그리고 동화를 달성해 가는 과정에서 일본인의 역할 및 그 이유를 다음과 같이 설명했다. "먼저 스스로 반성하고 일본인의 조선인에 대한 진정한 감정을 귀 기울여, 일본인이 반드시 조선인을 동화시켜 조선인을 최종에는 일본인으로 만들어야 한다. 일본인의 이익 면에서도 조선인을 동화시켜야 할 것이다."[13]

또한 "감정 면에서도 조선인에 대해 일본인이 다른 어떤 문명국과 비교해도 인종적·민족적으로 차별감을 적게 갖고" 있어, "현 시세에 극심하게 반대하는 조선인도 일본의 지위에 러, 독, 영을 대신하는 것이 어떻겠냐고 묻는다면 누구라도 지금이 오히려 조선인에게 행복하다고 할 것이다. 그렇다면 조선인을 동화해야 할 사람은 전 세계 중에 일본인이 가장 적격이라고 말할 수 있을 것이다"[14]라고 한다.

다카하시가 주장하는 동화정책 추진 과정에서 조선 내 일본인의 자각과 역할을 촉구했던 당시 상황을, 경성으로 전국 중학교장을 초대하여 강연을 개최하고 그 내용을 모아 조선총독부가 발간한 『조선의 개발과 정신적 교화의 필요』(朝鮮の開發と精神的教化の必要, 1924)에서도 확인할 수 있다. 조선총독부는 일본인이 조선 사회를 이해하고 동화정책에의 참여를 높이기 위해 『조선의 풍습』(朝鮮の風習, 1925)도 발행했다.[15]

따라서 다카하시의 '동화의 논리'는 우수하고 "동류(同類)의 민족인 일본인"이 종래 결점을 가지고 있었던 조선인을 일본인처럼 되도록 사명감을 갖고 교육시켜, 양 민족의 이익을 동시에 실현하는 것이었다. 이 논리는 조선인이 역사적·사회구조적으로 '종순'하고 '종속'된 사상을 가지고 있다고 하는 그의 고착화된 조선인론에 기초한 것이었다.

2. '동화의 논리'에 기초한 조선인 노동자론

1) 태만 · 무책임 · 부화뇌동

(1) 조선(朝鮮) 전문가: 사쿠라이 요시유키· 무라야마 치준(村山智順)

사쿠라이 요시유키(桜井義之)는 1904년에 후쿠시마현(福島県)에서 태어나 도쿄의 주오(中央)대학 경제학과에 다니며 요시노 사쿠조(吉野作造)의 사설비서 아르바이트를 했다.[16] 사쿠라이는 1928년에 요시노의 소개로 경성대학 법문학부 경제연구실에 조수로 근무했으며, 조선총독부의 기관지인 『朝鮮』의 편집을 담당하는 등 조선에서 폭넓은 사회 활동을 했다. 그리고 서지학적 연구도 진전시켜 1941년에는 『메이지 연간 조선연구 문헌지』(明治年間朝鮮研究文献誌)를 간행했다. 패전 후 사쿠라이는 수집한 모든 자료를 조선에 남기고 일본으로 돌아갔다. 이후 도쿄도립(東京都立)대학에 근무하게 되어 1950년에 도서관사무장, 1956년에 도서관학 및 서지학을 담당하는 전임강사를 역임하며 조선 관련 문헌의 수집과 연구를 이어갔다.

사쿠라이는 일본의 반관반민 노사협의기관인 '협조회'(協調會)의 기관지 『사회정책시보』(社会政策時報)에 1933년 「조선의 룸펜: 반도 룸펜 생활의 특상(特相)」이라는 논문을 게재했다. 이 논문에서 사쿠라이는 조선인 노동자가 궁핍하게 생활했던 다양한 이유를 밝히기 위해 조선인 노동자 일반과 룸펜층에 관해 고찰하여 자신의 견해를 다음과 같이 소개했다.

❖ 조선인 노동자의 특이성[17]

① 조선인 노동자의 임금은 저렴하다. 이것은 그들의 생활 정도가 낮기 때문

일 것이다. 내지인(일본인) 노동자의 노임에 비해 약 20% 저렴하다.

② 조선인 노동자는 어떠한 노동에도 적응할 수 있지만, 동시에 적절한 노동이 존재하지 않는다. 과격한 노동, 불결한 노동을 마다하지 않는 그들은 이 방면의 노동을 일본인 노동자로부터 빼앗아 실업 문제를 악화시키지만 특별히 그들에게 적절하다고 생각되는 노동이 존재하지 않는다.

③ 조선인 노동자는 **태만**하고 정확하지 않으며 일에 대해 **책임감이 없다**. 전부가 그렇다고 판단할 수 없지만, 이러한 이유로 그들은 일이 늦고, 위생 사상을 결여하고 있다.

④ 조선인 노동자는 교육 정도가 낮고 무지하다.

⑤ 조선인 노동자는 지속성이 없다. 이것은 민족적 특성인 **(부화)뇌동**과 금전에 극히 타산적이라는 점에 기인할 것이다. 최근 빈번한 군소 노동쟁의 요구가 대부분 임금 문제이다.

사쿠라이는 조선인 노동자가 정확성과 지속성이 떨어지고 생활 수준과 교육 정도가 낮기 때문에 저임금 비숙련 노동자이자 위생 관념이 결여된 '룸펜(부랑자)' 생활을 하고 있다고 주장했다. 그는 그 근본 이유를 조선인 노동자가 '태만하고 무책임하며 부화뇌동'하기 때문이라고 판단했다.

한편, 조선의 소작쟁의, 노동쟁의, 학교맹휴(學校盟休), 형평운동(衡平運動) 등 군중행동 현상을 분석한 무라야마 치준(村山智順)은 『조선의 군중』(朝鮮の群衆, 朝鮮總督官房文書刊行, 1926)에서 "중국인(支那人) 노동자는 일시적 순응성은 낮지만 한 가지 일에 계속 종사하기 때문에 숙련공이 된다." "조선인 노동자는 어떤 일이라도 적응이 가능하지만 계속해서 최선을 다하는(精勵) 끈기(根氣)가 없기에 숙련공 되기가 쉽지 않다." "조선인 노동자의 일하는 모습은 이러한 점 이외에도 일본인(內地人) 노동자와 중국인 노동자와 비교하면 태업(怠業) 하고 있는 것처럼 보인다." "즉, 무슨 일을 하더라도 열심히 하는 모습이 보이지 않아 작업속도가 향상되지 않는다"[18]고 평가했다.

(2) 대규모 관민회사: 남만주철도주식회사(南滿州鐵道株式會社)

이와 같은 일본인의 조선인 노동자관은 당시에는 일반적이었다. 예를 들면, 남만주철도주식회사(1906~1945, 이하 만철)가 간행한 보고서인 『조선인 노동자 일반사정』(朝鮮人勞動者一般事情, 1933, 이하 일반사정)을 통해 확인할 수 있다. 만철은 러일전쟁 이후 일본이 러시아로부터 양도받은 철도 및 부속지를 기반으로 설립되었다. 만철은 일본이 패전할 때까지 중국 동북지역 만주에 존재한 일본 국책회사로 '일본식 동인도회사', '식민회사'라고도 했다.[19] 도쿄에 지사를 두었으며, 절정기에는 관련 기업이 80여 개에 이르렀다.

『일반사정』은 조선 내의 이동, 조선과 '만주' 및 일본 국내와의 이동, 그리고 조선 내의 노동 사정에 관한 여러 조사를 근거로 조선인 노동자에 대해 다음과 같이 판단했다. 즉, "조선인 노동자는 '게으름' 또는 먹을 수만 있으면 일하지 않는 나쁜 습관(性癖)이 있어 노동이동이 빈번하고 결근율도 극심하다. 사실 광부, 토공(土工) 등과 같은 하급 노동자의 이동률은 100%를 훨씬 넘었다. 그렇지만 비교적 고급 종업원의 이동은 그다지 없고 근속률이 상당히 높다. 이것은 현재의 지위를 떠나면 다른 곳에서 그 이상의 높은 조건으로 고용될 수 없다는 것을 깊이 의식하여 자각하고 있기 때문이다"[20]라고 판단했다.

이 보고서는 조선인 하급 노동자가 게을러서 이동률 및 결근율이 높다고 하는 사쿠라이와 같은 조선인 노동자관을 보이고 있었던 반면, 상급 노동자는 그와 다르다는 점도 지적했다.

(3) 노무관리 전문가: 히로사키 신하치로

히로사키 신하치로(廣崎眞八郎)는 『일본의 노무관리』(日本の勞務管理, 東洋書館, 1941), 『근로인의 연성』(勤労人の錬成, 東洋書館, 1942), 『공원 월급제도의 연구』(工員月給制度の硏究, 東洋書館, 1943) 등을 저술한 노무관리 전문가이다. 그는 1942년 9월 24일부터 10월 3일까지 열흘 동안 조선을 방문하여 3~4개의 사업장을 견학하고 경험자의 체험담을 들은 뒤에 조선인 노동자의 특징을 다음과 같이 정리했다.[21]

❖ 원지(原地, 조선)에서 근로 관리상의 여러 문제

① 이동 버릇이 강함: 이동률이 높은 것은 내지(일본)에서도 반도인(조선인)의 경우 무엇보다도 곤란한 점이지만 원지(조선)에서도 이 점은 변하지 않는다. 저자가 방문한 공장에는 3만 명 가까운 종업원 가운데 10년 이상 근속자는 40명, 평균 근속연수는 2년 이내로, 과반수가 1년 이내에 이동해 버린다. 고향이 가까운 점이 내지(일본)보다 곤란한 점이며, 가는 곳을 물어보면 계획 없이 이동하는 경우가 상당히 많은 것으로 보인다.

② 도난이 많음: 내지(일본) 공장에도 공구 등을 공장 밖으로 갖고 나가는 사태를 주시하고 있다. 반도인(조선인) 중에는 도난이 발각되었을 때 훔친 것은 돌려주면 되지 않느냐며 반항하는 경향이 있다. 이것은 오랫동안 (학교) 교육 또는 가정교육을 통해 개선되어야 한다고 판단된다.

③ 비교적 보은(報恩)하려는 생각이 적고, **책임감이 희박함**.

④ 위생 사상이 부족함.

⑤ 상식이 부족함.

이상과 같이 게으르고 무책임하고 부화뇌동한다는 일본인의 조선인 노동자관은 조선인론에 기반한 동화 논리의 영향을 받고 있었다. 동시에 일본인의 자기 노동관에 기초한 인식의 결과이기도 했다. 즉, 일본인은 동화 논리와 조선인론의 영향을 받으며 18세기 말~19세기에 일본 전국으로 보급된 근면(勤勉), 검약(儉約), 겸양(謙讓), 인종(忍從), 정직(正直), 경건(敬虔), 조식(粗食)이라고 하는 통속 도덕(通俗道德)이 사람들의 생활에 내면화됨에 따라 새롭게 형성되고 있었던 노동관에 기초하여 조선인 노동자를 인식하고 있었다.[22] 즉, 조선인론에 기반한 동화 논리가 일본인 자신들의 과거와 연결된 사다리를 걷어차며 강화되고 있었다.

2) 시간 · 위생 관념

시간 관념이란 작업 개시 및 종료시간을 엄수하는 것, 또는 일정 시간 동안 일정한 작업량을 완수하는 것을 말한다. 사쿠라이 요시유키는 1934년 조선의 광산에서 노동시간이 긴 이유를 "일반적으로 조선인 노동자가 시간 관념이 부족하나 광산에서 그 정도가 심하다"고 지적했다.[23] 즉, 탄광 작업을 시작하고 마치는 시간이 일정하지 않고, 휴게시간 전후의 작업 개시시간 등이 일정하지 않다고 한다. 또한 조선인 노동자는 규율에 의해 통제받는 노동을 기피하는 경향이 강하다고 한다. 따라서 조선인 노동자는 장시간 작업을 해도 실제 작업시간은 매우 짧아 능률이 낮은데, 그 이유가 시간 관념이 약하다는 것이다.

다카하시 가메키치(高橋亀吉)는 1935년 조선에서 노동시간이 매우 긴 이유가 "노동자의 무지각이 노동시간의 단축을 원하지 않고 장시간 노동에 의해 조금이라도 많은 임금을 얻으려는 사람이 대부분"이기 때문이라고 지적했다.[24] 그러나 조선인 노동자는 생산성을 높이면 보상이 높아진다는 것에 대해 신뢰하지 못했기에 택한 행동이라고도 해석할 수 있다.

한편, 일본인의 시간 관념은 어떠했을까? 도쿄제국대학(東京帝國大學) 농과대를 졸업하고 교토제국대학(京都帝國大學) 교수를 지낸 하시모토 덴자에몬(橋本伝左衛門)은 1935년 현재 일본 농민의 '태만'과 더불어 '시간 관념 결여'를 지적했다.[25] 즉, 일본 농민은 새벽에 별 보며 집을 나서고 밤에 달빛 밟으며 귀가한다고 하여, 야외에서 일하는 시간이 길다고 하지만 실제 노동시간이 짧고, 잠시 휴식하거나 서서 이야기하여 일종의 '태업'을 한다고 평가했다.

조선인의 사상과 성격에 관해 다양하게 관찰하고 연구한 무라야마 치준은 조선인 노동자의 위생 관념을 다음과 같이 언급했다.[26] 조선인은, 첫째 매우 불결한 옷을 입고, 깨끗하지 않은 물을 마시며, 어릴 때부터 담배를 피우고, 옷에 식기를 문지르며, 우물에서 세탁하고, 동전을 입에 넣는다고 한다. 둘째, 신발을 벗지 않고 마루에 오르며, 실내외를 청소하지 않고, 실내에 침을 뱉는다고 한다. 셋째, 화장실을 불편하고 불결하게 사용하고, 화장실 다녀와서 손을 씻지 않으며, 자녀를 실내에서 오줌 누게 할 때 깨끗하게 뒤처리하지 않고, 어린이 오줌으로 얼굴을 씻거나 마신다고 한다.

무라야마는 조선인의 위생 관념 결여를 조목조목 지적했다. 그러나 다나카 사토시(田中聡) 연구(1994)에 따르면, 일본인에게 위생 관념을 보급하기 위해 해외 전람회를 포함한 '위생전람회'가 1873년부터 1963년까지 개최된 사실 등을 언급하며, 일본인을 문명인, 조선인을 비문명인으로 대비시키는 어리석음을 지적했다.[27]

3. 경영자와 관료의 조선인 노동자론

1) 경영자

당시 일본 대표 기업인 가네보(鐘紡)의 경성 동대문공장장 이토 노부치카(伊藤信親)는 조선총독부 기관지 『朝鮮』(1939)에 실은 글에서 조선에서 공장경영이 상상 이상으로 힘들었다며 그 원인 중 하나를 조선인 노동자 특성에서 찾았다.[28]

그는 여공(女工手)의 소질상(素質上) 일본 국내에 비해 경영이 쉽지 않았는데, 그 원인으로 ① 교육이 불철저하고, ② 이동률과 결근율이 높으며, ③ 정신력이 결여되어 있기 때문이라고 했다. 한편, 그는 "조선인 여공이 공장노동에 부적절한 것같이 기술했지만 결코 그런 것은 아니고 오히려 손재주가 있다. 일찍이 우리 공장에 일본 국내의 우수공(優秀工)을 불러 지도하게 했지만 이쪽(조선)의 우수공이 좋고 일본 국내 직공의 능률은 이쪽(조선)의 중류 정도였다. 따라서 앞에서 언급한 결점이 제거된다면 조선에서의 공장경영은 어렵지 않다"라고 평가했다. 그는 교육훈련을 통해 조선인 노동자의 기능을 개선할 수 있다고 인식했던 것이다.

시멘트산업의 조선 최초이자 대규모 공장을 경영했던 오노다(小野田)시멘트사의 경영문서에 따르면, 조선인 노동자의 이동 상황에 대해 일본인 경영자는 "공장가동(1936년) 이래 1939년 말에 이르기까지의 직공이동 상황을 보면", "이동이 현저한 사실은 최근 북선(北鮮)에서 여러 사업이 발흥했기 때문이라고 하더라도 직공의 이동성은 조선인 직공의 특성이자 나쁜 습관(性癖)이라고 볼 수 있는 이러한 점은 단지 이번뿐만이 아니라 장래에도 고려해서 대처해야 할 문제"[29]이며, 그것은 "조선인 직공의 선천적 이동성에 의한 것"[30]이라고 인식했다.

2) 관료

조선총독부 식산국은 식민지 조선의 경제정책과 노동자의 생산성 향상 정책을 담당했다. 식산국은 1930년에 광산 노동자의 고용절차, 해고 이유 및 절차, 이동 상황과 임금, 상여 및 제재의 규정, 취업시간, 작업전환, 휴일, 휴식시간 등의 취업 상황, 물품 공급제도, 주거, 부조 및 구제시설, 오락위안시설, 상호부조시설을 조사하여 『조선의 광부 노동사정』(朝鮮に於ける鉱夫労働事情)을 발행했다. 다른 노동조사와 달리 고용 상황에 관해 상세히 조사한 이 조사는 조선인, 일본인, 중국인 광산 노동자의 '능률'을 다음과 같이 비교했다.[31]

> 광산노동자의 능률에 대해 정확하게 조사한 적은 없는 것 같고, 각 광산에 대해 듣고 말하는 것이 각각 달라 정리하기 어렵지만 먼저 조선에서의 광산노동자, 내(内), 선(鮮), 지인(支人)의 노역에 대한 소감을 개괄하면 대체적으로 다음과 같다.
>
> ① **내지인(일본인)**은 어느 정도 두뇌노동이 필요한 작업에 적당하고 민첩하게 일하지만, 조선인과 중국인에 비해 체력은 약하고 고임금을 지불해야 하며, **일종의 우월적 감정을 항상 겉으로 드러내기에 조선인과 중국인과 함께 평등하게 작업시키는 것이 곤란**하다. 이 때문에 임금과 기량 면에서 작업의 지도적 위치의 고용 이외에는 불가능하다.
>
> ② **조선인**의 노동능률은 내지인 광부와 비교하면, 대체적으로 저열하다고 하

지만 과연 어느 정도까지 저율인가를 계산하여 조사한 적은 없는 것 같다. 최근 조선인 노동자도 **점차 작업에 숙련되고 내지(일본 국내) 광산에서 일하는 것을 보면 거의 내지인(일본인)에 떨어지지 않는다**고 한다. 체력도 강건하고 두뇌가 필요한 작업에도 부적절하지 않다. 다만 대체적으로 **책임감이 약하고** 어느 정도 사람이 볼 때와 안 볼 때 일하는 것이 다르며 성격이 단순하여 **부화뇌동**하는 것이 결점이라고 한다.

③ **지나인(중국인)**은 체력이 강건하고 근면하나 **숙련이 필요한 작업에는 부적절하고 운반작업과 같이 단순하고 근면하면 되는 작업에 매우 능률적**이다.

일본인 관료는 일본인 노동자가 기능 수준이 높기 때문에 작업의 지도적 지위에 배치해야 하지만, 조선인 노동자에 비해 고임금이고 조선인 노동자와 함께 작업할 때에 우월한 감정을 나타내기 때문에 작업장 운영에 어려움이 있다고 평가했다. 조선인 노동자는 작업능률이 상승하고 있지만, '게으르고 무책임하고 부화뇌동'하는 것이 결점이라고 평가했다. 이러한 평가에 기초하여 일본인 관료는 일본인 노동자와 조선인 노동자가 함께 작업하고 있었던 당시 사업장에서 일본인 노동자를 관리자의 위치에 배치함으로써 노무관리를 원활하게 운영할 수 있다고 판단했다고 할 수 있다.

4. 교육훈련: '반도노무자'에서 '황국근로자'로

저명한 경제학자인 다카하시 가메키치(高橋龜吉)는 이상과 같은 일본인의 조선인 노동자에 관한 인식과는 달리, 조선인 노동자가 교육훈련을 통하여 개선될 수 있다고 판단했다.

다카하시는 일반적인 일본인의 조선인 노동자관에 대해 서술한 뒤 "그렇지만 그러한 조선인 노동자의 결함은 조선인 그 자체의 본질이 아니다. 한편으로는 조선 말기의 인습에 학대받고 가렴주구에 시달린 사회적 산물이고, 또 한편으로는 농업 노동 이외의 시간적 근로를 필요로 하는 공장노동에 훈련되지 않은 것에 기인한 점이 많다." "이러한 종래의 사정을 가지고 환경이 일변하고 있는 오늘날 섣불리 판단해서는 안된다. 이렇게 말하는 것은 최근 공장노동에 대한 훈련이 점차적으로 진행되어 보통교육을 받은 노동자가 새롭게 배출되고 있어 종전에 조선 노동자의 결함이라고 얘기되었던 점들이 시대의 진보와 함께 현저히 변하고 있다"고 주장했다.[32]

또한 앞에서 언급한 사쿠라이도 "광산 노동자로서의 조선인 노동자의 능률은 반드시 항상 낮다고는 단언할 수 없다." "좋은 지도와 훈련의 기회를 제공하면 일본인, 중국인에게 떨어지지 않는 능률을 높이는 것이 지난(至難)한 것이 아니라고 믿고 있다"고 언급했다.[33]

한편, 조선총독부 기사(技士) 미야 고이치(宮孝一)는 『조선의 노무자』(朝鮮の勞務者, 1945)에서 "조선인 노무자에 관한 조선 현지 사업주 경영자의 비평을 총괄하면, 뇌동성(雷同性)이 강하고 부랑성(浮浪性)이 있다는 것 두 가지"라고 지적한 뒤에 "단 이런 평가는 어디까지나 사업자 고용주 측의 비판인 것에 주의를 요한다. 즉, 뇌동성은 그것을 뒤집어 이야기하면 인보공동(隣保共同)이고 부랑성이라는 것도 노무자의 이동이 많다는 것에 착목한 것으로 선천적 소질로서 보는 것은 용서받을 수 없다"[34]라고 일갈했다.

이상과 같이 일본인 지식인, 경영자, 관료는 조선인 노동자가 일본인 노동자에 비해 게으르고 무책임하며 지속성이 없는 '반도노무자'라고 판단했지만, 교육훈련을 통해 일본인 노동자와 같은 '황국근로자'가 될 것이라고 전망했다. 그러나 노동현장에서는 그들이 전망하는 대로 전개되지는 않았다.

5. 소결: 동화와 간극

조선인론에 기반한 '동화의 논리'는 일본이 조선을 지배하기 위한 기본 논리였다. 동화의 논리는 일본인 노동자를 부지런하고 책임감 있으며 지속력 있는 존재로, 조선인 노동자를 게으르고 무책임하며 지속력 없는 존재로 여기도록 각인시켰다.

동화의 논리에 기초한 일본인 관료 및 일본인 경영자는 조선인 노동자가 게으르고 무책임하고 부화뇌동한다고 인식했다. 따라서 일본인 관료 및 일본인 경영자는 교육훈련을 통해 조선인 노동자의 단점이 개선되더라도 그들이 '자립'할 수 있는 존재라고 인식하지 않았다.

그러나 조선인 노동자 자신은 '인격을 유지하기 위한 능력'을 자각하고 수양하면서 그것을 유지하기 위한 일하는 행위를 통하여 '자립'을 실현할 수 있다고 인식했다.

이와 같이 자신의 능력을 향상시키면 자립할 수 있다는 조선인 노동자의 능력주의에 대한 열망과 일본인 관료 및 일본인 경영자의 조선인 노동자에 대한 인식에는 간극이 존재했다. 이러한 간극은 노동시장, 노동정책, 노동 현장에서 '능력주의'를 본래 취지에서 벗어나게 하여 '신화'화되는 길을 걷게 했다.

능력주의 신화는 어떻게 만들어졌는가?: 시장과 정책

II

CHAPTER 05

신천지에의 도전

Chapter 5
신천지에의 도전

1. 도시화와 고용
2. 공업화와 고용
3. 고용 장기 추이
4. 소결: 식민지 공업화와 고용 없는 성장

1. 도시화와 고용

1) 인구의 도시 집중과 노동시장

도시화는 노동시장 형성에 어떤 영향을 미쳤을까? 1920년대 중반부터 해방 직전까지의 인구 증가율이 농촌보다 도시에서 지속적으로 높은 수준을 유지했다(표 5-1). 1930년대 후반에 한반도 이외의 지역으로 인구 이동이 급격히 이루어지면서 정체 현상도 보이지만,[1] 1930년대 도시 지역의 인구는 급격히 증가했다. 근본 이유는 출산율이 높게 유지되고 사망률이 지속적으로 감소했기 때문이다.[2] 1935년의 도시별 인구밀도는 인천, 경성, 대구, 평양, 목포 순으로 높았는데, 항만 또는 산업 도시라는 특성이 있었다.

세계대공황으로 인한 경기침체에서 회복되기 시작한 1935년에 초점을 맞추어 도시로의 인구 집중 현상을 살펴보자. 1935년의 도시인구는 1925년에 비해 남녀 모두 급격히 증가했지만, 농촌의 증가율은 낮은 수준에 머물렀다(표 5-2). 도시인 부(府) 지역 남성은 14세 이하, 20~24세, 60~64세, 여성은 24세 이하, 55~59세 연령층이 주로 증가했다. 농촌인 군(郡) 지역 남성은 14세 이하, 20~24세, 45~54세, 70세 이상, 여성은 19세 이하, 40~54세 연령층이 주로 증가했다. 한편, 군 지역 남성 30~34세, 65~69세 연령층과 군 지역 여성 60~69세 연령층이 감소했다.

주목할 점은 20~24세 연령대 인구가 남녀 모두 도시에서 눈에 띄게 증가했다는 것이다. 더욱이 농촌의 40~54세 연령층에서 여성의 비율이 증가한 것은 남성 중심의 농촌 노동력이 점차 여성으로 대체되었음을 의미한다.

표 5-1 부역(府域)·군역(郡域)별 면적, 인구밀도, 연평균 인구 증가율

			면적 (km²)	인구밀도 (10명)	1925년 (1,000명)	1930년 (%)	1935년 (%)	1940년 (%)	1944년 (%)
경기	경성부		36	1,233	343	2.8	2.4	16.1	1.4
	인천부		6	1,383	56	4.0	4.1	11.2	11.0
	개성부		14	400	46	1.7	2.3	5.2	1.4
		군부	12,758	15	1,574	0.9	2.6	−1.7	1.4
충북		군부	7,418	13	847	1.2	1.3	−0.3	0.9
충남	대전부		16	244	9	25.5	6.9	3.4	13.7
		군부	8,090	18	1,273	1.2	1.9	0.6	1.1
전북	군산부		8	525	22	9.7	3.7	−0.5	9.1
	전주부		11	382	23	11.1	1.5	2.3	9.3
		군부	8,534	18	1,324	1.6	1.3	−0.2	0.6
전남	목포부		8	762	42	2.7	4.9	1.0	1.9
	광주부		19	289	24	10.2	7.1	3.4	6.0
		군부	13,868	17	2,093	1.4	1.3	1.0	0.9
경북	대구부		9	1,189	77	3.8	2.8	10.8	3.7
		군부	18,980	13	2,256	0.6	1.1	−1.4	1.1
경남	부산부		34	538	107	6.4	4.6	6.4	7.1
	마산부		10	320	23	4.0	2.7	2.4	10.7
		군부	12,261	17	1,892	0.7	0.7	−0.8	1.0
황해		군부	16,738	10	1,462	0.8	1.9	1.6	2.8
평남	평양부		23	791	89	9.6	5.2	9.5	4.6
	진남포부		11	464	27	7.1	6.1	6.2	4.4
		군부	14,891	8	1,126	0.5	1.4	1.1	1.8
평북	신의주부		10	580	23	15.9	3.9	1.0	17.9
		군부	28,435	6	1,394	1.7	1.8	0.7	0.8
강원		군부	26,263	6	1,332	2.2	1.5	1.9	1.3
함남	원산부		15	400	47	2.0	2.9	5.7	9.4
	함흥부		9	633	32	6.6	5.3	5.6	10.5
		군부	31,954	5	1,334	2.1	1.6	1.5	0.9
함북	청진부		22	255	21	12.0	8.6	28.7	−1.8
		군부	20,325	4	605	3.2	2.4	2.6	1.0
계	부계		252	615	979	5.6	3.9	10.6	4.5
		군부계	220,515	10	18,512	1.3	1.5	0.4	1.2
	총계		220,767	10	19,491	1.5	1.7	1.2	1.6

주: 1) 인구밀도=해당 지역 인구/km².
2) 면적과 인구밀도 수치는 1935년 현재.
자료: 朝鮮總督府, 『1925년 簡易國勢調査結果標』, 『1930년 朝鮮國勢調査報告』, 『1935년 朝鮮國勢調査報告』, 『1940년 朝鮮國勢調査結果要約』, 『1944년 人口調査結果報告』.

표 5-2 성별·연령별 부역·군역 인구 변화 (단위: 천 명, %)

연령	부역						군역					
	남			여			남			여		
	1925	1935		1925	1935		1925	1935		1925	1935	
0~14	145	292	101.4	141	290	105.7	3,810	4,460	17.1	3,607	4,264	18.2
15~19	52	94	80.8	41	81	97.6	937	1,019	8.8	890	967	8.7
20~24	51	94	84.3	35	79	125.7	743	923	24.2	708	892	26.0
25~29	43	75	74.4	35	65	85.7	745	781	4.8	706	767	8.6
30~34	38	60	57.9	30	51	70.0	646	629	−2.6	595	608	2.2
35~39	35	56	60.0	27	48	77.8	587	644	9.7	535	612	14.4
40~44	28	45	60.7	21	39	85.7	493	553	12.2	443	517	16.7
45~49	22	38	72.7	18	34	88.9	420	492	17.1	383	462	20.6
50~54	16	28	75.0	14	26	85.7	342	397	16.1	318	372	17.0
55~59	11	20	81.8	11	22	100.0	286	324	13.3	288	318	10.4
60~64	7	13	85.7	8	15	87.5	227	240	5.7	262	244	−6.9
65~69	5	9	80.0	7	12	71.4	178	174	−2.2	202	193	−4.5
70~	4	7	59.1	7	13	85.7	153	196	28.1	190	246	29.5
계	457	831	81.7	395	775	96.2	9,567	10,832	13.2	9,127	10,462	14.6

자료: 朝鮮總督府, 『1925년 簡易國勢調查結果標』, 『1935년 朝鮮國勢調查報告』.

2) 지역 이동과 노동시장

빠른 속도로 도시로 집중된 인구는 어떤 형태의 지역 이동을 통해 이루어졌을까?

첫째, 연령별 타도(他道) 출생자 비율의 변화를 통해 장거리 이동 실태를 살펴보자(표 5-3). 1930년 타도 출생자 성별 비율을 살펴보면, 남성 비율이 전체적으로 다소 높은 수준을 유지하는 가운데 35~49세 연령층에서 특히 높았다. 1940년 연령별 타도 출생 비율은 전체적으로 증가하는 가운데 20대 연령층이 가장 많이 증가했다. 이 증가는 성인이 된 연령층이 장거리

표 5-3 연령별 타도 출생자 비율 변화 (단위: %)

연령	1930년			1940년
	남	여	계	계
0~14	3.5	3.4	3.5	4.3
15~19	7.5	7.2	7.4	12.0
20~24	9.5	9.6	9.6	15.2
25~29	11.0	11.0	11.0	15.4
30~34	11.9	11.1	11.5	14.7
35~39	12.8	11.9	12.4	14.2
40~44	13.1	12.2	12.6	13.4
45~49	12.9	12.6	12.8	13.1
50~54	12.4	12.9	12.6	12.5
55~59	12.0	13.0	12.5	12.2
60~64	11.6	13.2	12.4	11.6
65~69	10.9	12.9	11.9	11.2
70~	10.2	11.4	10.8	10.0
계	7.8	7.7	7.8	9.4

주: 1930년은 조선에서 출생한 전 인구, 1940년은 조선인 전체.
자료: 朝鮮總督府, 『1930년 朝鮮國勢調査報告』, 『1940년 朝鮮國勢調査結果要約』.

이동을 통해 노동시장에 참여한 결과라고 할 수 있다.

둘째, 인구 이동을 입체적으로 파악하기 위해 1935년 국세조사의 '일시부재자'와 '일시현재자'에 대해 분석하기로 한다(표 5-4). 먼저 각 도 간 이동에 대해 합계를 중심으로 살펴보면, 일시부재자(유출인구)는 남성의 경우 경북, 강원, 경남 순으로 많았고, 여성의 경우 경기 지역이 가장 많았다. 반면, 일시현재자(유입인구)는 남성과 여성 모두 경기 지역이 가장 많았고, 남성은 함남, 여성은 경남이 두 번째, 남성은 경남이 세 번째였다.

이들 지역으로 가장 많이 내보낸 지역은 충남, 경북, 강원이었다. 식민지 조선의 사회적 인구 증가(=일시현재자－일시부재자)는 남성의 경우 함남,

표 5-4 각 도(道) 간 인구 이동

	경기	충북	충남	전북	전남	경북	경남	황해	평남	평북	강원	함남	함북	일시부재자 합계
경기		699	1,012	218	257	326	271	1,375	363	375	2,489	835	370	8,590
		406	541	141	84	150	126	341	107	82	616	222	75	2,891
충북	2,047		1,261	194	58	767	145	77	26	70	1,312	237	46	6,240
	480		373	63	11	81	49	40	13	18	76	65	7	1,276
충남	3,714	987		1,231	254	276	182	284	68	85	456	196	60	7,793
	768	450		432	46	70	286	44	12	8	44	13	8	2,181
전북	1,002	403	1,306		1,524	290	1,620	266	89	158	218	274	36	7,186
	288	158	493		630	70	286	44	12	8	44	13	1	2,047
전남	1,002	116	271	2,516		290	1,620	266	89	158	218	274	352	7,172
	252	47	66	677		68	547	102	17	24	45	40	22	1,907
경북	1,021	1,640	468	236	480		2,610	139	65	180	2,182	1,516	517	11,054
	194	545	104	83	33		900	12	12	30	317	68	25	2,323
경남	474	148	157	443	2,567	1,921		69	52	81	454	2,311	767	9,444
	154	23	24	158	195	681		16	14	25	42	50	20	1,402
황해	1,434	26	37	21	32	19	28		1,410	326	663	524	92	4,612
	509	12	20	24	14	12	4		565	83	168	98	27	1,536
평남	490	28	39	27	59	25	34	1,240		2,185	324	1,181	170	5,802
	132	9	10	1	7	10	24	444		807	66	284	35	1,829
평북	534	25	16	4	11	12	20	272	1,597		148	857	61	3,557
	78	6	2	6	7	6	11	54	566		37	196	20	989
강원	1,826	501	60	23	36	428	86	469	162	307		4,441	2,704	11,043
	563	253	14	10	8	206	20	137	81	81		521	83	1,977
함남	397	13	27	11	33	37	65	104	391	784	911		2,521	5,294
	119	6	13	6	3	18	26	37	167	189	285		509	1,378
함북	148	8	4	8	11	6	13	13	11	37	36	912		1,207
	52	4	2	6	6	10	16	2	6	10	15	445		574
일시현재자 합계	14,089	4,594	4,658	4,932	5,322	4,397	6,694	4,574	4,323	4,746	9,411	13,558	7,696	88,994
	3,589	1,919	1,662	1,607	1,044	1,382	2,295	1,273	1,572	1,365	1,755	2,015	832	22,310
일시현재자−일시부재자	5,499	−1,646	−3,135	−2,254	−1,850	−6,657	−2,750	−38	−1,479	1,189	−1,632	8,264	6,489	
	698	643	−519	−440	−863	−941	893	−263	−257	376	−222	637	258	

주: 상단은 남성, 하단은 여성.
자료: 朝鮮總督府, 『1935년 朝鮮國勢調査結果要約』.

함북, 경기, 평북 순으로, 여성의 경우 경남, 경기, 충북, 함남, 경남 순으로 많았다. 이들 지역의 급격한 인구 증가는 표 5-1에서도 확인할 수 있다. 남성 인구의 사회적 증가가 가장 많았던 함남에서는 조선질소비료주식회사(일본질소)를 비롯한 화학산업의 비중이 높았고, 여성 인구의 사회적 증가가 가장 많았던 경남에서는 조선방직을 비롯한 방직산업의 비중이 높았다.

셋째, 가장 많은 사회적 인구 증가를 유발한 함남, 함북, 경기, 평북의 인구 유입을 분석하여 당시 주요 인구 이동 경로를 살펴보자(그림 5-1). 함남은 인접한 강원에서 가장 많이 유입되었지만 경남, 경북이라는 먼 지역에서 이동한 사람도 많았다. 함북은 비교적 장거리인 강원으로부터 가장 많이 유입되었고, 다음으로 인접한 함남에서 유입되었으나, 함남과 마찬가지로 먼 지역인 경남에서 이동한 사람도 많았다. 경기는 인접한 충남, 충북, 강원으로부터 많이 유입되었다. 평북은 인접한 평남, 함남에서 가장 많이 유입되었지만, 비교적 먼 거리인 경기에서도 직접 이동한 사람이 많았다. 반면 북부 지역으로 인구가 많이 유출된 강원도는 인접한 경기, 경북, 충북에서 많은 인구가 유입되었다.

인구의 지역 이동을 종합하면, 여성의 경우 비교적 각 지역으로 고르게 이동한 반면, 이동의 대부분을 차지한 남성은 주로 남부에서 경기를 포함한 북부로 이동했다. 최대 공업도시였던 경성을 포함한 경기와 북부 지역으로 많은 인구를 유출한 강원은 인접 지역에서 많은 인구가 유입되었다. 인구가 적고 산업화가 진행된 함남, 함북, 평북과 같은 북부 지역은 인접 지역뿐만 아니라 먼 지역에서 많은 인구가 유입되었다.

인구 이동 실태를 농촌과 도시를 구분하여 자세히 살펴보자(표 5-5). 도시 총인구 중 일시현재자(3만 7,000명)와 일시부재자(3만 4,000명)의 합계 비

그림 5-1 각 도 간의 인구 이동 경로

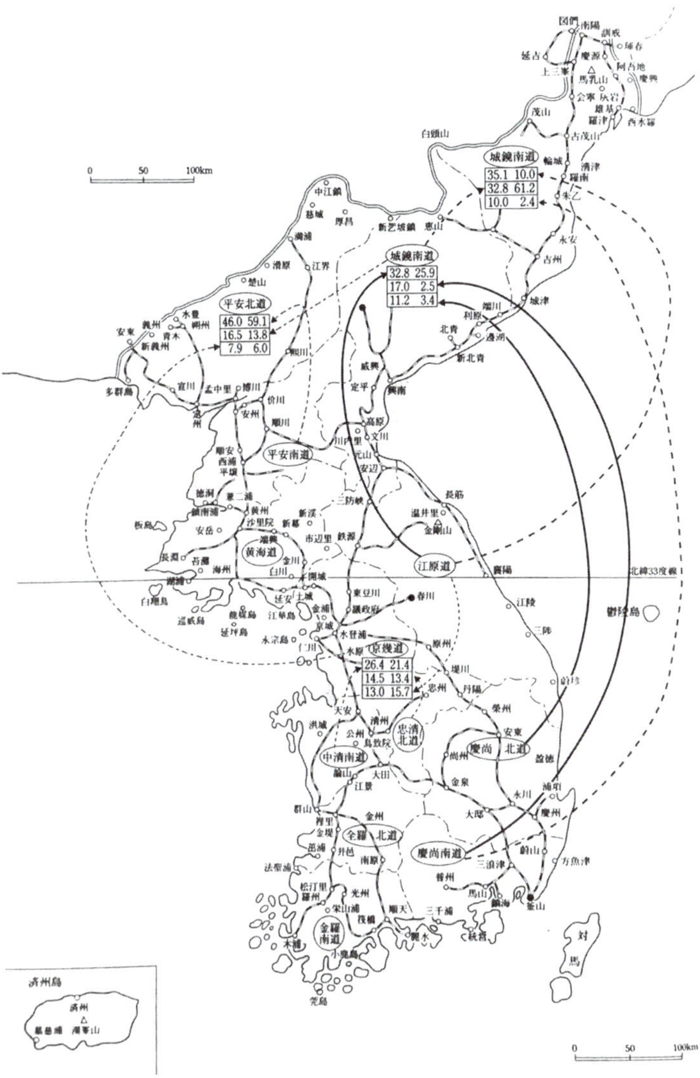

주: 1) 숫자는 각 도 출신지별 일시현재자 비율.
2) 숫자 왼쪽은 남성, 오른쪽은 여성.
자료: 朝鮮総督府, 『1935년 朝鮮國勢調査結果要約』.

표 5-5 부역·군역별 성별 상주(常住), 일시현재, 일시부재 인구 분포

			상주			일시현재		
			남	여	계	남	여	계
경기	경성부		52	48	97	72	28	2
	인천부		52	48	95	86	14	3
	개성부		47	53	97	58	42	1
		군부	52	48	97	69	31	2
충북		군부	51	49	97	66	34	2
충남	대전부		53	47	96	76	24	1
		군부	51	49	97	65	35	1
전북	군산부		53	47	94	81	19	4
	전주부		51	49	95	62	38	2
		군부	51	49	97	69	31	2
전남	목포부		52	48	95	82	18	3
	광주부		51	49	96	64	36	1
		군부	50	50	97	73	27	1
경북	대구부		50	50	96	71	29	1
		군부	51	49	97	60	40	1
경남	부산부		51	49	95	81	19	3
	마산부		50	50	96	72	28	2
		군부	50	50	97	72	28	1
황해		군부	50	50	98	75	25	1
평남	평양부		51	49	96	74	26	1
	진남포부		52	48	95	90	10	3
		군부	50	50	97	55	45	2
평북	신의주부		56	44	95	87	13	3
		군부	51	49	97	71	29	2
강원		군부	52	48	96	76	24	2
함남	원산부		52	48	95	80	20	2
	함흥부		52	48	96	73	27	2
		군부	51	49	96	74	26	2
함북	청진부		54	46	92	93	7	6
		군부	52	48	97	78	22	2
계	부계		51	49	96	79	21	2
			825	778	1,603	29	8	37
	군부계		51	49	97	70	30	2
			10,820	10,454	21,274	246	107	353
총계			51	49	97	71	29	2
			11,645	11,233	22,877	275	115	390

주: (일시현재-일시부재) 수치가 맞지 않는 이유는 사사오입 처리 결과 때문이다.
자료: 朝鮮總督府, 『1935년 朝鮮國勢調査結果要約』.

(단위: %, 천 명)

일시부재			총계			일시현재－일시부재
남	여	계	남	여	계	
65	35	2	52	48	460	0.0
63	37	2	53	47	87	1.1
66	34	2	48	52	58	−0.9
67	33	1	52	48	1,919	0.4
70	30	2	52	48	995	−0.1
73	27	3	53	47	41	−1.4
69	31	2	52	48	1,537	−0.2
71	29	2	55	45	44	1.2
72	28	3	52	48	45	−1.2
69	31	2	52	48	1,575	−0.1
71	29	2	53	47	63	1.0
72	28	2	51	49	57	−0.7
72	28	1	51	49	2,459	−0.1
69	31	3	51	49	114	−1.2
65	35	2	51	49	2,538	−0.2
76	24	1	52	48	188	1.7
70	30	2	50	50	33	0.0
77	23	2	51	49	2,102	−0.1
74	26	1	51	49	1,715	0.0
56	44	2	52	48	191	−0.8
70	30	2	54	46	53	0.3
60	40	2	50	50	1,276	0.1
57	43	2	57	43	60	1.3
70	30	1	51	49	1,699	0.3
77	23	2	53	47	1,665	−0.1
73	27	3	53	47	64	−0.7
68	32	3	53	47	60	−1.0
68	32	2	52	48	1,663	0.8
77	23	2	57	43	57	4.5
70	30	1	52	48	818	0.8
67	33	2	52	48	100	
23	11	34	877	798	1,675	
70	30	2	51	49	100	
234	100	334	11,300	10,662	21,962	
70	30	2	52	48	100	
257	111	369	12,177	11,459	23,637	

율이 4.2%였다. 농촌 총인구 중 일시현재자(35만 3,000명)와 일시부재자(33만 4,000명)의 합계 비율이 3.1%였다. 남성 비율이 일시현재자 및 일시부재자의 경우, 도시 지역에서 여성 비율보다 높았다. 도시 중 사회적 인구가 많이 증가한 곳은 항만도시와 경성을 포함한 북부 도시였다. 또한 북부 지역은 도시 지역인 부(府) 지역뿐만 아니라 평남, 평북, 함남, 함북 등 농촌 지역인 군(郡) 지역에서도 이동에 의한 사회적 인구 증가가 발생했다.

이상과 같이 식민지 조선의 노동시장은 남부 지역에서 경기를 포함한 북부 지역 및 항만도시로 인구가 이동하며 형성되었음을 알 수 있다.

2. 공업화와 고용

1) 고용 없는 성장

한편, 1930년대에 공업화가 진행된 것은 사실이었으나 신뢰도 높은 국세조사(인구센서스)는 총유업자 수가 줄어 '고용 없는 성장'의 시대였다고 말하고 있다. 이러한 공업화 시기에 예상하기 어려운 고용량이 줄었다는 조사 결과는 식민지 조선 연구의 최대 논쟁 대상이 되어 왔다. 따라서 여기에서는 1930년 조선 국세조사와 비교한 1940년 조선 국세조사의 총유업자 감소 실태에 대해, 양상이 다른 일본 국내와 비교하며 식민지 공업화와 고용기회에 대해 살펴보기로 한다(표 5-6).

국세조사 직업별 인구의 중분류 집계자료는 1930년, 1940년 모두 존재한다. 한편, 산업별 인구는 1940년은 중분류 집계자료가 남아 있지만,

표 5-6 1930년대 식민지 조선의 취업구조(일본 국내와의 비교)

(단위: 100명, %)

	조선								일본			
	산업별 계		직업별 계		남		여		남		여	
	1930	1940	1930	1940	1930	1940	1930	1940	1930	1940	1930	1940
경영·사무·기술자						2,431		634		20,642		4,833
농수산업	77,863	68,207	77,872	67,520	51,434	46,536	26,438	20,984	82,441	70,788	64,425	72,875
		−9,656		−10,352		−4,898		−5,454		−11,653		8,450
광업	342	1,765	341	1,018	334	972	7	46	2,101	3,257	410	421
		1,423		677		638		39		1,156		11
공업	5,858	4,950	5,857	4,322	3,040	3,773	2,817	550	42,692	53,360	14,303	18,295
		−908		−1,535		733		−2,267		10,668		3,992
상업	5,621	6,009	5,621	4,597	3,451	3,080	2,170	1,517	30,140	19,646	14,642	14,787
		388		−1,024		−371		−653		−10,494		145
교통업	1,075	1,522	1,076	1,501	1,050	1,451	26	50	10,286	10,145	790	1,099
		446		425		401		24		−141		309
공무·자유업	1,827	2,393	1,620	1,597	1,430	1,422	190	175	14,490	9,233	3,524	4,798
		566		−23		−8		−15		−5,257		1,274
가사업	1,209	1,728	1,209	1,683	290	402	919	1,281	842	367	6,971	6,685
		519		474		112		362		−475		−286
기타	3,861	5,393	3,861	6,659	3,194	5,789	667	870	4,883	9,858	827	3,736
		1,532		2,798		2,595		203		4,975		2,909
유업자 계	97,655	91,965	97,457	91,963	64,223	65,856	33,234	26,107	187,875	197,296	105,892	127,529
		−5,690		−5,494		1,633		−7,127		9,421		21,637
무업자	112,918	150,583	112,929	150,583	43,207	56,275	69,722	94,308	133,619	151,446	214,704	237,927
		37,665		37,654		13,068		24,586		17,827		23,223
군인·군속			206		206				2,428	16,918		27
		−		−206		−206		−		14,490		27
합계	210,573	242,548	210,592	242,546	107,636	122,131	102,956	120,415	323,922	365,660	320,596	365,483
		31,975		31,954		14,495		17,459		41,738		44,887

주: 본문 참조.
자료: 朝鮮總督府, 『國勢調査』 1930년판 및 1940년판; 內閣統計局, 『國勢調査』 1930년판 및 1940년판.

1930년은 대분류 합산치만을 알 수 있다. 직업별 인구는 1930년과 1940년의 집계 결과 발표양식이 다르므로 비교 가능하도록 중분류 결과를 재분류하여 집계했다(부표 5-1).

또한 1940년 조사의 경우 경영자, 사무자, 기술자를 독립적으로 집계했다. 기술자 항목은 각 산업으로 분류할 수 있으나 남성의 대부분인 사무자(남 1,976백 명 81.3%, 여 141백 명 22.2%)와 여성의 대부분인 '이과학연구원'(남 52명 2.1%, 여 485백 명 76.4%)에 종사하고 있는 자를 나눌 수 없어 그대로 두었다. 다만 사무자는 '주로 판매, 구매 등 사무적 방면에 종사하는 자, 예를 들면 장부, 회계에 해당하는 상점부, 회사의 판매계원 등'이기에 상업종사자로 간주할 수 있고 이과학연구원은 '기사(技士), 기수(技手)와 같은 기술자라 하더라도 단지 연구 또는 시험업무만에 종사하는 자는 공학연구원 등과 같이 기입'하도록 되어 있어 공업종사자로 간주할 수 있다.

1940년 직업별 총유업자 수는 1930년 총유업자 수의 5.6%에 해당하는 54만 9,000명이 감소했다. 이것은 남성 유업자 16만 3,000명이 증가했음에도 불구하고 여성 유업자 71만 3,000명이 감소한 결과이다. 남성 유업자는 농수산업, 상업에서 각각 약 49만 명, 3만 7,000명이 감소했고 광업, 공업에서 각각 6만 4,000명, 7만 3,000명이 증가했다. 한편, 여성 유업자는 양상이 달랐다. 농수산업, 상업에서 각각 54만 5,000명, 6만 5,000명이 감소했을 뿐만 아니라 공업에서도 22만 7,000명이 감소했다. 이에 따라 여성 총인구 중 여성 무업자 비율이 1930년 67.7%에서 1940년에는 78.3%로 증가했던 것이다.

한편, 이러한 식민지 조선의 총유업자 수 추이는 같은 기준으로 조사된 일본 국세조사 결과와 다른 양상을 보였다. 일본의 경우 농수산업의 남성 유업자는 감소했지만 여성 유업자는 그것을 대체하여 증가했고, 공업 부문 남성 및 여성 유업자는 모두 증가했다. 물론 이러한 비교는 당시 식민지 조선보다 진전되었던 일본의 공업화 수준을 고려하여 평가해야 할 것이다.

이상과 같이 식민지 조선에서 급격한 공업화가 진행되었다는 1930년대에 유업자의 절대 수가 감소한 이른바 '고용 없는 성장'을 어떻게 설명해야 할까?

2) 조사 기준과 집계 과정

1930년 및 1940년 국세조사가 당시의 실태를 왜곡하고 있지 않다는 것을 검증해야 고용 없는 성장을 설명할 수 있다.

먼저 조사 기준과 조사 과정 그리고 집계 과정을 검증할 필요가 있다. 여기에서 문제가 되는 것은 1930년대에 가내공업의 제조호수가 감소했다는 점을 전제함에도 불구하고 1930년 국세조사에 비해 1940년 국세조사의 '조사 정도'(調査精度)가 높아져 여성 공업본업자 수가 과소평가되었을 가능성이 매우 높다는 허수열(1992)의 평가이다.[3] 그렇다면 1930년 국세조사는 1940년 국세조사에 비해 조사의 치밀함이 떨어졌는가? 살펴본 결과 조사 정도가 떨어졌다는 근거는 없었다.

1930년 조사의 치밀함이 1940년과 비교해 과연 덜했는가를 확인하기 위해 1930년과 1940년의 직업 및 소속 산업에 관한 조사 및 집계 기준을 정리해 보았다(표 5-7). 1930년 조선 국세조사는 일본 국내 국세조사의 내용을 규정한 내각훈령의 규정에 따라 직업분류를 실시했다. 또한 공업화 정도가 낮았던 특수사정을 고려하여 훈령 기준 377개 소분류에 더해 조선특

표 5-7 국세조사 조사 및 집계 기준(1930/1940년)

		1930년	1940년
조사	실시월일	10월 1일	10월 1일
	직업분류 근거	일본내각훈령 제3호 「직업분류」(1930.2.27)	
	직업분류 수(소분류)	377(훈령 기준 소분류)+92(조선특별 소분류)	439
	명칭	약칭 금지/상세 기입	누구에게나 알 수 있도록 상세 기입
	가족종사자(手傳)	세대주 또는 타 가족의 직업활동을 계속하여 돕는 경우(일시적인 것은 제외)	가업, 즉 세대주 또는 타 가족의 직업활동을 계속하여 돕는 경우(일시적인 것은 제외)
	휴업자	조사중에 휴업자는 최근 직업 기입	조사중에 휴업자라도 종업하고 있는 사업소 기입
	재취업 준비자	준비중 직업 기입	
	부업(内職)	주요 직업활동은 없지만 때때로 일하면 '부업'으로 기입(원칙적으로는 본업 병기하나 예외적으로 본업 삭제)	
집계	병기(併記)했을 경우	수입종류와 학생/생도→학생/생도	
		직업종류와 학생/생도→직업(예: 야간학교)	
	재소자	재소자가 직업종류를 기입한 경우 해당 직업	

자료: 朝鮮總督府, 「1930년 朝鮮國勢調査從事員の申告書記入主意事項」, 『官報』, 1930년 5월 17일; 朝鮮總督府, 「1940년 朝鮮國勢調査從事員の申告書記入主意事項」, 『官報』, 1940년 6월 20일; 朝鮮總督府, 「職業分類作成要旨」, 『國勢調査』, 1930년판; 朝鮮總督府, 「國勢調査申告書附錄(記入の際主意する点)」, 『國勢調査』, 1940년판.

별 92개 분류를 더하여 조사가 실시되었다. 따라서 조선 국세조사는 일본 국내 국세조사보다 치밀하게 조사되었던 것이다.

조사지침을 살펴보면 조사원에게 직업기입 명칭의 경우에도 매우 상세히 기입하도록 지시했다. 이는 1930년 조선 국세조사를 지휘했던 임시 국세조사과장이 조선총독부의 기관지를 통해서도 강조했던 점이다.[4] 식민지 조선의 공업화 시기였던 1930년대에 직업분류가 애매했을 가능성이 높은 가족종사자에 관한 조사 기준도 1930년과 1940년 모두 일시적인 것은 제외시키고 있어, 가족종사자에 관한 1940년 조사가 실제보다 적게 조사되었을 가능성은 낮다. 다만 1930년 조선 국세조사에서 휴업자 또는 재취업준비자를 현 직업자로 파악했을 가능성은 없지 않다.

또한 부업자 또는 내직(內職)이 실제보다 적게 조사될 가능성이 있지만 조사 기준을 확인하면 그 가능성 또한 높지 않다. 한편, 집계 과정에서 1930년 조사가 실제보다 많게 집계될 가능성은 야간학교 다니는 학생과 같이 직업종류와 학생/생도를 병기한 경우 직업 있는 자로 분류한 경우이다. 그렇지만 그 반대의 경우인 수입종류와 학생/생도를 병기한 경우 학생/생도로 분류했기에 두 항목을 합치면 실제보다 많게 집계될 가능성은 낮다. 마지막으로 1930년 조사에서 재소자가 직업종류를 기입한 경우 현 직업자로 집계했다.

이상과 같이 1930년 조선 국세조사가 1940년 조사에 비해 조사의 치밀함이 덜하다는 근거가 없다. 1940년 국세조사의 유업자에 관한 조사 및 집계 과정에서 실제보다 적게 집계되었다면, 남성의 직업별 무업자 130만 명 증가와 여성의 직업별 유업자 70만 명 감소, 그리고 총 직업별 무업자 약 245만 명 증가를 설명하기 어렵다.

같은 기준으로 조사된 일본의 경우와 비교하더라도 조선의 국세조사의 치밀함이 떨어진다고 할 수 없다. 즉, 일본의 경우 진전된 공업화가 산업구조에 반영되어 공업 부문 유업자 수는 물론 전체 유업자 수도 감소하지 않는 등 식민지 조선과 명확하게 다른 양상을 보이고 있다(표 5-6).

3) 주업자와 부업자

다음은 1930년 조사에서 농수산업 및 공업 부문 유업자로 집계되었던 부업자가 1930년대 공장제 확대의 결과 1940년 조사에서 직업을 가진 자로 분류되지 않아 총유업자 감소로 나타났는가를 검증해야 한다.

이것을 검증하려면 부업자 수 변화가 총유업자 수 변화에 큰 영향을 미칠 수 있다는 인식에서 대만 국세조사의 부업 실태를 분석한 劉怡怜·斎藤修·谷口忠義(1998)를 참고할 필요가 있다. 이 연구의 주요 주장은 다음과 같다. 대만의 경우 1905년, 1915년, 1920년, 1930년에 '본업 없는 여성 부업자'가 각각 26만 3,000명, 19만 9,000명, 22만 3,000명, 10만 5,000명 존재했다. 이는 총유업자 수가 각각 58만 명, 67만 9,000명, 70만 9,000명, 41만 9,000명이었던 점을 감안하면, 본업 없는 여성 부업자가 유업자 수 변화의 중요 변수였다는 점을 강조한 것이다.

식민지 조선의 경우는 어떠할까? 본업 있는 부업자 및 본업 없는 부업자가 분리되어 집계된 1930년 대만과 조선의 국세조사 집계 결과를 비교하면, 부업 형태가 상당히 다르다는 점을 알 수 있다(표 5-8). 대만의 총 여성 유업자 중 본업 없는 여성 유업자의 비율은 25.26%로 그 비율이 상당히 높은 반면, 본업 없는 대만 남성과 본업 없는 조선 남성 및 여성의 비율은 매우 낮았다.

대만의 본업 없는 여성 유업자의 비중이 높은 이유는 대만의 상업적 농업이 조선에 비해 발달되었고, 주요 가내공업이 거의 전업화(專業化)된 경향이 강했기 때문이라고 판단된다.[5] 한편, 일본의 경우에도 본업 없는 여성 유업자의 비율은 매우 낮았다.[6] 결론적으로 조선의 부업자 대부분은 본

표 5-8 조선과 대만의 부업 형태 비교(1930년) (단위: 100명, %)

	조선		대만	
	남	여	남	여
총인구	107,430	102,956	23,533	22,392
유업자	64,223	33,234	13,715	4,186
본업자	57,018	28,554	13,715	4,186
부업자	7,205	4,680	1,383	1,366
본업 있는 부업자	7,189	4,283	1,367	309
(총인구비 %)	6.69	4.16	5.81	1.38
본업 없는 부업자	16	397	16	1,057
(총인구비 %)	0.01	0.39	0.07	4.72
무업자	43,207	69,722	9,818	18,207

주: 본문 참조.
자료: 朝鮮總督府,『國勢調査』 1930년판; 劉怡伶 · 斎藤修 · 谷口忠義(1998).

업 있는 부업자였기 때문에 1930년 조사에서 농수산업 및 공업 부문에서 유업자로 집계되었던 부업자가 공장제 확대 과정에서 직업을 대규모로 상실했다 하더라도, 1940년 조사의 총유업자 감소에 영향을 미치기 어려웠다고 판단된다.

국세조사보다는 조사 정도가 떨어지지만 신뢰할 수 있는 시계열 비율 변화 정보를 제공하는 『통계연보』(조선총독부)를 통해 이상의 판단을 다시 한 번 검증하고자 한다. 『통계연보』는 직업을 가계의 주된 소득자인 '주업자'와 가계의 부차적 소득자인 '기타 업무를 갖는 자'로 분류하여 조사한 결과, 흥미로운 사실을 알려 주고 있다.

『통계연보』에서의 총주업자 남성은 1930년 520만 명에서 1940년에 530만 명으로 약간 증가했고 총주업자 여성은 1930년 380만 명에서 1940년에

그림 5-2 산업별 주업자 남녀 비율 추이(여/남)

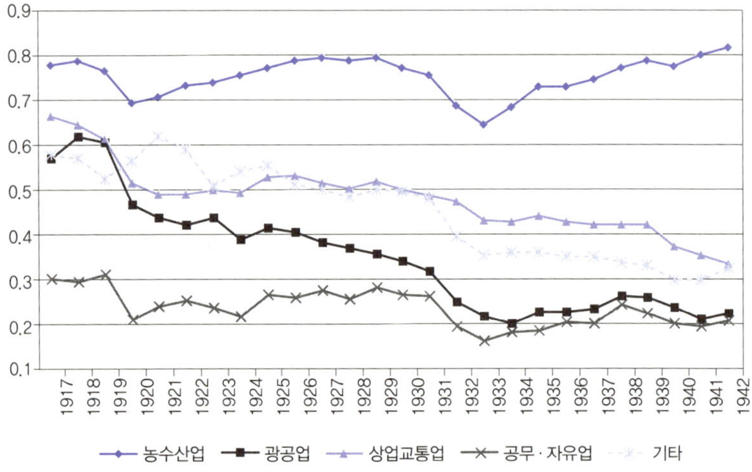

자료: 朝鮮總督府, 『統計年報』.

는 350만 명으로 감소했다. 한편, 총 '기타 업무를 갖는' 남성은 1930년 100만 명에서 1940년에는 56만 명으로 약 반 정도로 감소했다. 총 '기타 업무를 갖는' 여성은 1930년 100만 명에서 1940년에는 36만 명으로 대폭 감소했다. 『통계연보』의 '기타 업무를 갖는' 자는 호주(戶主)인 주업자 이외의 가족이 일하고 있는지 또는 그렇지 않은지에 대한 조사 결과로 이 수치와 주업자 수치를 합산하면 총유업자 수가 된다.

1930년부터 1940년까지 산업별 주업자 남녀 비율의 변화를 살펴보면, 세계대공황의 영향으로 1933년까지는 모든 산업에서 여성 비율이 감소하였지만 그 이후의 변화는 각 산업에서 양상을 달리했다(그림 5-2).

농수산업의 여성 비율은 경기회복 이후 증가했고 1940년 이후에는 1930년 수준을 넘어섰다. 광공업 및 공무·자유업의 여성 비율이 1938년까

그림 5-3 산업별 부업자 남녀 비율 추이(여/남)

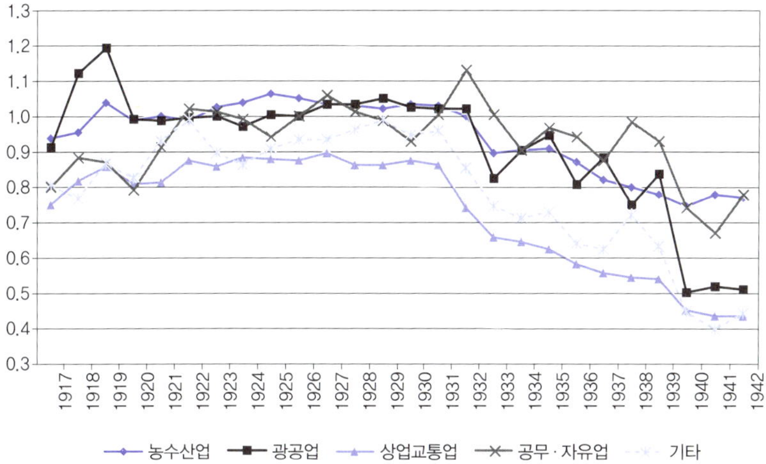

자료: 朝鮮總督府, 『統計年報』.

지 증가했지만 그 이후는 감소했고 상업교통업 및 기타 산업에서는 계속 하여 감소했다. 한편, 1930년 현재 총주업자 남성 및 여성의 각각 약 1/5과 1/4의 수치에 해당했던 각 '기타 업무를 갖는' 자(부업자) 중 여성 비율은 1930년부터 1933년까지는 농수산업 이외 부문에서 급감했고 그 이후에도 1940년까지 감소 경향을 유지했다(그림 5-3).

이상과 같이 호주(戶主) 이외에 일을 하고 있던 가족 중에서 남성보다 여성이 1930년대 공업화 과정에서 일을 그만둔 비율이 증가한 사실로, 1940년 여성 유업자 수가 감소한 부분을 일부 설명할 수 있다.

다음으로 현재 남아 있는 자료 상황에서 추가로 설명 가능한 방법은, 무업자의 증가 원인과 가내공업종사자의 감소 원인에 관한 분석을 통하여 유업자 및 여성 공업 유업자 감소 원인을 추정하는 것이다.

4) 무업자와 연령구조

무업자는 현역군인, 무업수입자, 무업기타(학생, 무업가족, 입원자, 구조받는 자, 수감자, 무업기타)로 구성되어 있다. 여기에서는 1930년, 1940년 모두 총무업자 수의 99%를 차지하고 있는 '학생' 및 '무업가족'의 변화에 주목하기로 한다(표 5-9). '학생'은 소학생(小學生)이 대부분이었고, 무업자 남녀 모두의 압도적 구성은 '무업가족'이었다. 무업가족 부문의 증가는 아동 비중의 증가와 출산, 보육 등의 가사노동에 전업(專業)해야 하는 여성의 비율이 증가한 것으로 보이기에,[7] 직업별 연령구조 변화에 관한 분석을 통해 그 사실을 확인하고자 한다.

1930년과 비교하여 1940년 농수산업 부문 남성 수가 감소했다. 주요

표 5-9 1930년대 무업자 증가 (단위: 100명, %)

			1930년	1940년	증가 수	증가기여율
학생	조선인	남	6,417	10,910	4,494	35.0
		여	1,329	3,943	2,614	10.8
		계	7,746	14,853	7,108	19.2
	일본인	남	438	636	198	51.8
		여	380	569	189	20.8
		계	818	1,205	387	30.0
무업가족	조선인	남	34,989	43,321	8,332	65.0
		여	65,713	87,209	21,496	89.2
		계	100,702	130,531	29,829	80.8
	일본인	남	569	754	184	48.2
		여	1,524	2,242	718	79.2
		계	2,093	2,996	903	70.0

자료: 朝鮮總督府, 『國勢調査』 1930년판 및 1940년판.

원인은 취학 또는 부양 대상인 14세 이하 연령층의 급격한 감소와 10대 후반, 20대 전반, 30대, 60대 후반 이상 연령층의 감소이다(표 5-10). 그러나 20대 후반, 40대 전반~60대 전반 연령층의 증가도 주목할 필요가 있다. 농수산업 부문 여성은 전체적으로 절대 수는 전 연령층에 걸쳐 농수산업 부문 남성과 비슷한 규모로 감소했다. 한편, 출산 및 양육을 담당할 가능성이 높은 연령인 10대 후반부터 20대 전반 및 후반 연령층의 감소가 두드러졌다. 1936년 현재 여성 결혼연령은 14세 이하 8.4%, 15~19세 72.6%, 20~24세 14.0%, 25~29세 2.9%로, 10대 후반 이전에 81.0%가 결혼했다.[8] 공업 부문 남성은 전체적으로 44%(13만 5,000명) 증가했지만, 생산가능연령을 초과한 60세 이상의 연령층은 감소했다. 한편, 공업 부문 여성은 평균 80%(약 22만 6,000명) 감소했는데, 보조 노동자 또는 단기 노동자로 취업했을 가능성이 높은 20세 미만의 연령층은 평균보다 감소폭이 작았다. 상업 부문 여성도 10대 후반을 제외하면 모든 연령층에서 감소했다.

한편, 남성 무업은 총 증가분(약 130만 명)의 약 80%(106만 8,000명)가 14세 이하 연령층으로 그 비율이 압도적이었다. 여성 무업의 경우 총 증가분(약 246만 명)의 약 39%(약 94만 9,000명)가 14세 이하 연령층이었고, 출산 및 양육 가능연령인 10대 후반부터 20대 전반 및 후반 연령층도 골고루 분포되어 있었다.

그렇다면 생산가능연령층의 연령구조는 어떻게 변화했을까? 각 산업의 연령층별 비율 변화를 남성에 관하여 살펴보면, 농수산업에서는 모든 연령층에서 비율이 감소했으나 다른 산업에서는 15세 이상 44세 이하의 취업자 비율이 증가했다. 각 산업의 연령코호드별 취업자 수의 변화를 살펴보면, 농수산업 남녀와 공업 및 상업 여성의 취업자 수는 모든 연령층에서

표 5-10 1930년대 전 연령층 절대인구 수 변화

(단위: 100명, %)

	연령	농수산업		광업		공업		상업		교통업		공무·자유업		가사업		기타		무업		기여율	계	
		1930	1940	1930	1940	1930	1940	1930	1940	1930	1940	1930	1940	1930	1940	1930	1940	1930	1940		1930	1940
남	0~14	3,673	−2,070	4	39	98	21	86	34	8	15	6	32	138	−2	73	11	38,616	10,680	81.7	42,702	8,760
	15~19	7,600	−1,471	30	229	348	426	413	169	112	169	61	175	76	28	320	148	1,941	1,038	7.9	10,903	911
	20~24	6,768	−939	49	253	457	368	426	116	206	87	435	−36	23	11	376	194	418	183	1.4	9,159	237
	25~29	5,378	120	49	254	431	341	401	206	188	82	311	134	10	10	386	263	183	127	1.0	7,336	1,538
	30~34	5,498	−632	53	187	422	157	435	114	167	34	258	117	9	4	445	166	141	44	0.3	7,429	190
	35~39	4,809	−581	48	127	368	45	409	57	130	11	176	66	7	3	430	100	114	24	0.2	6,492	−148
	40~44	4,316	125	40	113	301	40	373	60	97	9	132	31	6	4	373	162	103	33	0.2	5,740	577
	45~49	3,704	175	28	75	227	8	305	37	68	−0	86	16	5	5	291	160	103	33	0.3	4,816	510
	50~54	3,104	343	17	48	154	8	230	42	39	4	59	10	4	6	210	142	117	65	0.5	3,934	668
	55~59	2,500	270	9	26	99	−6	164	27	20	2	42	−1	4	5	138	98	160	112	0.9	3,135	532
	60~64	1,847	160	4	11	63	−13	106	9	9	0	31	−7	4	3	85	51	243	168	1.3	2,392	382
	65~69	1,243	−39	1	4	40	−20	61	1	3	−0	21	−9	2	2	43	24	321	202	1.5	1,735	165
	70 이상	995	−163	1	1	34	−24	42	−4	2	−1	19	−8	2	2	25	11	745	360	2.8	1,864	174
	합계	51,435	−4,701	334	1,367	3,041	1,351	3,451	868	1,049	413	1,636	520	290	80	3,194	1,531	43,206	13,069	100.0	107,637	14,496
여	0~14	1,583	−838	0	6	317	−203	58	−17	2	8	4	6	480	229	11	−2	38,298	9,488	38.6	40,754	8,678
	15~19	3,670	−881	1	10	497	−267	189	64	14	21	26	48	146	119	47	−8	5,579	2,270	9.2	10,168	1,374
	20~24	3,712	−893	1	6	373	−322	223	−26	5	3	33	12	57	27	69	−12	4,303	2,054	8.4	8,774	849
	25~29	3,155	−346	1	7	291	−253	235	−52	1	2	18	9	36	19	78	−3	3,251	2,511	10.2	7,065	1,894
	30~34	3,242	−666	1	7	287	−254	290	−88	1	0	16	4	32	8	98	−10	3,032	1,600	6.5	6,999	601
	35~39	2,739	−542	1	6	258	−231	287	−90	1	0	15	−1	31	2	95	−8	2,543	1,107	4.5	5,969	242
	40~44	2,393	−166	1	6	225	−202	261	−66	1	0	16	−5	29	5	81	9	2,212	1,293	5.3	5,220	876
	45~49	1,981	−154	1	4	186	−169	216	−57	1	0	16	−6	27	9	60	15	1,907	1,114	4.5	4,395	757
	50~54	1,523	−50	1	2	144	−133	167	−47	0	0	14	−5	25	9	45	13	1,740	1,057	4.3	3,658	846
	55~59	1,113	−106	0	1	105	−98	113	−40	0	0	11	−5	21	7	33	6	1,677	821	3.3	3,072	585
	60~64	699	−119	0	0	68	−65	72	−32	0	0	9	−5	16	3	24	2	1,631	576	2.3	2,520	361
	65~69	389	−119	0	0	41	−39	38	−18	0	−0	7	−4	10	2	16	−2	1,481	289	1.2	1,981	109
	70 이상	230	−75	0	0	25	−24	22	−12	0	−0	6	−3	8	1	10	1	2,070	408	1.7	2,371	297
	합계	26,428	−4,955	8	56	2,817	−2,259	2,170	−480	26	34	190	46	919	439	667	1	69,722	24,586	100.0	102,946	17,469

주: 1940년 항목 수치는 1940년 수치에서 1930년 수치를 뺀 값. 자료: 朝鮮總督府 『國勢調査』 1930년판 및 1940년판

표 5-11 1930년대 생산가능연령층 코호드 연령계층별 절대인구 수 변화 (단위: 100명, %)

		농수	광업	공업	상업	교통업	공·자	가사업	기타	무업
남	25~29	−2,102	272	424	194	158	384	−56	329	−1,632
	30~34	−1,902	191	122	123	−5	−60	−11	235	−233
	35~39	−1,150	127	−17	65	−48	−69	1	144	−44
	40~44	−1,057	99	−81	−2	−62	−95	2	90	−5
	45~49	−931	56	−134	−67	−62	−74	4	21	22
	50~54	−869	26	−139	−101	−54	−63	4	−21	79
	55~59	−934	7	−133	−114	−46	−45	3	−55	169
여	25~29	−860	7	−459	−6	−11	1	−91	29	183
	30~34	−1,135	7	−340	−21	−4	−13	−17	20	329
	35~39	−958	6	−263	−38	0	−4	−3	8	398
	40~44	−1,015	6	−263	−95	0	−4	3	−7	473
	45~49	−912	4	−241	−127	0	−5	5	−19	479
	50~54	−920	2	−214	−142	0	−8	5	−24	584
	55~59	−974	0	−180	−144	0	−9	1	−22	591

자료: 朝鮮總督府, 『國勢調査』, 1930년판 및 1940년판.

감소했다(표 5-11). 그렇지만 공업 및 상업에서 25세 이상 34세 미만 연령층의 증가는 주목할 만하다. 따라서 비농수산업에서의 고용기회가 전체적으로는 감소했지만 남성 20대 후반에서 30대 전반까지의 연령층에게는 확대된 것이다.

이상의 연령구조 변화를 무업자의 변화(표 5-9)와 비교하여 살펴보면, 남성 무업 14세 이하 연령층 증가분의 약 42.1%(44만 9,000명) 및 여성 무업 증가분 14세 이하 연령층 증가분의 약 27.5%(26만 1,000명)를 취학자의 증가로 설명할 수 있다. 1호당 가족 수가 1930년대 전반까지는 감소했으나 그 이후 1942년까지 계속하여 증가했다는 사실도 취학자 증가를 뒷받

그림 5-4 산업별 1호당 가족 수 추이

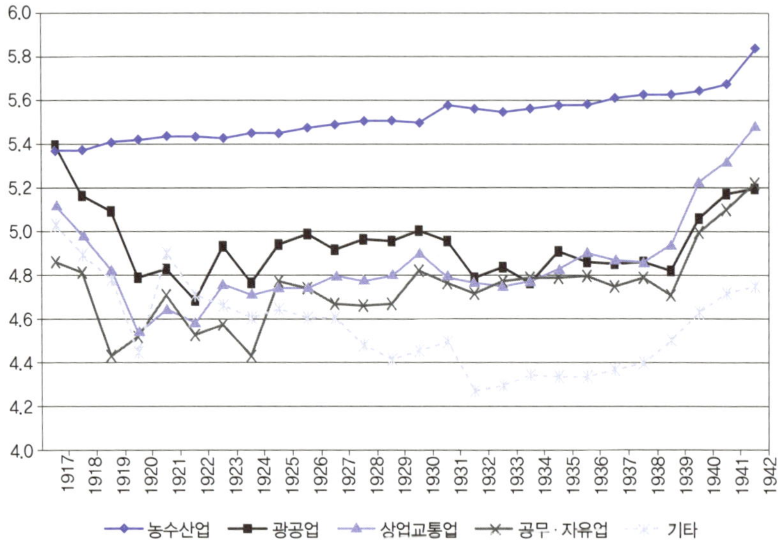

자료: 朝鮮總督府, 『統計年報』.

침한다(그림 5-4).

이상과 같이 여성 무업자의 증가는 취학자 증가 및 인구의 자연증가에 따른 출산 및 양육 가능연령인구 증가로 설명할 수 있다.

5) 공업유업자와 가내공업종사자

공업화 시대인 1930년대에 공업유업자의 감소(약 15만 4,000명)라는 기묘한 현상은 여성 공업유업자의 대폭 감소(약 22만 7,000명)로 발생한 결과였다(표 5-12). 이 현상은 같은 시기 일본과 대조적이다. 일본의 남성 공업유

표 5-12 1930년대 식민지 조선 공업유업자 수 변화(일본 국내와의 비교) (단위: 100명)

	조선				일본	
	유업자		공장종사자		유업자	
	1930년	1940년	1930년	1940년	1930년	1940년
방직·피복·장신구	451	303	53	139	7,521	5,752
	2,092	381	158	377	11,067	10,935
금속·기계	371	774	86	530	7,409	18,134
	6	8	1	18	224	1,177
요업	165	146	62	155	1,412	1,266
	24	9	4	20	282	395
화학	111	248	118	661	1,023	2,480
	32	35	54	198	253	918
목제품	475	369	37	147	6,360	5,445
	518	18	1	7	673	873
종이·인쇄	129	137	51	80	2,276	1,875
	9	6	1	4	376	536
식료·기호	352	323	290	307	3,605	4,970
	130	78	72	111	1,081	2,562
기타	139	293	26	110	3,120	3,952
	4	9	8	85	312	785
계	3,040	3,773	724	2,129	42,692	53,360
	2,817	550	300	820	14,303	18,295

주: 각 항목의 위 수치는 남성, 아래 수치는 여성.
자료: 朝鮮總督府, 『國勢調査』 1930년판 및 1940년판; 內閣統計局, 『國勢調査』 1930년판 및 1940년판.

업자 및 여성 공업유업자는 각각 25.0%, 27.9%로 비슷하게 증가했다. 이에 대해 조선의 남성 공업유업자는 24.1% 증가하여 일본의 남성과 비슷했지만 여성의 경우는 −80.5%로 현격한 차이가 있었다. 1930년과 비교하여 1940년에 가장 많은 여성 공업유업자 부문이었던 방직·피복·장신구 부문에서 가장 큰 폭인 약 82%(17만 1,000명) 감소했고, 두 번째 부문이었던 목제품에서도 약 97%(5만 명) 감소했다. 한편, 경공업 부문인 방직·피복·장신구 부문의 남성 유업자 수는 일본과 조선 모두 감소했고, 중공업 부문인 금속·기계, 화학 부문은 두 지역 모두 두 배 이상 증가했다.

한편, 유업자 중에서 공장종사자 수는 각 부문에서 남녀 모두 증가했다(표 5-12). 이러한 사실은 1930년대에 공장제가 확대되는 과정에서 가내공업 생산이 공장 생산에 흡수된 결과라고 판단된다.[9] 가장 많은 유업자 수가 감소한 방직·피복·장신구 부문에서도 공장종사자 수는 대폭 증가했다. 다만 공장종사자를 직원(사무종사자+기술종사자), 직공, 기타종업자의 합계로 파악할 때 '기타종업자'에 대한 실태를 명확히할 필요가 있다.[10] 방직 부문의 여성 공장종사자 수의 변화에 주목하여 부문별로 살펴보면(그림 5-5), 여성 직물업공장종사자 수가 1930년대 중반 이후 급격히 증가한 것을 확

그림 5-5 방직공업공장 여성 종사자 수 변화 (단위: 100명)

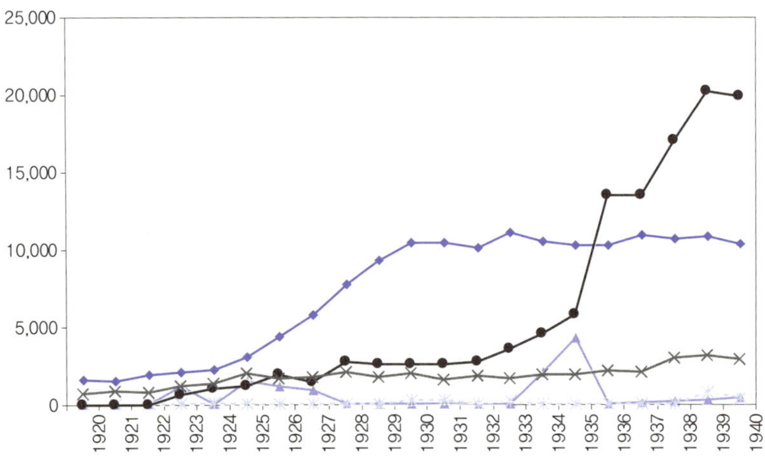

자료: 朝鮮總督府, 『統計年報』.

인할 수 있다.

이상과 같이 1930년대 공업 부문 총유업자 수 감소는 공장제가 확대되어 중공업 부문 남성 유업자 수가 증가했음에도 불구하고, 경공업 부문 가내공업 남성 유업자 수와 전 산업 부문 여성 유업자 수가 감소한 결과이다.

3. 고용 장기 추이

1) '유업자 접근법'과 '노동력 접근법'

식민지기의 유업자 수를 해방 후와 연결하기 위해서는 먼저 두 시기의 조사 방법에 대한 검토가 필요하다. 식민지기 유업자를 파악하는 방법을 '유업자 접근법'(gainful worker approach)이라 하고, 해방 후 취업자와 실업자를 동시에 파악하는 방법을 '노동력 접근법'(labor force approach)이라 한다. 일본이 유업자 접근법을 채택한 1920년 이후 1925년 식민지 조선에 처음 적용되었고, 해방 후의 노동력 접근법은 1960년 이후 채택되었다.[11] 그렇다면 유업자 접근법에 의한 '유업자'는 노동력 접근법에 의한 '취업자'와 연결시켜도 문제가 없을까?

미국은 1870년 이후 1930년까지 유업자 접근법을 채택했고, 1940년 이후 ILO와 UN 인구위원회의 권고에 따라 노동력 접근법을 채택했다.[12] 미국 인구조사국(Census Bureau)은 1930년 14세 이상 인구 중 노동력(labor force)을 추정한 결과, 유업자(gainful workers)보다 1,191천 명(2.5%) 적은 47,404천 명으로 두 수치 사이에 큰 오차가 없었다는 점을 밝혔다.[13]

일본은 1947년 이후 노동력 접근법을 채택했지만, '유업자'와 '취업자'는 일치하는 개념으로 받아들이고 있다.[14] 즉, 유업인구는 '평소 어떤 직업 또는 직무에 종사하는 자'로 정의하고 이를 총인구에서 뺀 수치를 비경제활동인구로, 비경제활동인구 중 '취업 능력과 의사가 있으나 취업 기회를 얻지 못하는 자'를 실업자라고 정의하고 있다. 이에 대해 취업인구는 '조사 기간(1주일) 동안 수입과 관련된 일을 조금이라도 한 자'(취업자)와 '취업자이지만 쉬고 있는 자'의 합계로 정의되며, '조사 기간 동안 수입과 관련된 일을 조금도 하지 않은 자'는 완전실업자로 정의된다.[15]

따라서 유업인구와 취업인구가 동일한 개념이 아니라는 점은 명확히 인식해야 한다. 취업인구를 파악할 때 이러한 점을 염두에 두면 가장 조사 범위가 넓고 신뢰할 수 있는 조사인 인구주택총조사 및 인구센서스를 활용할 수 있다. 한국의 경우 1944~1955년 인구센서스 조사가 연령보고 방법의 변화와 전쟁 등으로 인해 다른 시기의 조사보다 정확도는 떨어지지만, 비교적 신뢰할 만한 조사로 평가된다.[16]

유업인구와 취업인구가 동일한 개념은 아니지만, 이상의 점을 고려하면 식민지기 인구센서스의 취업자 수와 해방 후 인구센서스의 취업인구를 연결하여 파악하는 것에 큰 무리가 없을 것으로 판단된다.

2) 남북 분할 방법

식민지기와 해방 후의 취업인구를 연결하기 위해서는 행정 영역 변화를 조정할 필요가 있다. 식민지기와 해방 후의 연결 방법에 대해 미조구치 도시유키(溝口敏行)는, 첫째 영역의 차이를 무시하고 단순하게 연결하는 방법, 둘째 도별 통계를 이용하여 해방 전의 수치를 현재의 한국 영역에 맞추는 방법, 셋째 북한의 해방 후 계열을 추정하여 남한과 합산하여 연결하는 방법을 제시했다.[17] 한편, 미조구치는 국민경제 계산을 추정할 때 "경기도는 수정하지 않고 강원도의 60%를 남한의 수치로 취급"했다.[18]

이 책은 두 번째 방법을 채택했다. 그 이유는 노동력 통계가 도별 통계보다 자세한 정보를 얻기 어렵다는 점과 농업[19]과 달리 경기북부와 강원북부에는 공업시설이 적었을 것으로 예상하기 때문이다. 즉, 북한 지역을 제외한 총인구는 한국 영역인 9개 도, 경기, 강원, 충북, 충남, 전북, 전남, 경북, 경남, 제주[20]의 식민지기 조선인 수를 산출하여 해방 후의 한국인 수와 연결했다(부표 5-2).

3) '취업인구' 장기 추이

가장 바람직한 형태의 고용인구 장기 추이는 생산가능연령 이상 인구 대비 유업자 수 및 취업자 수 비율의 변화이다. 식민지기 국세조사는 유업자 접근법에 기초하여 실업률 조사가 이루어지지 않았으나, 1932년 이후 조선총독부가 실시한 실업률 조사를 이용한 허수열(1992) 추계를 이용할 수 있다. 당시 조사의 실업 개념은 '취업 능력과 의사가 있음에도 불구하고 취업의 기회를 얻지 못한 상태'로 정의되어 당시 일본 국내의 개념과 유사하였다. 그러나 조사 범위를 월급생활자와 '근로자'로 한정했기에 현재의 조사 범위에는 못 미친다. 그럼에도 불구하고 현재 가장 신뢰할 수 있는 식민지기 실업률 추정치라고 할 수 있다. 또한 해방 이후와 관련해서는 노동력 개념이 적용되지 않았던 1955년 자료를 현재의 분류체계로 조정하고, 무직자를 '실망실업자'로 간주하여 체감실업률을 13.0%로 제시한 김종한·박섭·박영구(2006)[21]가 참고할 만하다.

다만 위의 두 연구를 참고하더라도 조사연도별 생산가능연령이 다르기 때문에 총인구 대비 유업자 수 및 취업자 수 비율의 변화를 살펴보는 것이 가장 타당한 방법이라고 판단된다. 이러한 방법은 이미 金哲(1965)[22]에 의해 시도된 바 있다. 그는 해방 후 총인구 대비 취업자 수의 비율이 식민지기에 비해 낮은 이유 중 하나로 식민지기의 조사 결과가 실제보다 과대평가되었음을 지적했다. 그러나 앞서 언급한 바와 같이 조사 기준이 식민지기 인구조사에서도 매우 엄격하게 적용되었음을 확인했다. 또한 그는 1960년 취업자 비율이 1955년보다 급격하게 감소한 이유 중 하나로 1960년 조사 시기가 농한기인 12월 1일에 실시되었다는 점을 지적하고 있다. 이 점 역시 남성 유업자 비율이 지속적으로 감소하고 있다는 점과 1966년에도 여성 유업자 수의 비율이 1955년 수준으로 회복되지 않았다는 점에서 그의 추론을 받아들이기 어렵다.

따라서 부표 5-2의 식민지기 유업자 비율(C/B)과 해방 후 취업자 비율(F/B)의 비교를 제한적으로 사용하는 것은 큰 무리가 없을 것으로 판단된다. 취업인구 장기 추이에 따르면, 해방 후부터 1960년대 중반까지 남성 취업자 수의 비율이 지속적으로 떨어지는 가운데, 한국전쟁 이후부터 1950년대 후반까지 여성 취업률이 급격하게 떨어졌다(그림 5-6). 이 추이는 식민지기 공업화 시기인 1930년대에 여성 취업률이 급격하게 감소한 것이 그 시기만의 독특한 현상이 아니었음을 뒷받침하고 있다.

그림 5-6 한국(남한) 지역 취업인구 비율 변화 (단위: 총인구 대비 취업인구 비율)

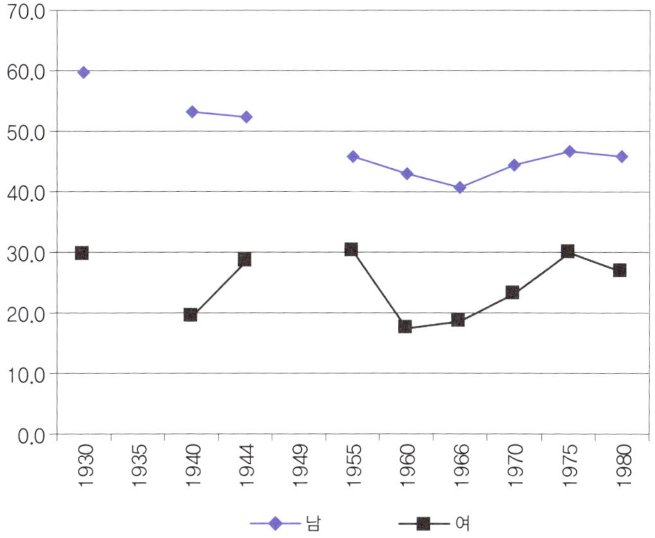

자료: 부표 5-2 참조.

4. 소결: 식민지 공업화와 고용 없는 성장

도시로의 인구 이동은 높은 출산율을 유지하고 사망률이 지속적으로 감소하는 가운데 노동시장에 새로 진입한 20대 후반~30대 전반 남성 연령층이 주도했다. 인구의 지역 간 이동은 과잉 노동력을 보유한 남부 지역에서 최대 공업도시인 경성이 소재한 경기 지역과 인구가 적고 내륙도시와 항만도시를 중심으로 공업화가 진행된 북부 지역으로 이루어졌다. 특히 사회적 인구 증가가 다수 발생한 경기와 북부 지역에서는 인접 지역의 근거리뿐만 아니라 장거리 이동을 통해 유입된 인구도 있었다. 조선인 노동자는 사회적 이동을 통해 공업화에 의해 제공된 고용기회 확대라는 신천지에 도전하여 '입신출세'를 실현하려 했다.

신뢰도 높은 국세조사(인구센서스)가 식민지 조선의 공업화 시기인 1930년대의 유업자 수 감소를 말하고 있다. 유업자 감소 현상을 조사 기준 변화의 결과로 발생한 실상의 왜곡으로 설명할 수 없다는 점을 확인했다. 유업자 감소 원인은 19세 미만의 남성 무업자 증가와 10대 후반에서 20대 후반까지의 여성 무업자 증가에서 찾을 수 있다. 이러한 현상은, 첫째 취학률이 상승하고 공장제가 확대되는 과정에서 유업자로부터 탈락하여 증가했고, 둘째 출산 및 양육부담이 증가하고 공장제가 확대되는 과정에서 유업자로 흡수되지 못했기 때문에 발생했다.

식민지 공업화에 의한 공업 부문의 확대가 생산연령층 남성의 고용기회를 증가시킨 것은 사실이었지만, 여성의 고용기회를 축소시켜 식민지 조선 전체의 고용기회 확대로 이어지지는 못했다.

해방 후 경제재건기의 공업 부문의 확대는 식민지 공업화기와 마찬가지로 초기에는 전체 고용의 확대로 이어지지 못했지만, 이후 경공업 부문 여성 종사자의 고용기회를 증가시켰고 중공업 부문 남성 종사자의 고용기회 증가로도 이어져 전체 고용기회 확대에 기여했다.

부표

부표 5-1　1930년 및 1940년 국세조사 직업별 중분류 항목 비교

	전 산업	
	1930년	1940년
경영/ 사무/ 기술자		경영자 사무자 농림수산기술자 광공기술자 교통통신기술자 의사·약제사 기상기술자·기상수 이과학연구원
농림수산	농경 축산 잠업 임업 어업	농림축산 수산
광업	채탄 채광 석유광업 토석채취	광물·토석 등 채취
공업	공업	공업
상업/ 서비스	상업적 직업 금융보험 접객업	상업적 작업자 접객업
교통/ 통신	운수 통신	운수·운반 통신
공무/ 자유	관리·公吏고용원 법무 교육 종교가 의료 서기적 직업 기자·저술가· 예술가·遊藝가 기타자유업	의료·이용 공무·자유직업 기타직업자
가사사용인	가사사용인	가사사용인
기타	기타 유업자 수입에 의한 자	기타작업자

	공업	
	1930년	1940년
방직/ 피복/장신구	방직공업 피복장신구제품 제조	방직품 제조 의복장신구제품 제조
금속/기계	금속·기계기구·조선 운반용구 제조 정교공업	제련 제도·現圖 금속재료제조가공 기계기구제작 기계기구마무리·조립·수선
요업	요업토석가공	요업토석류 가공
화학	화학제품 제조	화학제품제조
목제품	나무/대나무/풀/덩굴류 제조	나무/대나무/풀/덩굴류 제조
종이/인쇄	종이공업·인쇄	인쇄·종이제품 제조
식료/기호	제염 음식료품·기호품 제조	음식료품·기호품 제조
토목건축	토목건축	토목건축
기타	피혁/뼈/깃털류 제조 가스·전기·수도업 기타공업적 직업	피혁/뼈/깃털류 제조 기타제품 제조 전기관계 塗裝 실험·시험·검사

자료: 朝鮮総督府, 『国勢調査』 1930년판 및 1940년판.

부표 5-2 한국(남한) 지역 총인구 및 취업인구 비율 변화(1925~1980년)

(단위: 천 명, %)

			1925	1930	1940	1944	1949	1955	1960	1966	1970	1975	1980
A	총인구 (북한 지역 포함)	남	9,726	10,399	11,839	12,521							
		여	9,204	10,039	11,708	12,599							
		계	19,020	20,438	23,547	25,120							
B	총인구	남	6,909	7,312	8,054	8,427	10,201	10,753	12,544	14,684	15,216	17,461	18,767
		여	6,583	7,005	8,035	8,613	9,988	10,749	12,445	14,475	15,666	17,245	18,669
		계	13,492	14,317	16,089	17,040	20,189	21,502	24,989	29,160	30,882	34,707	37,436
C	유업자	남		4,374	4,288	4,414							
		여		2,082	1,560	2,461							
		계		6,457	5,849	6,875							
D	무업자	남		2,937	3,766	4,013							
		여		4,922	6,475	6,153							
		계		7,860	10,241	10,166							
E	실업자	계		253	52								
F	경제활동 인구	남						4,928	5,387	5,975	6,753	8,176	8,622
		여						3,242	2,156	2,680	3,625	5,175	4,973
		계		6,712	5,282			8,170	7,543	8,506	10,378	13,351	13,595
G	취업자	남						4,833	5,006	5,426	6,578	7,702	8,044
		여						3,219	2,022	2,538	3,575	4,980	4,638
		계						8,053	7,028	7,963	10,153	12,682	12,682
H	실업자	남						95	381	549	175	474	578
		여						23	134	142	50	194	335
		계						118	515	691	225	669	913
I	비경제활동 인구	남						1,506	1,938	1,628	1,957	2,331	3,281
		여						3,513	5,884	5,826	5,997	6,144	7,972
		계						5,019	7,823	7,454	7,954	8,476	11,253
총인구 대비 취업인구 비율		남	C/B	59.8%	53.2%	52.4%	F/B	45.8%	42.9%	40.7%	44.4%	46.8%	45.9%
		여		29.7%	19.4%		28.6%	30.2%	17.3%	18.5%	23.1%	30.0%	26.6%
		계		45.1%	36.4%		40.3%	38.0%	30.2%	29.2%	33.6%	38.5%	36.3%
실업률		남	E/(H+E)				H/F	1.9%	7.1%	9.2%	2.1%	5.8%	6.7%
		여						0.7%	6.2%	5.3%	1.4%	3.8%	6.7%
		계		3.8%	0.9%			1.4%	6.8%	8.1%	2.2%	5.0%	6.7%

주: 1) 1966년 경제활동인구 수치: 취업자 수와 실업자 수의 합계보다 148,850명 적음.
2) 1944년 유업자 수=총인구−무업자 수.
3) 1955년 총인구는 외국인 제외.
4) 1955년 경제활동인구, 취업자, 실업자, 비경제활동인구는 14세 이상, 전수조사.
5) 1955년 비경제활동인구: 무업자(1,661,827명)+학생/생도+노동불능자+가사.
6) 1960년 경제활동인구, 취업자, 실업자, 비경제활동인구는 13세 이상, 20% 표본조사.
7) 1966년 경제활동인구, 취업자, 실업자, 비경제활동인구는 14세 이상, 10% 표본조사.
8) 1970년 경제활동인구, 취업자, 실업자, 비경제활동인구는 14세 이상, 10% 표본조사.
9) 1975년 경제활동인구, 취업자, 실업자, 비경제활동인구는 14세 이상, 5% 표본조사.
10) 1980년 경제활동인구, 취업자, 실업자, 비경제활동인구는 14세 이상, 15% 표본조사.
11) 1930/40년 실업자 수: 허수열 추계의 남한 지역. 1930년은 1932년 수치.
12) 생산가능인구: 1986년부터 15세 이상.

자료: 朝鮮総督府, 『簡易国勢調査』 1925년판; 『国勢調査』 1930년판 및 1940년판; 『人口調査結果報告』 1944년판; 『簡易人口調査』 1949년판; 『総人口調査』 1955년판; 韓國統計廳 『인구 및 주택 센서스』 1960년판 이후 각 연도; 허수열(1993).

CHAPTER 06

이중구조에의 적응

Chapter 6
이중구조에의 적응

1. 민족별 노동시장의 형성
2. 인재육성과 민족별 노동시장의 변화
3. 노동조건
4. 소결: 이중구조와 능력주의 신화의 정착

1. 민족별 노동시장의 형성

1) 노동력 수요

(1) 산업별 추이

식민지 조선 전체 인구의 산업별 동향에 관한 유일한 시계열 자료인 朝鮮總督府『統計年報』에 따르면, 식민지기 전 기간에 걸쳐 조선인 대부분은 농림수산업에 종사했다(그림 6-1). 그러나 상업·교통업 및 공무·자유업에 종사한 조선인은 전 기간에 걸쳐 서서히 증가했고, 광공업에 종사한 조선인은 1930년대 초부터 서서히 증가하다 1930년대 후반부터 급속히 증

그림 6-1 조선인 산업별 인구 추이(1917~1942년)

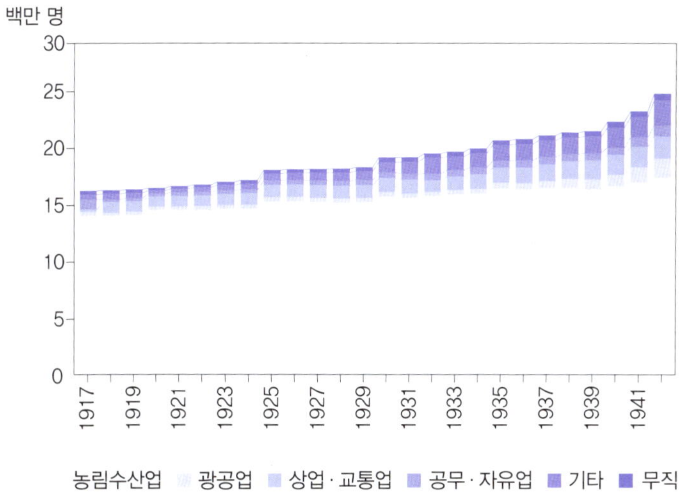

자료: 朝鮮總督府,『統計年報』.

가했다.

일본인 대부분은 공무·자유업 및 상업·교통업에 종사했으며, 그다음으로 광공업, 농림수산업에 많이 종사했다(그림 6-2). 농림수산업에 종사하는 일본인은 서서히 감소한 반면, 공무·자유업 및 상업·교통업에 종사한 일본인은 서서히 증가했다. 광공업에 종사한 일본인은 1930년대 초부터 서서히 증가하다가 1930년대 후반부터 급속히 증가했다.

이상과 같이 식민지 조선의 민족별·산업별 인구 구성을 보면, 조선인 대다수는 농림수산업에 종사했고 일본인 대다수는 공무·자유업과 상업·교통업에 종사했다. 한편, 광공업에 종사하는 조선인과 일본인 모두는 1930년대 초부터 서서히 증가하다가 1930년대 후반부터는 급속히 증가했다.

그림 6-2 일본인 산업별 인구 추이(1917~1942년)

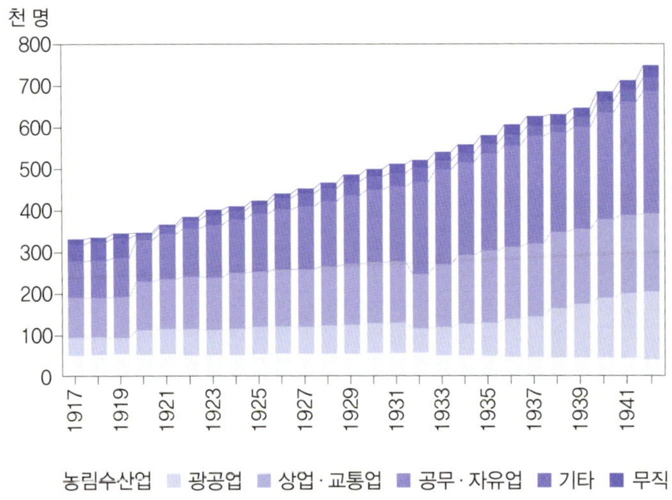

자료: 朝鮮總督府, 『統計年報』.

(2) 고용구조

조선인 공업 노동자와 일본인 공업 노동자의 지역별·산업별 분포를 통해 공업 부문의 민족별 고용구조를 살펴보자. 먼저 1931년 현재 일본인과 조선인 공업 노동자의 전국적 분포를 살펴보면, 경성, 부산, 평양, 흥남 등 대도시와 공업도시가 위치한 경기, 경남, 평남, 함남에서 많이 고용되었다(표 6-1).

경기도에서 조선인 노동자는 식료품, 방적, 기계기구, 인쇄제본, 화학공업에 분산되어 고용되었고, 일본인 노동자는 기계기구산업에 집중적으로 고용되었다. 한편, 경남에서는 조선인 노동자가 방적산업, 일본인 노동자가 기계기구산업에 주로 고용되었고, 평남에서는 조선인 노동자가 식료품·화학산업, 일본인 노동자가 요업(窯業)에 집중적으로 고용되었다. 함남에서는 조선인 노동자와 일본인 노동자 모두 화학산업에 집중적으로 고용되었다.[1]

(3) 직급구조

공업 부문에 고용된 조선인 노동자와 일본인 노동자는 각 직급에 어떤 비율로 고용되었을까? 평안남도 대규모 공장이었던 오노다시멘트사 평양공장을 사례로 1931년 현재 민족별·직급별 구조를 살펴보자(표 6-2).

조선인들은 오노다시멘트사 평양공장이 1919년 설립되어 공장이 가동된다는 소식을 듣자 취직하기 위해 몰려갔다.[2] 공장 가동 6년 후인 1925년에 조선인 노동자는 본적지 자택 출근자가 40% 미만, 도내 출신이 40% 이상으로, 조선인 노동자의 80% 이상이 인근 농촌 지역에서 공급되었다.[3] 인근 지역에서 공급된 조선인 노동자들은 숙련도가 낮은 직급의 직종에 주

표 6-1 공업 노동자의 민족별·산업별·도별 구성(1931년, 10명 이상 공장) (단위: %, 명)

		방적	금속	기계 기구	요업	화학	제재 목제품	인쇄 제본	식료품	가스 전기	기타	계
경기		3.9	2.0	53.4	1.3	1.6	4.0	12.0	10.8	0.5	10.5	1,097
		17.0	2.4	11.9	6.1	11.1	1.1	15.1	24.1	0.4	10.7	16,107
충북		100.0										1
		88.7			2.3			1.9	7.0			726
충남		33.3							57.6	9.1		33
		72.3		0.5	3.4	0.9		1.3	20.0	0.9	0.6	2,372
전북		24.1		30.4		3.8			32.9	8.9		79
		20.9		0.7	1.6	5.9		1.5	68.7	0.6		3,763
전남		15.4		12.8		27.5	2.0	10.1	27.5		4.7	149
		49.1	0.3	0.4	1.9	2.7	0.2	1.0	43.5		0.8	5,591
경북		35.2	0.6	13.1	0.6	1.1		10.2	20.5	9.1	9.7	176
		48.8	0.5	1.0	2.4	2.2	1.6	2.7	36.0	1.2	3.8	5,143
경남		14.5	3.4	34.6	2.2	1.2	6.1	5.4	15.7	8.6	8.1	407
		40.0	2.2	2.8	7.5	15.1	5.8	2.9	20.4	0.8	2.6	6,898
황해		3.7	94.8	0.9					0.6			327
		19.3	37.1	8.3	5.0	3.8			26.6			2,544
평남		0.7	3.0	21.9	42.9	12.0	2.1	2.8	12.7		2.1	434
		19.8	3.2	5.7	15.9	24.7	1.1	1.3	26.0		2.3	6,855
평북				2.2		67.9	25.4	0.7		3.7		134
		10.2	3.9	1.1	1.8	14.5	34.5	2.5	31.5	0.1		1,785
강원		44.4				22.2			33.3			9
		35.5			9.5	26.7		5.4	23.0			465
함남		0.2	0.1	0.3	4.5	92.6	0.3	0.3	0.4	1.1	0.2	3,315
		17.2	0.8	1.2	10.2	34.3	7.8	4.8	16.6	2.0	5.0	3,427
함북			100.0									8
			20.6		9.2		62.2	5.1	2.9			315
계		3.9	6.0	14.7	5.8	53.3	2.0	3.4	6.1	1.8	3.1	6,169
		29.8	3.4	5.1	6.4	11.9	3.3	5.8	29.3	0.5	4.5	55,991

주: 1) 각 항목 상단이 일본인, 하단이 조선인.
2) 조사 대상 총공장 수는 1,119개소, 총노동자 수는 65,374명.
자료: 朝鮮総督府学務局社会課(1933), 『工場及鉱山に於ける労働状況調査』.

표 6-2 오노다시멘트사의 민족별·직급별·직종별 구성(1931년) (단위: 명, %)

부별	직급별	본직공		견습공		정고(定雇)		민족별 계		계
	민족별	일	조	일	조	일	조	일	조	
	계별	A	D	B	E	C	F	A+B+C	D+E+F	
원동부	터빈	6	3	4	1			10(2.5)	4	14
	전수(電修)	3	2	1	3			4(0.8)	5	9
	여열(余熱)	6	9	3	4	1	4	10(0.6)	17	27
	수도	1	2					1(0.5)	2	3
	전기	4	9	4	9		4	8(0.4)	22	30
	소계	20	25	12	17	1	8	33(0.7)	50	83
	비율	60.6	50.0	36.4	34.0	3.0	16.0	100.0	100.0	
제조부	소성가마	8	13	5	7			13(0.7)	20	33
	조혼(調混)	5	8	2	10	1	4	8(0.4)	22	30
	소성분쇄	5	19	3	12	1		9(0.4)	31	40
	석회	3	11	1	7	1		5(0.3)	18	23
	석탄	5	11	1	10	1	8	7(0.2)	29	36
	쇄석(碎石)	4	2	3	19	2	22	9(0.2)	43	52
	원석	3	4	6	7	2	43	11(0.2)	54	65
	점토	4	22	2	23		15	6(0.1)	60	66
	포장	3	9		15		8	3(0.1)	32	35
	적출(積出)	2	2		8		13	2(0.1)	23	25
	소계	42	101	23	118	8	113	73(0.2)	332	405
	비율	57.5	30.4	31.5	35.5	11.0	34.0	100.0	100.0	
수선부	목형	1	2					1(0.5)	2	3
	단야(鍛冶)	1	1	1	8	4	5	6(0.4)	14	20
	선반	1	2		1	1	2	2(0.4)	5	7
	마무리	3	8	2	5	1	4	6(0.4)	17	23
	벽돌	1	3	1	2		1	2(0.3)	6	8
	주조	3	8		4		1	3(0.2)	13	16
	목공	2	10					2(0.2)	10	12
	제약(製岳)		6	1	4	1	4	2(0.1)	14	16
	소계	12	40	5	24	7	17	24(0.3)	81	105
	비율	50.0	49.4	20.8	29.6	29.2	21.0	100.0	100.0	
잡부	수위	3	7	4		1		8(1.1)	7	15
	공무포장	1	1					1(1.0)	1	2
	공무서무	1		2	5			3(0.6)	5	8
	난방	2	6	1				3(0.5)	6	9
	마대(麻袋)	2	1			3	21	5(0.2)	22	27
	창고		6	1	2		1	1(0.1)	9	10
	분석		5	1	7		5	1(0.1)	17	18
	공무예비	6	30	2	38	2	29	10(0.1)	97	107
	소계	15	56	11	52	6	56	32(0.2)	164	196
	비율	46.9	34.1	34.4	31.7	18.8	34.1	100.0	100.0	
총계		89	223	51	211	22	195	162(0.3)	629	791
평균 비율		54.9	35.5	31.5	33.5	13.6	31.0	100.0	100.0	

주: 1) 비율은 민족별 본직공·견습공·정고(定雇) 비율.
2) ( ) 수치는 계(掛)별 일본인 직공 수/조선인 직공 수.
자료: 小野田セメント·平壤工場, 『工務課考課状』, 1931년 하반기.

로 배치되었다.

숙련도가 낮은 조선인 노동자만으로 공장 가동이 불가능하기에 숙련도가 높은 노동자의 공급이 필요했다. 고숙련 노동자 수급 방법으로, 첫째 본사공장에서 고임금 일본인 노동자를 평양공장에 파견했다.[4] 파견된 일본인 노동자는 본사공장에서 양성된 노동자 중에서 선발된 자들로, 평양공장에서는 관리·감독 또는 중간관리 노동자로 배치되었다.

둘째, 평양공장의 노동자 중 근무성적이 우수하고 근속할 가능성이 높은 일본인 노동자와 조선인 노동자 중에서 선발하여 본사로 파견하여 훈련시켰다.[5] 훈련을 마친 일본인 노동자는 일반적으로 정고(定雇) 1년, 견습공 2년을 거쳐 본직공으로 승급하여 높은 기술이 필요한 동력부에 주로 배치되었다(표 6-2).[6] 훈련을 마친 조선인 노동자는 정고, 견습공, 본직공 직급에 각각 같은 비율로 각 부문에 배치되었다.

이상과 같이 1930년대 초 조선인 노동자는 방적·식료품 산업 등 경공업에 주로 고용되었고, 일본인 노동자는 화학·기계기구 산업 등 중화학공업에 집중적으로 고용되었다. 또한 같은 시기 사업장의 민족별·직급별 배치구조는 일본인 노동자가 경력과 고숙련이 필요한 직급, 조선인 노동자가 경력과 고숙련이 필요하지 않은 직급에 배치되었다.

2) 노동력 공급

(1) 연령 구성

1935년 현재 식민지 조선에 거주하는 일본인 총인구는 조선인 총인구의 2.8%였으며, 일본인 남성이 일본인 여성보다 16.4% 많았다. 주목할 점은 일본인 남성 비율이 생산연령인구에 해당하는 20~54세 연령층에서 조선인 남성보다 높았고, 일본인 여성 비율은 20~44세 연령층에서 조선인 여성보다 높았다(표 6-3).

조선뿐만 아니라 각 식민지로 이주했던 일본인 생산연령인구의 비율도 높았다. 제2차 세계대전 후 일본으로 돌아간 귀환자 조사에 따르면, 총 민간 귀환자 2,902,664명 중 50세 이상 7.1%, 35~49세 18.5%, 25~34세 23.1%, 20~24세 9.5%, 19세 이하가 41.8%였다.[7] 이 비율은 1935년 일본 국내 인구 구성 50세 이상 15.2%, 25~34세 14.3%, 20~24세 8.8%, 19세 이하 46.5%와 비교해 보면 생산연령층 해당 인구 비율이 높았다는 사실을 알 수 있다.

표 6-3 성별·민족별 연령 구성(1935년) (단위: %, 천 명)

연령	남성		여성	
	일	조	일	조
60 이상	2.9	5.6	3.3	6.5
55~59	2.8	3.0	2.5	3.0
50~54	4.1	3.6	3.3	3.7
45~49	5.2	4.5	4.4	4.4
40~44	5.8	5.1	5.3	4.9
35~39	7.3	5.9	6.8	5.8
30~34	8.4	5.8	8.3	5.8
25~29	10.4	7.2	10.1	7.3
20~24	14.5	8.5	11.2	8.6
15~19	8.0	9.6	9.1	9.3
14 이하	30.8	41.2	35.7	40.5
계	333	11,271	286	10,937

자료: 朝鮮総督府(1935),『朝鮮国勢調査報告 全鮮編』.

표 6-4 오노다시멘트사 노동자 연령 구성(1921년) (단위: 명, %)

연령	일		조	
50 이상	4	3.8	2	0.3
45~49	9	8.5	3	0.5
40~44	14	13.2	7	1.1
35~39	20	18.9	51	7.9
30~34	28	26.4	97	15.1
25~29	18	17.0	154	23.9
20~24	9	8.5	198	30.7
15~19	4	3.8	131	20.3
14 이하			1	0.2
계	106	100.0	644	100.0

자료: 小野田セメント·平壤工場, 『工務課考課状』, 1921년 상반기.

1920년대 초 오노다시멘트사 평양공장의 민족별 연령 구성을 보면, 일본인 노동자 비율이 30세 이상에서 조신인 노동자보다 높았다(표 6-4). 한편, 조선인 노동자는 15~29세 연령층에 집중되어 있었다.

이상과 같이 식민지 조선의 민족별 연령 구성은 생산연령에 해당하는 일본인 남성 및 일본인 여성의 비율이 조선인 남성 및 조선인 여성의 비율보다 높았다. 이러한 연령 구성은 공장 노동자의 민족별 연령 구성에도 반영되어, 일본인 노동자의 연령층이 조선인 노동자보다 높았다.

(2) 교육 수준

조선상공회의소(朝鮮商工会議所, 1936) 『조선인 직공에 관한 일고찰』(朝鮮人職工に関する一考察, 1936)[8]에 따르면, 각 산업에서 조선인 노동자의 교육 수준은 전반적으로 일본인 노동자보다 낮았다(표 6-5). 또한 남성의 교육 수준이 일본인 노동자와 조선인 노동자 경우 모두 여성보다 높았다. 그

표 6-5 공업 노동자 민족별·성별·산업별 교육 수준(1934년, 100명 이상 공장) (단위: %, 명)

	방직				기타				관영			
	남공		여공		남공		여공		남공		여공	
	일	조	일	조	일	조	일	조	일	조	일	조
중등 교육 수학	58.3	20.9	28.6	1.9	94.6	30.9	90.2	0.3	82.5	6.0	66.7	1.0
		24.2		1.1		3.0						
보통 교육 수료	41.7	32.3	71.4	17.7	4.5	29.8	8.9	7.6	17.5	27.3	33.3	46.2
		24.2		6.1	100.0	47.0	100.0	9.9				70.3
보통 교육 중퇴		36.5		25.3	0.7	28.9	0.9	27.5		63.1		43.4
		42.4		21.0		22.0		25.9				29.7
무학		10.3		55.1	0.2	10.3		64.6		3.6		9.4
		9.1		71.8		28.0		64.2				
계	24	679	7	3,578	3,913	3,836	112	1,754	103	796	6	1,317
		33		1,749	20	164	1	243				195

주: 1) 각 항목 상단이 16세 이상, 하단이 16세 미만.
2) 기타는 금속, 기계기구, 요업, 화학, 제재목제품, 인쇄제본, 식료품, 가스전기.
3) 조사 대상 공장 수는 36개소, 노동자 수는 18,069명.
자료: 朝鮮商工会議所(1936),『朝鮮人職工に関する一考察』.

러나 1934년 보통학교 취학률이 19.9%였던 것을 고려하면,[9] 방직 및 기타 산업의 조선인 여성 노동자의 취학률은 각각 44.9%, 35.4%로 높은 편이었다.[10] 방직 및 기타 산업의 조선인 남성 노동자의 취학률은 모두 89.7%였고, 관영 조선인 남성 및 여성 노동자의 취학률은 더 높아 각각 96.4%, 90.6%였다.

조선인 노동자의 교육 수준은 1922년에 비해 1943년 현재 무학 비율이 감소했고, 보통학교 졸업 비율이 3배 이상 증가했다(표 6-6). 보통학교 취학률이 1922년 8.9%에서 1943년 49.0%로 크게 상승했다. 광공업 노동자의 교육 수준은 1920년대 초반의 일반 조선인보다 상당히 높았으며, 1940년대 중반에는 일반 조선인보다 조금 더 높았다.

표 6-6 광공업 노동자 교육 수준 변화 (단위: %, 명)

1922년		1943년	
중학교 · 고등보통학교 중퇴 이상	1.1	국민학교 고등과 중퇴 이상	2.5
소학교 · 보통학교 졸업	10.4	국민학교 졸업	31.7
소학교 · 보통학교 중퇴	8.1	국민학교 중퇴	17.7
서당 · 가정수학	21.8		
무학	58.7	불취학	48.1
계	42,923	계	382,490

주: 1922년은 상시 10명 이상 공장 및 광산 전체 노동자, 1943년은 상시 30명 이상 공업사업소 조선인 노동자.
자료: 朝鮮総督府内務局社会課(1923), 『会社及工場に於ける労働者の調査』; 朝鮮総督府, 『朝鮮労働技術統計調査結果報告』 제3회(1943년판).

표 6-7 오노다시멘트사 노동자 교육 수준 변화 (단위: %, 명)

	1921년(재직자)		1927년(신입자)	
	일	조	일	조
고등보통학교 졸업 이상	6.9	0.7	3.0	0.7
고등보통학교 중퇴	4.6	0.2	9.1	
보통학교 졸업	50.6	4.6	78.8	17.2
보통학교 중퇴	36.8	13.0	9.1	82.1
서당수학		41.7		
무학	1.1	39.9		
계	87	614	33	134

자료: 小野田セメント社 平壤工場, 『工務課考課状』, 1921년 하반기, 1927년 하반기.

오노다시멘트사 조선인 노동자의 교육 수준은 보통학교 중퇴 이상의 경우 1921년 현재 18.5%(재직자), 1927년 100.0%(신입자)로(표 6-7), 당시 전 조선 보통학교 취학률이 1921년 6.0%, 1927년 15.5%였던 것을 고려하면 높은 수준이었다.

따라서 식민지 조선의 노동력 공급조건으로서 조선인 노동자의 교육 수준은 일본인 노동자에 비해 낮았지만, 일반 조선인보다는 높았고 서서히 상승하고 있었다.

2. 인재육성과 민족별 노동시장의 변화

1) 근속연수 · 이동률 · 출근율

전 산업 및 오노다시멘트사 노동자의 근속연수, 이동률, 출근율을 분석

표 6-8 공업 노동자의 민족별·성별·산업별 근속연수(1934년, 100명 이상 공장) (단위: %, 명)

	방직				기타				관영			
	남공		여공		남공		여공		남공		여공	
	일	조	일	조	일	조	일	조	일	조	일	조
3년 이상	95.8	30.9	85.7	22.7	49.3	57.4	19.8	35.4	52.7	81.3	28.6	43.2
				4.2		30.3		17.5				
2년		13.1		23.3	10.5	11.2	15.3	23.5	3.3	2.3		8.8
		7.4		5.8		30.3		15.9				4.7
1년	4.2	18.2		24.0	13.9	12.1	13.5	15.4	18.7	5.2	42.9	20.3
		22.2		22.6		11.4		11.2				25.8
6개월		23.6	14.3	17.1	13.1	9.6	25.2	13.4	9.9	3.4	28.6	13.2
		11.1		30.5		9.1		19.9				25.2
6개월 미만		14.0		12.9	13.1	9.7	26.1	12.3	15.4	7.9		14.5
		59.3		36.9	100.0	18.9	100.0	35.5		100.0		44.3
계	24	685	7	4,177	3,915	3,812	111	1,744	91	775	7	1,274
		27		1,814	18	175	1	251		2		298

주: 1) 각 항목 상단이 16세 이상, 하단이 16세 미만.
2) 기타는 금속, 기계기구, 요업, 화학, 제재목제품, 인쇄제본, 식료품, 가스전기.
3) 조사 대상 공장 수는 36개소, 노동자 수는 18,069명.
자료: 朝鮮商工会議所(1936), 『朝鮮人職工に関する一考察』.

하여 인재육성의 현황을 파악하고자 한다.

첫째, 조선인 남성 및 여성 노동자의 근속연수는 방직산업에서 일본인 노동자에 비해 짧았지만, 기타 산업과 관영공장에서는 남녀 모두 일본인 노동자보다 길었다(표 6-8). 노동조건이 방직산업보다 좋을 것이라 예상되는 관영공장에 종사했던 조선인 노동자는 정착 경향이 강한 반면, 일본인 노동자는 또 다른 취업기회를 찾아 떠났기에 정착 경향이 조선인 노동자보다 약했다고 평가할 수 있다.

오노다시멘트사 평양공장의 조선인 노동자의 근속연수가 건설 50년째

표 6-9 오노다시멘트사 노동자의 근속연수 추이 (단위: 명)

공장	근속연수	1932년	1934년	1938년	1942년
본사	15년 이상	197	211	267	301
	10년	122	145	211	169
	5년	249	226	144	101
	전 직공 수	983	894	864	695
평양	15년 이상	6	9	13	19
		0	0	11	34
	10년	9	15	14	14
		8	28	39	63
	5년	23	16	40	11
		62	51	124	46
	전 직공 수	703	638	685	672
천내	15년 이상	3	2	5	9
	10년	4	10	16	22
	5년	26	37	33	34
	전 직공 수	355	250	304	775

주: 1) 1942년 본사 부분은 1941년에 해당.
2) 근속연수는 본식공이 된 후의 연수.
3) 본사공장은 모두 일본인, 평양공장은 상단이 일본인, 하단이 조선인, 천내공장은 일본인과 조선인의 합계.
자료: 小野田セメント社 本社·平壤·川内工場, 『工務課考課状』, 각 연도.

인 본사공장[11]의 일본인 노동자에 비교하면 짧았다. 그러나 평양공장 일본인 노동자와 비교하면 1932년에는 짧았지만 1934년부터 능가하게 되어 1942년에는 압도했다(표 6-9). 이렇듯 좋은 일자리에 종사한 조선인 노동자가 일본인 노동자보다 정착 경향이 강한 사례는 조선식산은행의 사례(9장)에서도 확인할 수 있다.

둘째, 오노다시멘트사 본사공장 및 함경남도 천내(川內)공장에서의 노동자 이동률이 1930년대 후반의 각 시점에서 다른 공장에 비해 높았지만, 각 공장의 이동률은 비슷한 수준을 유지했다(그림 6-3). 그런데 1930년 현재 건설 후 11년이 지난 평양공장의 노동자 이동률이 건설 후 2년이 지난 천내공장의 이동률보다 낮은 수준에서 안정적으로 유지되고 있다는 점은 주목할 만하다. 그 이유는 평양공장에서는 근속연수가 긴 노동자가 천내공

그림 6-3 오노다시멘트사 각 공장 노동자 이동률(1930~1942년) (단위: %)

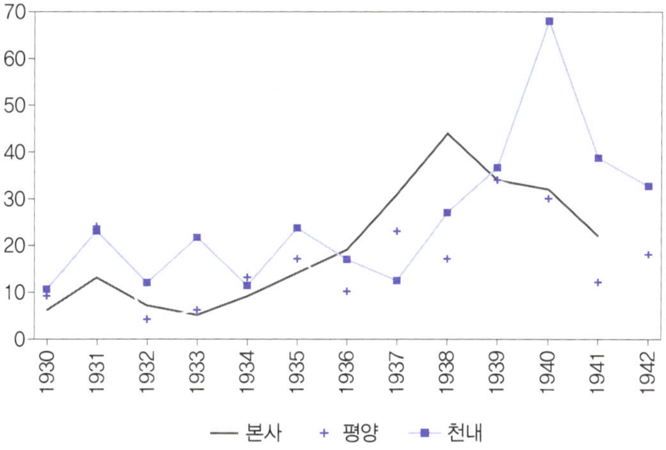

주: 하반기 입퇴사 수/직공 수, 11월 현재.
자료: 本社 · 平壤 · 川內工場, 『工務課考課状』, 각 연도.

그림 6-4 오노다시멘트사 천내공장의 민족별 이동률(1930~1942년) (단위: %)

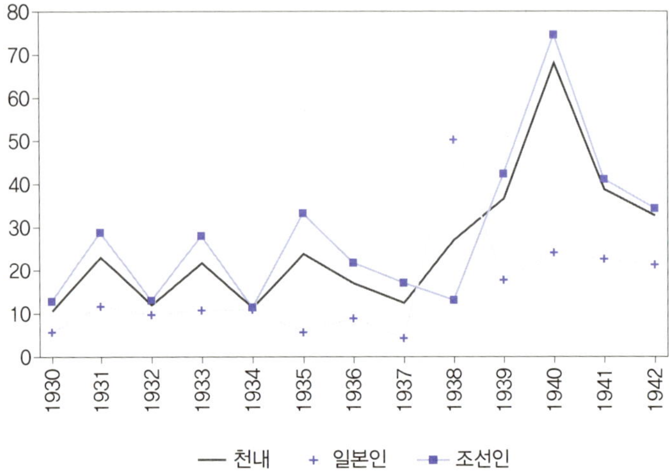

주: 1) 하반기 입퇴사 수/직공 수, 11월 현재.
2) 사내 이동은 제외.
자료: 川内工場, 『工務課考課状』, 각 연도.

그림 6-5 오노다시멘트사 평양공장의 민족별 이동률(1930~1942년) (단위: %)

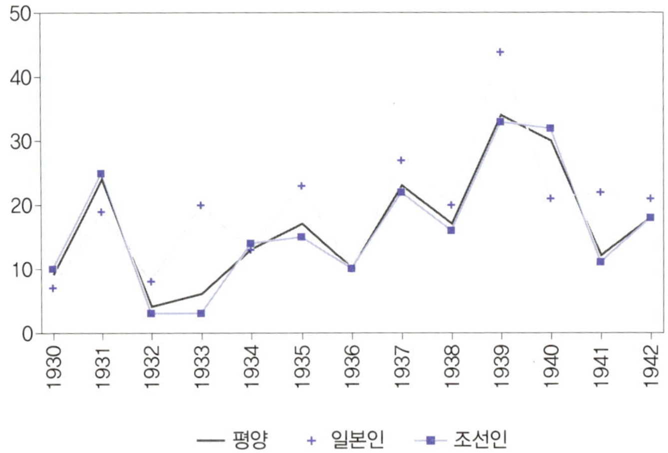

주: 1) 하반기 입퇴사 수/직공 수, 11월 현재.
2) 사내 이동은 제외.
자료: 平壤工場, 『工務課考課状』, 각 연도.

장보다 더 많이 근무하고 있었기 때문이다(표 6-9).

평양공장과 천내공장의 민족별 노동자 이동률은 가동 기간이 짧은 천내공장의 경우 조선인 노동자의 이동률이 일본인 노동자보다 높았다(그림 6-4). 그렇지만 가동 기간이 긴 평양공장에서의 조선인 노동자의 이동률은 일본인 노동자와 같은 수준이었다(그림 6-5).

셋째, 민족별·성별 노동자의 출근율을 살펴보면, 기타 산업에서 조선인 여성 노동자의 출근율이 일본인 여성 노동자보다 낮았지만, 조선인 남성 및 여성 노동자의 출근율은 전반적으로 일본인 남성 및 여성 노동자와

표 6-10 공업 노동자의 민족별·성별·산업별 출근율(1934년, 100명 이상 공장) (단위: %, 명)

	방직				기타				관영			
	남공		여공		남공		여공		남공		여공	
	일	조	일	조	일	조	일	조	일	조	일	조
개근	25.0	27.6	28.6	25.4	37.7	36.5	68.7	20.3	25.0	27.6	28.6	25.4
		5.7		27.7		33.2	33.3	5.8		5.7		27.7
10일 미만 결근	20.0	43.3	57.1	41.0	2.4	21.3	9.0	34.7	20.0	43.3	57.1	41.0
		63.8		35.6		38.8	66.7	54.8		63.8		35.6
10일 이상	40.0	20.3	14.3	16.0	58.5	30.8	19.4	21.0	40.0	20.3	14.3	16.0
		25.7		17.5		10.2		11.9		25.7		17.5
20일	10.0	6.8		9.5	0.5	5.6		13.8	10.0	6.8		9.5
		2.9		10.6		8.2		10.1		2.9		10.6
30일	5.0	1.9		8.1	0.8	5.8	3.0	10.2	5.0	1.9		8.1
		1.9		8.7		9.7		17.4		1.9		8.7
계	20	644	7	3,345	3,436	3,467	67	1,582	20	644	7	3,345
		105		2,007		196	3	396		105		2,007

주: 1) 각 항목 상단이 16세 이상, 하단이 16세 미만.
2) 기타는 금속, 기계기구, 요업, 화학, 제재목제품, 인쇄제본, 식료품, 가스전기.
3) 조사 대상 공장 수는 36개소, 노동자 수는 18,069명.
자료: 朝鮮商工会議所(1936),『朝鮮人職工に関する一考察』.

그림 6-6 오노다시멘트사 각 공장 노동자 출근율(1930~1942년) (단위: %)

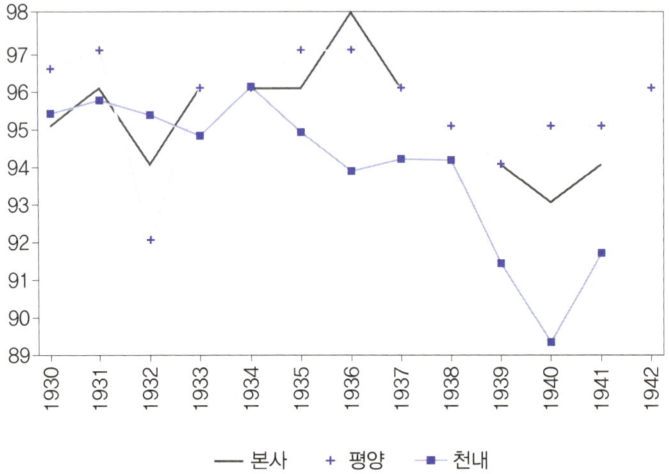

주: 각 연도 11월 현재. 천내공장 1933년은 상반기.
자료: 本社 · 平壤 · 川内工場, 『工務課考課狀』, 각 연도.

같은 수준이었다(표 6-10). 오노다시멘트사 각 공장의 출근율을 살펴보면, 1930년대 중반 이후 가동 기간이 짧은 천내공장의 출근율이 다른 공장보다 낮았다(그림 6-6). 그러나 가동 기간이 긴 평양공장의 출근율은 본사공장에 비교해도 비슷한 수준이었으며, 1930년대 후반 이후에는 오히려 높아졌다.

이상과 같이 일본인 노동자에 비해 교육 수준이 낮았던 조선인 노동자들은 각 산업 현장에 고용되어 이동률을 낮추고 출근율을 높이며 근속연수를 늘려 갔다.

2) 기업 내 양성제도

조선인 노동자들은 교육 수준 향상에 따라 기능 향상의 기본 조건을 갖추게 되었지만, 일본인 노동자와 비교하면 낮은 수준이었다. 기업 내 양성제도는 조선인 노동자가 기능을 향상시키는 데 중요한 역할을 했다. 오노다시멘트사 평양공장의 노동자 양성제도의 구조와 운영 방식을 본사공장과 비교하여 살펴보자(표 6-11).

첫째, 일본의 경우도 산업화 초기에는 숙련된 노동자의 조달이 쉽지 않았다.[12] 따라서 본사공장의 기업 내 양성제도가 노동자의 기능을 향상시키는 과정에서 중요한 역할을 했다. '야학회'는 오노다시멘트사 본사공장의 가장 오래된 양성제도이다. 이 야학회는 공장건설 직후인 1900년에 개설되어 유망 직공들을 대상으로 교양 및 전문 교육을 실시했으나, 1935년 「청년학교령」 발령에 따라 청년학교 오노다조(小野田組)로 이관되었다.

일본의 청년학교는 1890년대경부터 전국 각 시정촌(市町村)에서 보통학교 졸업 직후의 근로 청소년 남녀를 입학시킨 '실업보습학교'와 1926년 이후 전국 각 시정촌에 설치된 보통학교 졸업 직후 노동시장에 진입한 남성 청소년을 대상으로 운영했던 '청년훈련소'를 1935년 「청년학교령」에 의해 통합하여 설립되었다.[13]

야학회를 거친 성적이 우수한 학생은 회사의 비용 출자로 상공(商工)학교, 실업학교 등으로 진학할 수 있는 기회가 주어졌다. 야학회는 당시 실업보습학교에 해당된다.[14] 실업보습학교는 1941년 전수학교가 실업계 학교로 승격되면서, 실업계 학교 졸업생 및 어린 신입직공들을 교육하는 제도로 바뀌었다. 보충학교는 실업학교 졸업생과 어린 신입직공들을 대상으

표 6-11 오노다시멘트사 기업 내 양성제도

명칭	기간	수업과목 · 내용	대상	비고
		본사		
야학회	1900~35	국어, 수학, 제도, 기계, 시멘트, 전기, 이과, 공민	유망한 직공	청년학교 이관
청년학교 오노다조	1936~	위와 같음		
사비수학	1911~	大阪関西商工学校 · 大阪実業学校 등 수학	야학회 · 청년학교의 성적 우수자	
보습학교	계속	회사연혁, 여러 제도 개념, 산업보국 취지, 작업심득, 처세 요지, 국민직업능력 신고, 종업자이동방지령과 임금통제, 직역봉공정신(職域奉公精神) 등	실업학교 졸업생 중 어린 신입직공	전수학교의 실업학교로의 승격에 따라
견학실습	계속	공장견학, 기술강습회, 정부 주최 강습회 등	전 직공	
특별 교육	1939	목적: 전쟁 장기화 대비 중견간부 양성 필수: 국어작문, 수학 선택: 물리화학, 제도, 부기	유망한 직공	
		평양		
간이 보습 교육	1920~30	국어(보통학교 2, 3년 교과서) 산술(보통학교 4년생 교과서)	무교육자	
제도(製圖)	1922~37	용기획법(容器画法), 기계제도	유망한 직공	
전기공학 제도	1931~33	쇼와 공황에 따른 휴전(休転)을 이용한 강의	전 직공	
물리화학	1925~33	물리(열학 개념 등) 화학(근본 정의 등)	분석계 중심	
수학	1928~35	심상(尋常)소학교 6년 교과서 사용	조선인 직공	조선인 교관(1931~35년)
사비연수	1931~33	関西商工学校(大阪私立)電工科	조선인 직공	
신입사원 간이 교육	1920~30	여러 규정, 공구 명칭 및 사용법, 작업용어, 계산법	경험 없는 신입	입사 후 4개월
조선어	1926~32	조선어 의의 및 내용, 일상회화 및 공장작업에 필요한 회화	일본인 직공	
견학실습	1922~23	공장견학 등	전 직공	
특별 교육	1938~39	목적: 전쟁 장기화 대비 과목: 제도, 물리화학, 부기, 수학	일본인 중견직공	인원 및 물자 부족으로 중단

자료: 小野田セメント社 本社工場 · 平壌工場, 『工務課考課状』, 각 연도.

로 회사 소개, 작업 요령, 법령 발령 등을 가르쳤다. 견학 실습을 통해 전직공들을 대상으로 타 공장 견학, 기술강습회 및 정부 주도 강습회 참가 등을 진행했다.

둘째, 평양공장에서도 본사공장의 야학에서 교육하는 내용인 간이보충 교육과 도면작성, 전기공학 도면작성, 물리화학, 수학[15] 교육이 이루어졌다. 평양공장에서도 성적이 우수한 학생은 회사의 비용 부담으로 상업학교 등에 진학할 수 있는 기회가 주어졌다. 본사공장에서 보충 교육을 통해 배운 내용이 평양공장에서는 신입사원 간이 교육을 통해 이루어졌다. 간이 교육 목적은 '가능한 한 짧은 시간에 신입직공들에게 공장작업에 관한 개념을 습득하게 하는 것'이었다.[16]

견학실습은 본사공장과 같은 형태로 진행되었고, 작업지시 전달 원활화를 위해 일본인에게 조선(한국)어도 가르쳤다.[17] 일본인에 대한 조선(한국)어 교육은 1932년까지 실시되었다. 그 이유는 1927년 신입사원 전원이 보통학교 중퇴자 이상으로, 주요 작업지휘를 일본어로 할 수 있었기 때문으로 판단된다. 당시 일본인 기술자의 "조선인 노동자와의 대화는 일본어로 했다"[18]라는 증언도 이를 뒷받침한다.

한편, 본사공장에서는 야학회와 청년학교 오노다조가 양성제도로 정착되어 사비수학, 보충학교, 견습(見習)학교, 견학실습도 지속된 반면, 평양공장에서는 전기공학제도(製圖)와 같이 고도의 기능을 필요로 하는 교육은 제도적으로 정착되지 않았고, 사비연수[19]와 견학실습도 단기간만 이루어졌다.

이상과 같이 오노다시멘트사 평양공장의 노동자 양성제도는 본사공장에 비해 미흡한 점이 있었지만, 조선인 노동자의 기능 향상에 기여한 제도였다. 1942년 강원도에 건설된 오노다시멘트사 삼척공장에서 근무(1942~1946)했던 한국인 기술자는 1945년 해방 후 한국 시멘트산업의 형성 과정에 대해 다음과 같이 설명했다.[20]

그는 일본 우베(宇部)공업전문학교 공작기계과(현 야마구치[山口]대학 공과대학)를 1기로 졸업한 후 오노다시멘트사에 취직하여 삼척공장에 배치되었다. 이후 전 생산라인을 순회하면서 일본인 공무과장[21]으로부터 공장 가동에 필요한 기술을 습득했다. 해방 후 그는 공장장이 되어 일본인 기술자들이 철수한 후에도 공장을 가동할 수 있었다고 한다. 이 삼척공장이 한국 최초의 시멘트회사인 동양시멘트사의 주력공장이 되었다. 이후 현대, 쌍용, 한일 등 다른 대형 시멘트 회사들이 설립될 때 그의 주도로 각 회사에 기술자 1명씩을 파견하고, 각 회사 직원 30여 명을 삼척공장에서 연수시켰다고 한다.[22]

3) 취업구조와 직급구조 변화

조선인 노동자들이 교육 수준을 높이고 기능을 향상시킴에 따라 공업 부문의 취업구조와 기업의 직급구조는 어떻게 변화했을까?

1933년 현재 일본인 노동자는 화학, 기계, 금속 등 중화학공업, 조선인 노동자는 방적, 식료품 등 경공업에 주로 취업했다(그림 6-7). 한편, 1942년 현재 일본인 노동자가 중화학공업 부문에 집중되고 조선인 노동자가 방적공업에 집중되는 현상은 변함없었지만, 화학, 기계, 금속 등 중화학공업에서 조선인 노동자 비율이 상승하는 변화가 있었다(그림 6-8).

기업의 직급구조 변화는 오노다시멘트사 평양공장을 통해 살펴보자(표

그림 6-7 공업 노동자 민족별·산업별 구성(1931년, 10명 이상) (단위: 천 명)

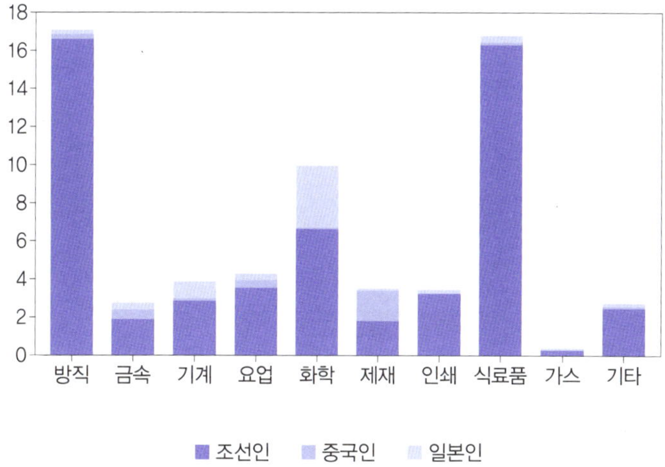

자료: 朝鮮総督府学務局社会課(1933), 『工場及鉱山に於ける労働状況調査』.

그림 6-8 공업 노동자 민족별·산업별 구성(1942년, 30명 이상) (단위: 천 명)

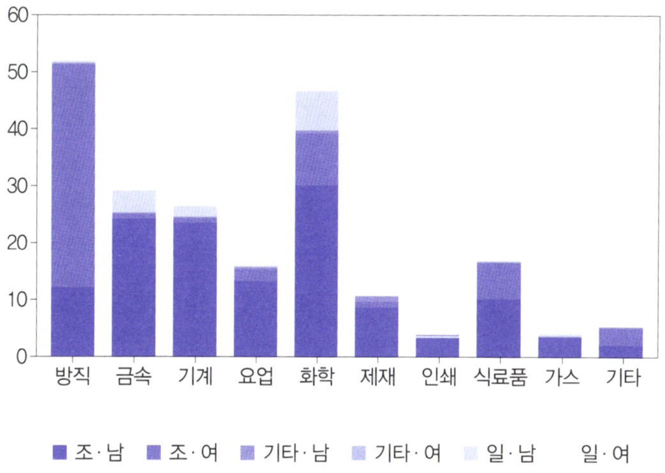

주: 기타는 대만인, 가라후토(樺太)인, 외국인.
자료: 朝鮮総督府, 『朝鮮労働技術統計調査報告』, 제2회(1942년판).

표 6-12 오노다시멘트사 평양공장 직급구조 변화 (단위: 명)

유형	직책	직급	민족별	1932년	1934년	1938년	1942년
관리 감독자	지배인	기사	일	2	2	3	
	공무과직원		일	18	13	22	
			조	3	4	4	
중간 관리자	계장	본직공	일	28	32	15	19
	부계장		일			18	19
			조				1
	직공관리인		일	4	4	2	2
			조	1	1	1	1
고참 노동자		본직공	일	15	24	27	33
			조	8	28	50	97
			소계	23	52	77	130
일반 노동자		본직공	일	76	85	65	23
			조	259	287	205	151
		견습공	일	41	3	19	7
			조	211	110	111	159
		정고(定雇)	일	6	31	20	10
			조	87	70	188	192
			소계	680	586	608	542
직공계			일	138	143	131	73
			조	565	495	554	599
			계	703	638	685	672

주: 1) 고참 노동자란 본직공 10년 이상 근속한 자.
2) 중간관리자의 1932, 1934, 1938년은 1939, 1940, 1941년에 해당.
3) 1939, 1940년 계장은 부계장을 포함.
4) 직공계는 중간관리자, 고참 노동자, 일반 노동자 수의 합계.

자료: 小野田セメント平壤工場, 『工務課考課状』, 각 연도 하반기, 小野田社, 『職員録』.

6-12). 본직공이 되어 10년 이상 근속한 노동자로 구성된 고참 노동자의 변화를 살펴보면, 1930년대 초 조선인 고참 노동사는 일본인 고참 노동자의 절반에 불과했으나, 1940년대 초 조선인 고참 노동자는 일본인 고참 노동

자에 비해 약 3배로 증가했다. 즉, 오노다시멘트사 평양공장의 민족별 직급구조는 조선인 고참 노동자의 급격한 증가로 역전되었다.

3. 노동조건

1) 취업시간 · 휴식시간 · 공휴일수

이와 같은 노동력 수급구조는 어떤 노동조건하에서 형성된 것일까? 첫째, 취업시간은 일본 공장법 규정인 12시간[23]을 초과하여 일하는 노동자가 절반에 가까웠다(표 6-13). 특히 방적, 제재목제품, 식료품 공업에 종사하는 노동자들이 다른 부문보다 장시간 노동을 했다.

둘째, 근무시간 내 휴식시간은 10시간 이상 근무 시 60분 이상 휴식해야 한다는 일본 공장법 규정을 충족하는 조건에서 근무하는 노동자가 많았다.

셋째, 1개월간의 공휴일 일수는 공휴일 2일 이상이라는 일본 공장법 규정에 미달하는 조건에서 일하는 노동자가 많았다. 특히 요업, 화학, 식료품 공업에 종사하는 노동자의 약 40%가 쉬지 않고 일했다.

2) 보상 · '재해구제'제도

노동조건의 중요 지표인 보상제도 중에 '보통상여'(普通賞与)를 시행하는 공장이 가장 많았다(표 6-14).

표 6-13 공업 노동자 산업별 취업시간·휴게시간·공휴일수(1931년, 10명 이상) (단위: %, 개소, 명)

	취업시간				휴게시간						공휴일수					계
	12시간 미만	12시간	12시간 이상	불확정	무휴	30분 이내	60분	90분	120분 이상	불확정	무휴	1일	2일	3일 이상	불확정	
방적	22.1	14.3	63.6			0.7	17.9	55.0	25.6	0.7	5.0	2.1	74.3	18.6		140
	9.8	8.0	82.2			0.2	15.2	65.8	18.5	0.2	2.6	0.3	65.2	31.9		17,196
금속	42.6	29.5	27.9		3.3	1.6	41.0	32.8	21.3		19.7	1.6	60.7	16.4	1.6	61
	72.7	14.0	13.4		1.9	0.4	24.1	63.1	10.5		11.0	1.2	79.1	7.8	0.8	2,786
기계기구	37.1	43.5	19.4			50.8	38.1	11.1			9.5		73.0	17.5		63
	75.4	17.5	7.1			34.6	60.8	4.6			8.0		41.7	50.3		3,893
요업	35.1	27.7	36.2	1.1	2.1		7.4	36.2	54.2		41.5	5.3	24.5	26.6	2.1	94
	52.9	24.5	22.0	0.7	0.5		41.7	22.7	35.1		31.7	3.3	15.8	48.6	0.6	4,317
화학	60.3	10.2	28.4	1.1	1.1	1.1	26.1	60.2	10.2	1.1	25.0	2.3	59.1	13.6		88
	67.1	9.2	23.3	0.5	0.6	0.6	58.1	38.5	1.7	0.4	46.7	0.3	34.4	18.7		10,033
제재목제품	12.4	43.8	43.8				26.0	57.5	16.4		8.2	6.8	75.3	8.2	1.4	73
	5.5	27.3	67.2				17.7	75.8	6.5		6.7	9.4	81.0	2.5	0.4	3,547
인쇄제본	95.5	3.6	0.9			0.9	68.5	27.9	1.8	0.9	2.7	3.6	76.6	17.1		111
	97.4	2.3	0.3			5.1	67.9	20.8	5.4	0.7	3.3	3.3	70.6	22.7		3,480
식료품	28.2	17.1	53.2	1.5	3.3	0.4	14.2	37.0	38.4	6.7	66.4	5.0	22.1	5.2	1.3	479
	33.4	10.4	55.7	0.6	1.6	0.2	21.1	44.7	27.2	5.1	46.8	8.6	24.8	19.0	0.8	16,912
가스전기	78.6	0.0	21.4		28.6		14.3	42.9	7.1	7.1	7.1	14.3	78.6			14
	68.9	0.0	31.1		27.6		9.0	41.8	18.5	3.1	9.5	12.4	78.1			421
기타	46.1	21.1	32.9		11.8		14.5	44.7	18.4	10.5	10.5	3.9	69.7	15.8		76
	54.0	20.5	25.5		5.3		15.1	38.9	36.2	4.5	10.9	1.4	59.5	28.2		2,789
계	38.5	19.5	41.2	0.8	2.8	0.5	24.0	41.5	27.4	3.7	35.2	4.1	47.7	12.3	0.8	1,199
	40.7	12.0	47.1	0.3	1.0	0.5	29.5	49.8	17.6	1.7	24.1	3.4	46.9	25.2	0.3	65,374

주: 각 항목 상단이 공장 수, 하단이 노동자 수.
자료: 朝鮮総督府学務局社会課(1933), 『工場及鉱山に於ける労働状況調査』.

표 6-14 보상 및 재해구제 제도 실태(1931년) (단위: 개소)

항목	실시공장	지급 대상	지급 방법	비고
보상제도				
보통상여	328	성별·연령 불문	일급 몇 %, 일정 금액을 연 1, 2회	지급 1회: 연말 지급 2회: 추석, 설
임금가산	208	잔업, 공휴일 취업	각 시간에 동률·이율	
개근상여(근속)	80	일정 기간 근속	일급의 몇 %, 일정 금액을 연 1, 2회	근속장려를 위해 지급
해고수당(퇴직)	80	일정 기간 이상 해고, 퇴직	재직연수 비례	
작업복 지급	64	전 직공	연 1, 2회	일부 지급도 있음.
생산상여	20	보통 이상 생산량 달성	등급별(제사) 생산량 1/10(제화)	대부분이 제사공장
품질상여	16	품질 향상 공헌	1개월 60전(제사) 품평회 입상(주류)	기술 향상 촉진
기타상여(수당)		발명/개량/위험방지/모범/비상사태공헌/품행방정	일급 몇 %, 일정 금액	
연금(연공)	16	일정 기간 근속	일급 몇 %, 일정 금액	
이익금 배당	6		일정 금액	능률증진 촉진
재해구제제도				
휴업부조	101	업무상 부상/질병으로 취업 불가능	일정 기간까지 일급 몇 %, 이후 비율 감소	용인(傭人)부조령에 근거하여 지급
부상부조	70	업무상 부상/질병 회복, 신체 상해	정도에 따라 일급 몇 %	일본 국내 공장법에 근거하여 지급
장례부조	70	직공 또는 가족 사망	일급 며칠분, 일정 금액	용인부조령에 근거하여 지급, 가족사망 지급은 적음.
유족부조	57	업무상·비업무상 사망 직공의 가족	근속연수에 따라 일급 며칠분	용인부조령에 근거하여 지급, 비업무상 지급은 적음.
공제조합	50	길흉화복 직공	일급 며칠분	

주: 1) 조사 대상 전 공장 수 1,119개소, 전 노동자 수 65,374명.
2) 각 항목 내용은 일반적 상황을 나타냄.
3) 재해구제제도 중에 공제조합 재원은 직공으로부터 걷거나 공장주 보조금, 기타 항목은 모두 공장주가 부담.

자료: 朝鮮総督府学務局社会課(1933), 『工場及鉱山に於ける労働状況調査』.

보통상여는 연말이나 추석 및 설날에 성별, 연령 상관없이 일급의 몇 퍼센트를 지급하는 제도였다. 그 외에도 근속을 장려하는 근속상여금(勤続賞与金)제도와 일정 기간 근속하면 연금(年金)을 지급하는 제도가 있었고, 제사공장이나 양말공장에서는 생산성을 높이기 위한 생산상여금(生産賞与金)제도가 있었다. 실시한 공장은 적었지만 능률 증진을 위해 이익금을 배당하는 공장도 있었다.

'재해구호'(災害救護)제도 중에 업무상 부상이나 질병으로 일을 할 수 없는 노동자에게 일급의 일부를 지급하는 '휴업부조'(休業扶助)를 지급하는 공장이 가장 많았다(표 6-14).

치료를 받고도 완치되지 않아 일을 할 수 없는 노동자에게 지급하는 '부상부조'(負傷扶助)제도는 일본 공장법을 기준으로 시행했다. 그 외에도 노동자 및 그 가족이 사망했을 때 지급하는 '장례부조'(葬礼扶助), 업무상 또는 비업무상 사망한 노동자의 가족에게 지급하는 '유족부조'(遺族扶助)제도가 있었다. '길흉화복'(吉凶禍福)에 해당하는 노동자에게 노동자 자신의 납입과 공장주의 보조금을 재원으로 일급 며칠분을 제공하는 '공제조합'(共済組合)도 있었다.

3) 대공장과 중소공장의 노동조건 격차

『工場及鉱山に於ける労働状況調査』(1933)에 따르면, 1931년 현재 상시 10명 이상 전체 공장 수는 1,199개소, 전체 노동자 수는 65,374명이었다. 그중 100명 이상 고용한 공장 수는 97개소, 해당 노동자 수는 35,984명으로 전체의 50%가 넘었다. 100명 이상 공장 중 일본인이 대표인 공장이 77

표 6-15 공장 규모별 노동조건 달성률(1931년) (단위: 개소, %)

공장 규모	해당 내역	취업시간	휴식시간	공휴일수	의료	경제	재해구제	교육수양	운동오락	계
100명 이상 공장	공장 수	85	83	85	85	79	59	43	60	97
	노동자 비율	92.0	87.8	82.7	95.1	90.8	80.8	66.5	81.1	35,984
10명 이상 전 공장	노동자 비율	50.7	48.3	45.5	52.4	50.0	44.5	36.6	44.7	65,374

주: 각 공장 규모 공장 수 및 노동자 비율은 각 규모 전 공장 및 노동자 중에 일본 공장법 기준(취업시간·휴식시간·공휴일수)을 넘고, 의료·경제·재해구제·교육수양·운동오락 시설을 갖춘 공장 수 및 그 공장에서 일하는 노동자 비율.
자료: 朝鮮総督府学務局社会課(1933),『工場及鉱山に於ける労働状況調査』.

개소, 노동자 수는 32,514명으로, 100명 이상 대규모 공장의 대부분은 일본인이 운영했다.

100명 이상 공장의 80% 이상의 노동자가 기준에 충족하는 조건에서 일했으나, 조사 대상 전체인 10명 이상 전 공장 절반의 노동자가 기준 이하 조건에서 일했다(표 6-15). 따라서 10~99명 공장의 노동자는 100명 이상 공장보다 열악한 노동조건에서 일했던 것이다. 보상 및 '재해구제' 제도의 설치 현황을 보더라도, 100명 이상 공장의 노동자가 10~99명 공장의 노동자보다 더 좋은 조건에서 일한 것을 확인할 수 있다.

대공장인 오노다시멘트사 평양공장의 임금은 주변 공장에 비해 높은 수준은 아니었으나, 노동시간이 짧았고 다른 공장에 없었던 보상 및 교육양성 제도를 구비하고 있었다(표 6-16). 대공장이었던 오노다시멘트 평양공장의 노동조건은 공장이 위치한 평안남도 및 북한 전역의 다른 공장의 노동조건과 비교하여 양호한 수준이었다.

표 6-16 오노다시멘트사 평양공장과 주변 공장 노동조건(1922년)

	노동자 수 (명)			노동시간 (시)	일급 (엔)			근속연금	퇴직금	개근상	부조제도	교육제도
	일	조	계		최고	최저	평균					
오노다평양공장	103	523	626	8	3.38	0.70	2.29					
					2.09	0.43	0.88	○	○	○	○	○
					(61.8)	(61.4)	(38.4)					
조선상공철공부	20	160	180	10	2.55	0.70	2.00					
					1.50	0.60	0.80				○	
					(58.8)	(85.7)	(40.0)					
대일본제당	47	106	153	12	3.35	1.40	2.26					
					2.00	0.60	0.87		○	○	○	
					(59.7)	(42.9)	(38.5)					
조선전기흥업	35	55	90	10	2.50	1.15	2.00					
					1.65	0.70	1.00				○	
					(66.0)	(60.9)	(50.0)					
사동(寺洞)광업	250	100	350	12	4.63	1.00	2.65					
					1.25	0.50	0.78		○		○	
					(27.0)	(50.0)	(29.4)					
조선병기제조소	130	70	200	10	4.60	1.30						
					1.90	0.58			○		○	
					(41.3)	(44.6)						

주: 1) 일급항목 상단은 일본인, 하단은 조선인.
2) ( ) 수치는 일본인 일급에 대한 조선인 일급 비율.
자료: 小野田セメント社 平壤工場, 『工務課考課状』, 1922년 상반기.

4. 소결: 이중구조와 능력주의 신화의 정착

식민지 조선에서 압도적인 인구는 조선인이었으나, 산업별 구성으로 보면 2차 및 3차 산업에서 일본인의 비율이 높았다. 기업 내 직급별 구성은 숙련도가 높은 직급에서 일본인의 비율이 조선인보다 높았다. 연령 구성은 고기능을 보유하고 있다고 인정되는 고연령층에서 일본인 비율이 높았고, 교육 수준에서 일본인이 조선인보다 높았다.

노동조건은 대규모 공장의 경우 일본 국내와 비교해 크게 낮은 수준은 아니었지만, 중소 규모 공장의 경우 매우 낮은 수준이었다. 이와 같이 민족별·규모별 노동시장의 이중구조가 형성되었다.

조선인 노동자들은 이러한 이중구조의 제약 속에서도 숙련을 향상시켜 일본인 노동자를 일부 대체하여, 고숙련 고임금 일본인 노동자-저숙련 저임금 조선인 노동자라는 민족별 이중구조 노동시장에의 변화를 일부 만들었다.

이상과 같이 식민지 조선의 이중구조 노동시장에서 일본인 경영자는 경영합리화를 실현하기 위해 고임금 일본인 노동자를 저임금 조선인 노동자로 대체하려 했고, 조선인 노동자는 '자조'를 통한 '입신출세'를 실현하기 위해 교육 수준을 높이고 양성 교육을 받으며 적극 대응했다. 이 과정에서 능력주의가 민족에 따라 다르게 적용된 '능력주의 신화'가 정착되어 갔다.

CHAPTER 07

사회안정정책과 공장법 적용 논의: 개입 시도와 방임

Chapter 7

사회안정정책과 공장법 적용 논의: 개입 시도와 방임

1. 사회안정정책: 3.1운동 이후
2. 논의의 고양과 중지: 1930년대 초~1930년대 중반
3. 논의의 전환과 전시체제: 1936년 이후
4. 소결: 식민지 공업화와 자유방임

1. 사회안정정책: 3.1운동 이후

1) 공장법의 유래와 일본 공장법의 제정 과정

「공장법」(工場法, Factory Law)은 산업혁명이 발생했던 영국에서 장기간에 걸쳐 진화하여 정착했다. 영국의 면공장주(綿工場主)였던 로버트 필(Robert Peel)은 의사 토머스 퍼시벌(Thomas Percival)의 제안을 받아들여 「도제의 건강 및 덕성보호법」(An Act for the preservation of the Health and Morals of Apprentices and Others, employed in cotton and other mills, and cotton and other factories)을 발의했고 1802년에 제정되었다.[1] 영국에서 공장 운영에 관한 첫 제3자 개입, 즉 국가가 노사관계에 개입한 사례였다.

영국 공장법의 원형이 된 1833년 공장법의 주요 내용은 9세 미만 아동노동 금지, 18세 미만 연소자 야간 및 하루 12시간 이상 작업금지, 아동의 학교 교육, '감독관제'(監督官制) 시행이었다. 노동시간 단축 운동의 결과로 1947년 공장법은 18세 미만 연소자뿐만 아니라 여성 성인 노동자에게도 10시간 이하의 노동을 적용했다.

영국과 달리 일본의 공장법은 관료에 의해 주도되었다. 농상무성(農商務省)은 노동조사에 기초한 법안을 재계(財界)의 의견을 반영한 뒤에 발의했다. 1911년에 공포된 일본의 공장법은 11세 미만 아동노동 금지, 16세 미만 연소자와 16세 이상 여성의 야간 및 하루 12시간 이상 작업금지가 주요 내용이었다. 여기에서는 식민지 조선에서의 공장법 적용 논의 출발점이 된 일본 국내 「공장법」의 제정 과정을 살펴보고자 한다.[2]

일본에서는 공장법 전신(前身)이라 할 수 있는 「직공모집단속규칙」(職工

募集團束規則)이 1881년 야마구치현(山口県)에서 최초로 시행되었다(표 7-1). 1900년에는 공장법 제정을 염두에 두어 농상무성 상공국 공무과(農商務省商工局工務課) 내에 공장조사계(工場調査掛)가 설치되었다. 아울러 공장법 제

표 7-1 근대 일본-조선 사회경제 약사 연표(1854~1945년)

연월	일본	연월	조선
1854. 3	미일 화친조약(가나가와[神奈川] 조약) 체결	1854	
1858. 7	막부 미일수호통상조약 및 무역장정 체결	1858	
1860		1860. 7	동학 창시
1866. 6	무주(武州)봉기(사회개혁 봉기의 절정)	1866	
1871. 8	폐번치현(廃藩置県) 칙서	1871	
1873. 7	지조개정(地租改正) 조례 제정	1873	
1875		1875. 9	강화도 사건
1876. 8	금록공채증서 발행 조례(질록처분 본격화)	1876. 2	조일수호조규(강화도조약) 체결
		1876. 8	조일통상잠정협정 체결
1878		1878. 6	제일은행, 부산지점 개설
1881	「직공모집단속규칙」 시행(야마구치현)	1881	
1881. 4	농상무부 설치, 노동실태 조사		
1884		1884. 10	갑신정변
1889. 2	대일본제국 헌법 공포	1889	
1894. 7	청일전쟁 발발	1894. 4	동학농민전쟁 시작
		1894. 7	갑오개혁 시작(신분제 폐지)
1897. 7	최초 전국 노동단체 '노동조합기성회' 설립	1897. 10	대한제국 성립 광무개혁 시작
1900. 4	공장조사계(농상무부 상공국 공업과 내) 설치, 노동실태 조사	1900	
1902. 10	'공장법안의 요점' 발표, 상공회의소연합회 반대	1902	
1903. 12	공장조사계, 『직공사정』 발표	1903	
1904. 2	러일전쟁 발발	1904. 8	제1차 한일협정 체결

표 7-1 계속

연월	일본	연월	조선
1905		1905. 11	제2차 한일협정(을사조약) 체결
1910. 8	조선총독부 설치	1910. 3	토지조사사업 시작
		1910. 8	한국병합조약 체결
		1910. 12	「회사령」 공포(회사설립 허가제)
1911. 3	「공장법」 공포	1911	
1912. 8	노동단체 우애회(友愛会) 결성	1912	
1916. 9	「공장법」 시행	1916	
1918. 8	쌀소동	1918. 6	토지조사사업 완료
1919. 4	제1차 세계대전 후 붐 시작	1919. 3	3.1운동
1919. 8	우애회, 대일본노동총동맹우애회로 개칭	1919. 8	조선총독부 관제 개정(헌병경찰제 폐지)
1920. 2	도쿄에서 보통선거 대시위 행진(보통선거 운동의 절정)	1920. 3	『조선일보』 창간
1920. 3	전후 대공황 시작	1920. 4	『동아일보』 창간, 「회사령」 폐지 최초 전국 노동단체 '조선노동공제회' 설립
		1920. 12	산미증식정책 시작
1921		1921. 7	내무부 사회과 설치
		1921. 9	총독부, '산업조사회' 개최
1922. 11	내무부 사회국 설치	1922. 2	공장감독규정 제정(경기도)
		1922. 7	내무부 사회과, 노동실태 조사
1923. 6	「개정 공장법」 공포	1923. 8	내무부 사회과, '회사 및 공장 노동자 실태조사' 발표
1923. 9	관동대지진		
1924. 7	「소작조정법」 공포	1924	
1924. 10	'노동통계실지조사' 시작		
1925. 4	「치안유지법」 공포	1925. 5	총독부 칙령으로 「치안유지법」 시행
1925. 5	중의원의원 선거법 개정(남성 보통선거 실현) 공포		
1926. 4	「노동쟁의조정법」 공포	1926	
1927. 3	금융공황	1927. 2	신간회 설립
1929	「개정 공장법」 시행	1929	

표 7-1 계속

연월	일본	연월	조선
1930	쇼와 대공황	1930	
1931. 4	「중요산업통제법」 제정	1931. 6	내무부 사회과, 노동실태 조사
1931. 9	만주사변 발발		
1932. 6	경기 회복	1932. 2	사회과를 학무국으로 이관
		1932.12	「조선소작조정령」 제정
1933		1933. 3	학무국 사회과, '공장 및 광산의 노동실태 조사' 발표
1934. 12	워싱턴 해군 군축조약 폐기 통보(무제한 군비시대 돌입)	1934. 4	「조선농지령」 공포
1936. 1	런던 해군 군축회의 탈퇴	1936. 5	조선상공회의소, '조선인 직공에 관한 일고찰'(직공능률향상 자료) 발표
1936. 2	2.26 사건	1936. 10	총독부, '조선산업경제조사회' 개최 사회과를 내무국으로 이관, 노동과 신설
1936. 5	「중요산업관리법」 개정		
1937. 7	중일전쟁 발발	1937. 3	「중요산업통제법」 적용 공포
1937. 9	「군수산업동원법 적용법」	1937. 9	「군수산업동원법 적용법」 적용 공포
1938. 2	시국대책위원회 설치	1938. 5	「국가총동원법」 적용 공포
1938. 4	「국가총동원법」 공포	1938. 9	총독부, '시국대책조사회' 개최
1939. 5	「공장 근로시간 제한령」 시행	1939. 8	총독부 칙령으로 「공장취업시간제한령」 실시
1939. 7	「국민징용령」 공포	1939. 10	「국민징용령」 적용 공포
1940		1940. 8	『조선일보』, 『동아일보』 폐간
1941. 11	아시아태평양전쟁 발발	1941	
1943. 6	공장법전시특례 시행으로 「공장취업시간제한령」 폐지	1943. 3	징병제 실시
		1943. 7	「공장취업시간제한령」 폐지 적용
1944		1944. 2	「총동원법」에 따른 전면 징용 시작
1945. 8	패전	1945. 8	해방

자료: 한국사사전편찬회(1990), 『한국근현대사대사전』, 가람기획; 有斐閣편(1986), 『労働保護法関係旧法令集(戦前)』, 有斐閣; 間宏감수(1987), 『日本労務管理史資料集 제1기』, 제2권(工場法), 五山堂書店; 安藤良雄편(1979), 『近代日本経済史要覧』 제2판, 東京大学出版会, pp. 199~207; 中村哲 외 편(1988), 『朝鮮近代の歴史像』, 日本評論社, pp. 228~231.

정을 위한 기초작업으로 노동자의 '노동상황조사'가 이루어져, 『직공사정』(職工事情, 1901)이 간행되었다. 『직공사정』은 일본의 산업화 초기 노동 사정을 가장 상세히 소개한 문헌으로 현재에도 널리 읽히고 있다.

이러한 과정을 거쳐 농상무성은 「공장법안요령」(工場法案要領)을 발표(1902)했다. 그러나 당시 일본 국내 대표적 경제단체였던 상업회의소연합회(商業會議所聯合會)는 '시기상조론'(時機尙早論)을 주장하며 반대했다. 농상무성은 공장법의 핵심 내용 중의 하나인 '심야업금지조항'(深夜業禁止條項)의 시행을 심야업(深夜業)으로 국제경쟁력을 유지했던 당시 최대 산업인 방적업을 고려하여 10년 후로 연기하는 등 원안(原案)보다 후퇴하는 형태로 「공장법」안을 발표(1909)했다.

그러나 이러한 농상무성의 타협안도 반대에 직면했다. 결국 '심야업금지조항'은 1911년에 공장법이 공포된 뒤에 1916년부터 적용했다. 일본 정부는 1923년 6월에 적용 범위를 확대하여 「개정 공장법」을 공포했으나, 같은 해 9월에 관동대지진이 발생하여 「개정 공장법」 시행은 3년간 유예되었으며, 실제로는 더욱 연기되어 1929년에 시행되었다.

식민지 조선의 공업화 진행 과정에서 노동 부문의 사회안정정책이었던 공장법 적용에 관한 논의가 어떻게 전개되었으며 어떤 결과에 이르게 되었는가를 이제부터 살피고자 한다.

2) 1920년대 통치정책 방침과 사회과 설치

조선총독부는 3.1운동 이후 사회안정을 꾀하기 위해 공장법을 식민지 조선에 적용하여 경영자와 노동자 간의 규율 형성에 개입하려 했다.

3.1운동 이후 1920년대 조선총독부 통치정책의 기본 방침은 한반도의 전통적 사회경제구조의 재편성 및 지배구조 개편을 통한 '사회안정'이었다. 이 방침은 정책에 순응하는 민중에게 유연하게 대응하고, 저항하는 민중에게는 엄격히 탄압하는 양면성을 갖고 있었다. 조선총독부 스스로의 평가에 따르면, 1910년대의 데라우치 마사타케(寺内正毅) 총독 시기(1910. 10~1916. 10)와 하세가와 요시미치(長谷川好道) 총독 시기(1916. 10~1919. 8)는 "내외적으로 변혁이 많았던 시기"였고, 1920년대 사이토 마코토(斉藤実) 총독 시기(1919. 8~1927. 12)는 "수성(守成)의 대업(大業)을 계획하고 실행"하는 시기였다.[3] 즉, 조선총독부는 1920년대에는 1910년대와 다른 통치정책을 계획하고 실행했던 것이다.

'무단통치'(武断統治)에서 '문화통치'(文化統治)로 전환했다는 단순한 인식을 여기에서 제시하려는 것이 아니다. 통치정책 변화에 관한 연구로 동화정책이 한국병합 시점부터 전개되었다는 이시이 간지(石井寛治, 1986), 헌병경찰제도가 보통경찰제도로 개편된 주요 계기로 3.1운동을 거론하면서도 1918년 9월에 성립한 하라 다카시(原敬, 1856~1921) 내각의 '내지연장주의'(内地延長主義) 배경도 지적한 마쓰다 도시히코(松田利彦, 1991)를 참조했다.

조선총독부는 3.1운동의 영향으로 통치정책 방침을 전환할 수밖에 없어, 조선의 전통적 사회경제구조의 재편성과 지배구조의 개편을 통해 '사회안정'을 꾀하려 했다. 조선총독부는 사회안정정책을 실현하기 위해 경찰, 지방행정, 사법제도의 개선, 교육의 보급, 산업개발, 교통 및 위생의 정비를 시행했다. 또한 총독부는 1920년대에 시행한 정책 결과에 대해 "경찰제도 혁신, 대학 교육 창설, 묘지규칙 개정, 회사령 철폐, 태형령(笞刑令) 폐지, 전매제도 실시 등 많은 지방제도를 개정하여 훗날 자치제도 확립에 근저를 만드는" 것에 성공했다고 스스로 평가했다.[4] 한편, 경제정책에 관해서는 "산업개발이 시정(施政)에서 가장 중요한 사항"[5]이라고 언급했고, 실제로 중점을 둔 정책은 '산미증식계획'과 '철도건설'이었다.[6]

이와 같이 조선총독부의 1920년대 통치정책 방침과 사회정책은 3.1운동의 영향과 1910년대 후반부터의 일본 국내 자본의 진출 확대를 고려하며 수립할 수밖에 없었다.

통치 방침 전환에 따른 조선총독부 조직 변화, 특히 사회안정정책 변화를 확인할 수 있는 내용은 다음과 같다. "종래의 구제(救濟) 및 자선(慈善)에 관한 사무는 내무국(內務局) 제2과에서 관장했지만, 1921년 7월 사무분장규정을 개정하여 내무국에 사회과(社會課)를 특설하고 사회사업에 관한 사무를 관장하게 했다."[7] '사회과' 설치 이유는 "이번 시기에 시설요강(施設要綱)의 하나로 거론되었기 때문"이라고 했다. 더욱이 이러한 사회정책 관련 행정 업무의 정비에 의해 "사회사업은 통일적인 체계를 갖추게 되었고, 또한 이번 시기에 현저히 진보하게 되었다"고 평가했다.

이상과 같이 '사회과'는 1920년대 통치정책 방침에 기초하여 조선총독부 내에 설치되었다. '사회과' 설치의 원래 목적대로 통치정책이 진행되었다면, 일본 국내에 시행되고 있었던 공장법 내용을 식민지 조선에도 적용할 수 있었다. 그러나 식민지 조선에의 공장법 적용 논의는 다른 양상으로 전개되었다.

2. 논의의 고양과 중지: 1930년대 초~1930년대 중반

1) 1930년대 초 · 중반 통치정책 방침

1930년대 초·중반 우가키 가즈시게(宇垣一成) 총독 시기(1931. 6~1936. 8)의 통치정책 기본 방침은 "농산어촌(農山漁村)의 진흥 및 자력갱생"에 기반을 둔 '농촌안정'이었다.[8] 조선총독부는 통치정책 실현 방법으로 "조선의 농지령 실시에 따른 소작권 확립"과 "농촌 궁핍 완화를 위한 공업 유치"를 제시했다.

이렇듯 총독부가 농촌 궁핍 완화를 위해 공업 유치를 시행한 이유는 1930년 현재 식민지 조선 전체 368만 호 중에 294만 호(79.9%)가 농림수산업에 종사하고 있었기 때문이다.[9] 총독부는 농촌의 근본 문제라고 인식했던 지주-소작 관계의 긴장 완화를 위해, 1932년 12월에 「조선소작조정령」(朝鮮小作調停令)을, 1934년 4월에는 「조선농지령」(朝鮮農地令)을 공포했다.[10]

한편, 당시 일본 국내 자본의 식민지 조선에의 진출은 증가하고 있었다. 일본 국내에서 식민지 조선으로의 투자총액이 1914년에 179백만 엔에 불과했지만, 1919년 390백만 엔, 1926년 1,068백만 엔, 1930년 1,562백만 엔, 1936년 2,551백만 엔으로 증가했다. 이러한 증가율은 일본에서 대만, 만주, 중국 관내로의 투자액 증가율을 능가했다.[11] 투자액을 산업별로 살펴보면 제조업 투자가 1914년에 6.9%에 불과했지만, 1930년에는 26.9%를 차지해 급격히 증가했다.[12]

식민지 조선 내 공업을 둘러싼 상황에 대해 조선총독부는 "공업에 관한 이번 시기(우가키 총독 시기)의 방침은 앞의 시기와 변한 것은 없지만 최근 조선의 자원에 대해서는 점차 조사가 진행되고 있어, 일본 국내에서도 획득하기 어려운 각종 공업원료 및 석탄, 수력 등의 동력자원이 풍부하여 만몽(滿蒙, 만주와 내몽고) 자원 이용보다도 유리한 조건으로 밝혀졌다."

"노동력도 풍부하면서 저렴하고 제품 판매 면에서도 조선 내에서의 수요 증가를 예상하고 있으며, 조선의 자원을 사용하여 생산한 제품 수출이 유망하고, 만몽, 북지나(北支那, 중국 북부 지역)라는 광범한 시장이 있어 조선의 공업은 앞으로 크게 발전할 요소를 갖추고 있어 전망이 밝다"[13]는 입장을 갖고 있었다.

일본 국내 자본의 식민지 조선으로의 진출 현상에 대해 총독부는 "이번 시기 들어 일본 국내의 자본가가 이러한 자원에 주목하여 개발하려는 자가 점차 많아지고, 특히 만주국 성립 이래 만몽 비약을 발판으로 조선의 유리한 지위를 이용하려는 경향이 강해지고 있다"고 밝혔다. 이러한 상황에서 총독부는 "많은 공장이 출현하고 있으나 특히 신규 사업에 대한 일본 국내 자본가의 독점을 피해 일본인과 조선인의 공동참가를 장려하고 있다"고도 밝혔다.

이상과 같이 1930년대 초·중반 조선총독부의 통치정책 기본 방침은 '농촌안정'이었으나, 1920년대 초부터의 일본 국내 자본의 식민지 조선으로의 진출 증가가 농업 중심의 통치정책에 대한 변화를 압박했고, 만주사변이 그 변화를 가중시켰다. 조선총독부는 이러한 변화를 '농촌경제의 궁핍을 완화'하는 범위 내에서 통치정책에 반영시키려 했다.

2) 논의의 고양과 시기상조론

「식민지 조선 공장법」을 둘러싼 논의는 『동아일보』 기사에 따르면, 1920년 초기부터 폐간되는 1940년까지 계속되었다(표 7-2). 1922년부터 1940년까지의 전개 과정을 신문보도를 중심으로 살펴보자. 공장법 적용 논의와 관련한 최초 기사는 '경기도에서 제정 중인 공장단속규정은 대체로 일본 국내의 공장법에 따라 작성 중'[14]이라는 1922년 2월 『동아일보』 보도였다.

표 7-2 신문보도로 본 식민지 조선의 공장법 논의 전개(1922~1940년)

연월일	내용
1922.02.17	경기도에서 일본 공장법에 따라 '공장단속규정' 제정
1922.07.18	총독부, 공장법 시행 필요성 인식하고 15명 이상 공장 노동실태 조사
1925.03.14	공장법 시행 필요성 주장(사설)
1926.07.04	경무국, 공장법규 제정 목적으로 각 공장 조사 지시
1931.07.25	공장법 시행 필요성 주장(사설)
1933.10.28	공장법이 제정되지 않은 각 도에서는 일본 공장법에 근거하여 도령(道令)을 제정하여 안전 및 위생 문제에 대해 단속 중
1933.10.29	공장법 제정의 전제조건으로 진보적 공장법 이념 필요(사설)
1933.12.07	공장법 제정 시급
1934.04.11	조선의 특수한 사정을 참조하여 소년-여성 노동자 보호에 중점을 둔 공장법 초안 작성, 농지령과 함께 사회에 중대한 영향을 미칠 것임.
1934.04.12	공장법 제정에 즈음하여(사설)
1934.06.03	관계국 초안 탈고, 공장법 공포도 멀지 않아, 상공과(商工課)는 산업의 유치한 수준을 구실로 다른 의견을 고집
1934.11.10	노동법 제정 문제로 경무국(警務局)과 식산국(殖産局)이 각자 고집
1935.06.29	유년과 부녀직공의 특별보호를 주요 내용으로 하는 공장법을 입안 중
1935.06.30	진보적 공장법 제정하라(사설)
1935.10.11	공장법 시행 내년에도 절망, 시기상조론으로 입안 중단

표 7-2 계속

연월일	내용
1935.12.15	노동자 급증에 따라 경무국, 공장단속규칙 입안 착수, 주요 내용은 조선의 특수한 사정을 고려하여 공장 특유의 폐해 방지
1936.04.02	경무-학무-식산국장과 공장주와의 간담회에서 공장단속 방침 명시
1936.06.30	'공장법 실시하라' 보호받고 싶어하는 직공, 평안남도 1만여 명(소년직공 4,100명 포함) 노동자가 하루 12시간 이상 일한다.
1936.07.05	공장단속규칙 결정으로 중소공장 단속 강화, 대형 공장은 양호. 주요 내용은 원동기-안전-위생-보험 설비에 대한 단속 강화
1936.07.18	'공장법 시행하라' 지난해 중남부 각 공장 사상자 약 3,000여 명 발생
1936.07.20	식산국의 시기상조론으로 공장법 실현이 어려워진다.
	'절실히 요구되는 공장법', 흥남지역 각 공장의 작업원 대다수 건강상태가 좋지 않음.
1936.08.07	'공장법 시행하라' 조선질소 흥남비료공장 1년 동안 1,300명 사상자 발생
1936.11.07	최근 공장이 급증함에 따라 안전, 위생, 위해방지를 주요 내용으로 하는 공장단속규칙이 빠르게 제정
1937.06.08	공장단 규칙 제정 서두르고, 지난해 열린 '산업경제조사회' 위원회에서 공장주들이 '시기상조론'을 내세워 공장법 제정에 반대했다. 경무국에서는 '공장단속규칙'을 제정하여 올해 7월부터 시행할 예정
1937.06.22	식산국과 경무국이 광산감독단속규칙, 광산노동력부조규칙, 공장단속규칙 등을 제정하기로 합의하고 그 안이 탈고됨. 심의실에 회부되어 심의가 끝나면 부령(府令)으로 시행 예정
1937.06.27	공장단속규정 적용 범위 둘러싼 의견 대립, 내년 시행 예정. 식산국은 20명 이상, 경무국은 10명 이상 공장, 내무국은 모든 공장에 적용 주장
1937.10.19	경기도, 도내 전 지역이 산업화될 것으로 예상하고 '공장단속규칙' 적용 지역 확대
1938.07.29	'조선공장단속령' 안 마련, 광업경찰, 광부노무부조규칙과 병행해 연내 시행 예정
1939.05.20	경상남도, 공업발전 위해 공장단속규칙 절차 간소화
1940.02.19	부국강병의 비결은 무엇보다도 노동자 보호, 공장법 연내 시행 예정
1940.02.22	노동자 급증과 공장법 시행(사설)

자료: 『東亞日報』, 1922~1940년.

(1) 일본 국내 공장법 주요 내용과 취업규칙 제정 의무화

먼저 「식민지 조선 공장법안」의 정확한 내용이 확인되지 않으므로, 1923년에 개정된 일본 「공장법」의 주요 내용과 관련 「공장법시행령」을 살펴보기로 한다.

일본 「개정 공장법」[15]은 25개 조항으로 구성되었고, 주요 개정 내용은 다음과 같다. 첫째, 1916년에 시행된 「공장법」[16]의 적용 대상 공장을 상시(常時) 15명 이상에서 상시 10명 이상 고용하는 공장으로 확대했다. 둘째, 적용 대상자인 연소자 및 부인 노동자의 연령을 15세 미만에서 16세 미만으로 확대했다. 셋째, 위반 벌금을 500엔 이하에서 1,000엔 이하로 증액하여 처벌을 강화했다. 일본 정부는 「개정 공장법」을 시행하여 연소자 및 여성 노동자를 보호하여 '노동력 보전'를 꾀했다. 이것은 일본 노동운동의 고양을 막기 위한 대책이기도 했다.[17]

일본 「개정 공장법」 시행 내용을 구체화한 「공장법시행령」은 「공장법」의 '제17조(고용계약) 직공의 고용, 해고, 알선의 단속 및 도제에 관한 사항은 칙령(勅令)에 의해 정한다'[18]에 대한 시행 내용을 '제3장 직공의 고용 및 해고'에서 다음과 같이 규정했다.

'제27조의 4항 상시 50명 이상의 직공을 고용하는 공장의 공업주(工業主)는 지체 없이 취업규칙을 작성하여 지방관청에 제출하고, 취업규칙을 변경할 때는 같은 조치를 취해야 함'.[19] 상세 내용은 취업시간, 교대시간, 휴게시간, 공휴일 제정, 임금 현금지불과 체납 금지, 부정한 저축금 관리 방지, 해고통지 의무화, 그리고 50명 이상 모든 공장에서는 '취업규칙 제정 의무화' 등이었다.

이렇듯 「개정 공장법」은 '고용계약'에 관한 조항을 연령과 성별을 불문하여 적용하고, '취업규칙' 제정을 의무화했다. 따라서 일본 국내에서는 제3자가 '명문화된 규율'에 기초한 노사관계에의 개입이 가능하게 되었다.

(2) 내무국 사회과의 공장법 적용을 위한 노동실태조사

조선총독부 내무국 사회과(朝鮮總督府內務局社會課)가 1922년 7월 말 상시 10명 이상 노동자를 고용하는 회사 및 공장에 대해 조사한 결과가 『회사 및 공장의 노동자 조사』(会社及工場における勞動者の調査, 1923)(이하 『会社及工場』)이다.[20] 조사항목은 12세 미만 유년자(幼年者)의 노동실태를 포함한 연령별 노동자 수, 1일 실제 취업시간과 휴게시간, 1년간 공휴일수, 연령별·남녀별 임금, 민족별·지역별 임금, 교육 정도, 근속연수, 복리시설(福利施設)의 유무였다.

복리시설 조사항목은 기숙사 및 사택 설비, 관극회(観劇会)·야유회(野遊会)·휴일(大祭祝日)·연회 관련 급여, 체육시설·보습 교육 등 수양적 시설, 위탁의(嘱託医)·가족치료 등의 시설, 상처 및 질병 수당·이익배당·근속연금제도, 공제조합·구매조합·적금제도의 유무였다.[21] 『会社及工場』 부록에는 파업 원인과 해결 전말 및 참가인원 등을 포함한 동맹파업 일람표가 첨부되어 있다.

경기도는 당시 식민지 조선의 최대 공업지역이었기에 공장법 논의 관련 최초 보도(1922. 2)[22]의 대상이 되었다. 『会社及工場』의 조사 결과에 따르면, 1922년 현재 식민지 조선 전체 공업 및 광업의 공장 604개소, 노동자 42,923명 가운데 공장 139개소(23.0%), 노동자 13,495명(31.4%)이 경기도에 집중되어 있었다.[23] 『동아일보』는 "공장단속규정에 대해 전차(電車)단속규칙, 흥업물(興業物)중개업 단속규칙과 함께 신년도부터 시행할 것 같다"고 전했다.[24] 1922년 7월에는 "총독부가 현재 내지(일본 국내)에서는 공장법을 실시한 이래 상당히 좋은 성과를 거두고 있으므로 조선에도 시대의 추세에 맞게 이 법을 실시할 필요를 인식"했다고도 전했다.[25]

내무국 사회과는 1931년 6월 말에도 상시 10명 이상 공장 및 광산에 대해 조사했다(朝鮮総督府学務局社会課, 1933, 『공장 및 광산의 노동상황조사』(工場及鉱山に於ける労働状況調査, 이하 『工場及鉱山』)). 사회과는 '1932년 2월 내무국에서 학무국(學務局)으로 이관'[26]된 뒤인 1933년 3월에 그 결과를 발표했다.

조사항목은 민족별·남녀별·연령별 노동자 수, 민족별·남녀별·연령별 임금, 1일 취업시간과 휴게시간, 1개월 소정 공휴일수와 기타 공휴일수, 야간작업의 유무, 의료·경제·재해구제 제도, 교육 및 수양, 운동, 오락시설 유무, 그리고 노동단체의 실태였다.

경제제도 조사항목은 보통·개근·생산·품질·기타 상여, 해고 수당, 연금, 이익배당금, 임금보증(歩増)제도, 작업복 지급 유무였다. 재해구제제도의 상세 조사항목은 휴업·장해·유족부조 및 장례비 지급, 공제조합의 유무였다.

『会社及工場』(1923)과 『工場及鉱山』(1933)의 조사항목은 일본 「공장법」 적용항목과 겹치는 내용이 많다. 일본 국내에서는 보다 상세한 항목에 대해 1924년부터 1938년까지 3년마다 조사했다(내각통계국(内閣統計局), 『노동통계실지조사보고』(勞動統計実地調査報告)). 즉, 『会社及工場』과 『工場及鉱山』은 '사회과'가 공장법의 식민지 조선에 적용을 염두에 두고 『勞動統計実地調査報告』 및 관련 조사항목에 기초하여 사전 조사한 결과라고 판단할 수 있다.

(3) 경무국의 노동실태조사와 총독부의 공장법 적용 필요 강조

조선총독부 경무국(警務局)은 1926년에 사회과와는 별도로 공장법을 식민지 조선에 적용하기 위해 각 도(道)에 공장의 노동실태조사를 지시했다.[27] 경무국은 식민지 조선에 공장법을 적용하지 않고 그대로 '방임'하면 보건·위생·교육 면에서 여성 및 유년 노동자에 악영향을 미칠 것으로 파악했으며, 성년 노동자의 대우도 개선할 필요가 있다고 인식했다.

1930년대 초부터 고양된 공장법 논의 방향은 '쟁의분규와 위생불비, 공장법 입안준비'라는 보도에서도 확인할 수 있다.[28] 해당 보도는 14세 유년공 1,793명, 12시간 노동초과 120개소에 대해 철저히 조사하고 개선 계획을 세워야 하며, 쟁의와 분규, 위생시설의 불비, 유년(幼年)의 고용 등 식민지 조선 공장에서 개선할 점이 많다고 알렸다.

조선총독부는 이러한 상황을 고려하여 적극적으로 '공장단속'에 착수하려 하고 있고, 공장법 적용의 기초 준비로 각 도에서의 실상을 조사 중에 있다고 전했다. 또한 각 도에 적용되는 공장법 규정이 없기 때문에 현재는 일본 공장법에 기초한 도령으로 보안위생(保安衛生)에 대한 단속을 시행하고 있지만, 노동자의 부조(扶助) 또는 위생시설 등의 면에서 일본 국내에 비해 현저히 낮은 수준이라고 전했다.

각 국(局)을 총괄하는 조선총독부도 '사회적 제도'의 실정에 대해 다음과 같이 인식하고 있었다. "일본 국내에서는 노동자보호제도로 공장법(1916년 9월 시행)과 광부노역부조규칙(鑛夫勞役扶助規則, 1916년 9월 시행)이 있고 유년자 고용을 제한하여 업무상의 부상, 질병, 사망에 대해서는 본인 또는 유족에 대해 일정한 부조료(扶助料)를 지급할 것을 규정했다. 그 이외 건강보험법(1927년 1월 시행)과 노동자재해부조법(勞動者災害扶助法, 1932년 시행) 등이 있어 각 방면에서 노동자 보호를 실시하고 있는데, 조선에서는 이러한 법령이 적용되지 않았다. 그렇지만 노동자의 질병, 사망 등에 대한 급여는 각 공장, 광산에서 각각 일정한 부조 내규가 있어 대략적으로 일본 국내와 비슷한 부조를 시행했다."[29]

조선총독부는 공장법이 식민지 조선에 적용되지 않고 부조 등 사회적 제도가 실시되고 있는 상황에 대해 "그렇지만 이러한 것은 이른바 은혜(恩惠)에 불과하고 그 취급이 일정하기 않아 분쟁의 여지가 있기에, 조선에서도 공장법을 적용하려는 논의가 상당히 강하다." 그리고 "한편으로 조선의 공업(화)을 저해한다는 이유로 시기상조론도 있기에, 먼저 조선에서의 공장 및 광산 실정을 조사하여 조선의 상황에 맞는 유효적절한 법령을 제정할 필요를 인정하고 현재 연구 중이므로, 멀지 않은 날에 조선의 노동자도 그 지위에 올라 강한 보호를 받게 될 것이다"라고 언급하며, '시기상조론' 주장의 존재도 밝혔다.

(4) 식민지 조선 공장법 초안 작성과 강해진 시기상조론

'시기상조론' 주장이 존재했지만 논의는 진행되어 식민지 조선의 '공장법 초안'이 작성되었다.

『동아일보』(1934. 4. 11)는 "조선의 공장법을 제정하기 위해 경무국과 학무국 사회과는 작년부터 이에 관해 조사했고 그 조사가 일단락됨과 동시에 초안 작성에 착수하여 일단락되었다"[30]고 전했다. 『동아일보』는 논의 내용과 의의에 대해 "이러한 조선의 공장법 초안은 경무국과 학무국에서 작성한 내용이 약간 다르지만, 그 내용은 일본 국내에서 시행되고 있는 공장법에 기초하여 조선의 특수사정을 참작한 것이다. 조선의 농지령과 함께 사회정책적 견지에서도 무엇보다도 중대한 법령의 하나"라고 평가했다. 또한 "무엇보다도 이러한 법령은 소년노동, 여성노동, 노동시간, 고용주가 무리하게 해고하는 것에 대한 노동자의 생활보장 등에 관한 사회입법인 점이 중요하다"라며 다시 한번 '공장법 초안' 의의를 강조했다.

『동아일보』는 공장법이 적용되면 식민지 조선 사회에 미칠 영향과 조선인 대중의 기대에 대해 "어쨌든 법령을 실시하게 되면, 농지령과 함께 노동대중에게 중대한 영향을 미치게 될 것이라고 일반인들은 주목하고 있다"고 전했다. 마지막으로 시행 절차에 대해 "조선 공장법 초안은 13일부터 열리는 13도 경찰부장회의에 자문사항을 제출하여 토의할 예정으로 이러한 단계를 마치면 법령으로서의 여러 절차를 거쳐 바로 실시할 것 같다"고 전망했다.

경무국과 학무국, 그리고 식산국(殖産局)의 대응과 공장법의 적용 대상 축소 가능성에 대해 『조선일보』(1934. 4. 11)는 다음과 같이 보도했다.

"공장법을 제정하기 위해 여러 준비를 추진하여 이번 해에는 구체화하려는 경무국과 학무국이 다시 한번 식산국과 절충하여 공장법 제정에 관한 제반 사항에 대해 협의한다고 한다. 일본 국내에서 시행하는 공장법은 10명 이상의 직공을 상시 고용하는 공장에 적용한다. 그러나 조선에서 10명 이상의 직공을 고용하는 공장은 아직 수공업적 수준에 머무르고 있는 상태이므로 50명 이상의 공장에 적용함과 동시에 유년공과 여성 직공에 대한 규정도 일본 국내의 공장법과 다소 차이가 있을 것이다."[31]

『동아일보』(1934. 6. 3)는 경무국 보안과가 초안을 작성했지만, 학무국 사회과와 식산국 상공과는 작성이 끝나지 않았으며 특히 상공과의 '조선 공업 유치(幼稚)' 주장을 보도하며 총독부 각 국 간의 대립 상황을 전했다.[32] 1934년 11월에는 「농지령」 제정과 관련 지으며 "조선에서 사회입법으로 무엇보다도 중요한 것은 소작법과 노동법인데, 소작법은 「조선농지령」이라는 이름으로 1934년 10월 20일부터 시행하고 있다. 그러나 노동법에 관해서는 아직 제정하기까지 멀고 소작인의 입장과 같은 노동자를 보호하는 어떠한 보증도 없다"[33]라고 보도했다.

공장법 적용이 지연되는 중요한 이유가 경무국과 식산국의 견해 대립이라는 점에 대해 다음과 같이 보도했다. "왜냐하면 이 노동법의 제정을 전제로 식산국 상공과와 경무국 보안과가 서로 각자의 초안을 작성하기 위해 연구를 거듭하여 상공과의 안(案)도 어느 정도 진척되고 있으며 경무국 안도 연구에 연구를 거듭하고 있다. 안이 종합되면 구체적으로 그 입법에 관한 논의가 진전될 것이지만, 식산국 상공과는 조선과 같이 산업(화)가 늦은 사회에 이러한 법령을 제정하고 실행하면 바람직하지 않은 결과를 초래한다는 견해를 갖고 있다." 이러한 상황에서도 "경무국은 최근 조선 산업의 현상을 보더라도 어떠한 보장도 없는 노동자에 대한 법령은 절대 필요하다는 견해를 갖고" 있어 "각자의 견지에서 이 법령의 제정 골자를 연구하는 도중"이라고 전했다.

이상과 같이 경무국 및 내무국이 공장법 적용을 강하게 주장했지만, 입안은 1935년 10월에 '시기상조론'의 주장이 강해짐에 따라 중지되었다.[34] 이러한 "당국자의 '시기상조'라는 견해는, 아직 외래 대재벌을 유인할 필요가 절실하게 요구되고 있는 조선에서는, 이미 진출해 있는 대재벌의 공장건설을 저해하는 공장법을 아직 시행할 시기가 아니다"라는 인식에 기초했다.

3) 대기업 및 경영자단체의 대응

(1) 대기업

가타쿠라 제사(片倉製糸)

공장법 논의가 고양되는 가운데 공장법 적용 대상이었던 기업은 어떤 대응을 하고 있었을까? 먼저 당시 일본 최대 수출산업인 제사업의 대표 회사이자 일본 국내 공장법 논의에 기업 측 대표로 참여했던 가타쿠라 제사[35] 사례를 통해 검토하기로 한다.

가타쿠라 제사는 1873년 설립된 가타쿠라 그룹을 계승하여 1920년에 창립되었다.[36] 가타쿠라 그룹 시절인 1902년에 직원을 조선에 파견하여 조선 진출을 위한 사전 조사를 실시했다. 이 회사는 1919년 4월에 360개 가마(釜) 규모의 대구 제사공장 건설을 시작으로, 1927년 7월 경성 제사공장(112개 가마), 1928년 2월 전주 제사공장(240개 가마), 같은 해 6월 함흥 제사공장(296개 가마)을 건설했다.[37]

가타쿠라 제사의 식민지 진출과 식민지 조선에서의 공장경영 및 노동 상황에 대해서는 마쓰무라 사토시(松村敏, 1992)를 참조했다.[38] 먼저 가타쿠라 제사의 식민지 조선 공장에서의 노동 상황을 공장법이 시행되고 있었던 일본 국내 공장과 비교해 보기로 한다(표 7-3). 조사 기관이 다르고 조사 시기도 1년 차이가 있지만, 일본「공장법」의 주요 내용에 기준하여 일본 국내와 식민지 조선의 노동 상황이 비교 가능하다는 장점이 있다. 11시간 이상의 취업을 금지했으나 15년 유예기간 동안 2시간 연장을 인정하는 '취업시간'은 일본「공장법」제3조의 연소자 및 여성 노동자의 취업시간규정에 비추어 보면, 양 지역 공장 모두 일본「공장법」규정에 저촉되지 않았다.

표 7-3 가타쿠라(片倉) 제사 일본공장과 조선공장의 노동조건

	공장명	근로자 수 (명)			취업 시간 (시간)	휴식 시간 (분)	공휴일 (일)	사회시설				
		남성	여성	합계				의료	경제	재해 구제	교육 수양	운동 오락
일본 (1930년)	川岸	171	622	793	12	60	I	○	○	○	○	○
	松本	150	1,150	1,300	12	55	II	○	○	○	○	○
	須坂田中	91	593	684	12	60	III	○	○	○	○	○
	大宮	20	290	310	12	60	IV	○	○	○	○	○
	岩代	65	1,020	1,085	12~13	75	V	○	○	○	○	○
조선 (1931년)	대구	102	612	714	12	60	28	○	○	○	○	○
	경성	49	286	335	10	90	21	○	○	○	○	○
	전주	46	386	432	12	60	22	○	○	○	○	○
	함흥	63	488	551	12	70	5	○	○	○	○	○

주: 1) 조사 시기: 일본(1930년 6월), 조선(1931년 6월).
2) 근무시간: 평상시 12시간, 여름에는 13시간, 경성 취업시간: 10시간 40분.
I: 매월 2/3회, 4대 명절, 전환 시 14일 이내, 추석연휴, 연말연시.
II: 매월 2회(교대로 휴무), 4대 명절, 춘절, 추석 연휴, 신도제(神道祭), 연말연시.
III: 매월 2회, 4대 멍절, 추석 연휴, 전환 시 14일 이내, 연말연시.
IV: 매월 2회 임시 휴무, 월 2회 이상 순환 휴무가 있을 수 있음.
V: 매월 2회 임시 휴무.
자료: 新潟県庁社会課内中野財団(1930), 『製糸工場の概況』; 朝鮮総督府学務局社会課(1933), 『工場及鉱山に於ける労働状況調査』, pp. 244~258.

'휴게시간'과 '공휴일'은 1개월에 적어도 2일의 휴일을, 1일 10시간 이상 취업을 하는 경우에는 적어도 1시간의 휴게시간을 부여해야 한다는 일본「공장법」제7조의 연소 및 여성 노동자의 휴일 및 휴게시간 규정에 비추어 보면, 일본 국내 마쓰모토(松本)공장이 공장법 규정에 저촉되었으나 다른 공장은 준수했다.

그러나 1934년 후쿠이시(福井市) 근교의 인견직물 공장을 답사한 이노마타 쓰나오(猪俣津南雄, 1889~1942)는 다음과 같이 언급했다. 이노마타는 경제학자, 평론가, 노동농민파의 대표적 논객으로, 일본 자본주의 현황 분석에 관한 많은 업적을 남겼으며, 1920년대 후반 합법적 좌익운동을 지도하여 1937년 인민전선 사건으로 검거되어 투옥되었다.[39] 이노마타는 당시 노동 상황에 대해 근무시간이 14시간, 점심시간 1시간이라는 규정이 있음에도 불구하고, 임금지급 방식이 생산량에 비례하여 지급하는 도급제(都給制)였기 때문에 실제로 쉬는 사람이 없었다고 지적했다.[40]

이러한 지적은 실질적으로 규정이 준수되지 않았던 일본 국내의 노동 실태를 알려 준다. 식민지 조선에서도 계약 노동시간을 초과하는 '노동강요'를 비판하는 『동아일보』(1933. 10. 29) 사설을 통해 규정이 준수되지 않았던 노동실태를 확인할 수 있다.

가타쿠라 제사 식민지 조선의 모든 공장에서 '사회적 제도'가 시행되고 있었는데, 경성(京城)공장의 실태는 다음과 같았다. "'교양, 위안, 위생, 직공복리에 관한 건', 3월 9일, 시내 각 곳에서 천연두가 만연하여 적십자병원의 의사를 초빙하여 공장의 전원에게 종두(種痘)를 맞게 함. 9월 26일, 오봉휴가(盆休)[41]에 따라 모든 종업원을 위한 위로 활동으로 영화를 봄."[42] 함흥공장에 대해서는 "'교양, 위안, 위생, 직공복리에 관한 실시사항', 5월 25일, 전원 조선 왕가의 발상지로 소풍가서 하루를 즐김. 8월 19일, 전원 진해해수욕장에 가서 하루를 즐김. 9월 20일, 티푸스 예방주사 제1회. 9월 16일, 티푸스 예방주사 제2회. 11월 22일, 갑을조(甲乙組) 교대 교육을 사감에게 재봉·창가(唱歌)·예법(作法)은 여학교 강사를 초청하여 매일 가르치고 있음"[43]이라고 보고되었다. 가타쿠라 제사의 경영자는 '사회적 제도'를 시행하여 노동자에 대한 대우 개선을 통해 생산성 향상을 꾀했다.

그러나 "조선인(특히 업수[業手])의 사상 선도(善導)에 극력 유의하여 각 방면 대우 개선과 함께 훈련에 노력을 더한 결과 상당한 향상이 있었다고 믿는다. 특히 이곳 함경남도와 같은 지역이기에 앞으로 많은 노력이 필요하다"[44]라는 가타쿠라 제사 함흥공장의 보고는 경영진이 노동쟁의에 대한 경계도 늦추지 않고 있었던 점을 확인할 수 있다.

일본 국내에서는 공장법 시행에 따라 공장감독관제도가 시행되었는데, 가타쿠라 제사의 가와기시 제사(川岸製糸)공장에서의 시행실태는 다음과 같았다.[45] "1927년 3월 29일, 도쿠하라(徳原) 공장감독관(監督官)이 방문하여 목욕탕 채광설비를 개조하도록 지시하여, 4월 5일 유리창 설비 완료함. 1927년 9월 12일, 후쿠이(福井) 공장감독관보(監督官補)가 방문하여, ① 목욕탕에 1회 목욕 인원의 반수 이상이 씻을 수 있도록 설비를 갖출 것, ② 환자명부에 의사의 사인을 요구할 것, ③ 조리원에게 흰옷을 착용시킬 것을 지시하여, 제1항과 제2항은 13일에 완료하고 제3항은 즉시 실행함. 9월 15일, 후쿠이 공장감독관보가 방문하여, ① 병실 화장실에 방취(防臭)장치를 설치할 것, ② 비상구(避難口)는 언제나 유효하게 사용할 수 있도록 설치할 것을 지시하여, 제1항은 사립병원 설립 당시 허가된 건축법에 의거하여 다른 병원설비를 조사하여 설치할 예정이고, 제2항은 즉시 실행함."

이상과 같이 일본 국내에서는 공장법 시행으로 공장감독관이 공장 노동조건에 직접 개입할 수 있었다. 한편, 식민지 조선에서는 공장법이 적용되지 않았고 공장 노동조건에 직접 개입하는 '감독관제도'도 설치하지 않았다. 그렇지만 대규모 공장이었던 가타쿠라 제사공장에서는 공장법이 시행되면 대응이 가능한 상황이었다.

오노다(小野田)시멘트사

대공장에서의 공장법 적용 상황을 오노다시멘트사의 사례를 통해 보다 상세히 살펴보기로 한다. 오노다시멘트사 일본 본사공장의 부조규정은 일본 공장법 및 동 시행령에 기초하여 제정되었고, '본사 업무에 종사하는 직인(職人)이 업무상 부상하거나 질병 또는 사망했을 경우'에 적용했다.[46]

오노다시멘트사는 공장법이 적용되지 않았던 식민지 조선의 공장 부조규정을 "공장법 적용을 받는 내지(內地, 일본 국내) 공장과의 관계상 동법을 참고하여 직공보호 감독의 통일을 도모하기 위해 본 규정을 제정했다."[47] 즉, 일본 국내와 식민지 조선의 노무관리의 통일을 꾀하기 위해 기업 내규로 부조규정을 만들었다.

1921년 오노다시멘트사 평양공장의 경우, 제1차 세계대전 호황(好況)의 영향으로 공업 부문 노동자 쟁탈전이 각지에서 벌어져 노동자 연령을 거의 고려하지 않고 대량 채용한 결과, 비록 소수였지만 공장법 기준에 저촉되고 능률 향상에도 도움이 되지 않았던 40세 이상 및 15세 미만 채용은 부적절했다고 판단했다.[48] 즉, 오노다시멘트사 경영진은 일본 국내에 비해 노동력 공급 과잉상태였던 식민지 조선의 노동시장 상황에서 향후 식민지 조선에 공장법이 적용될 것을 대비해 공장법 기준에 저촉되는 채용을 굳이 할 필요가 없다고 판단했다.

가네보 제사(鐘紡製糸)

한편, 식민지 조선에서는 법적 규제를 받지 않았기 때문에 공장법에 기준하여 적용된 노동조건이 언제든지 바뀔 수 있는 상황이었다. 이러한 상황은 가네보 제사 사례를 통해 확인할 수 있다.

가네보 제사는 조선에 진출한 이유를, 첫째 일본 국내에 비해 품질이 불균일하고 다소 떨어지지만 비교적 우량한 누에고치가 존재하고, 둘째 임금이 저렴하다는 점을 들었다. 가네보 제사는 노동자의 양성과 작업 상황에 대해, 최초의 시도라 염려했으나 조선인 여공 양성(36명)이 비교적 순조롭게 진행되어, 1년이 지난 1926년 7월부터 공장의 완전 가동에 이르렀다고 평가했다.[49]

가네보 제사 광주 공장장이었던 쓰쿠바 산지(筑紫場三治)는 1898년 10월 도쿄에서 태어나 1924년 3월 도쿄대학 경제학부를 졸업함과 동시에 입사했고 1940년 10월에 퇴사했다.[50] 쓰쿠바는 일본 국내 공장의 품질 향상을 따라잡지 못하는 조선공장에서 생산비 절감을 통한 수익을 확보하기 위해, 일본 국내 공장에서는 공장법 시행으로 금지된 '심야작업'을 시행했다고 한다.[51]

일본 국내 제사업 경영자는 제사업의 경쟁력 향상을 위한 당시의 경영과제가 '보통사'(普通絲)에서 '우량사'(優良絲)로의 품질 향상이었으므로, 품질 향상에 역행하는 심야업 제한을 받아들이는 데 무리가 없었다.[52] 그러나 '노동시간 제한'은 저렴한 노동력 투입을 제한하면 생산비가 상승하여 경쟁력 저하를 초래한다고 판단했기에 공장법의 해당 조항 적용을 늦추도록 노력했다.

1920년대 중반 가네보 제사 일본 국내의 일부 공장에서는 원사(原絲) 등급 향상에 대한 경쟁의욕이 왕성했던 시기였다. 그러나 당시 식민지 조선의 공장이 일본 국내 공장과 경쟁할 수 있는 방법은 제품 등급 향상보다 생산비 절감이었다. 따라서 공장법이 적용되지 않았던 식민지 조선의 상황을 활용하여 일본 국내에서는 금지된 '심야작업'을 통해 경쟁력을 유지할 수 있었다. 따라서 가네보 제사 광주공장에서는 일본 국내 공장과는 달리 주야 2교대제로 심야근무를 실시했다. 이와 같이 법적 규제가 없었던 식민지 조선의 공장에서는 공장장의 판단에 따라 작업체제를 일시에 바꿀

수 있었던 것이다.

(2) 경영자단체: 조선상공회의소

조선의 상공회의소는 1879년 부산에서 처음 설립되어 1942년에는 전국에 30개소에 이르렀다.[53] 식민지기 조선의 경영자단체를 대표하는 '조선상공회의소'는 세계대공황 영향으로 발생한 쇼와(昭和) 공황으로부터의 경기회복을 전망했다.[54] 그에 따른 인재공급 준비를 강조하여 노동자 능률 증진에 도움이 되는 계획수립을 위해 사전 실태조사를 실시했다.

노동자의 능률 향상을 촉진하는 사회적·법적 환경에 대해 상공회의소는 "공장 측에서 마땅히 해야 할 일을 하면서도 노동자에게 성의 없이, 또는 공장 측에서 마땅히 해야 할 일을 하지 않고 노동자에게 과도한 요구를 하는 것은 모두 부당한 요구라고 할 수 있으며, 그럼에도 불구하고 감히 그것을 할 수 있다면 여기에 노동법의 입법이 고려되어야 한다"고 주장했다.[55]

또한 "법을 기다리지 않고 이와 같은 노자(勞資)협조를 기대하는 것은 과거의 노동사를 돌이켜 볼 때 이론적으로 가능할지도 모른다. 그렇지만 자본주의 경제하에서는 조선에서도 결국 민도(民度)에 상응하는 노동법의 적용을 필요로 하는 상황에 봉착하게 될 것으로 생각된다"라는 견해를 표명했다.

'조선상공회의소'는 경영자의 '시혜'와 노동자의 '충성심'이라는 자의적인 관계를 유지하려는 기존의 노무관리 방식을 비판하며 노동환경을 법적으로 정비한 후 노무관리를 재구성해야 한다고 주장했다. 더욱이 노동자 능률 향상의 촉진을 위해 법적 규제에 따라 노동환경을 정비해야 한다는 견해도 제시했다. 다만 조선상공회의소가 이렇게 주장한 시기에는 '시기상조론'이 지배적이었기 때문에 법 제정이 어렵다면 민관(民官)이 협력하여 노동조건을 개선하는 것이 필요하다는 절충견해도 제시했다.[56]

4) 언론과 사회운동단체의 입장

언론과 사회운동단체의 공장법 논쟁에 대한 입장을 분석하여 당시 사회 반응을 살펴보자. 언론의 입장은『동아일보』사설, 사회운동단체의 입장은 한반도 최초의 전국 노동단체인 조선노동공제회 및 식민지기 최대 규모 사회운동단체인 신간회의 운동 방침을 통해 살펴본다.

(1) 언론:『동아일보』사설

『동아일보』사설에서 공장법 문제는 1925년 3월 '조선 공장법 시행의 필요성'이라는 제목으로 처음 등장한다. "근래 총독부에서도 점차 생각하게 된 공장법은 일본에서 이미 10년 전부터 시행되고 있다. 종래 자본가의 무자비한 횡포에 일임한 결과 유년-부녀공은 밤새도록 혹사당했지만 점차 교정되고 있다"[57]라고 언급했다. 즉, 총독부가 공장법에 대한 관심이 높아졌고 공장법을 시행한 일본 국내에서 청소년 및 여성 노동자가 보호되고 있음을 전했다.

『동아일보』사설은 "조선의 공업도 공장법을 시행할 수 있는 수준이 아니라고 할 수 없는 상황이다. 상황을 제대로 인식 못한 일본인이 조선인 유년-부녀자를 사용할 때, 현재 조선에서 유사한 단속을 예로 들면, 각 도령에 의해 제정된 공장단속규칙이 있지만, 그것도 단순히 재해예방을 목적으로 하고 있다. 따라서 자본가 대 노동자라는 관점에서의 위생보건상의 규정이 아니다"라고 언급했다. 즉, 전 조선 차원에서 공장법이 적용되지 않고 도령으로 공장단속규칙이 시행되고 있지만, 그 규칙은 여전히 자본가와 노동자를 대등한 인격체로 취급하지 않는 규정이라고 지적했다.

또한 『동아일보』 사설은 "일각에서 조선 공업이 아직 미성숙해 공장법이 시행되면 공업 발전이 저해되고, 저임금으로 생활이 어려운 노동자들은 아내와 자녀까지 일하게 될 것이라고 한다. 당국과 사용자들은 규정이 없어도 인도적 수단을 취하고 있다고 말하지만, 법규가 없는 이상 당국이 적극적으로 단속하지 않을 것이며 사용자가 도덕적 수단을 취한다는 것은 자기 목적에 반하는 것이므로 있을 수 없는 일"이라며, 공장법 시행이 산업 발전을 저해한다는 시기상조론을 비판했고, 법적 규제가 없는 한 자본가와 노동자의 관계는 개선될 수 없다고 주장했다.

마지막으로 『동아일보』 사설은 관영공장인 "전매국 담배 제조에 종사하는 유년 직공에 대해서는 공장법이 시행되지 않더라도 보호해야 하는 상황이지만, 최소의 자본으로 최대의 효과를 내려는 민간 직공들의 처우 시설이 불완전한 것은 말할 것도 없다. 따라서 노동자의 생존권을 주장하기 위해 조선에서도 동법의 시행이 필요하다"며 공장법 적용을 강력히 호소했다.

공장법 적용에 대한 관심이 높아지던 1930년대 초부터 언론에 공장법 적용을 촉구하는 보도와 사설이 자주 등장했다. 1931년 7월에 게재된 『동아일보』 사설은 "가장 대우가 좋다고 알려진 관영공장의 전매국 담배공장의 노동조건을 보더라도 미성년자 15세 미만의 직공이 소수이긴 하지만 합법적으로 존재"한다. 더욱이 "노동시간은 최고 13시간, 최저 8시간이며, 하루 중 휴식시간은 점심시간 30분뿐이고, 1년 동안 20일의 휴가가 있다"[58]라며 전매국 담배공장의 노동조건을 구체적으로 전하고, 총독부 사회과가 조사한 내용도 인용하며 식민지 조선 전체의 노동 상황을 언급했다.

또한 "선진국에서는 공장법 또는 노동법이 있어 노동자의 최저연령, 최저임금, 최저대우 등에 대한 규정으로 노동자 생활을 보장하고 있다. 그러나 조선처럼 공장주가 마음대로 임금, 노동시간, 대우 등을 행사할 수 있는 곳에서는 노동자의 생활보장이 불가능하다. 실업자 보험 같은 것은 조선의 현실을 볼 때 기대할 수 없지만, 초보적인 공장법을 제정해 노동자의 생활을 보장하는 것이 시급하고 가능한 문제"라며, 선진국과의 상황을 비교하며 노동조건의 최소한의 보장장치로 공장법의 조속한 시행을 주장했다.

더 나아가 "경제 불황은 노동자들의 각성과 함께 노동쟁의를 더욱 빈번하게 발생시키는 형세이다. 고압(高壓)만을 능사로 여기지 말고 우선 공장법을 제정해야 한다"며 사회안정을 위해서도 공장법 적용이 필요하다고 재차 강조했다.

공장법 논의가 고조되던 1933년 10월 『동아일보』 사설은 '공장법 제정의 전제조건 진보적 공장법 필요'라는 제목으로 "조선에서도 현재 5명 이상의 직공을 사용하는 공장의 수가 4,000여 개에 이르고 그 종업원 수는 약 10만 명에 이르고 있다. 또한 앞으로도 ① 기성 산업의 불변자본에 대한 가변자본의 상대적 증가와 ② 신규 모형의 산업자본 증가에 따른 노동력 수요 증가를 충분히 예상할 수 있다. 동시에 인위적 인구 증가가 주원인인 노동력의 도시집중과 부녀자 및 소년·소녀 노동자의 증가가 조선의 공장 노동자를 급증시킬 것"[59]이라고 내다보았다.

이어서 "이번 공장법 제정을 앞두고 당국이 조사한 바에 따르면," "총 61,616명이 공장법 시행 대상이 될 것으로 보인다. 이에 따르면 공장 수로는 약 2,700개소, 직공 수로는 약 4만 명이 공장법 적용 대상에서 제외"된다고 전했다. 한편, "일본에서 시행되고 있는 공장법에 따르면 10명 이상 직공 사용 공장만 공장법을 적용받도록 규정되어 있다. 그러나 모든 노동조건이 더 열악한 조선에 대해 일본과 동일하게 취급하는 것은 법적 대상의 특수성을 무시하는 것 아닐까"라고 반문했다. "노동조건이 불리하고 노동자의 지위가 열악하면 열악할수록 그 법역(法域)을 확대하는 것은 물론 법의 내용도 당연히 이에 준거하여 제정해야" 한다고 강조했다.

이처럼 식민지 조선에서 공장법이 적용되지 않은 것은 "조선을 '식민지'로만 아는 대자본가들의 경영에 그 원인이 있으며, 가능한 한도까지 노동임금을 낮추고 노동시간의 연장만을 통해 이윤획득을 증진시키려는 경향이 있기 때문"이라고 지적했다.

결론적으로 "조선에서 실시하려는 공장법은 일본의 공장법보다 그 법적 대상의 특수성을 인식, 감안하여 노동조건의 일반적 향상을 꾀하는 한편, 투기적 급성 요구를 가지고 있는 조선 내 대공업의 탐욕을 제재(制裁)하고 산업의 건실한 발전을 꾀해야" 한다고 주장했다.

(2) 사회운동단체: 조선노동공제회 · 신간회

조선노동공제회는 '위생장려'와 관련하여 공장법 조선 적용 문제를 다음과 같이 언급했다.

즉, "우리 노동자의 위생 문제는, 첫째는 개인적 의식주 위생이고, 둘째는 공동의 노동시간에 관한 위생이다. 예컨대 장시간 노동이 건강유지에 해로운 이유로 오늘날 세계적으로 외치고 있는 노동 8시간 단축, 성인 남공 이외의 야근금지, 유년노동 폐지, 소년노동 제한 등 여러 문제들이 모두 이와 관련되어 있다. 여기서 노동시간은 노동조건의 하나가 되는 중요한 문제"[60]라고 언급했다.

이와 같이 조선노동공제회는 공장법 내용과 관련된 문제에 대해 명확히 인식하고 이를 해결하는 것이 활동의 취지라는 점을 밝히고 있다.

한편, 3.1운동 때보다 광범위한 민족대표가 참여하여 활동한 것으로 평가되는 '신간회'는 창립 1주년인 1928년 2월에 회원 수가 약 2만 명, 1929년 말경에는 지회 수가 135개소, 회원 수가 37,260명으로 증가하여 해산 당시인 1931년 5월에는 회원 수가 39,914명에 이르렀다.[61] 신간회는 창립 직후 '운동 방침에 관한 의견서'를 발표하며, 강령 및 정책을 제시했다.[62]

'강령'은 활동목표, 역할, 활동 방침으로 구성되었다. 즉, "① 우리는 조선 민족의 정치경제적 해방의 실현을 기한다. ② 우리는 전 민족의 총력을 집중하여 민족적 대표기관이 될 것을 기한다. ③ 우리는 모든 개량주의 운동을 배격하고 전 민족의 현실적 공동이익을 위해 투쟁할 것을 기한다."

'정책'은 다음과 같은 내용으로 구성되었다. 즉, "① 언론-집회-출판-결사의 자유, ② 조선 민족을 억압하는 법령의 시행을 일체 금지할 것, ③ 고문제 폐지와 재판의 절대 공개, ④ 일본 이민 반대, ⑤ 부당한 납세 반대, ⑥ 산업정책의 조선인 중심주의, ⑦ 동양척식주식회사 폐지, ⑧ 단결권-파업권-단체계약권 확립, ⑨ 경작권 확립, ⑩ 최고 소작료의 공정화, ⑪ 소작인의 노예적 부역 폐지, ⑫ 소년 및 부녀자의 야간노동과 갱내노동 및 위험작업 금지, ⑬ 8시간 노동제 실시, ⑭ 최저임금-최저봉급제 실시, ⑮ 공장법-광업법-해운법 개정,[63] ⑯ 민간교육기관에 대한 허가제 폐지, ⑰ 학교 교육의 일체 조선인 중심, ⑱ 일체 학교 교육 용어의 조선어 사용, ⑲ 학생의 연구 자유 및 자치권 확립, ⑳ 여성의 법적·사회적 차별 철폐, ㉑

여성의 인신매매 금지, ㉒ 여성의 교육 및 직업에 관한 모든 제한 철폐, ㉓ 평사원 및 노예에 관한 모든 차별 반대, ㉔ 교도소 처우 개선, 독서, 통신의 자유"[64]라는 내용이었다.

'신간회'는 운동 방침인 '강령'을 통해 정치·경제·교육 활동의 자유, 인종·신분·성별 차별 철폐와 함께 노동조건 및 노동자 권리 개선을 요구했다.

위와 같이 조선인의 여론을 주도했던 『동아일보』와 같은 언론이 폐간되기 직전까지 공장법의 식민지 조선에의 적용을 일관되게 주장했던 것을 확인할 수 있다. 또한 최초의 전 조선 노동단체였던 '조선노동공제회'와 식민지기 최대 사회운동단체였던 '신간회'는 공장법 적용을 관철하고 최소한의 노동조건을 보장하라는 민중생활에 밀착된 운동 방침에 기초해 활동했다.

3. 논의의 전환과 전시체제: 1936년 이후

1) 공업정책의 전환과 일본 국내 자본 주장의 관철

(1) 조선산업경제조사회와 농공병진정책

1930년대 중반까지 고양되었던 공장법 논의는 1935년 말부터 '시기상조론'에 의해 가라앉게 되었다. '조선산업경제조사회'(朝鮮産業経済調査会, 1936년 10월, 이하 '경제조사회') 회의 내용을 검토하여, 이 회의를 계기로 일본 「공장법」의 식민지 조선에의 적용 논의가 「공장단속규칙」(工場取締規則) 논의로 전환되는 과정을 밝히고자 한다.

먼저 '경제조사회' 개최의 역사적 배경을 살펴보자. 3.1운동의 영향으로 1921년에 개최되었던 '산업조사위원회'(産業調査委員会)는 '경제조사회'(1936)와 맥락을 같이하지만 다른 분위기에서 개최되었다. '산업조사위원회'가 열리기 직전 해인 1920년에 '전 조선 내지인 실업가 유지 간담회'(全朝鮮内地人実業家有志懇話会, 이하 '간담회')가 비밀리에 개최되었다.[65] '간담회'는 발기인 총대이자 경성상공회의소 회장이었던 미노베 슌키치(美濃部俊吉)를 비롯한 조선의 상공회의소 소속 회원 등 일본인 실업가 126명이 "근래 조선인의 사상이 변화함에 따라 우리 실업계와 상공계에 미치는 영향이 지대하므로 화해책을 강구하기 위해" 개최되었다.

미노베는 1920년 10월 10일부터 사흘간 경성에서 열린 '간담회' 마지막 날 사이토 마코토(斎藤実) 총독에게 '사회안정'을 위한 요구사항을 전달했다.[66] 즉, 첫째 치안유지에 필요한 인원을 늘려 경비의 효율을 높일 것, 둘째 조선어를 구사하는 일본인 경찰을 증원할 것, 셋째 조선인의 사상을 '선도'(善導)하는 산업발전을 위해 일본인 이주를 용이하게 할 것이었다. 요컨대, 3.1운동 이후 일본인 경영자들은 기업 활동에 위협을 느껴 안전하게 기업 활동이 가능하도록 공동으로 총독부에 강력한 요구를 전달했던 것이다. 다음 해인 1921년에 개최된 '산업조사위원회'에 '간담회' 발기인 11명 중 미노베는 회장으로, 가시이 겐타로(香椎源太郎), 니기모토 후지지로(釘本藤次郎), 도미타 기사쿠(富田儀作)는 위원으로 참여했다.[67]

1921년 '산업조사위원회'와 1936년 '경제조사회' 사이에 '조선산업간담회'(朝鮮産業懇談会, 1933)가 개최되었다. 이 '조선산업간담회'는 총독·정무총감을 비롯한 조선총독부 각 국 과장 및 전 조선의 산업·무역·교통·금융 관계 권위자 30여 명이 모인 가운데 이틀간 개최되었다.[68] 이 간담회의 주요 의제는 농업진흥, 자원개발, 제조공업 발전, 무역진흥, 운수업 개선, 산업단체의 정비 등이었다. 지방 차원에서는 1932년 제1회 '경성부 산업조사회'(京城府産業調査会)가 개최되었다.[69]

'경제조사회'는 일본 제국주의 각 식민지의 관료, 군인, 특수기관장, 기업가, 전문가가 모여 조선의 사회경제정책에 관해 논의한 제2회 대규모 정책회의였다.[70] 이에 대해 미나미 지로(南次郎) 총독은 "산업경제 방면에서 대규모 회의가 열렸으며, 이번이 제2회이고, 제1회는 지금으로부터 15년 전인 1921년 9월에 열렸는데, 그때에도 오늘과 같이 현지의 유력한 권위자와 내지(일본 국내)의 유력한 권위자가 함께 모여 신중하게 심의한 결과 답변을 얻었다"고 소개했다. 일본 국내에서도 1936년을 기점으로 경제정책 체계가 크게 바뀌었다.[71]

당시 조선 총독이었던 미나미는 일본제국 전체에서 조선의 중요성을 강조하며, "특히 일본과 만주가 불가분의 관계라는 관점에서 일만 양국의 국교와 경제를 강화하는 것이 당면한 우리 제국 국책의 중심이라는 확신을 가지고 있다." "내지(内地, 일본 국내)와 만주의 중간에 위치하는 지리적 관계로 인해 양자가 상호 접촉하고 있으며, 특히 조선의 산업경제 방면에 깊은 주의를 기울이고 있다"라고 언급하며, 대륙 진출을 강화하기 위해 조선의 경제정책을 바꿀 필요가 있다고 주장했다.[72]

이어 미나미는 "건국 이래 근래에 이르기까지 조선의 주력 시설은 조선의 민도(民度)와 조선의 식량 공급지로서의 적응을 의미하며, 주력 시설의 주류는 농업과 임업이 차지하고 있다"고 전제했다. 또한 "현대 세계경제의 흐름과 조선 주변 정세를 볼 때, 조선의 산업정책이 올바른 방향으로 전환하는 기류가 형성"되고 있다. 그리고 "원시산업은 오늘날 농업, 공업 병진

시대로 접어들었음을 인정하지 않을 수 없다"라고 언급했다. 이와 같이 '경제조사회' 개최 취지가 경제정책이 '농공병진정책'으로 전환하는 것을 둘러싼 여러 문제에 대한 논의임을 밝혔다.[73]

(2) 식민지 사회안정정책의 퇴조와 일본 국내 자본 주장의 관철

'경제조사회'는 농림수산업(제1분과), 자원-공업(제2분과), 상업 및 무역-교통-금융(제3분과), 산업 교육-일반사항(제4분과)으로 나누어 논의를 진행했고, 종합적으로 심의하는 전체회의도 있었다.

'경제조사회'에서는 경제조사회 개최 5개월 전 일본에서 개정된 「중요산업통제법」의 조선 적용이 주요 의제로 다루어졌다. 기업 활동을 규제하거나 지원하는 두 기능을 가진 이 법은 쇼와(昭和) 공황에서 벗어난 경기 회복기에는 규제에 중점을 두고 운용되었다. 그러나 1936년 전후 일본 국내외의 수요 둔화와 설비 과잉으로 일본 국내와 식민지 조선의 기업 간 경쟁에 제한을 두기에 이르렀다. 즉, 「중요산업통제법」의 식민지 조선 적용 문제는 조선 내 경영자들에게 가장 큰 관심사였고, 따라서 그 문제가 '경제조사회'의 주요 의제가 되었다.

예를 들면, 당시 조선인 경영자를 대표하는 한상룡(韓相龍, 조선생명보험[朝鮮生命保險] 사장)은 '시기상조론'을 주장하며 「중요산업통제법」의 식민지 조선 적용에 반대 의사를 밝혔다.[74] 그러나 식산국장이었던 호즈미 신로쿠로(穗積真六郎)는 조선 내 시행이 불가피하다는 입장을 밝혔다.[75] 결국 '경제조사회' 개최 5개월 후인 1937년 3월에 일본 국내 자본의 입장을 받아들여 「중요산업통제법」이 식민지 조선에도 적용되었다.[76]

한편, '경제조사회' 총회 회의록에 공장법 제정을 둘러싼 논쟁이라는 형태로 기록되어 있지는 않지만, '사회안정'을 위해 사회시설의 확충이 필요하다는 논의가 있었다. 예를 들어, 하준석(河駿錫)은 사회시설의 확충을 주장하며 질의했으나,[77] 식산국장 호즈미 신로쿠로는 답변하지 않았다.[78] 자원-공업 분과에서는 중소기업 진흥책을 대공업과 병행하는 정책으로 채택할 것을 주장하면서 '중소기업 진흥책에 대한 의견'[79]을 제시한 미야바야시 야스시(宮林泰司, 조선면사포상연합회[朝鮮綿糸布商聯合会] 이사장)는 「종사원 대우법」 제정도 주장했다.[80]

한편, 조선총독부는 공장 노동 문제에 관한 '심의' 내용을 제시했다. 즉, 첫째 '공장 노동에 관한 조사'로 "공장 노동에 관한 조사를 위하여 노동효율 향상, 노사 간 융화 등에 관한 적절한 방안을 수립하기 위해 공장 노동에 관한 기본 조사를 실시할 필요가 있다." 둘째, '노사 간 융화에 노력하는 것'으로 "공장주가 노동자의 건강, 안락, 교양 기타 생활의 향상과 능률의 증진 등을 도모하기 위해 필요한 시설을 강구하여 노동자의 자립정신 함양에 노력할 필요가 있다"[81]라는 내용이었다. 이 내용은 '경제조사회' 답신서에 '노동효율 향상과 노사 간 융화를 꾀한다'라는 내용 그대로 게재되었다.[82]

또한 총독부는 노동자 '능률 증진'과 '노사 융화'를 위해 공장 노동에 관한 조사를 실시하고 각 기업의 복지시설 확충을 권고했다. 이처럼 노사화합이 1936년경부터 이전보다 강조되기 시작했다. 이와 관련하여 기쓰이 마코토(橘井眞)는 노동력의 원활한 공급을 위해 공장 노동시간의 제한이 필요하다고 주장했지만,[83] 쓰다 신고(津田信吾, 가네보[鐘淵]방적 사장)는 '가족주의적' 노사관계 유지를 강조하며 노동운동에 대해서는 그 기조가 개인주의 경향이 강하다고 비판했다.[84]

이상과 같이 '경제조사회'에서는 「중요산업통제법」의 식민지 조선 적용

문제가 주요 의제가 되어, 「공장법」의 식민지 조선 적용은 직접 언급되지 않고 노사화합 및 노동능률 향상에 대해 주로 논의되었다. 즉, '경제조사회'에서는 「공장법」 적용 논의가 진행되지 않은 채 「공장단속규칙」 제정 논의가 진행되었던 것이다.[85]

2) 전시체제와 「공장취업시간제한령」

「공장법」 적용 논의에서 「공장단속규칙」 제정 논의로 조선총독부의 기류가 전환된 이후에도 언론은 사설과 열악한 노동실태 보도를 통해 공장법 적용을 지속적으로 주장했다. 그러나 「공장단속규칙」조차도 1938년 '시국대책조사회'(時局対策調査会) 개최와 1939년 「공장취업시간제한령」(工場就業時間制限令)이 시행될 때까지 제정되지 않았다.

(1) 중일전쟁과 시국대책조사회

조선총독부의 노동정책은 중일전쟁의 발발로 새로운 국면을 맞이했다. 그것은 1938년 2월 일본 국내의 '시국대책위원회'에 이어 '경제조사회'를 확대한 형태로 식민지 조선에서 열린 '시국대책조사회'의 논의에서 확인할 수 있다. 일본 국내의 '대책위원회'는 관료-기업가-노동자 대표가 참여하여 열렸다.[86] 한편, 식민지 조선의 '대책조사회'는 '경제조사회'와 같은 구성으로 관료, 군인, 특수기관장, 기업가, 전문가가 참여했다.[87] 즉, 일본 국내의 '대책위원회'와는 달리 식민지 조선의 '대책조사회'에는 기업가의 참여가 증가했으나 노동자 대표가 참가하지 않았다.

식민지 조선의 시국대책조사회는 '노사융합' 및 '노동력 보전' 정책을 이전보다 강조하며, “사회시설 확충과 관련하여 반도 민중의 사회생활을 안정시키기 위한 각종 사회시설 확충을 강화함으로써 ‘총후’(銃後) 민족의 단결을 공고히 하고 인적 자원의 유지-배양에 이바지하는 대륙전진기지 조선의 중요한 사명을 달성하기 위해 사회시설 확충이 극히 긴요하다는 점을 감안하여, 사회사업의 확대 강화를 기약하기 위한 방책을 채택할 필요가 있다고 인정한다”[88]라고 밝히며, 사회시설을 확충하고 사회안정을 꾀하는 정책 방침을 제시했다.

시국대책조사회는 그 방안으로 ‘노동조정 및 실업의 예방구제에 관한 사항’과 관련하여 “노동자의 보호에 노력할 것,” “반도 산업의 비약적 발전에 대응하여 노동자의 생활안정과 효율성 증진을 도모하고 생산력 유지 및 확충을 위해 노동자를 보호할 것”이라고 밝혔다. 구체적 계획으로 “재해예방과 부조 철저를 기할 것”, “임금 적정화를 꾀할 것”, “복리후생시설의 충실을 위해 노력할 것”, “노사융합을 꾀할 것”, “노사 상호 간에 충분한 이해와 동정심은 물론 시국을 감안하여 일체의 대립 관념을 청산하고 노사융합을 꾀할 것”, “일체감 있는 산업보국의 결실을 거두기 위해 적절한 방안을 강구할 것”, “시설 계획의 수립, 노사융합 정신을 강조할 것”, “노사정 협의기구를 설치할 것”[89]을 거론했다.

이상과 같이 ‘시국대책조사회’는 노동력 보전 계획으로 부조 철저, 임금 적정화, 복리후생 충실을 강조했으며, 노사화합 계획으로 노사융합 정신의 함양과 노사간담기구의 설치를 제시했다.

(2) 국가총동원과 『공장취업시간제한령』

조선총독부 노동정책은 일본제국 전체에 시행된 「공장취업시간제한령」

(이하 「제한령」)을 식민지 조선에 칙령으로 적용하며 새로운 국면을 맞이했다. 1939년 8월 조선총독부 칙령으로 시행된 「제한령」 내용은 다음과 같다.

기본 방침과 적용 내용은 "제1조 국가총동원법 제6조의 규정에 근거한 공장 근로시간 제한은 본령이 정하는 바에 따른다. 제2조 본령은 공장법 적용을 받는 공장으로 후생대신이 지정한 사업을 영위하는 공장에 적용한다. 제3조 공업주(工業主)는 16세 이상 남자 직공을 하루에 12시간을 초과하여 근로하게 할 수 없다"는 것이었다.

이 「제한령」은 공장법이 적용되고 있었던 일본 국내에는 적용되지 않았고, 일본의 식민지에 적용되었다. 적용 대상은 16세 미만 유년자 및 여성, 16세 이상 남성을 막론하고 조선, 대만, 자카르타, 남양군도에서는 상시 10명 이상의 공장, 사할린(樺太)에서는 「공장단속규칙」을 적용 받는 공장에 고용된 노동자 전원이었다.[90] 즉, 이 칙령은 '노동력 보전' 대책을 강화하기 위해,[91] 일본 국내는 물론 식민지에서도 모든 노동자에게 적용되었다.

그러나 이 「제한령」은 노동시간의 경우 일본 「공장법」의 내용과 유사했지만, 위생 및 부조, 그리고 경영자가 위반했을 때의 조치가 부족했고, 또한 국가정책산업으로 지정된 사업장은 적용에서 제외시켰다.

일본 국내에서는 공장법이 폐지되기 전인 1942년 1월에 노동시간 제한을 완화하는 통첩이 발령되었다.[92] 한편, 이러한 노동정책의 변화와 관련하여 노동정책 소관 부서가 강화되는 형태로 조선총독부 내부 조직이 재편되었다. "본부(本府, 총독부)의 사회과는 1932년 2월부터 학무국에 소속되어 일반 사회사업 외에 사회 교육·종교고적(宗教古跡)에 관한 사무도 관장하고 있었으나, 근래 일반 사회사업에 관한 사무가 급격히 증가하고 시대적 상황의 변화에 따라 쇄신 확충의 필요성을 인정하여 1936년 10월 사회과를 내무국으로 이관하여 일반 사회사업에 관한 사무만을 담당하게 되었다. 이후 '노무사무'가 급격히 진전되고 그 중요성이 가중되고 있는 점을 감안하여 1940년에 현재의 사회과에서 해당 사무를 분리하고 '노동과'를 신설하여 노동 행정의 완벽을 기하게 되었다."[93] 그러나 노동력 보전을 위한 노동정책이 총독부 내부 조직개편 등을 통해 강화되었지만, 노사관계에 직접 개입할 수 있는 조치는 아니었다.

한편, 『동아일보』는 '경제조사회'에서 공장법 논의가 주요 의제로 채택되지 못한 이후에도 「제한령」이 적용될 때까지 열악한 노동조건을 보도하며 「공장단속규칙」의 시행을 주장했다(표 7-2). 또한 『동아일보』는 「제한령」 적용 후에도 폐간될 때까지 사설 등을 통해 「진보적 공장법」 제정을 계속 주장했다.[94] 「제한령」은 일본 국내에서는 1943년 6월 「공장법 전시 특례」의 시행으로 폐지되었고, 식민지 조선에서는 같은 해 7월에 적용이 폐지되었다.[95]

이상과 같이 전시체제하 조선총독부의 노동정책은 「공장취업시간제한령」 적용 2개월 후 「국민징용령」의 적용을 시작으로 1943년 3월 징병제 실시, 1944년 2월 「총동원법」 시행에 따른 전면 징용 개시 등으로 3.1운동 이후 노동 부문의 사회안정정책으로 시작된 「공장법」 적용 논의 초기와는 전혀 다른 상황으로 전개되었다(표 7-1).

4. 소결: 식민지 공업화와 자유방임

노사관계의 근대법인 공장법 제정 의의는 약자(청소년과 여성) 보호 및 취업규칙을 법적으로 의무화함으로써 노사관계에 개입하는 것이었다. 세계 각지에서 산업화의 진전에 따라 제정된 공장법은 일본 국내에서는 제정되었으나, 식민지 조선에서는 오랜 논의에도 불구하고 적용되지 않았다.

식민지 조선에서의 공장법 논의는 3.1운동 이후 사회안정정책의 차원에서 시작되었다. 안정적 통치를 위해 공장법 적용이 절실했던 조선총독부 내의 경무국 및 내무국과, 일본 국내 자본의 식민지 조선 진출을 유도하며 '시기상조론'을 주장한 식산국의 의견이 대립되며 전개되었다. 1930년대 중반까지 조선인 저널리즘과 사회운동단체의 활동도 가세하여 논의가 고양되었으나, 1930년대 중반 이후 농공병진정책이 추진되면서 일본 국내 자본의 주장이 관철되며 약화되었다.

이후 1939년 총력전을 수행하기 위한 노동력 보전을 목적으로 성년 남성 노동자를 포함한 노동자 전원에게 적용한 「공장취업시간제한령」이 조선에 적용되면서 이 논의는 종결되었다. 「제한령」은 공장법의 내용을 일부 포함하고 있었지만 약자 보호 목적이 아니었고, 경영자와 노동자와의 기본적인 규칙인 취업규칙의 제정을 법적 의무화한 것도 아니었다.

이상과 같이 조선총독부는 사회안정정책 차원에서 식민지 조선에 공장법을 적용하여 경영자와 노동자의 규율 형성 과정에 개입하려 했으나, 일본 국내 자본의 조선 진출을 우선시하는 '시기상조론'을 받아들여 공장법 적용을 포기했다.

따라서 식민지 조선에서 노사관계의 근대법인 공장법이 적용되지 않았다는 것은 총독부가 공업화 정책을 전개하는 과정에서 노동자의 권리를 보장하고 사용자의 권리에 개입하는 규율을 하지 않는 자유방임적 정책을 견지했다는 사실을 알려 준다.

CHAPTER 08

총력전과 '자발적' 동원: 산업보국과 인격 존중

Chapter 8

총력전과 '자발적' 동원: 산업보국과 인격 존중

1. 총력전 체제의 형성
2. 국민총력운동 조직의 체계와 결성 실태
3. 노동력 동원의 기저 조직: 일본 국내와의 비교
4. 소결: 총력전과 인격 존중

1. 총력전 체제의 형성

1) 노동력 동원 조직의 재편

식민지 조선의 노동력 동원정책은 미나미 지로(南次郎) 총독의 부임 직후에 개최된 '조선산업경제조사회'(1936. 10)에서 제시되었고, 중일전쟁 발발 후에 개최된 '조선총독부시국대책조사회'(1938. 9)에서 구체화되었다.[1] 그런데 노동력 동원정책은 1940년 제2차 세계대전 발발 직후 노동력 동원 조직을 재편하는 과정에서 새로운 국면을 맞이하게 되었다.

일본 국내에서는 1940년 10월 12일에 신체제의 전환점인 대정익찬회(大政翼賛会)의 발족으로 노동력 동원 조직이 재편되었다.[2] 4일 후에 식민지 조선에도 신체제가 적용되었는데, 재편 과정에 대해 당시 노동력 동원정책의 실천 조직이었던 '국민총력조선연맹'의 사무국총장 가와기시 분자부로(川岸文三郎)는 당시 상황을 다음과 같이 설명했다.[3]

미나미 총독이 임시 도지사회의(1940. 10. 16)에서 식민지 조선의 국민운동을 종래 '국민정신총동원운동', '농촌진흥운동', '국민총력운동'으로 정리하고, 식민지 조선에서의 신체제 출발을 알렸다. 국민운동의 실천기관으로 '국민총력조선연맹'을 새롭게 조직하여 미나미는 스스로 총재가 되었다. 즉, 미나미 총독은 조선 통치의 행정기관을 국민총력운동 조직과 표리일체의 불가분 관계로 만들어 행정, 경제, 산업, 문화 등 각 부문에 걸친 관민일체로 신체제 실천운동을 추진했던 것이다.

2) 국민총력운동 이념과 실천방안

(1) 국체본의(國體本義), 직역봉공(職域奉公), 일억일심(一億一心)

국민총력운동의 주요 내용은, 첫째 '국체본의'를 철저히 하여 조선인이 황국신민이 되도록 연마육성하는 것이었다.[4] 둘째, '직역봉공'에 기초한 신민으로의 길을 걷는 실천운동이지 정치운동이 아니었다. 셋째, 산업, 경제, 문화 등 각종 애국, 문화 사상 및 종교 등 각 방면의 단체를 통합하여 지도력을 모으는 것이었다. 즉, 국민총력운동의 기본 성격은 일본 국내의 대정익찬운동과 크게 다르지 않았지만, 일본 국내와는 달리 정치운동 성격이 배제되었다.

국민총력운동이 식민지 조선에서 정치적 성격을 배제한 이유에 대해, '국민총력운동조선연맹' 기관지 『국민총력』은 다음과 같이 설명했다.[5] "미나미 총독(신총재)도 도지사회의에서 언급한 것처럼, '본 운동은 정치운동이 아니라 어디까지나 봉사적 실천운동이다'라는 점을 명심해야 한다. 내지(일본 국내)의 정치 신체제와 같이 '대정익찬'의 이름을 사용하지 않았던 것은 조선의 현실에 비추어 이 단어의 의미가 대중에게 이해하기 어렵고 자칫하면 정치운동이 되기 쉬운 오해를 불러일으킬 가능성이 있었기 때문"이다. "국민총력운동은 국가를 위해 각 사람이 각 장소에서 이른바 '직역봉공'의 정성을 바치려는 '멸사봉공'(滅私奉公)의 실천운동인 것이다."

가와기시는 국민총력운동이 "관민 함께 직업과 관계없이 일본인과 조선인 구별 없이 유산자도 무산자도 남자도 여자도 모두 국가를 위해 각자의 지업에서 직역봉공 그리고 일억일심이 되어 국가 국민의 총력을 발휘하려는 실천운동"이라고 언급했다.[6] 이러한 "국민의 총력을 발휘하기 위해서는 국민 조직을 완비해야 한다"고 강조했다. 또한 "이미 정동운동(精動運動, 국민정신총동원운동)에서 대체적으로 완성했지만, 이제는 하루라도 빨리 새로운 기구에 기초하여 도시라고 자만하지 말고 또한 모든 관청, 학교, 회사, 공장, 광산, 대상점 등의 여러 단체가 규약준칙에 따라 모두 총력연맹을 결성해 애국반을 확충정비"하여 국민총력운동을 "종래보다도 한층 면밀하고 강인한 조직하에 진정한 의미에서 활성화되는 힘을 통해 활발한 실천운동"으로 발전시켜야 한다고 주장했다.

이상과 같이 '국민총력운동 조직'의 가장 큰 특징은 행정 조직과 국민운동 조직이 일체화되어 종래에 존재했던 다수의 하부조직을 애국반 또는 사봉대(仕奉隊)와 같이 기저 조직(基底組織)으로 통합하는 것이었다.[7]

(2) '국민개로운동': 개인주의 부정

총력전 체제하에서 조선의 노동력 동원은 '반도'의 모든 조선인이 '노무자'가 아니라 '황국근로자'로서 노동력 동원에 참가한다는 구체화된 이념 아래 전개되었다.

이 이념에 따른 국민개로운동(國民皆勞運動)은 전 조선인이 자발적으로 노동력 동원에 참가하여야만 노동력 동원 조직의 효율성을 높일 수 있다는 취지로 전개되었다. 즉, 이 운동은 일본 국내보다 '유휴노동력'이 존재하는 조선에서 한 사람의 일하지 않는 자 또는 무직자도 없애려는 목적으로 전 조선의 애국반(愛国班)을 총동원하여 직업과 계층 여하를 불문하고 유사시에 '국가의 요청에 응하는 강인한 근로정신'을 증진시키려는 운동이었다.[8] 전 조선인에 대해 노동력 동원에 참가하도록 촉구한 또 하나의 논리는 반도인(조선인)은 병역 의무가 없는 현 상황을 고려해 이것 대신으로 전 반도 민중(半島民衆)이 갖고 있는 노력(勞力)을 국가에 봉사하도록 하는 것이었다.

'국민개로운동'의 의미는 조선총독부 기관지 『朝鮮』에 실린, 경성제국대학 교수 다바나 다메오(田花為雄)의 「국민개로의 윤리성」(国民皆労の倫理性),[9] 경성제국대학 조교수 모리타니 가쓰미(森谷克己)의 「국민개로의 의의」(国民皆労の意義),[10] 총독부기사 미야 고이치(宮孝一)의 「조선개로운동」(朝鮮皆労運動)[11]에서 확인할 수 있다. 노동력 동원을 구체화한 노무관리 이론 제공자인 미야 고이치는 이 운동 이념의 의미를 다음과 같이 설명했다.[12]

첫째, 조선인은 노동을 그다지 기쁘게 생각하지 않는 경향이 있기 때문에 '후진조선'(後進朝鮮)에서는 일본 국내의 동일한 운동과 다른 곳에 역점을 두어야 할 것이다. 즉, '개로운동'을 실시할 때도 이 노동 천시 경향을 타파하는 것이 가장 중요한 과제가 될 것이다.

둘째, 최근까지 '반로반한'(半勞半閑)의 일 형태가 당연시되어 왔으나 '독일적인 근면함'을 자신의 것으로 만들고 있는 일본인이 이러한 점에 있어서도 솔선수범을 보여 노동효율을 높여야 한다.

셋째, 개로운동은 도덕적·윤리적인 면에서 노동에 대한 생각의 변화를 요구하는 한편, 부족한 노동력 공급을 원활하게 하려는 현실적 이유도 있다.

이상과 같이 미야가 규정하는 국민개로운동은 조선인에 대해 '근로정신'이라는 이념에 기초해 노동력 동원을 촉구하는 운동이었다. 그 선결 문제로 '후진적인 조선인의 노동 멸시관'을 타파하기 위해 '선진적인 일본인의 지도'가 필요하다고 주장했다. 총력전 체제에서 선진적인 일본에 의한 후진적인 조선인의 지도라는 이념을 내면화시키는 과정이 확인된다.

(3) 노무자의 연성

당시 '연성'(錬成)은 넓은 의미에서 '일억일심'을 구현하고 전력을 증강하는 것이었다. 좁은 의미에서는 정신에 의해 신체를 지배하고 신체를 통해 정신을 확립하는 것이었다. 즉, 정신의 움직임과 신체의 움직임의 융합이었다.[13]

조선총독부 기관지 『朝鮮』은 총력전이 막바지에 이르는 1944년에 '우리 회사의 진두지휘'라는 특집을 구성해 삼척개발탄광,[14] 일본제철,[15] 일본마그네금속,[16] 조선시멘트,[17] 고바야시(小林)광업,[18] 나카무리군기타(中村郡北)광산[19]의 각 관리책임자의 입을 빌려 현장에서 실시되고 있는 '연성'의 실태를 소개했다.[20] 상세히 소개되고 있는 삼척개발탄광에 대해 살펴보기로 한다.[21]

삼척개발탄광은 1942년 11월 현재 식민지 조선의 광업회사 중 공칭자본금 900만 엔으로 10위, 지불자본금 475만 엔으로 19위이었다.[22] 이 탄광에서도 다른 생산현장과 마찬가지로 먼저 직접 전력 증강의 근간인 중요물자 생산 확충의 급속한 증강을 위해 한시도 지체할 수 없었기에 '노무자 연성'이야말로 생산 증강의 중대 요소라는 점을 지적했다. 또한 노무자의 특성으로 볼 때 단시간 내에 그들을 '황민화'하는 것은 아주 어려운 일이지만, 열의와 친절을 통해 최후까지 열심히 지도해야만 한다고 강조했다.

미경험자를 대상으로 '취산예비군훈련'(就産予備軍訓練)이라는 제도가 있었다. 이 훈련의 방침은 '국체본의'에 기초하여 황국신민이라는 자각을 철저히 하고, 견실한 국가 이념과 견고한 국민적 신념을 이어받아 '산업전사'로서의 자질을 '연성'하는 것이었다. 구체적으로는 '정시훈련'과 '작업훈련'으로 나누어 3주간에 걸쳐 실시되었다.

'숙련노무자'를 대상으로 '사봉대'를 활용하여 작업 규율 훈련을 실시했다. 또한 각 간부는 각 직장에서 조례, 종례 등에 참석해 노무자를 격려하고 간담회도 현장에서 여는 등 시국 인식을 철저하게 하여 '상하일체'가 된 조직으로 만들어 생산 향상을 꾀했다. 마지막으로 문화 정도가 낮은 '반도노무자'를 '황국근로자'로서의 공사(公私) 생활을 체득하게 하려고 위생, 일상의 예의, 국체 생활, 저축장려, 방공방화재해방지에 관한 훈련을 실시했다.

조선총독부 기사 미야 고이치는 『조선의 노무자』(朝鮮の勞務者, 1945)에서, "조선인 노무 관리의 목표가 황민화(皇民化)와 능률 향상(能率擧揚)의 두 가지에 있지만" "황민화의 달성을 위해서도 일본 국내(內地)의 생활습관을 빨리 소화시키도록 할 필요가 있다." "관리하는 측에 대해 언급하면 조선의 풍습을 일단 소화하여 일본화(內地化)를 사전에 준비하는 것이 상책"[23]이라고 언급하며 황민화 달성 과정에서 일본인의 역할을 강조했다.

이상과 같이 총력전 체제하 조선의 노무자 연성은 '문화교육 정도가 낮은' 조선인 노동자의 전력을 증강할 수 있는 '황국근로자'로 전환시키는 지도 행위였다. 조선총독부는 이러한 과정을 통해 '반도노무자'에서 '황국근로자'로 라는 노동력 동원 이념을 실천하려 했다.

2. 국민총력운동 조직의 체계와 결성 실태

1) 조직 체계

'국민총력운동 조직'은 조선총독부가 정점인 '행정 조직'과 국민총력조선연맹이 중앙 조직인 '실천 조직', 두 개의 축으로 구성되었다(그림 8-1). 국민총력운동 조직은 총력전 실행력을 강화하기 위해 총독 자신이 총재에 취임하고 정무총감은 부총재에 취임했다. 국민총력운동의 지도기구는 협의기구인 '국민총력운동연락위원회'와 실무기관인 '총독관방지방과국민총력계'(総督官房地方課國民総力係, 이하 '총력계')로 구성되었다.

협의기구인 '국민총력운동연락위원회'는 조선총독부와 조선연맹뿐만 이 아니라 군, 관, 민과 연락하며 매월 1회 이상 위원회를 개최했다. 위원회의 목적은 총독의 시정(施政)을 총력운동에 원활하게 적용시키고 군, 관, 민을 국민총력운동에 참여시키는 것이었다.[24]

실무기관인 '총력계'는 1941년 10월 국민총력조선연맹 결성 당시 총독관방(総督官房)에 '국민총력과'로 신설되었고, 1942년 11월에 신설된 총무국으로 이전했다. '국민총력과'는 1943년 12월 조선총독부 조직이 개편될 때 지방운동과 밀착시키기 위해 시정국에서 관방으로 이전한 지방과와 통합되었다.[25] 조선총독부 조직의 최초 대폭 개편은 3.1운동 직후인 1919년 8월에 이루어졌다.[26] 그 후의 대폭적인 조직개편은 제2차 세계대전 발발 후인 1941년, 1942년, 1943년, 1944년에 걸쳐 이루어졌다.[27]

국민총력조선연맹의 사무국은 총무부, 연성부, 실천부, 홍보부와 징병후원사업부로 구성되었다. 국민총력운동에 직접 관련된 연성부(錬成部)와 실천부의 취급 업무와 구성은 다음과 같았다.[28] 연성부는 '국체의 본의 투철', '국민신앙의 지도', '국민사상의 통일'에 관한 사항을 취급하는 국민신앙과(國民信仰課)와 '지도자연성', '일반연성'에 관한 사항을 취급하는 연성과(錬成課)로 구성되었다. 실천부는 '사봉대', '애국반 지도', '근로보국운동'에 관한 사항을 취급하는 사봉과(仕奉課)와 '전시생활 확립', '저축장려',

그림 8-1 국민총력운동 조직 체계도

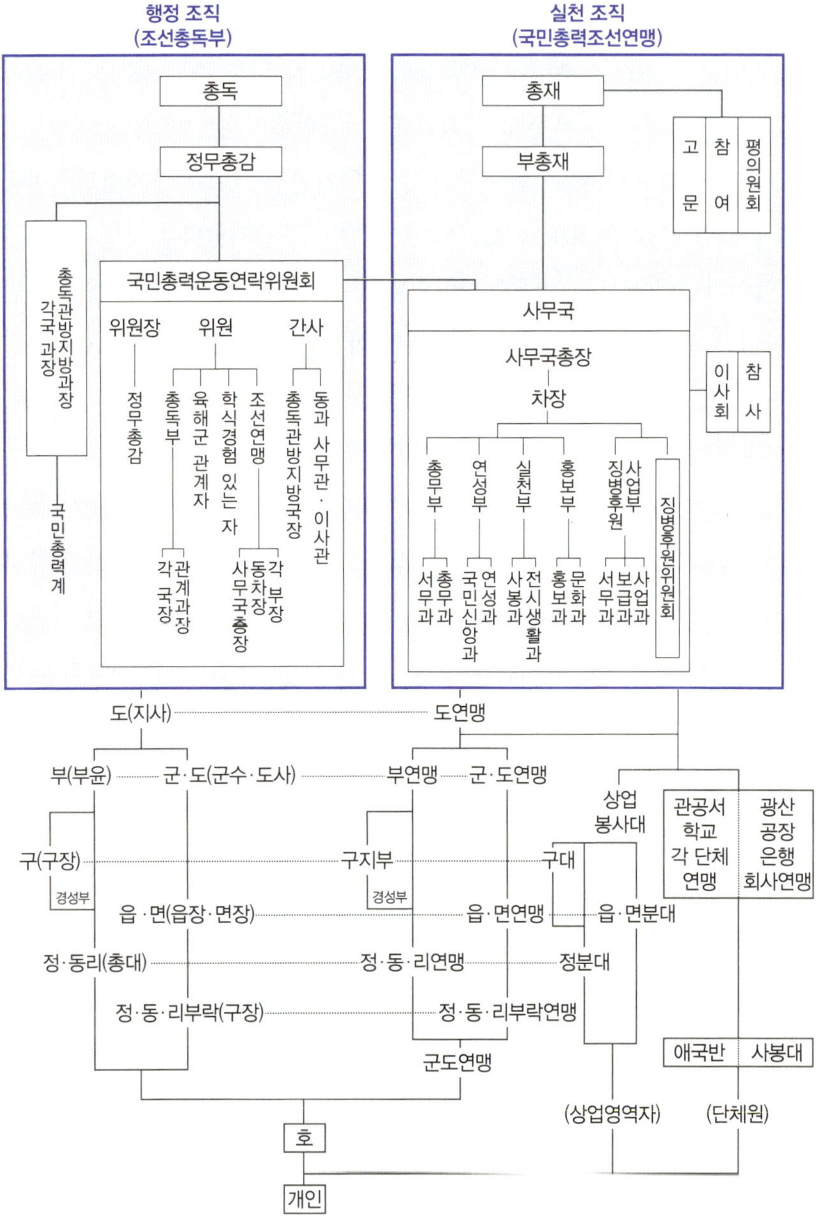

자료: 朝鮮總督府(1944), 『朝鮮の國民總力運動』.

'후생', '군인원호'에 관한 사항을 취급하는 전시생활과로 구성되었다. 또한 지역을 단위로 조직된 지방연맹과 관공서 및 학교 그리고 광산, 공장, 은행, 회사를 단위로 조직된 각종 연맹이 결성되었다. 관공서 및 학교에서는 애국반이, 광산, 공장, 은행, 회사에서는 사봉대가 기저 조직 역할을 담당했다.

2) 결성 실태

이와 같은 노동력 동원정책이 어디까지 관철되었는가를 조직 결성 상황을 통해 살펴보기로 한다(표 8-1).

애국반은 10호 1조가 원칙이었지만, 실제로는 7호부터 20호까지 다양하게 조직되었다. 한 가족의 가장이 반원으로 되는 것이 보통이었으며, 가족 구성원은 가장을 통해 애국반에 속했다.[29]

1944년 2월 현재 애국반은 37만 개로, 호 대표 수는 459만을 넘었다. 1944년 5월 현재 전 조선의 세대수가 약 492만이었으므로,[30] 식민지 조선의 대부분 세대가 국민총력운동에 의해 조직되었다고 할 수 있다.

광산과 공장에서는 각각 741개 및 1,146개의 사봉대가 조직되었는데, 1943년 6월 현재 전 조선의 30명 이상 광산 수는 611개소(30명 미만 628개소)이고, 30명 이상의 공장 수는 2,299개소(30명 미만 12,557개소)이었다.[31] 이 시기에 광산과 공장의 수가 크게 증가했다는 것을 고려하더라도 사봉대의 중점적 조직 대상이 100명 이상의 광산 및 공장이었다는 것을 감안한다면, 대상으로 설정된 대부분의 공장에서 사봉대가 결성되었다.

이상과 같이 형식적으로는 국민총력운동을 통해 조선인 대부분이 '노

표 8-1 국민총력운동 조직 결성 일람(1944년 2월 현재)

도별		지역 연맹					각종 연맹														상업사봉대	
		부군도(府郡島) 연맹	읍면(邑面) 연맹	정동리부락(町洞里部落) 연맹	애국반(愛国班) 수	호(戸) 대표 반원 수	애국반(愛國班)				사봉대(仕奉隊)							합계		대(隊) 수	대원(隊員) 수
							관공서	학교	기타	계	광산	공장	은행	회사	대상점	기타	계	연맹(連盟) 수	반원 대원(班員 隊員) 수		
경기	부	3	0	395	17,777	189,348	47	214	168	429	0	144	0	0	0	0	144	573	270,703	3	453,216
	군	20	231	5,792	25,405	305,983	506	415	363	1,284	26	85	0	0	0	0	111	1,395	172,347	20	23,436
	계	23	231	6,187	43,182	495,331	553	629	577	1,759	26	229	0	0	0	0	255	2,014	443,050	23	476,652
충북	부	0	0	0	0	0	0	0	0	0	0	0	0	0	0	0	0	0	0	0	0
	군	10	106	2,836	15,398	171,991	331	201	136	668	61	13	0	0	0	4	78	746	100,425	10	5,280
	계	10	106	2,836	15,398	171,991	331	201	136	668	61	13	0	0	0	4	78	746	100,425	10	5,280
충남	부	1	0	35	867	12,692	12	16	0	28	1	24	3	5	0	8	41	69	19,000	1	20,000
	군	14	172	4,647	22,242	255,976	370	300	0	670	37	55	10	39	0	77	218	888	168,250	14	4,229
	계	15	172	4,682	23,109	268,668	382	316	0	698	38	79	13	44	0	85	259	957	187,250	15	24,229
전북	부	2	0	97	1,515	23,799	19	21	0	40	0	21	8	35	0	0	64	104	25,891	2	8,499
	군	14	175	4,597	26,016	288,402	237	364	0	601	33	38	9	60	0	0	140	741	116,889	14	19,820
	계	16	175	4,694	27,531	312,201	256	385	0	641	33	59	17	95	0	0	204	845	142,780	16	28,319
전남	부	2	0	102	2,088	30,254	37	23	0	60	0	70	8	68	0	0	146	206	29,529	2	7,494
	군	21	239	7,312	33,961	434,358	551	451	195	1,197	25	42	14	266	0	0	347	1,544	192,432	21	18,536
	도	1	13	733	4,032	47,710	34	56	6	96	0	5	1	23	0	0	29	125	17,219	1	1,302
	계	24	252	8,147	40,081	512,322	622	530	201	1,353	25	117	23	357	0	0	522	1,875	239,180	24	27,332
경북	부	1	0	158	2,320	41,350	18	34	14	66	0	27	2	8	0	0	37	103	43,014	1	25,000
	군	22	248	5,838	38,451	429,032	618	438	70	1,126	84	58	15	78	1	35	271	1,397	268,486	22	13,259
	도	1	3	29	238	2,441	13	7	3	23	0	0	0	1	0	0	1	24	2,441	3	135
	계	24	251	6,025	41,009	472,823	649	479	87	1,215	84	85	17	87	1	35	309	1,524	313,941	26	38,394
경남	부	3	0	267	6,535	89,548	79	69	0	148	3	99	26	46	5	107	286	434	92,075	3	3,673
	군	19	239	5,115	33,840	357,649	559	485	0	1,044	40	23	15	80	0	223	381	1,425	158,120	19	892
	계	22	239	5,382	40,375	447,197	638	544	0	1,182	43	122	41	126	5	330	667	1,849	250,195	22	4,565
황해	부	1	0	23	657	11,995	21	16	0	37	1	9	0	0	0	0	10	47	14,243	1	2,411
	군	17	210	4,667	25,691	350,395	74	429	0	503	79	9	0	0	0	0	88	591	250,198	17	18,908
	계	18	210	4,690	26,448	362,390	95	445	0	540	80	18	0	0	0	0	98	638	264,441	18	21,319

표 8-1 계속

도별		지역 연맹					각종 연맹													상업사봉대	
							애국반(愛國班)				사봉대(仕奉隊)							합계			
		부군도(府郡島) 연맹	읍면(邑面) 연맹	정동리부락(町洞里部落) 연맹	애국반(愛国班) 수	호(戶) 대표 반원 수	관공서	학교	기타	계	광산	공장	은행	회사	대상점	기타	계	연맹(連盟) 수	반원 대원(班員 隊員) 수	대(隊) 수	대원(隊員) 수
평남	부	2	0	182	6,261	87,439	22	80	82	184	1	92	0	0	0	0	93	277	0	2	10,792
	군	14	139	7,186	18,374	238,669	314	396	332	1,042	38	17	0	0	0	0	55	1,097	0	14	4,360
	계	16	139	7,368	24,635	326,108	326	476	414	1,216	39	109	0	0	0	0	148	1,364	0	16	15,152
평북	부	1	0	72	1,157	22,574	22	17	6	45	0	30	4	6	0	0	40	85	41,385	1	6,177
	군	19	170	2,696	21,699	305,120	563	392	343	1,298	89	89	7	21	0	0	206	1,504	207,649	19	25,407
	계	20	170	2,768	22,856	327,694	585	409	349	1,343	89	119	11	27	0	0	246	1,589	249,034	20	31,584
강원	부	0	0	0	0	0	0	0	0	0	0	0	0	0	0	0	0	0	0	0	0
	군	21	174	5,210	24,481	349,271	624	473	472	1,569	54	41	0	0	0	17	112	1,681	212,864	21	2,590
	계	21	174	5,210	24,481	349,271	624	473	472	1,569	54	41	0	0	0	17	112	1,681	212,864	21	2,590
함남	부	2	0	73	2,697	45,865	48	44	7	99	4	37	10	21	2	0	74	173	45,903	2	10,715
	군	16	130	3,207	24,100	295,638	634	496	275	1,405	110	81	7	211	1	0	410	1,815	285,172	16	27,757
	계	18	130	3,280	26,797	341,503	682	540	282	1,504	114	118	17	232	3	0	484	1,988	331,075	18	38,472
함북	부	3	0	254	5,193	67,122	64	54	136	254	2	20	0	0	0	9	31	285	69,148	3	—
	군	11	75	1,502	12,655	142,541	340	272	345	957	53	17	0	0	0	25	95	1,052	136,938	11	—
	계	14	75	1,756	17,848	209,663	404	326	481	1,211	55	37	0	0	0	34	126	1,337	206,086	14	13,929
계	부	21	0	1,658	47,067	621,986	389	588	413	1,390	12	573	61	189	7	124	966	2,356	650,891	21	547,977
	군	218	75	60,605	322,413	3,925,025	5,721	5,102	2,531	13,354	729	568	77	755	2	381	2,512	15,866	2,269,770	218	164,474
	계	2	75	762	4,270	50,151	47	63	9	119	0	5	1	24	0	0	30	149	19,660	4	1,437
총계		241	2,324	63,025	373,750	4,597,162	6,157	5,753	2,953	14,863	741	1,146	139	968	9	505	3,508	18,371	2,940,321	243	713,888

주: —는 불명.
자료: 朝鮮総督府(1944), 『朝鮮の国民総力運動』.

동력 동원 조직'에 속하게 되었다.

3. 노동력 동원의 기저 조직: 일본 국내와의 비교

1) 협의기능 없는 기저 조직

일본 국내의 노동력 동원 조직은 1940년 11월 대일본산업보국회(大日本産業報國會, 이하 '산업보국회') 설립으로 재편되었다. '산업보국회'의 기본 방침인 '근로신체제확립요강'(勤勞新體制確立要綱)이 1941년 8월 '공장사업장 산업보국회의 조직정비에 관한 건'을 통해 구체화되었다.[32] 일본 정부는 공장사업장의 단위 산업보국회로는 긴급 사태 대응이 어렵다고 판단했다. 따라서 산업보국회 설립을 통해 조직을 정비하여 회장의 지휘로 '부대 조직'을 확립하여 통제력을 강화하고 '간담회'를 정비하여 단결력을 높이려 했다.[33]

제2차 세계대전기 일본 국내 노동력 동원 기저 조직은 두 개의 축, 즉 부대 조직인 '5인조'(五人組)와 생산 관련 모든 사항을 논의하는 '간담기관'(懇談機関)으로 구성되었다. 산업보국회에 관한 대표적 연구인 미와 야쓰시(三輪泰史, 1988)와 사구치 가즈로(佐口和郎, 1991)는 산업보국회 운영 전반에 대해서는 견해를 달리한다. 그렇지만 간담(懇談, 소통) 대상으로 '대우' 문제를 포함하지 않는 등 '간담회 성격이 변화하여 보조기관화'했다는 간담기관 성격에 관한 평가는 일치한다.[34] 일본 국내의 노동력 동원 기저 조직은 전 시기에 간담기관의 성격이 변화했더라도 제도로 존속했다.

한편, 식민지 조선의 노동력 동원 기저 조직은 원래 '애국반'만으로 구성되었다. 그런데 전쟁이 장기화됨에 따라 광산, 공장, 은행, 회사에서의 애국반은 1943년 8월 다나카 다케오(田中武雄) 정무총감의 통첩인 '근로관리의 쇄신강화에 관한 건'에 따라 '사봉대'로 재편되었다.[35]

'광산, (공장)연맹 사봉대 조직에 관한 준칙'에 따르면 사봉대는 광산, (공장)연맹 내부의 현장 실천 조직으로 현장과의 일체성을 확보할 수 있도록 편성하고 운용해야 했다. 조직 대상은 '직원'을 포함한 종업원 전체였다.

사봉대는, 첫째 작업 부문별로 편성하고, 둘째 남성은 25세 이하와 26세 이상으로 분리하여 편성하며 여성은 별도로 조직했다. 셋째, 분대는 10명, 소대는 2~3개 분대, 중대는 2~3개 소대, 대대는 2~3개 중대로 편성하되, 100명 미만의 광산 및 공장의 경우에는 지휘명령이 중복되지 않도록 적절히 편성했다.

한편, 연맹 이사장이 대장을 맡았고, 부대장은 종업원을 지휘·감독하는 간부 중에서, 그리고 대부(隊附)는 노무 지도 경험이 많고 우수한 대원 중에서 선발하는 한편, 대대·중대·소대·분대의 각 장은 각 직장기구의 장이 맡았다.[36]

이상과 같이 식민지 조선의 광산 및 공장에서의 노동력 동원 기저 조직은 종업원 전원이 조직 대상자였고 작업 부문별로 조직되었다는 점에서는 일본 국내와 같았다. 그러나 조선인 노동자 '연성'을 위한 조직을 별도로 편성했다는 점,특히 소통과 협의기능을 가진 '간담기관'이 제도화되지 않은 점은 일본 국내와 다른 큰 차이점이었다.

2) 인격 승인 없는 총력전 체제

일본 국내의 '대일본산업보국회' 실천국장이었던 마치다 신지로(町田辰二郎)는 일본의 노동쟁의도 서양과 마찬가지로 임금인상, 복리시설 개선, 노동시간 단축이 주요 쟁점이지만, 그 원인은 서양과 달리 대부분 감정 문제를 유발하는 '평소 의사소통'의 결여 때문이라고 지적했다. 이러한 현상은 일본인뿐만이 아니라 동양민족의 전반적 특징이기에 '간담회'가 의사소통 해소에 큰 역할을 할 것이라고 강조했다.

한편, 마치다는 '총진군운동'으로 생산증강을 달성한 원인에 대해 언급했다. 즉, 첫째 간부의 격려를 동반한 진두지휘, 둘째 작업 계획의 철저, 셋째 산업보국회의 '간담회'를 통한 생산증강운동 정신의 고취라고 했다. 마치다는 일본인 간부의 격려를 동반한 진두지휘로 조선인이 80% 이상 차지하면서도 원활한 생산을 하고 있는 일본 국내 광산의 예를 제시하고, '식민지'에서의 가능성을 강조했다.

즉, 마치다는 만주에서 '흥아이념'(興亜理念)을 내세우며 생산 확대를 꾀하지만 교육 수준이 낮고 무지한 노무자를 끌고 나가기가 쉽지 않다고 언급했다.[37] 따라서 그는 '반도'에서 내지인(内地人, 일본인) 노무자가 진두지휘해야 생산성을 향상시킬 수 있다고 생각했던 것이다.

이상과 같이 노동력 동원 조직을 실질적으로 운영했던 마치다는 노동쟁의의 방지를 위해 노동자와의 '의사소통'을 중요시했다. 그럼에도 불구하고 그는 식민지에서의 생산성 향상이 일본인의 '진두지휘'를 통해 이루어질 것이라고 확신했다.[38] 즉, 총력전 체제에서 자발적 참여를 독려한 것과는 달리 식민지 노동자를 자율 행위자로 인정하지 않았음을 확인할 수 있다.

4. 소결: 총력전과 인격 존중

피고용인인 조선인 노동자는 일본인 사용자에게 역할과 지위를 인정받는 과정을 거칠 수밖에 없었다. 조선총독부는 안정적 노동력 공급과 사회 안정을 위해 노사관계에 개입하려고 했지만 실패했다. 전시기에 돌입하고 노동력 동원정책을 통해 개입할 수 있었다.

최근 연구에 따르면 제2차 세계대전기를 총력전 체제로 평가하고 안정적 물자보급을 위한 안정된 노동력 공급을 확보하기 위해 일본 국내의 일본인 노동자의 지위를 인정하고 인격을 존중할 수밖에 없게 되었다고 한다.

그러나 조선총독부는 식민지 조선의 전시 노동력 동원 과정에서 조선인 노동자에 대해 생산력을 확충하는 '황국근로자'의 역할은 인정했다. 그러나 협의 대상의 지위는 부여하지 않았다. 즉, 조선총독부는 조선인 노동자에게 노동력 제공자로서의 역할은 부여했지만, 노동자 인격을 존중하여 노사 양자의 공통분모를 조정하는 협의 상대로 인정하지 않았다.

능력주의 신화는 어떻게 작동했는가?: 제도와 운용

IV

CHAPTER 09

화이트칼라 출현과 임금 격차 분해: 조선식산은행(한국산업은행)

Chapter 9
화이트칼라 출현과 임금 격차 분해: 조선식산은행(한국산업은행)

1. 은행 화이트칼라
2. 임금 격차 분해 분석 방법
3. 임금 격차 분해 분석 결과
4. 소결: 신양반층과 능력주의 신화

1. 은행 화이트칼라

1) 국책은행의 고학력 화이트칼라

조선식산은행(이하 식은)은 1918년 식민지 조선에서 경영하는 기업에 자금을 정책적으로 공급하기 위해 기존 6개의 농공은행(한호, 평안, 경상, 전주, 광주, 함경)을 통합하여 설립되었다.[1] 경성에 본사를 둔 조선식산은행은 전국에 지점을 두고 예금과 대출 면에서 다른 상업은행을 압도했다.

식은은 1918년 설립 당시 630명(행원 430명, 고원 27명, 용원 173명)이었던 종업원을 예상되는 사업 확장에 대비하여 빠르게 확대 고용했다. 고용확대 방침을 수립한 이후 1920년대 초반에는 종업원 수가 정체되거나 감소했고, 1920년대 후반 이후에는 지속적으로 증가했다. 1932년에 감소했다가 이후 급격히 증가하여 1937년에는 종업원 수가 1,940명(행원 1,425명, 고원 118명, 용원 394명, 촉탁 3명)에 이르렀다. 식은은 해방 후 이름을 유지하다가 1954년에 한국산업은행으로 변경되었다.

식은 종업원은 조선인, 일본인 불문하고 100% 수학 기간 8년 이상의 중등교육 수학 이상이고, 수학 기간 11년의 실업고등학교, 중학교, 고등여학교 졸업자가 대부분으로 고학력자들이었다(표 9-1). 1934년 현재 공업노동자 중 조선인 중등교육 이상 수학자는 방직 부문 남공 및 여공 20.9%, 1.9%, 관영 부문 남공 및 여공 6.0%, 1.0%, 중화학공업이 포함된 기타 부문 남공 및 여공 30.9%, 0.3%였다(표 6-5). 식은 종업원 대부분은 성적 우수자로 학교장 추천서를 받는 수학 기간 11년 상업학교 졸업자였다.

식민지기 조선인 고학력자들이 '능력주의'를 실현할 수 있는 방법 중의

표 9-1 조선식산은행 종업원의 학력

구분	수학연수	분류	학교
고등	16	제국대학	도쿄, 교토, 규슈, 경성
		대학	고베상업, 도쿄상과
			게이오, 와세다, 메이지
			도지샤, 주오, 릿쿄, 고베, 호세이, 다쿠쇼큐
			와세다전문, 메이지전문, 리츠메이칸전문, 호세이전문, 게이오고등
	14	전문대학	가고시마고등농림, 아오야마고등, 요코하마전문, 경성법학전문, 보성전문, 연희전문, 숙명여자전문
	13	고등실업학교	야마구치고상, 미에고등농림, 고베고상, 후쿠오카고상, 오타루고상, 경성고상, 수원고등농림, 목포공립상
중등	11	실업/중학/고등여	선린, 부산공립상, 진남포공립상, 가가와현립사카이데상, 부산공립상, 인천공립상, 경성공립상, 대구공립상, 대구공립농, 마산공립상, 함흥공립상, 개성공립상, 이리공립농, 강경공립상, 남대문상, 동성상, 경성고등보통, 평양중, 경성고등여, 평양공립고등여, 함흥공립고등여, 목포공립여
	10	여자실업	후쿠오카여자농, 경성여자공립실업, 경기여자공립실업
	9	실업/여실	도쿄여자상, 시모노세키상, 개성공립상, 강경공립상, 마산공립상
	8	고등보통	동경고등소, 가고시마고등소, 경성고보, 대구공립고등소

주: 1) 모든 행원의 출신 학교.
2) 모든 출신 학교의 연혁과 수학연수를 인터넷 등을 통해 확인하고 종류별로 분류함.
자료: 朝鮮殖産銀行「退職死亡者台帳」, 해당 학교 홈페이지 등.

하나가 민족 차별이 없다고 소문나 인기가 있었던 식은에 입행하는 것이었다. 한편, 일본인 종업원들은 더 나은 직장을 찾아 은행을 그만두는 비율이 조선인 종업원보다 높았다(부표 9-1).

2) 분석 자료: 「퇴직사망자대장」

본장의 주요 분석 자료는 조선식산은행의 「퇴직사망자대장」(이하 '대장')이다.[2] 현재까지 식민지기에 기록된 임금, 승진, 퇴직 등 개인 수준의 정보가 상세히 담긴 데이터는 이 '대장'이 유일하다. 이러한 인사 관련 상세 데이터는 조선총독부나 식민지기에 존재했던 어떤 공기업이나 민간 기업에서도 발견되지 않았다. 당시 일본 국내 기업의 자료에서도 제2차 세계대전

그림 9-1 조선식산은행 「퇴직사망자대장」(인적 사항)

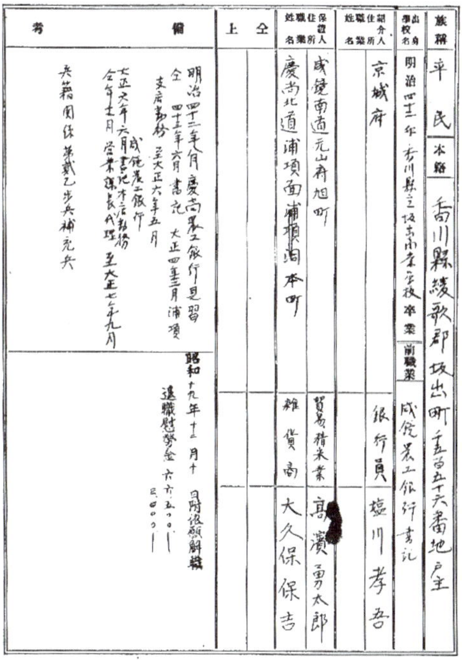

자료: 朝鮮殖産銀行, 「退職死亡者台帳」.

그림 9-2 조선식산은행 「퇴직사망자대장」(재직 경력)

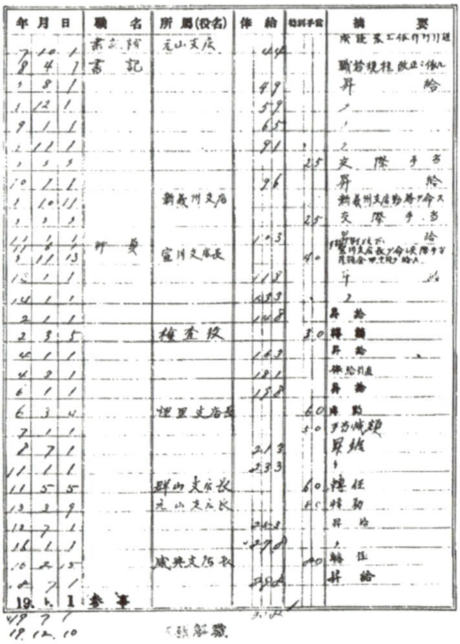

자료: 朝鮮殖産銀行, 「退職死亡者台帳」.

이전 기간의 임금과 승진에 대해 시계열적 측면을 보강한 개인 수준의 정보를 제공하는 데이터는 찾기 어렵다.

식은 '대장'에는 재직 중 퇴직하거나 사망한 은행원의 인적 사항과 재직 경력이 기록되어 있다(그림 9-1, 그림 9-2). '대장'에는 성별, 생년월일, 최고 교육 수준, 최고 교육 학교명, 졸업 연도, 국적, 월 급여, 근무 형태, 입사일, 퇴사일, 근무경력, 퇴직수당, 조의금 지급 여부의 정보를 제공하고 있다. 이러한 정보를 사용하여 성별, 국적, 연령, 학력, 최고 학력 학교 위치, 재직 기간, 입행 전 경력, 근무 유형, 임금 등 실증 분석에 사용된 변수를 구성했다.

1925년, 1928년, 1933년, 1937년, 1941~1944년의 '대장' 중에는 1,326명의 개인이 포함되어 있다. 명백히 오류가 있는 입력치와 1918년과 1919년을 제외한 결과, 1,216명에 대한 7,141개의 관측치(샘플)를 얻었다.[3] 따라서 이 데이터는 본질적으로 불균형 패널 데이터이다.

따라서 분석 대상 데이터가 식은 전체 종업원이 아닌 퇴직자 또는 사망자를 대상으로 했기에 분석 결과를 조선식산은행 종업원 전체 또는 식민지기 임금구조로 일반화하는 데 주의해야 한다.

2. 임금 격차 분해 분석 방법

여기에서는 블라인더-오악사카(Blinder-Oaxaca) 임금 격차 분해 분석 방법을 통해 '설명 가능한 격차', 즉 '차이'와 '설명 불가능한 격차', 즉 '차별'로 간주할 수 있는 부분으로 나눈 임금 실태를 식민지기 조선식산은행을 사례로 밝히고자 한다.

1) 분석 데이터 개관

먼저 원자료에서 분석 가능하도록 확보할 수 있었던 전체 데이터에 대해 개관하며, 분석하기 위해 설정한 설명변수를 소개하고자 한다(표 9-2).

첫째, 임금은 1920년대, 1930년대, 1940년대 전반 세 기간에 걸쳐 평균

표 9-2 분석 데이터 개관

변수	민족별		성별		비고
	조선인	일본인	여성	남성	
lwage***,*** (N=7,141)	3.894 (0.504)	4.148 (0.599)	3.523 (0.151)	4.116 (0.574)	로그(가중치 평균) 임금
lwage1***,*** (N=1,849)	3.637 (0.498)	4.173 (0.529)	3.481 (0.106)	4.007 (0.014)	1920~1929(1920년대)
lwage2***,*** (N=2,266)	4.014 (0.521)	4.296 (0.651)	3.406 (0.209)	4.232 (0.603)	1930~1939(1930년대)
lwage3***,*** (N=3,026)	3.930 (0.460)	3.984 (0.561)	3.548 (0.132)	4.092 (0.517)	1940~1944 (1940년대 전반)
여성***	0.056 (0.230)	0.199 (0.399)	–	–	성별 더미(구분값)
조선인***	–	–	0.182 (0.386)	0.482 (0.500)	민족별 더미(구분값)
연령***,***	25.92 (7.629)	29.74 (10.37)	19.38 (3.328)	29.42 (9.377)	
수학 기간***,ins	9.923 (3.016)	11.42 (2.816)	10.83 (0.896)	10.75 (3.207)	학교 수학 기간
학교 위치***,***	0.093 (0.291)	0.505 (0.500)	0.213 (0.410)	0.347 (0.476)	학교 위치(기준: 한반도)
근속연수ins,***	5.660 (6.180)	5.649 (5.777)	1.526 (1.756)	6.303 (6.123)	
경력***,***	1.473 (3.442)	4.424 (7.169)	0.753 (2.525)	3.494 (6.302)	입행 전 경력
고급 직종***,***	0.071 (0.256)	0.116 (0.320)	–	0.111 (0.314)	고급 직종(기준: 행원)
저급 직종***,***	0.179 (0.384)	0.235 (0.424)	0.617 (0.486)	0.147 (0.354)	저급 직종(기준: 행원)

주: 1) 변수 이름 위 첨자 중 첫 번째와 두 번째 별표는 민족 간, 성별 간 차이의 통계적으로 의미가 있는가 없는가를 나타내는 것으로, t-검정을 기준으로 ***는 1% 수준에서 통계적으로 의미가 있고, 'ins'는 통계적 의미가 없음을 나타냄.
2) N=1,849는 1920년대, N=2,266은 1930년대, N=3,026은 1940년대 전반의 각 연대 샘플 수이고, N=7,141은 3개 연대를 합한 총 샘플 수.

적으로 조선인이 일본인보다 낮았지만, 그 격차는 점차 좁혀졌다. 임금 분포는 조선인은 가운데 몰려 있고 일본인은 상위까지 펼쳐 있으며, 여성은 중하위에 몰려 있고 남성은 골고루 퍼져 있다(그림 9-3, 그림 9-4).

둘째, 일본인 여성이 조선인 여성보다 많았고, 조선인 남성이 조선인 여성보다 많았다. 셋째, 연령은 조선인이 일본인보다, 여성이 남성보다 낮았다. 넷째, 교육 기간은 성별로 통계적으로 의미 있는 차이가 관찰되지 않았으나, 민족별로는 뚜렷한 차이가 있었다(부표 9-1).

다섯째, 교육의 질을 고려하기 위해 행원의 최종학력 교육기관 소재지를 나타내는 변수를 구성했다. 행원이 일본 국내 또는 조선에서 최종학력을 마쳤는가에 따라 보상이 달라졌을 가능성이 높다고 예상되기 때문이다.[4] 최종학력 소재지가 조선인의 경우 약 10%가 일본 국내인 반면, 일본인은 약 51%에 이르렀다. 또한 여성의 경우 최종학력 소재지의 21.3%가 일본 국내인 반면, 남성은 34.7%였다.

여섯째, 통계적으로 의미 있는 것은 아니었지만 조선인이 일본인보다, 남성이 여성보다 근속연수가 길었다. 일곱째, 입행 전 경력이 조선인보다는 일본인이, 여성보다는 남성이 길었다.

여덟째, 직종을 종업원의 대부분인 '행원', 엔지니어와 같은 '고급 직종', 전화 상담원과 같은 '저급 직종'으로 나눌 수 있다. 조선인은 고급 직종에 7%, 저급 직종에 18% 종사했고, 일본인은 각각 11.6%와 23.5% 종사했다. 한편, 남성은 고급 직종에 11.1%, 저급 직종에 14.7% 종사했지만, 여성은 고급 직종에 한 명도 없었고 61.7%가 저급 직종에 종사했다.

그림 9-3 민족별 로그(가중치 평균) 임금(월급) 분포

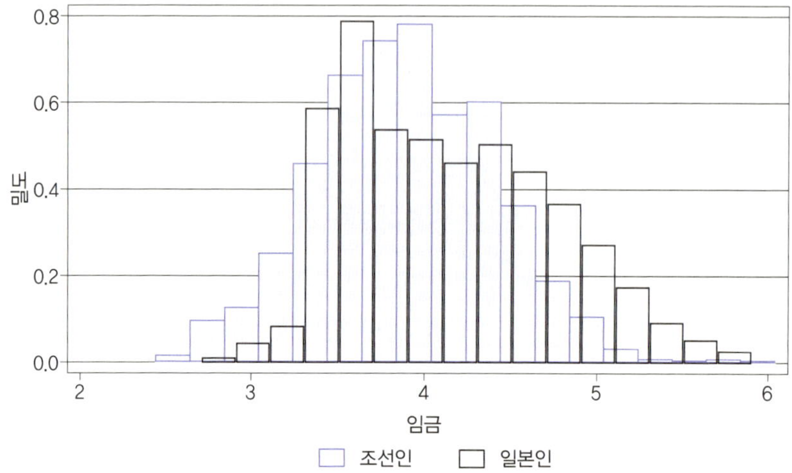

그림 9-4 성별 로그(가중치 평균) 임금(월급) 분포

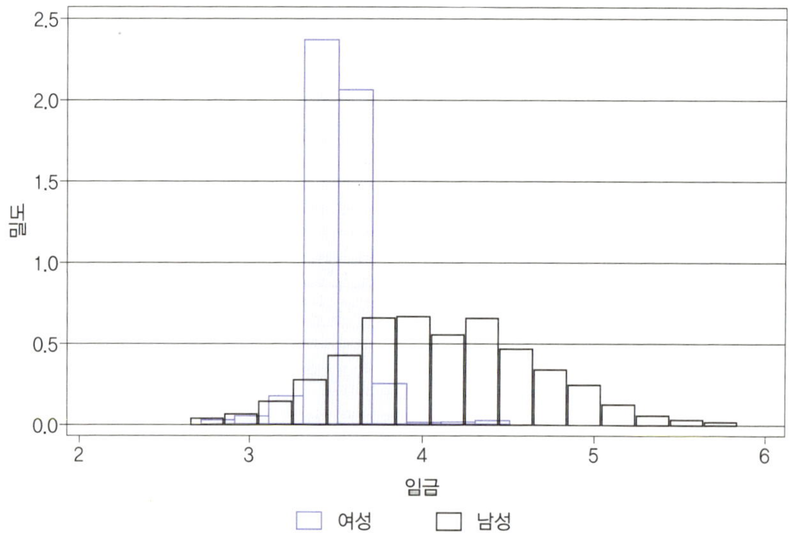

2) 조선식산은행 사례 분석을 위한 임금방정식

블라인더-오악사카 분해법(Blinder[1973]와 Oaxaca[1973], 이하 B-O 분해법)을 활용하여 민족별·성별 '설명 가능한 임금 격차'와 '차별'로 간주할 수 있는 '설명 불가능한 임금 격차'로 나누는 분석을 위해 다음과 같이 임금방정식을 설정한다.

$$\ln w_i = \beta_0 + \beta_1 age_i + \beta_2 tenure_i + \beta_3 expe_i + \beta_4 edu_i + \beta_5 edu_i * eduq_i + \beta_6 hightech_i$$
$$+ \beta_7 lowtech_i + \beta_8 female_i + \beta_9 Korean_i + \varepsilon_i$$

β_5는 학교 위치(교육의 질)가 일본 국내인가 한반도인가에 따른 수익률(보상)을 반영한다. 따라서 종업원의 최종학력 소재지가 일본 국내일 경우 총 교육 수익률(보상)은 $(\beta_4+\beta_5)$이고, 그렇지 않을 경우에는 β_4이다. 회귀모델에 따라 B-O 분해는 다음과 같이 민족별·성별 격차를 분해한다.

$$\Delta = E(Y_J) - E(Y_K) = (\bar{X}_J - \bar{X}_K)\hat{\beta}_J + \bar{X}_K(\hat{\beta}_J - \hat{\beta}_K) \quad (1)$$

$E(Y_J)$와 $E(Y_K)$는 일본인 및 조선인의 예상 평균 임금이고, $\bar{X}_J$와 $\bar{X}_K$는 일본인 및 조선인의 로그(가중치 평균) 월 임금을 결정하는 설명 변수의 평균값 벡터를 나타낸다. $\hat{\beta}_J$와 $\hat{\beta}_K$는 일본인 및 조선인의 임금방정식에 대한 추정 계수이다. $(\bar{X}_J - \bar{X}_K)\hat{\beta}_J$는 일본인과 한국인 간의 설명 가능한 차이를 나타내고, $\bar{X}_K(\hat{\beta}_J - \hat{\beta}_K)$는 일반적으로 차별의 척도로 해석되는 설명 변수의 추정 계수 차이에서 발생하는 설명 불가능한 부분을 나타낸다.

여기에서 설명 불가능한 부분 전체를 차별이라고 해석하는 것에는 주의가 필요하다. 설명 불가능한 부분은 차별만이 아니라, 임금에 영향을 미칠 수 있지만 임금방정식 회귀 분석에 포함되지 않은 관측 불가능한 설명 변수의 영향도 포함되어 있기 때문이다. 따라서 '설명 불가능한 부분 전체'를 '차별의 상한선'이라고 해석해야 한다.[5] 성별 분해 분석도 이러한 방법을 적용했으며, J와 K를 각각 M과 F로 대체했다.

기존의 평균 효과의 분해 방법은 B-O 분해 방법이 제안된 이후, 평균 이외의 분포 매개 변수로 분해 방법을 확장하기 위해 여러 분석 방법이 제시되었다. 여기에서는 누적분포함수(cumulative distribution function, CDF)를 기반으로 하는 Fortin 외(2011)가 제시한 방법을 사용한다.[6]

Fortin 외(2011)가 설명한 대로 CDF는 주어진 확률 변수가 특정 값보다 작거나 같은 확률을 나타낸다. 비율에 대한 분해는 기본적인 것으로 선형확률모델을 활용하여 기존의 B-O 분해를 실행하거나, 로짓(logit) 또는 프로빗(probit)을 사용하여 비선형 버전의 분해를 실행한 뒤에 백분위수 비율을 네 부분으로 나눈 '사분위수'로 결과를 얻을 수 있다. Firpo 외(2007)는 비율에 대한 분해 요소를 밀도(CDF 기울기)로 나누어 해당 사분위수에 대한 분해 요소로 변환하는 일차 근사치 사용을 권장했다. 따라서 무조건 사분위수 회귀 계수는 다음과 같다.

$$\hat{\gamma}_{\tau,\, i}=\left(\sum X_i X'_i\right)^{-1}\sum \widehat{RIF}(Y_i,\ q_{\tau,i})X_i,\ i=J,\ K$$

RIF는 재중심(re-centered) 영향력 함수이기에, 모든 무조건 사분위수에 대한 B-O 분해에 해당하는 값을 다음 식으로 도출할 수 있다.

$$\Delta^{\tau}=(\bar{X}_J-\bar{X}_K)\hat{\gamma}_{\tau,J}+\bar{X}_K(\hat{\gamma}_{\tau,J}-\hat{\gamma}_{\tau,K}) \quad (2)$$

$(\bar{X}_J-\bar{X}_K)\hat{\gamma}_{\tau,J}$는 임금구조 효과(structure effect, 설명 가능 효과)이고, $\bar{X}_K(\hat{\gamma}_{\tau,J}-\hat{\gamma}_{\tau,K})$는 임금구성 효과(compositon effect, 설명 불가능 효과)이다. 성별 분해 분석도 이러한 방법을 적용했으며, J와 K를 각각 M과 F로 대체했다.

임금방정식을 표 9-2의 변수에 적용한 결과, 나이, 근속연수, 경력(입행 전), 수학 기간, 학교 위치, 하급 직종, 여성은 1920년대, 1930년대, 1940년대 전반 세 기간 모두 1% 유의수준이었고, 고급 직종은 1930년대, 조선인은 1920년대와 1930년대에 1% 유의수준이었다(표 9-3).

표 9-3 임금방정식 추정 결과

	전체	1920~1929년	1930~1939년	1940~1944년
나이	0.014*** (0.001)	0.020*** (0.002)	0.018*** (0.002)	0.011*** (0.001)
근속연수	0.042*** (0.001)	0.058*** (0.003)	0.043*** (0.002)	0.041*** (0.002)
경력(입행 전)	0.017*** (0.001)	0.016*** (0.002)	0.007*** (0.002)	0.009*** (0.002)
수학 기간	0.072*** (0.002)	0.053*** (0.003)	0.064*** (0.003)	0.080*** (0.002)
학교 위치	0.006*** (0.001)	0.011*** (0.002)	0.006*** (0.001)	0.004*** (0.001)
고급 직종	−0.012 (0.010)	0.007 (0.014)	0.095*** (0.026)	0.004 (0.033)
하급 직종	−0.272*** (0.009)	−0.258*** (0.020)	−0.377*** (0.018)	−0.148*** (0.010)
여성	−0.079*** (0.010)	0.095*** (0.034)	−0.091*** (0.025)	−0.182*** (0.010)
조선인	−0.031*** (0.007)	−0.142*** (0.018)	−0.083*** (0.013)	0.001 (0.001)

여기에서 '1%, 5%, 10% 유의수준'이라는 의미는 통계 결과의 틀릴 확률이 각각 1%, 5%, 10% 이내 수준이라는 것이다. 즉, 1%는 틀릴 확률이 거의 없고, 5%는 1%보다, 10%는 5%보다 틀릴 확률이 높다는 의미이다.

3. 임금 격차 분해 분석 결과

1) 민족별 임금 분해

1920년대, 1930년대, 1940년대 전반 세 기간 동안 조선인과 일본인 간의 차이에 의한 임금 격차가 통계적으로 유의미(유의수준 1%)하게 관찰되었다(표 9-4, 표 9-5). 그러나 1940년대 전반의 설명 불가능한 임금 차별에 대한 결과가 통계적으로 유의미하지 않았고(표 9-4), 특히 최상 분위(계층)의 결과가 유의미하지 않았다는 점(표 9-5)을 기억해야 한다.

식은 사례를 분석하기 위한 B-O 분해법을 활용한 임금방정식으로 1920~1929년(1925년, 1928년), 1930~1939년(1933년, 1937년), 1940~1944년

표 9-4 민족별 B-O 임금 분해: OLS

	전체	1920~1929년	1930~1939년	1940~1944년
일본인	4.146	4.168	4.293	3.984
조선인	3.897	3.644	4.017	3.932
격차	0.249***	0.524***	0.276***	0.053***
설명 가능 '차이'	0.218***	0.382***	0.193***	0.054***
설명 불가능 '차별'	0.031***	0.142***	0.083***	−0.001

주: ***은 유의수준 1%.

표 9-5 민족별 B-O 임금 분위(계층)별 분해: UQR

분위	$\tau_{0.1}$(최하)	$\tau_{0.25}$(중하)	$\tau_{0.5}$(중간)	$\tau_{0.75}$(중상)	$\tau_{0.9}$(최상)
전 기간					
일본인	3.512	3.620	4.096	4.580	4.991
조선인	3.268	3.565	3.887	4.269	4.556
격차	0.243***	0.055***	0.209***	0.311***	0.434***
설명 가능 '차이'	0.047***	0.006	0.345***	0.271***	0.258***
설명 불가능 '차별'	0.196***	0.049***	−0.136***	0.040***	0.177***
1920~1929년					
일본인	3.498	3.790	4.196	4.560	4.823
조선인	3.030	3.283	3.626	4.031	4.333
격차	0.467***	0.507***	0.570***	0.529***	0.490***
설명 가능 '차이'	0.239***	0.405***	0.479***	0.285***	0.224***
설명 불가능 '차별'	0.228***	0.102**	0.091**	0.244***	0.267***
1930~1939년					
일본인	3.507	3.718	4.325	4.806	5.165
조선인	3.384	3.651	4.097	4.397	4.661
격차	0.123***	0.067*	0.229***	0.409***	0.504***
설명 가능 '차이'	0.090***	0.072**	0.168***	0.228***	0.236***
설명 불가능 '차별'	0.033	−0.005	0.060*	0.181***	0.268***
1940~1944년					
일본인	3.540	3.583	3.759	4.329	4.871
조선인	3.462	3.614	3.887	4.210	4.573
격차	0.078***	−0.031*	−0.128***	0.120***	0.298***
설명 가능 '차이'	0.022***	−0.063***	−0.165***	0.276***	0.253***
설명 불가능 '차별'	0.056***	0.032**	0.037*	−0.156***	0.045

주: ***, **, *은 각각 1%, 5%, 10% 유의수준.

(1941~1944년) 1,216명에 대한 7,141개 관측치(샘플)에 대해 시간경과에 따른 임금 격차를 살펴보면, 1920년대와 비교하여 1930년대와 1940년대 전반에 점차 줄었다(그림 9-5). 이에 따라 임금 차이와 임금 차별이 1920년대

그림 9-5 민족별 평균 로그(가중치 평균) 임금(월급) 추정치

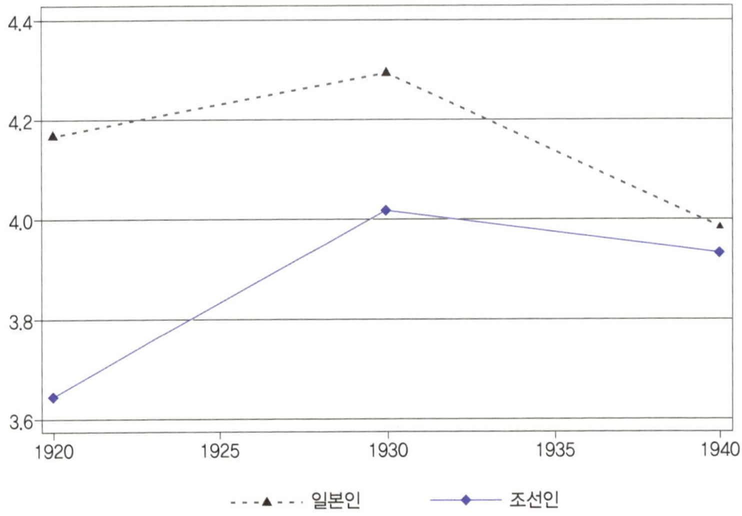

에 비해 1930년대와 1940년대 전반에 계속 감소했다(그림 9-6). 임금 차별은 식민지 말기인 1940년대 전반에는 없어졌다.

민족별 백분위수 전체 기간 임금 차별 분포를 살펴보면, 임금 분포의 최하 분위(계층)와 최상 분위(계층)에서 다른 분위(계층)보다 임금 차별이 더 크게 발생했다(그림 9-7). 그러나 기간별로 살펴보면 양상이 달랐다. 1920년대에는 전체 기간과 비슷한 양상이었다(그림 9-8 a). 그러나 1930년대에는 임금 분포의 최상과 중상 분위에서 차별이 관찰되었다(그림 9-8 b). 고임금 종업원 중 민족 차별이 중상보다 최상에서 두드러졌다. 1940년대 전반에는 신뢰할 수 있는 결과 중에서 최하 분위에 민족 차별이 두드러졌다(그림 9-8 c).

그림 9-6 민족별 설명 가능 차이와 설명 불가능 차별

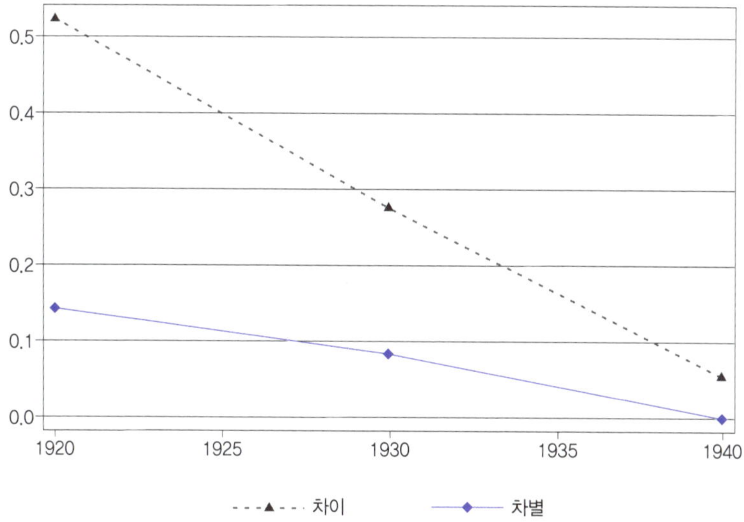

그림 9-7 민족별 백분위수 차별 비율

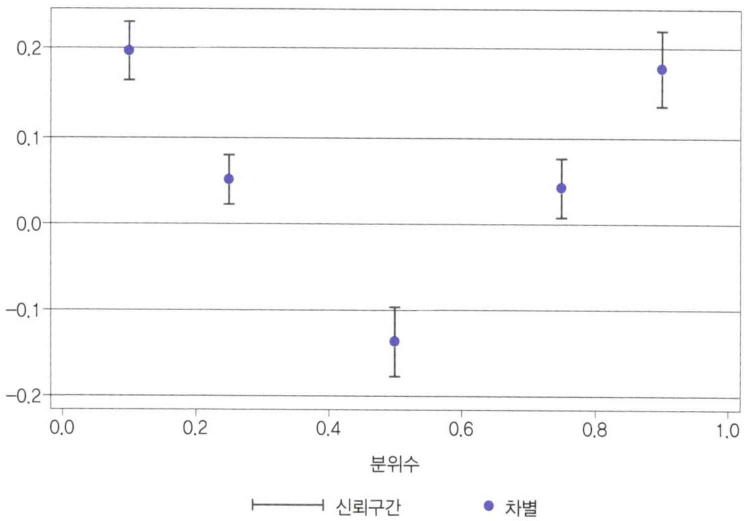

주: 95% 신뢰구간.

그림 9-8 민족별·기간별 백분위수 차별 비율
a. 1920~1929년

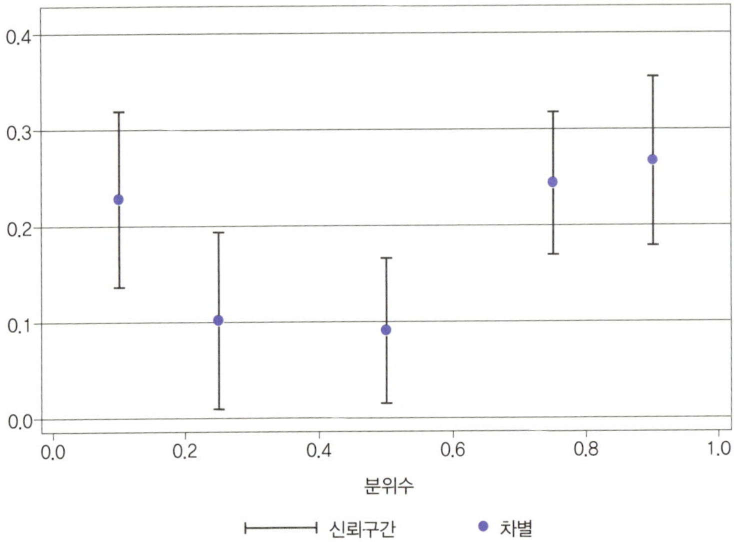

주: 95% 신뢰구간.

b. 1930~1939년

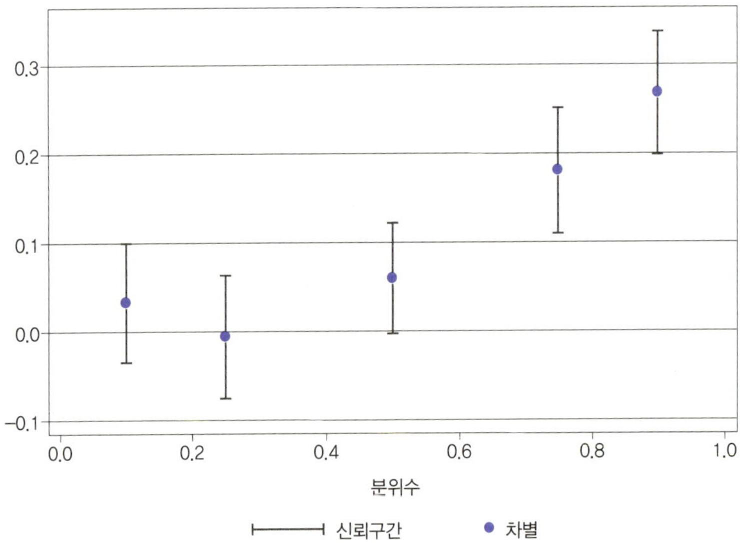

주: 95% 신뢰구간.

c. 1940~1944년

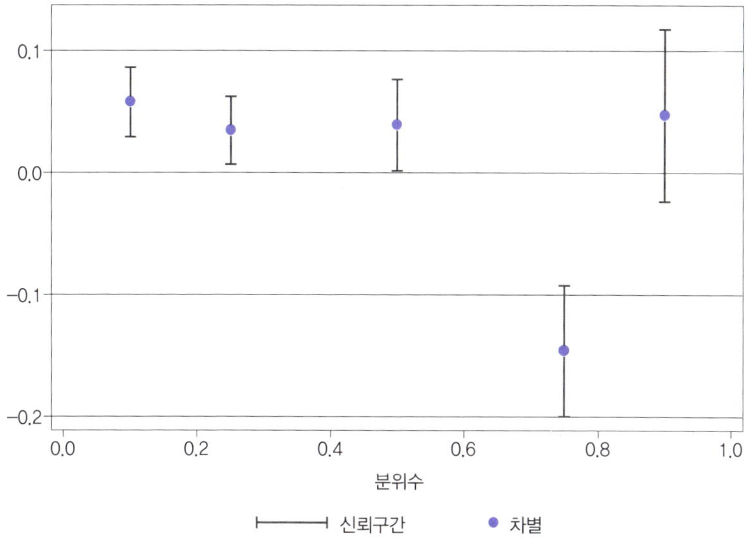

주: 95% 신뢰구간.

2) 성별 임금 분해

전 기간 총괄적으로 살펴보면 여성과 남성 간의 임금 격차, 임금 차이, 임금 차별 모두가 통계적으로 유의미(유의수준 1%)하게 관찰되었다(표 9-6, 표 9-7). 성별 임금 차별은 민족별 임금 차별 양상과는 달리 1940년대 전반까지 지속되었다(그림 9-9). 설명 가능한 성별 임금 차이가 1920년대와 비교하여 1930년대에 늘어났다가 1940년대 전반에는 줄었다. 그러나 설명 불가능한 성별 임금 차별은 1930년대보다 1940년대 전반에 늘어났다는 점에 주목해야 한다(그림 9-10).

표 9-6 성별 B-O 임금 분해: OLS

	전체	1920~1929년	1930~1939년	1940~1944년
남성	4.117	4.007	4.233	4.093
여성	3.523	3.481	3.406	3.548
격차	0.594***	0.526***	0.827***	0.545***
설명 가능 '차이'	0.514***	0.621***	0.735***	0.363***
설명 불가능 '차별'	0.079***	−0.095***	0.091***	0.182***

주: ***은 유의수준 1%.

표 9-7 성별 B-O 임금 분위(계층)별 분해: UQR

분위	$\tau_{0.1}$(최하)	$\tau_{0.25}$(중하)	$\tau_{0.5}$(중간)	$\tau_{0.75}$(중상)	$\tau_{0.9}$(최상)
전체					
남성	3.451	3.756	4.099	4.504	4.887
여성	3.419	3.501	3.598	3.631	3.686
격차	0.032***	0.255***	0.501***	0.873***	1.201***
설명 가능 '차이'	0.673***	0.544***	0.639***	0.562***	0.477***
설명 불가능 '차별'	−0.641***	−0.289***	−0.138***	0.311***	0.724***
1920~1929년					
남성	3.251	3.593	4.027	4.437	4.747
여성	3.425	3.494	3.471	3.600	3.680
격차	−0.174***	0.100***	0.556***	0.837***	1.066***
설명 가능 '차이'	0.671***	0.702***	0.767***	0.679***	0.429***
설명 불가능 '차별'	−0.845***	−0.602***	−0.211***	0.158***	0.638***
1930~1939년					
남성	3.506	3.738	4.275	4.653	5.026
여성	3.249	3.299	3.474	3.529	3.617
격차	0.257***	0.439***	0.801***	1.124***	1.408***
설명 가능 '차이'	0.946***	1.040***	0.701***	0.689***	0.479***
설명 불가능 '차별'	−0.690***	−0.601***	0.100***	0.435***	0.930***
1940~1944년					
남성	3.536	3.772	4.005	4.396	4.803
여성	3.450	3.541	3.543	3.615	3.691
격차	0.085***	0.231***	0.462***	0.781***	1.113***
설명 가능 '차이'	0.887***	0.368***	0.345***	0.474***	0.289***
설명 불가능 '차별'	−0.802***	−0.137***	0.117***	0.307***	0.824***

주: ***, **, *은 각각 1%, 5%, 10% 유의수준.

그림 9-9 성별 평균 로그(가중치 평균) 임금(월급) 추정치

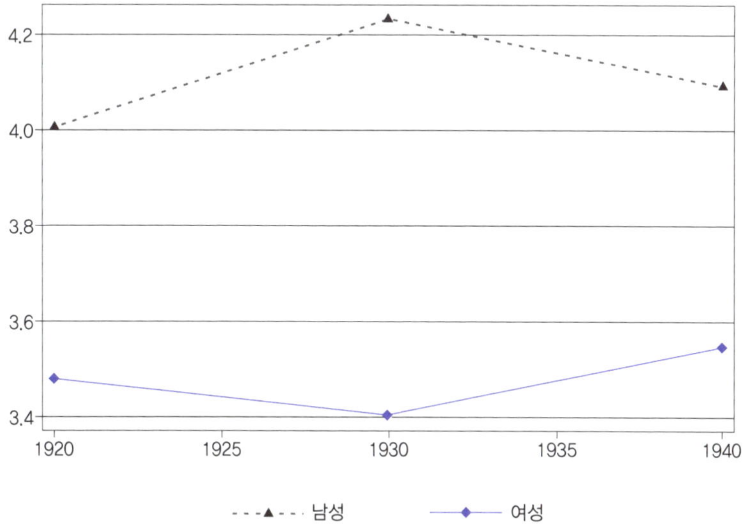

임금 분위(계층)를 구분하여 살펴본 성별 임금 분포는 민족별 양상과 달랐다. 전체 기간을 총괄하여 살펴보면 중상 및 최상 분위에만 차별이 존재했다(그림 9-11). 그러나 시기별로 살펴보면 최하 및 중하 분위는 전 기간에 걸쳐 차별이 없었지만, 중간 분위는 1920년대 없었던 차별이 1930년대 및 1940년대 전반에 발생했다(그림 9-12 a, b, c). 한편, 중상 및 최상 분위는 전 기간에 걸쳐 지속적으로 차별이 존재했으며, 최상 분위의 차별이 두드러졌다.

그림 9-10 성별 설명 가능 차이와 설명 불가능 차별

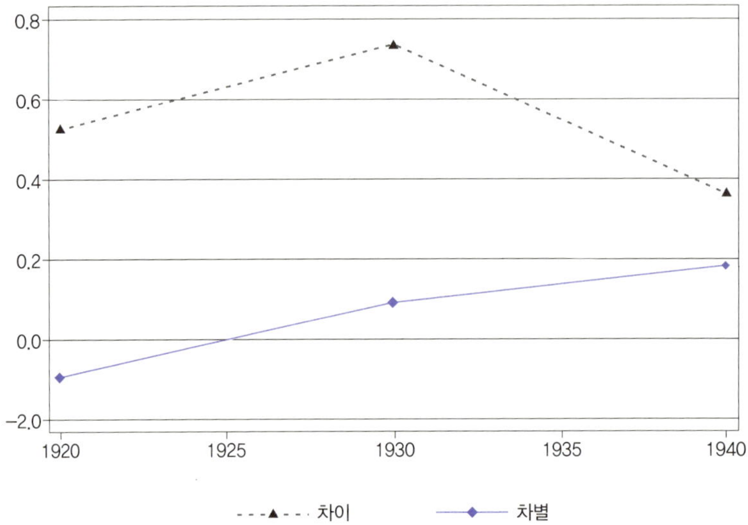

그림 9-11 민족별 백분위수 차별 비율

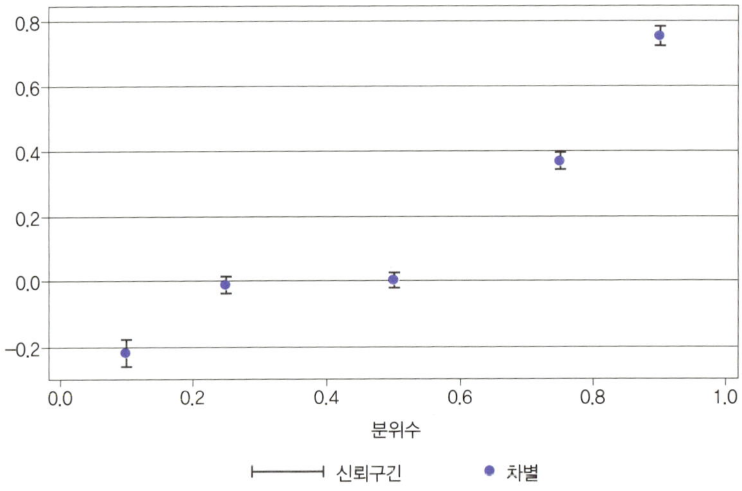

주: 95% 신뢰구간.

그림 9-12 성별·기간별 백분위수 차별 비율
a. 1920~1929년

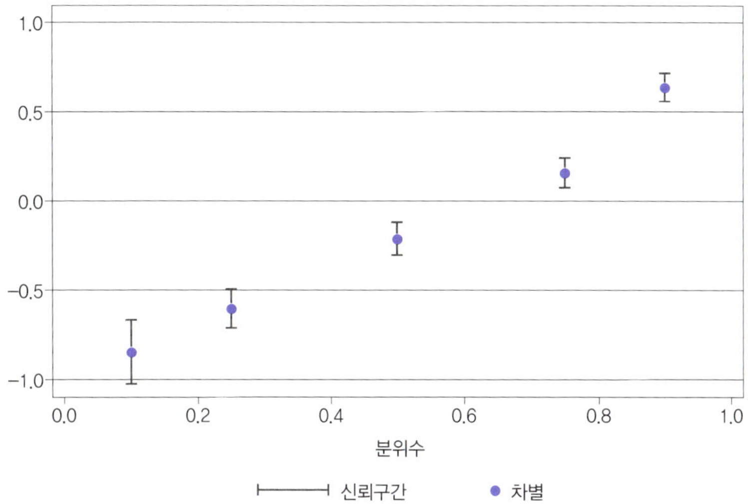

주: 95% 신뢰구간.

b. 1930~1939년

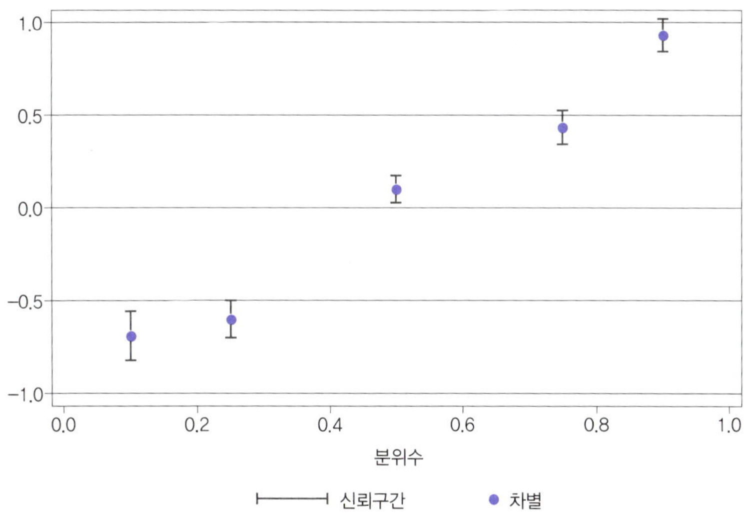

주: 95% 신뢰구간.

c. 1940~1944년

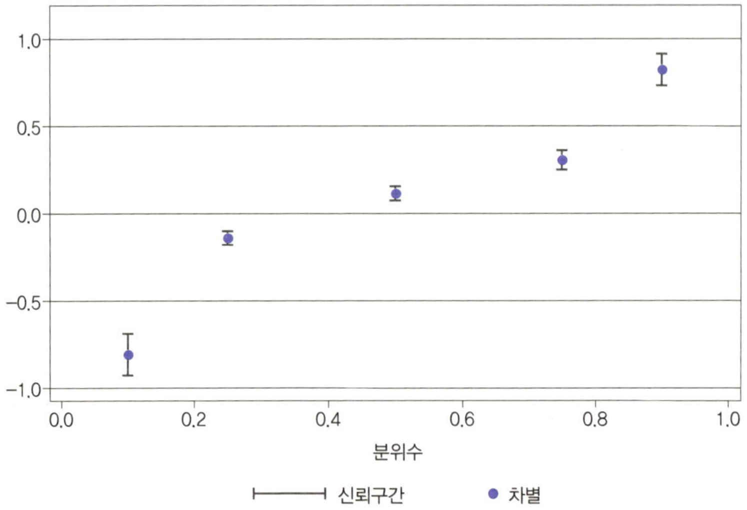

주: 95% 신뢰구간.

3) 남성과 여성의 민족별 임금 분해 비교

표 9-4에서 보듯이 식은의 민족 간 임금 격차(임금 차이+임금 차별)가 1920년대에 비해 1930년대와 1940년대 전반에 줄어들었다. 이러한 현상이 남녀 각각 어떠한 양상으로 나타났는지 살펴보기로 한다.

남성의 경우 1920년대와 비교해 1930년대와 1940년대 전반에 임금 격차가 줄어드는 가운데 설명 가능한 임금 차이가 줄어들었고, 임금 차별은 1940년대 전반에 없어졌다(표 9-8).

한편, 여성의 경우 1920년대와 1930년대는 통계적으로 유의미한 관찰을 할 수 없고, 1940년대 전반에만 임금 격차(임금 차이+임금 차별)가 확인된다(표 9-9). 결론적으로 1940년대 전반에 민족 간 임금 차별이 남성은 해소

표 9-8 남성의 민족별 B-O 분해: OLS

	전체	1920~1929년	1930~1939년	1940~1944년
일본인	4.297	4.216	4.372	4.292
조선인	3.923	3.645	4.031	3.981
격차	0.375***	0.571***	0.342***	0.311***
설명 가능 '차이'	0.362***	0.440***	0.279***	0.344***
설명 불가능 '차별'	0.013	0.131***	0.063***	-0.032***
샘플 크기	6,136	1,749	2,123	2,264

주: ***은 유의수준 1%.

표 9-9 여성의 민족별 B-O 분해: OLS

	전체	1920~1929년	1930~1939년	1940~1944년
일본인	3.537	3.484	3.401	3.568
조선인	3.462	3.431	3.433	3.466
격차	0.075***	0.053	-0.031	0.102***
설명 가능 '차이'	0.023***	0.040	-0.018	0.047***
설명 불가능 '차별'	0.052***	0.013	0.087	0.055***
샘플 크기	969	82	131	756

주: ***은 유의수준 1%.

되었으나 여성에게는 존재했다.

여기에서 1940년대 전반에 남성과 여성의 민족 간 설명 가능한 남녀 간 임금 차이의 수준이 남성보다 여성이 낮았다. 즉, 남성보다 여성의 민족 간 능력 차이가 적었다고 볼 수 있다.

4) 일본인과 조선인의 성별 임금 분해 비교

일본인 남녀 간 임금 격차는 1920년대에 비해 1930년대에 증가했다가 1940년대 전반에 1920년대 수준으로 감소했다(표 9-10). 그런데 여기에서 주목해야 할 현상은 1920년대에 비해 1940년대 전반에 설명 가능한 임금 차이는 줄어들었으나, 1920년대에는 없었던 설명 불가능한 임금 차별이 1940년대 전반에 발생했다는 점이다.

표 9-10 일본인의 성별 B-O 분해: OLS

	전체	1920~1929년	1930~1939년	1940~1944년
남성	4.297	4.216	4.372	4.292
여성	3.537	3.484	3.401	3.568
격차	0.761***	0.732***	0.971***	0.724***
설명 가능 '차이'	0.716***	0.881***	0.946***	0.538***
설명 불가능 '차별'	0.044***	−0.149***	0.025	0.186***
샘플 크기	3,971	1,186	1,367	1,418

주: ***은 유의수준 1%.

표 9-11 조선인의 성별 B-O 분해: OLS

	전체	1920~1929년	1930~1939년	1940~1944년
남성	3.923	3.645	4.030	3.981
여성	3.462	3.431	3.433	3.466
격차	0.461***	0.214***	0.598***	0.514***
설명 가능 '차이'	0.334***	0.261**	0.413***	0.327***
설명 불가능 '차별'	0.126***	−0.046	0.185**	0.187***
샘플 크기	3,134	645	887	1,602

주: ***, **, *은 각각 1%, 5%, 10% 유의수준.

조선인 남녀 간 임금 격차는 1920년대에 비해 1930년대에 증가했다가 1940년대 전반에 약간 감소했다(표 9-11). 여기에서도 주목해야 할 현상은 1940년대 전반에 설명 가능한 임금 차이는 줄어들었으나, 관찰되지 않았던 설명 불가능한 임금 차별이 1940년대 전반에 관찰된다는 점이다.

여기에서 1940년대 전반에 일본인과 조선인의 남녀 간 설명 불가능한 임금 차별의 수준이 비슷하다는 점을 확인할 수 있다. 한편, 설명 가능한 남녀 간 임금 차이의 수준이 일본인보다 조선인이 낮았다. 즉, 일본인보다 조선인의 남녀 간 능력 차이가 적었다고 볼 수 있다.

4. 소결: 신양반층과 능력주의 신화

식은의 사례에 따르면, 1940년대 전반에 민족 간 임금 차별이 남성은 해소되었으나 여성에게는 여전히 존재했다.

일본인 남녀 간 임금 격차는 1920년대에 비해 1930년대에 증가했다가 1940년대 전반에 1920년대 수준으로 감소했다. 여기에서 주목해야 할 현상은 1920년대에 비해 1940년대 전반에 설명 가능한 임금 '차이'는 줄어들었으나, 1920년대에는 없었던 설명 불가능한 임금 '차별'이 1940년대 전반에 발생했다는 점이다.

조선인 남녀 간 임금 격차는 1920년대에 비해 1930년대에 증가했다가 1940년대 전반에 약간 감소했다. 여기에서도 주목해야 할 현상은 1940년대 전반에 설명 가능한 임금 '차이'는 줄어들었으나, 관찰되지 않았던 설명 불가능한 임금 '차별'이 1940년대 전반에 관찰된다는 점이다.

한편, 1940년대 전반에 남성과 여성의 민족 간 설명 가능한 임금 '차이의 수준'이 남성보다 여성이 낮았다. 즉, 남성보다 여성의 민족 간 능력 차이가 적었다고 볼 수 있다. 또한 1940년대 전반에 일본인과 조선인의 남녀 간 설명 불가능한 임금 '차별의 수준'이 비슷했고, 설명 가능한 남녀 간 임금 '차이의 수준'이 일본인보다 조선인이 낮았다. 즉, 일본인보다 조선인의 남녀 간 능력 차이가 적었다고 볼 수 있다.

그 이유는, 첫째 전체 시기에 걸쳐 조선인 종업원의 승급(昇給) 속도가 빨랐고 여성 종업원이 더 많이 고용되었기 때문이다. 둘째, 태평양 전쟁이 발발하고 제2차 세계대전이 본격화되면서 일본인 남성 종업원이 징용되었고 부족한 일자리를 남성 조선인과 여성 일본인 및 조선인이 채웠기 때문이다.

식민지 조선의 최고 직장 중 하나였던 식은의 종업원은 사회적, 경제적 여건을 갖추어야 가능했던 고학력의 선택된 소수로 입신출세하여 신양반층을 형성했다. 지배민족인 일본인과 피지배민족인 조선인이 능력에 따른 선발에 의해 '능력주의'를 실현한 듯 보이지만, 그것은 출발점이 다른 고학력 조건을 이미 갖추었기에 가능했다.

부표

부표 9-1 민족별 남성 연도별 평균 수학연수 및 근속연수 (단위: 년)

연도	수학연수		근속연수	
	일본인	조선인	일본인	조선인
1918	11.00	7.50		
1919	13.50	7.75		
1920	13.25	8.55		
1921	13.05	8.64	0.86	1.46
1922	12.58	8.63	1.44	2.30
1923	12.41	8.94	1.89	2.75
1924	12.43	8.94	2.66	3.75
1925	12.39	9.17	2.90	4.50
1926	12.12	9.09	3.26	4.83
1927	12.29	9.47	3.59	5.23
1928	11.98	9.74	4.03	5.93
1929	12.27	10.29	4.70	6.18
1930	12.31	10.31	5.21	7.00
1931	12.27	10.34	5.84	7.63
1932	12.27	10.29	6.84	8.43
1933	12.29	10.39	7.40	9.02
1934	12.50	10.30	7.58	8.64
1935	12.39	10.37	7.36	8.48
1936	12.08	10.58	6.08	8.46
1937	12.34	10.60	5.56	8.98
1938	12.56	10.47	4.94	9.29
1939	12.58	10.79	5.34	8.00
1940	12.34	11.06	5.22	6.30
1941	12.30	11.07	5.38	6.30
1942	12.25	11.13	6.28	7.16
1943	12.29	11.13	7.11	8.16
1944	12.42	11.07	8.03	8.48

자료: 朝鮮殖産銀行, 「退職死亡者台帳」, 1918, 1919, 1925, 1928, 1933, 1937, 1941~1944년.

부표 9-2 남성 학력별·민족별·연도별 평균 임금 (단위: 엔)

연도	고등 (12년 이상 수학)		고등(16년 수학)		중등(7~11년 수학)		중등(11년 수학)	
	일본인	조선인	일본인	조선인	일본인	조선인	일본인	조선인
1918					17	12	17	12
1919					25	17	25	17
1920					30	24	30	24
1921	59		52		38	29	38	29
1922	61		54		37	34	39	33
1923	65		60		37	33	42	34
1924	68		62		39	36	43	37
1925	69		65		40	38	45	39
1926	77		71		41	41	48	44
1927	77	57	75	58	43	43	48	46
1928	82	60	80	59	42	46	47	49
1929	91	65	92	67	47	52	53	56
1930	93	70	93	70	50	56	54	59
1931	98	74	96	76	51	57	56	60
1932	101	76	99	77	54	58	60	62
1933	103	77	102	80	56	60	62	64
1934	106	79	102	85	56	57	61	60
1935	106	80	98	88	55	56	59	60
1936	103	81	95	84	50	56	55	60
1937	98	85	89	86	49	58	51	61
1938	90	87	79	83	50	61	51	64
1939	90	84	80	79	51	57	51	58
1940	91	76	83	77	49	54	50	53
1941	94	82	88	82	54	57	55	57
1942	101	87	96	86	58	62	59	62
1943	106	93	100	92	61	67	62	67
1944	117	95	114	99	65	71	68	71

자료: 부표 9-1과 동일.

CHAPTER 10

그물천장: 일본질소 (흥남질소비료)

Chapter 10

그물천장: 일본질소(흥남질소비료)

1. 고용구조와 임금 격차
2. 승급체계
3. 초임과 수당
4. 승진과 등용
5. 소결: 일본인 노동자의 양반화와 희망고문

1. 고용구조와 임금 격차

1) 고용구조

일본질소비료주식회사(日本窒素肥料株式会社, 이하 일본질소)는 1942년 현재 식민지 조선 전체 광공업회사 자산의 26%를 차지하고 있어 식민지 조선에서 일본 자본의 상징적 존재였다.[1] 일본질소는 연관설비를 근거리에 배치해야 하는 전기화학산업 중심 기업이었기에 흥남에 대규모 공장을 설립하여 콤비나트를 형성했다. 여기에서는 종업원 수가 가장 많은 흥남비료공장, 본궁공장, 흥남금속공장을 분석한다. 흥남비료공장은 1927년 5월부터 건설되기 시작했다. 흥남비료공장과 밀접한 기술관계를 형성하는 형태로 설립된 본궁공장은 1936년 1월부터 생산을 시작했고, 흥남금속공장은 1934년 6월부터 가동을 준비하기 시작했다.[2]

1945년 3월 현재 흥남비료공장, 본궁공장, 흥남금속공장의 화이트칼라인 '사원'은 각각 1,011명, 984명, 802명이었다(표 10-1). 블루칼라인 '공원'은 1945년 3월 현재 각각 6,042명(일본인 1,031/조선인 5,011), 4,867명(일본인 805/조선인 4,062), 4,949명(일본인 997/조선인 3,952)이었다. 사원의 민족별 비중은 알 수 없지만, 기존 연구와 증언을 통해 조선인 사원의 비중이 극히 낮았다는 것을 알 수 있다.[3]

조선인 공원은 해방 직전 시점의 일본질소 각 공장에서 일본인 공원을 포함한 전체 공원 중 약 80%를 차지했다. 그렇지만 조선인 직공 비율은 낮은 직급에서 평균보다 높았고 높은 직급으로 올라갈수록 그 비율이 급격히 낮아졌다. 조선인 직공 비율은 정식으로 채용된 공원 중 가장 아

표 10-1 일본질소 조선공장의 사원 및 공원 수(1945년 3월) (단위: 명)

	흥남비료공장		본궁공장		흥남금속공장	
參事以上	4		5		5	
一等社員	14		15		17	
二等社員	79		70		70	
三等社員	170		182		143	
四等社員	203		184		184	
雇員特級	9		4		6	
雇員1級	67		60		20	
雇員2級	120		108		59	
雇員3級	345		356		298	
사원 계	1,011		984		802	
	일	조	일	조	일	조
工長	36	1	32		36	1
工員長	241	30	175	22	178	20
工員副長	285	188	214	151	226	222
上等工員	264	692	235	822	314	688
一等工員	89	801	45	505	95	360
二等工員	23	2,012	21	781	28	958
見習	46	436	27	250	62	280
試	3	394	14	999	14	995
傭員	44	457	42	532	44	428
공원 계	1,031	5,011	805	4,062	997	3,952

자료: 日本窒素肥料株式会社 興南肥料工場, 本宮工場, 興南金属工場, 『職員統計』 및 『工員員数月報』.

래 직급(2등 공원)과 그 위의 직급(1등 공원)에서 평균 비율보다 높았지만 상등 공원부터는 평균 비율보다 낮았다. 직급별 조선인 직공 수는 상등 공원까지 일본인 직공 수보다 많았지만, 명령지휘권이 있는 공원부장부터의 직급별 일본인 직공 수가 조선인 직공 수를 추월했다. 사원 대우를

표 10-2 공업 노동자 민족별·산업별·연령별 임금 수준(1931년, 10명 이상 공장) (단위: 엔, %)

	성년공						유년공			
	남			여			남		여	
	일	조	조/일	일	조	조/일	일	조	일	조
방적	3.30	2.60	78.8	1.57	1.50	95.5		0.70		0.90
	0.30	0.15	50.0	0.30	0.10	33.3		0.10		0.06
	1.35	0.60	44.4	0.76	0.41	53.9		0.34		0.29
금속	5.00	3.33	66.6	1.71	1.00	58.5		0.90		
	0.10	0.10	100.0	0.50	0.20	40.0		0.10		
	2.37	1.01	42.6	0.96	0.55	57.3		0.29		
기계기구	5.46	3.50	64.1	0.96	0.82	85.4	0.90	0.90		
	0.30	0.10	33.3	0.44	0.42	95.5	0.25	0.15		
	1.90	1.13	59.5	0.80	0.58	72.5	0.48	0.39		
요업	3.66	3.00	82.0	0.79	1.15	145.6		1.00		0.40
	0.60	0.15	25.0	0.50	0.10	20.0		0.10		0.30
	2.08	0.66	31.7	0.70	0.44	62.9		0.34		0.40
화학	3.95	2.50	63.3	1.81	2.50	138.1	1.21	0.64	0.88	1.20
	0.60	0.20	33.3	0.50	0.10	20.0	0.45	0.10	0.45	0.15
	1.54	0.71	46.1	0.90	0.51	56.7	0.70	0.34	0.74	0.33
제재목제품	5.00	3.00	60.0		0.65		0.50	0.50		0.40
	0.70	0.20	28.6		0.23		0.50	0.10		0.22
	2.07	0.86	41.5		0.34		0.50	0.29		0.24
인쇄제본	7.15	4.00	55.9	1.80	2.00	111.1	0.40	0.70		0.44
	0.40	0.10	25.0	0.10	0.20	200.0	0.40	0.10		0.20
	2.08	0.92	44.2	1.28	0.47	36.7	0.40	0.28		0.29
식료품	6.67	4.80	72.0	1.50	1.64	109.3	0.50	0.62		0.80
	0.20	0.10	50.0	0.50	0.10	20.0	0.30	0.10		0.10
	1.89	0.75	39.7	0.90	0.39	43.3	0.40	0.33		0.30
가스전기	5.00	2.90	58.0	0.65	0.50	76.9		0.20		
	0.40	0.40	100.0	0.65	0.50	76.9		0.15		
	1.69	1.01	59.8	0.65	0.50	76.9		0.18		
기타	4.50	3.10	68.9	0.65	1.70	261.5		0.50		0.45
	0.30	0.10	33.3	0.50	0.12	24.0		0.10		0.06
	1.76	0.88	50.0	0.71	0.44	62.0		0.25		0.22
계	7.15	4.80	67.1	1.81	2.50	138.1	1.21	1.00	0.88	1.20
	0.10	0.10	100.0	0.30	0.10	33.3	0.25	0.10	0.45	0.06
	1.87	0.85	45.5	0.85	0.46	54.1	0.50	0.30	0.74	0.29

주: 1) 각 항목 상단은 최고, 중단이 최저, 하단이 평균.
2) 성년공은 16세 이상, 유년공은 16세 미만.
자료: 朝鮮総督府学務局社会課(1933), 『工場及鉱山に於ける労働状況調査』.

받았던 공원 중 최고지위인 '공장'(工長)은 흥남비료공장과 흥남금속공장에 조선인이 한 명씩만 있었다.

2) 임금 격차

전 조선 공장의 1931년 현재 성년공 남성 조선인이 일본인의 45.5%, 여성은 조선인이 일본인의 54.1%의 임금을 받았다(표 10-2). 성년 남성 노동자의 경우, 방적이나 식료품 공업 부문보다 기계기구나 가스전기 공업 부문에서 민족별 임금 격차가 작았다.

일본질소 각 공장의 임금 실태에 관한 자료(『공원급여월보』(工員給与月報), 1944년 10월~1945년 6월)는 공원에 대한 연령별·민족별로 '정액임금'(기본급)과 '실수임금'(기본급+수당+상여금)에 관한 정보를 기록하고 있다.[4] 각 공장별 월별 임금의 민족 간 정액임금과 실수임금의 연령별·민족별 임금 격차 비율을 조사한 결과, 의미 있는 차이가 없었다. 따라서 여기에서는 실수임금의 민족 간 임금 격차에 대해서만 살펴본다. 또한 해방 직전의 실태를 파악하기 위해 세 개 공장에 관하여 남아 있는 자료 중에 공통되는 마지막 월인 1945년 3월 자료를 선택했다.[5]

일본질소 각 공장의 일본인 공원 임금에 대한 조선인 공원의 임금은 해방 직전까지 약 50%를 유지했다. 연령별로 살펴보면 민족 간 임금 격차가 본궁공장에서는 연령 변화와 상관없이 거의 일정하나, 흥남비료공장과 흥남금속공장에서는 연령이 상승할수록 약간 줄어들었다(표 10-3).[6]

표 10-3 일본질소 조선공장의 실수입 일급(1945년 3월) (단위: 엔, %)

	0~19세	20~29세	30세 이상	계
흥남비료공장				
일	4.04	6.16	7.89	6.88
조	2.28	3.55	4.74	3.47
조/일	56.4%	57.6%	60.1%	50.4%
본궁공장				
일	4.15	6.66	8.11	6.53
조	2.20	3.48	4.32	3.40
조/일	53.0%	52.3%	53.3%	52.1%
흥남금속공장				
일	4.27	6.67	8.47	7.08
조	2.16	3.43	4.94	3.40
조/일	50.6%	51.4%	58.3%	48.0%

자료: 日本窒素肥料株式会社 興南肥料工場, 本宮工場, 興南金属工場, 『職員統計』 및 『工員員数月報』.

2. 승급체계

일본질소의 임금체계는 1945년 전의 다른 일본 기업과 마찬가지로 사원과 공원으로 엄격하게 분리되어 있었다. 즉, 임금 지급 형태가 사원이 월급, 공원이 일급으로 구별되어 있었다. 사원은 결근을 하더라도 정당한 사유가 있다면 월급 전액을 받았지만, 공원은 이유 여하 불문하고 결근한 날짜만큼 임금이 삭감되었다.

그렇다면 사원과 공원들은 직급별로 어떠한 대우를 받았을까? 직급별 정기승급의 기준을 통해 알아보도록 하자(표 10-4). 직급별 정기승급 표준금액은 1943년 7월 현재, 사원 중 최고 직급인 참사(參事) 2급이 20엔이었

표 10-4 일본질소의 정기승급 기준(1942년 5월) (단위: 엔)

구분	번호	직급	표준금액	최고금액
사원	1	參事2級	20.0	–
	2	一等社員1級	15.0	20.0
	3	一等社員2級	15.0	20.0
	4	二等社員1級	12.0	15.0
	5	二等社員2級	10.0	12.0
	6	二等社員3級	8.0	10.0
	7	三等社員1級	7.0	8.0
	8	三等社員2級	6.0	7.0
	9	三等社員3級	5.5	6.0
	10	四等社員1級	5.0	6.0
	11	四等社員2級	4.5	5.0
	12	雇員特級	4.5	–
	13	雇員1級	3.0	–
	14	雇員2級	2.8	–
	15	雇員3級	2.5	–
공원	16	工長	4.5	–
	17	工員長	0.7	–
	18	工員副長	0.7	유경험자
	19	上等工員	0.5	0.7
	20	一等工員	0.5	0.7
	21	二等工員	0.5	0.7
사원·공원 후보	91	見習	0.5	0.7
	92	試	0.5	0.7
	93	傭員	0.5	0.7

자료: 日本窒素肥料株式会社, 『部場長会議議事録』, 1942년 5월.

고, 1등 사원 1, 2급, 2등 사원 1, 2, 3급, 3등 사원 1, 2, 3급, 4등 사원 1, 2급이 각각 15엔, 15엔, 12엔, 10엔, 8엔, 7엔, 6엔, 5엔 50전, 5엔, 4엔 50전

표 10-5 일본질소 조선공장의 용원 초임(1938년) (단위: 전, %)

			만 14세	14세 6개월	15세	15세 6개월	16세	16세 6개월	17세	17세 6개월	18세 이상
개정	남성	일본인	60	65	70	75	80	85	90	95	100
		조선인	60	65	70	75	78	81	84	87	90
		A	100.0	100.0	100.0	100.0	97.5	95.3	93.3	91.6	90.0
		B	0.0	0.0	0.0	0.0	2.6	4.9	7.1	9.2	11.1
	여성	일본인	60	63	67	70	72	75	77	77	–
		조선인	일본인 기본급을 최고금액으로 함.								–
현행	남성	일본인	42	47	52	57	62	67	72	77	90
		조선인	36	40	45	49	54	58	63	67	80
		A	85.7	85.1	86.5	86.0	87.1	86.6	87.5	87.0	88.9
		B	16.7	17.5	15.6	16.3	14.8	15.5	14.3	14.9	12.5
	여성	일본인	51	54	56	60	61	64	67	67	–
		조선인	일본인 기본급을 최고금액으로 함.								–

자료: 日本窒素肥料株式会社, 『部場長会議議事録』, 1938년 6월.

이었다. 준사원에 해당하는 고원(雇員)특급은 4등 사원 2급과 같은 4엔 50전이었고, 고원 1, 2, 3급은 각각 3엔, 2엔 80전, 2엔 50전이었다. 공원 중 최고직급인 '공장'은 사원 대우를 받았기 때문에 준사원보다는 높았으나, 사원의 제일 아래 직급인 4등 사원 2급과 동일한 4엔 50전이었다. 공원장(工員長)과 공원부장(工員副長)의 정기승급 표준금액은 70전, 상등공원, 1등 공원, 2등 공원은 모두 50전이었다.

이상과 같이 정기승급 표준금액이 상위직급일수록 커졌지만, 사원과 공원의 사이에는 큰 격차가 있었다. 사원 최고직급에서 사원 최하위직급까지는 5엔, 3엔, 2엔, 1엔, 50전, 20전, 30전의 차이가 있었다. 그렇지만 사원 최하위직급과 사원 대우를 받던 공장 다음 직급인 공원장과의 차이는 1

엔 80전으로 급격히 확대된다. 또한 정사원에 해당하는 4등 사원 2급 이상은 표준금액을 넘어서서 승급시킬 수 있도록 최고금액을 설정하고 있었다.

일본질소의 임금체계는 사원과 공원의 격차를 크게 설정해 놓았고, 높은 직급일수록 정기승급의 폭을 크게 설정하여 '상후하박'(上厚下薄)의 원리를 적용했다. 이러한 임금체계는 직급 상승의 결과에 따라 임금 격차가 크게 확대된다. 따라서 공원과 사원은 직급 상승에 몰입할 수밖에 없었고, 공원은 사원으로 승격되는 '등용'(登用) 합격 여부가 최대의 관심사였다.

3. 초임과 수당

1) 초임

(1) 미경험공

일본질소의 임금체계는 직급 상승 속도와 등용 여부에 따라 임금 격차가 발생하기 때문에 초임에서 격차가 있으면 그 격차는 더욱 확대될 수밖에 없는 구조였다.

일본질소에서 기능과 숙련이 없어도 되는 허드렛일을 하는 만 14~15세 6개월의 조선인 용원의 초임은 1938년까지 일본인의 85~86%를 받았다(표 10-5). 일본인이 16% 정도 더 받는 수준이었다. 그렇지만 1938년 이후에는 조선인 용원과 일본인 용원의 초임은 같은 수준이 되었다. 이는 1936~1937년 이후부터 일본인뿐만 아니라 조선인 노동력도 부족하기 시작했기 때문이다. 그럼에도 불구하고 1938년 이후에도 16세 이상의 조선

표 10-6 일본질소 조선공장의 미경험공 초임(1943년) (단위: 전, %)

		12~13세	13~14세	14~15세	15~16세	16~17세	17~18세	18~19세	19~20세	20~22세	22~24세	24세 이상
남성		70	75	80	90	100	110	115	120	125	130	140
여성	일본인	60		70		80		85		90		
	조선인	55		65		75		80		85		
	A	91.7		92.9		93.8		94.1		94.4		
	B	9.1		7.7		6.7		6.3		5.9		

주: A는 일본인에 대한 조선인 임금 비율, B는 조선인에 대해 일본인이 얼마나 더 받는가를 나타냄.
자료: 日本窒素肥料株式会社 興南金属工場, 『工員賃金規則』, 1943년 12월.

인 용원의 초임은 일본인보다 낮았고, 특히 18세 이상은 16~17세 6개월의 연령대보다 큰 임금 격차를 유지했다.

노동력 부족이 격심해지는 1943년 12월 현재 남성 미경험공 초임의 민족 간 격차는 없어졌다. 그렇지만 여성의 민족 간 격차는 유지되었다(표 10-6). 그 이유는 당시 용원으로 채용할 일본인 남성은 절대적으로 부족하여 일본인 여성을 용원으로 채용하여 보충했기 때문이다. 즉, 1944년 10월 현재 흥남비료공장, 본궁공장, 흥남금속공장의 남성 일본인 용원 및 조선인 용원은 각각 55명 및 368명, 48명 및 550명, 53명 및 483명이었다. 이에 비해 여성 일본인 용원 및 조선인 용원은 각각 84명 및 66명, 67명 및 44명, 73명 및 54명이었다. 일본질소 경영진은 노동력이 심각하게 부족한 시기에도 조선인은 게으르고 책임감이 없다는 강한 불신이 있었기에 남성 조선인보다 여성 일본인을 선호했다고 할 수 있다.[7]

(2) 양성공

일본질소 경영진은 1936년부터 '공수(工手)양성소'를 설치하여 일본질소에 재직하는 종업원 자녀를 대상으로 양성공을 의미하는 공수를 길러내기 시작했다. 양성공은 미경험공과는 달리 공장 운영의 핵심적인 인재로 키우려는 대상이었다. 그런데 공공연하게 민족 간 임금 격차를 표명하는 임금제도를 적용했다는 점에 주목할 필요가 있다(표 10-7).

일본질소 경영진은 조선인 양성공이 일본질소 종업원의 자녀로 일본질소의 기업문화를 이해하는 환경에서 자랐고, 일본인 양성공과 동일한 학력 자격이었음에도 불구하고 일본인의 70.3%에 해당하는 임금을 지불했다. 즉, 일본질소 경영진은 조선인 양성공 후보보다 일본인 양성공 후보에

표 10-7 일본질소 조선공장의 공수양성소 초임(1938년)

대상	자격	대우(일급)		대일본인 조선인 일급 비율	대조선인 일본인 일급할증 비율
		일	조	(45/64)*100	[(64-45)/45]*100
관계회사 종업원 자녀	소학교 고등과졸	64전	45전	70.3%	42.2%

자료: 日本窒素肥料株式会社, 『部場長会議事前協議事項』, 1938년 6월.

표 10-8 일본질소 조선공장의 양성공 초임(1943년)

	1년 차	2년 차	3년 차
일본인	25전	28전	1.35~1.45엔
조선인	20전	23전	
A	80.0%	82.1%	-
B	25.0%	21.7%	-

주: A는 일본인에 대한 조선인 임금 비율, B는 조선인에 대해 일본인이 얼마나 더 받는가를 나타냄.
자료: 日本窒素肥料株式会社 興南金属工場, 『工員賃金規則』, 1943년 12월.

게 초임으로 42.2% 더 지불하는 방침을 정했다. 이는 효율적이고 합리적인 경영을 추구해야 할 기업 방침을 어기고, 조선인 종업원 자녀보다 일본인 종업원 자녀를 공장 운영 핵심 인재로 키우려는 목적에서 비효율적, 비합리적 선택을 했던 식민지 조선의 상황을 잘 보여 주고 있다.

노동력이 심각하게 부족한 1943년 12월 1, 2년 차의 조선인 양성공 기본급은 일본인 양성공의 약 80%에 해당했다(표 10-8). 한편, 양성공 3년 차가 되면 공공연한 민족 간 임금 격차는 없어졌다.

2) 수당

일본질소 종업원은 당시 타 기업과 마찬가지로 기본급과 더불어 각종 수당을 받았다. 공원에게 지급된 수당의 종류는 재선(在鮮)수당, 연공가급(年功加給), 가족수당, 개정근(皆精勤)수당, 근면수당, 소정취업시간내취업수당, 운동수당, 과로수당, 소정휴일출근수당, 연말연시취업수당, 소정휴일수당, 결혼휴일수당, 출산휴일수당, 전근휴일수당, 전택휴일수당, 내지귀향휴일수당, 기인(忌引)휴일수당, 출근정지휴일수당, 전염병에 의한 출근정지휴일수당, 응소(應召)수당, 근무연습교육소집응소수당, 입영자수당이 있었다.[8]

명시적으로 민족 간 임금 격차를 부여하는 수당은 재선수당, 가족수당, 내지귀향휴일수당이었다. 일본인에게만 지급된 재선수당은 기본급 1엔 50전 이하일 경우 기본급의 55%, 기본급 1엔 50전 이상일 경우 기본금의 35%를 지급했다(표 10-9). 다만 최소한 50전 이상을 지급했다. 가족이 있는 공원에게 가족수당을 지급했다. 그런데 한 가족당 일본인에게는 5엔

표 10-9 일본질소 조선공장의 공원 대상 수당(1943년)

종류	금액 및 비율	대상
재선수당	기본급 1.5엔 이하 55%, 이상 35% 단, 최저 0.5엔	일본인
가족수당	매월 부양가족 1인에 대해 일본인 5엔, 조선인 3엔	부양가족 있는 공원
일본 국내 귀향휴일수당	일급의 7일분 이상	재근 3년 이상 일본인

자료: 日本窒素肥料株式会社 興南金属工場, 『工員賃金規則』, 1943년 12월.

을 지급했으나 조선인에게는 3엔을 지급했다. 일본인이 일본 국내로 귀향할 경우 수당을 지불했는데, 조선인에게는 귀향할 경우 증언에 의하면 지불하지 않았다.[9]

식민지 조선에서 일본인에게 조선에서 근무한다는 이유로 광범위하게 지불되었던 재선수당의 실태가 자료 부족으로 잘 알려져 있지 않았다. 일본질소의 경우 다행히 의사에 대한 재선수당 지급 상황을 자세히 알 수 있다. 일본질소 전속 의사는 전문대를 졸업했을 경우 2등급 사원 3급, 대학을 졸업했을 경우 2등급 사원 2급으로 채용되었다. 의사 최하위 등급인 19등급의 기본급은 월 60엔이었는데, 그 50%에 해당되는 30엔을 재선수당으로 지급했다(표 10-10).

이후 등급이 상승함에 따라 14등급까지 1엔 50전씩 추가 지급했고, 13등급에서 12등급으로 승급할 때는 1엔 추가 지급했으며 12등급 이후에는 40엔을 동일하게 지급했다. 즉, 사원은 입사 이후 기본급의 50%를 받기 시작해 상한선을 40엔으로 등급이 상승할 때마다 1엔 50전씩 추가로 받았다. 재선수당의 경우 공원과 마찬가지로 사원에게도 '하후상박'의 원리를

표 10-10 일본질소 조선공장 의사의 본봉과 재선수당(1941년) (단위: 엔)

급별	본봉	재선수당	의사수당	총액
1	300	40	200	540
2	280	40	200	520
3	260	40	200	500
4	240	40	200	480
5	200	40	200	440
6	190	40	190	420
7	180	40	180	400
8	170	40	170	380
9	160	40	160	360
10	150	40	150	340
11	140	40	140	320
12	130	40	130	300
13	120	39	120	279
14	110	37.5	110	257.5
15	100	36	100	236
16	90	34.5	90	214.5
17	80	33	80	193
18	70	31.5	70	171.5
19	60	30	60	150

자료: 日本窒素肥料株式会社『地方手当支給の件』, 1941년.

적용했다. 이는 일본인을 조선의 공장에 정착시키는 유인책으로 작용했다고 판단된다.

이상과 같이 일본인에게만 또는 일본인에게 높은 비율로 지급했던 재선수당을 비롯한 수당들은 민족 간 임금 격차를 추가적으로 발생시키는 주요 요소였다.

4. 승진과 등용

1) 승진

여기에서는 민족 간 격차를 자료로 확인할 수 있는 공원 부문의 승진에 대해 살펴본다. 공원은 크게 보통공원, 시공원(試傭), 견습공원(훈련생)으로 나뉜다. 시공원을 거쳐 준공원이 되고, 3년 근무하면 정공원이 된다.[10] 준공원이 되어 합계 6년 이상 근무한 자 중에 지도력이 인정되면 공원부장으로 '선발'되어 승진한다. 공원부장이 되어 3년 이상 근속한 자 중에서 높은 평가를 받으면 공원장으로 '선발'되어 승진한다. 공장은 준공원이 되어 합계 12년 이상 근속하고 공원부장과 공원장을 6년 이상 정근(精勤)한 자 가운데 '인물'과 '기량'이 우수한 자를 '전형'을 통해 승진시킨다.

이상의 승진 기준은 어떠한 결과를 초래했을까? 공장가동 기간이 가장 긴 흥남비료공장 사례를 통해 살펴보기로 한다. 흥남비료공장은 1945년 3월 현재 공장건설을 시작하여 17년 10개월, 본격적인 생산을 시작하여 15년 2개월 경과했다. 조선인 공장은 승진 필요연수 12년을 3년 이상 경과했음에도 불구하고 1명, 조선인 공원장은 승진 필요연수 9년을 6년 이상 경과했음에도 불구하고 30명에 불과했다. 전체 생산 부문을 통괄하는 공장은 예외로 하더라도 일정 생산 부문의 지휘 권한이 있는 공원장에서도 압도적으로 일본인의 비중이 높았다. 공원장을 보좌하는 공원부장의 경우에도 조선인이 일본인보다 적었다.

이러한 승진 기회의 차이는 임금에 크게 반영되었다. 공원부장 이상의 지휘명령권이 있는 공원과 그 이하 등급 공원의 정기승급 금액이 각각 70전과 50전으로 차이가 있었다. 이와 더불어 매달 지불한 상여금에 의해 격차가 더욱 벌어졌다. 공장에게는 정기승급과 마찬가지로 사원에 준하여 상여금을 지급했다. 공원장에게는 기본급 일급 30일분, 공원부장은 20일분, 정공원은 10일분, 준공원은 8일분 해당하는 금액을 지급했다. 그 결과 1945년 3월 현재 흥남비료공장의 일본인 공원은 정액일 경우 전체 평균적으로 일급 기준 조선인 공원보다 1엔 67전 많이 받았다. 더욱이 수당과 상여금을 합한 실수금액의 경우 3엔 41전 많이 받았다.

이상과 같이 민족 간 임금 격차의 비율이 같다 하더라도 수당과 상여금을 합한 민족별 임금 격차의 절대금액은 2배 이상 확대되었다.

2) 등용

앞에서 언급한 바와 같이 1945년 이전의 일본 기업은 사원과 공원을 엄격하게 구분하여 대우했다. 따라서 공원 및 용원이 정식 사원으로 '등용'(登庸)되는 것은 급격한 대우의 상승을 의미했다.[11] 등용을 위한 선별은 일정 자격 이상인 자를 대상으로 매년 12월에 그때 그때 필요에 따라 조선과 일본에서 실시되었다.[12]

정식 사원 등용 대상은 사원견습, 직원자격인정전문시험에 합격한 준사원, 전기기술자자격시험 제2종 또는 동등 자격 이상의 공공시험 합격자, 6년 이상 근속한 준사원이었다. 준사원 등용 대상은 준사원견습, 직원자격인정보통시험에 합격한 용원, 전기기술자자격검정시험 제3종, 전검(專檢)보통시험 또는 동등 자격 이상의 공공시험 합격자, 준위계급 또는 사회적으로 동등 이상의 '직실'(職實)이 있는 자였다.

표 10-11 일본질소 조선공장 공원의 직원자격인정전문시험 합격자 등용 (단위: 명, %)

	일본인		조선인	
	합격자	등용	합격자	등용
1940	1	1	0	0
1941	6	6	0	0
1942	9	9	2	1
1943	5	3	1	0
1944	7	2	3	0
계	28	21	6	1
등용률		75.0		16.7

자료: 부표 10-1 참조.

등용 선별은 사원과 준사원으로 구분하여 시행되었고, 등용된 자에게는 등용과 더불어 특별승급의 특전을 부여했다.[13] 등용 선별은 과장과 계장 3명 이상으로 구성된 고과자 합의로 결정되었다. 그 합의는 전체 항목에 걸쳐 비난이 적은 자를 합격으로 처리하고, 심하게 결점이 있거나 평가가 고르지 못한 자를 불합격 처리했다. 그 이유는 학력과 근무연수에 치중한 등용에 문제점을 지적한 공장 현장의 요구를 반영한 결과였다. 이러한 등용 기준은 실제로 어떻게 적용되었을까?

일본질소 경영진은 사내의 직원자격인정전문시험에 합격한 공원 및 용원과 준사원 가운데 선별하여 준사원 또는 사원으로 등용시켰다. 시험 합격자를 전수조사한 것인지는 확인할 방법이 없지만, 제도 개선을 위해 일정 기준에 입각하여 조사한 것이므로 연간 변화의 추세는 신뢰할 수 있다(표 10-11).

등용의 실태가 명확히 확인되는 공원 및 용원 합격자에 대해 살펴보자. 이 조사는 1940년부터 1944년까지의 시험합격자가 합격 당시와 1944년 현재의 변화된 지위를 나타내고 있다. 1940년부터 1942년까지의 일본인 공원 합격자는 1944년 현재 모두 사원으로 등용되었고, 1943년 합격자는 5명 중 3명, 1944년 합격자는 7명 중 2명이 등용되었다.

조선인 합격자는 1940년과 1941년에는 없었고, 1942년 합격자 2명 중 1명이 등용되었다. 1943년과 1944년 조선인 합격자는 각각 1명과 3명이 있었으나 모두 등용되지 못했다. 등용된 유일한 조선인은 1942년 합격 시의 일급이 매우 높았기에 특수기능을 보유한 용원이었다고 판단된다.

따라서 매우 한정된 숫자이지만 일본질소에서 향상심이 높았던 조선인은 자신의 노력으로 시험에 합격했음에도 불구하고 고과를 통한 선별을 통과하기는 하늘에 별따기와 같았다.

5. 소결: 일본인 노동자의 양반화와 희망고문

조선인 공원은 해방 직전까지 일본인 공원의 약 50%의 임금을 받았다. 그 원인은 초임, 승급, 승진, 승격(등용)에 민족 간 격차가 있었기 때문이다. 미경험공의 민족 간 초임 격차는 줄어들었으나, 간부로 양성할 노동자의 초임은 일본질소 노동자 자녀로 같은 학력이라도 격차를 두었다. 해방 직전에 미경험공 초임의 민족 간 격차가 남성에게는 없어졌는데, 여성에게는 여전히 남아 있었다. 일본인에게만 지급하는 수당들도 민족 간 임금 격차를 확대시키는 주요 원인이었다.

일본질소 경영진은 당시 다른 일본 기업과 마찬가지로 사원과 공원을 엄격히 구분했고, 사원을 우대했다. 그리고 직급이 상승할수록 더 많은 임금을 지불하는 '상후하박'의 원칙을 적용했다. 따라서 일본질소에 근무했던 조선인 공원은 임금 상승을 실현하기 위해 승진해야 했고 정식 사원으로의 등용을 실현해야 했다. 그럼에도 불구하고 일본질소 조선공장에 조선인 사원은 극소수였다. 사원 대우를 받는 공원 중 최고 지위가 공장이다. 흥남비료공장 일본인 공원 1,031명 중 일본인 공장은 36명(3.5%)이고, 조선인 공원 5,011명 중 조선인 공장은 1명(0.02%)이었다. 그 다음 지위인 공원장은 일본인이 241명(23.4%), 조선인이 30명(0.6%)이었다.

이상과 같이 조선인 공원은 사원으로의 등용 기회가 거의 없었고, 높은 임금이 보장되는 지휘명령권 지위의 직급에 승진하는 기회가 매우 적어 민족 간 임금 격차가 유지되었다. 식민지 조선 최대 규모 기업에서 일본인 노동자의 다수가 양반 대접을 받았고 조선인 노동자는 극소수만이 양반 대접을 받았던 것이다.

부표

부표 10-1 일본질소 조선공장 공원의 직원자격인정전문시험 합격자 등용

연도	합격 시 급여	현재 급여	민족 구분	합격 시 직급	현재 직급	현재 연령	부양 가족	부문 구분
1940	2.1	90	일	副組長	三等社員2級	34	2	技術
1941	–	87	일	組長	四等社員2級	36	4	技術
	1.86	82	일	副組長	四等社員2級	30	3	事務
	1.73	73	일	副組長	四等社員1級	24	3	技術
	1.65	74	일	工員	四等社員2級	32	0	技術
	1.75	72	일	傭員	四等社員2級	29	2	技術
	1.21	65	일	傭員	四等社員2級	24	1	技術
1942	2.29	86	일	副組長	四等社員2級	26	0	技術
	1.93	81	일	副組長	四等社員2級	35	2	事務
	1.86	79	일	副組長	四等社員2級	27	2	技術
	1.76	67	일	副組長	四等社員2級	28	2	技術
	1.64	71	일	副組長	四等社員2級	25	2	技術
	1.23	57	일	傭員	四等社員2級	20	0	技術
	1.07	70	일	傭員	四等社員2級	21	0	技術
	1.4	83	일	傭員	四等社員1級	32	3	技術
	1.94	70	일	–	四等社員1級	31	2	技術
	1.7	2.19	조	上等工員	工員副長	23	1	技術
	2.28	99	조	傭員	四等社員2級	26	2	技術
1943	53	56	일	雇員2級	社員見習後期	21	0	技術
	2.03	2.37	일	工員副長	工員副長	29	4	技術
	2.2	2.43	일	助手	工員副長	37	4	技術
	2.73	92	일	工員長	四等社員2級	32	3	技術
	2.36	83	일	工員長	四等社員2級	27	4	技術
	2.93	63	일	–	四等社員2級	23	0	技術
	72	75	조	雇員3級	雇員2級	31	2	事務
	1.3	1.8	조	上等工員	上等工員	23	0	技術
1944	56	59	일	雇員3級	四等社員2級	29	0	事務

부표 10-1 계속

연도	합격 시 급여	현재 급여	민족 구분	합격 시 직급	현재 직급	현재 연령	부양 가족	부문 구분
1944	38	40	일	雇員3級	雇員3級	24	0	技術
	2.38	2.38	일	工員長	工員長	29	4	技術
	2.43	2.44	일	工員副長	工員副長	26	–	技術
	1.79	1.94	일	工員副長	工員副長	20	0	技術
	2.41	2.41	일	上等工員	上等工員	35	3	技術
	1.76	1.86	일	上等工員	上等工員	21	0	技術
	2.74	78	일	工員長	四等社員2級	27	1	技術
	2.25	67	일	工員副長	社員見習後期	20	0	技術
	73	73	조	雇員2級	雇員2級	34	3	事務
	1.75	1.84	조	上等工員	上等工員	20	0	技術
	1.61	1.71	조	上等工員	上等工員	21	0	技術
	–	1.64	조	–	上等工員	19	0	技術

자료: 日本窒素肥料株式會社, 『人事部報』 第24号, 1944년 5월.

CHAPTER 11

집단적 인격 무시: 오노다시멘트 (동양시멘트)

Chapter 11
집단적 인격 무시: 오노다시멘트(동양시멘트)

1. 노동조직
2. 인사제도
3. 노사협의제도: 일본 본사와의 비교
4. 집단적 인격 무시
5. 소결: 입신출세 신화와 인격 존중

1. 노동조직

1) 노무관리·작업지휘 체계

노동조직이란 생산 효율화를 위해 일정한 규칙에 따라 일을 적절히 배분하고 적임자에게 맡기는 '사람의 협동체계'이다. 노동 조직을 구성하는 노무관리 및 작업지휘 체계는 오노다시멘트사의 경우 두 갈래로 나뉜다(그림 11-1).

제1계통은 본사의 이사(理事)가 본사에서 파견한 경영, 생산, 노무관리 책임자인 지사의 지배인(支配人)에게 지휘명령하는 체계였다.[1]

지배인은 지사의 경영 상황을 감안하여 공무(工務)과장에게 지휘명령을 내렸다. 이 지휘명령은 기술자인 공무과 직원을 통해 공정(工程)을 직접 지휘·감독하는 각 계장(掛長)에게 내려졌다. 지휘명령은 계장의 직무를 대리하는 부계장(각 계에 1명 또는 2명)과 시멘트 원료인 석회석 광산에서 공장까지 운반 작업하는 일꾼(仲仕)을 지휘·감독하는 조장(組長)에게 전달되어 최종적으로 관철되었다. 지휘명령 내용은 '기계기구 및 기타 소속 물품을 정리·보관할 책임', '공장의 풍기, 위생, 화기, 교대할 때 책임자에게 확실한 보고', '기타 직무에 대한 일체 책임' 등이었다.

제2계통은 '직공지도원'(職工世話掛)(3명 이상 7명 이하)이 지배인으로부터 지휘명령을 받는 체계였다.

직공지도원은 회사에 대한 직공의 질문을 받아 그 대책을 마련하는 등 회사와 직공 간의 연계를 상시 유지하여 지배인과 일반 노동자를 직접 연결했다. 지휘명령 내용은 직공의 입사 및 퇴사, 일반 풍기 단속, 개선, 구

그림 11-1 관리 및 지휘명령 체계도(1926년)

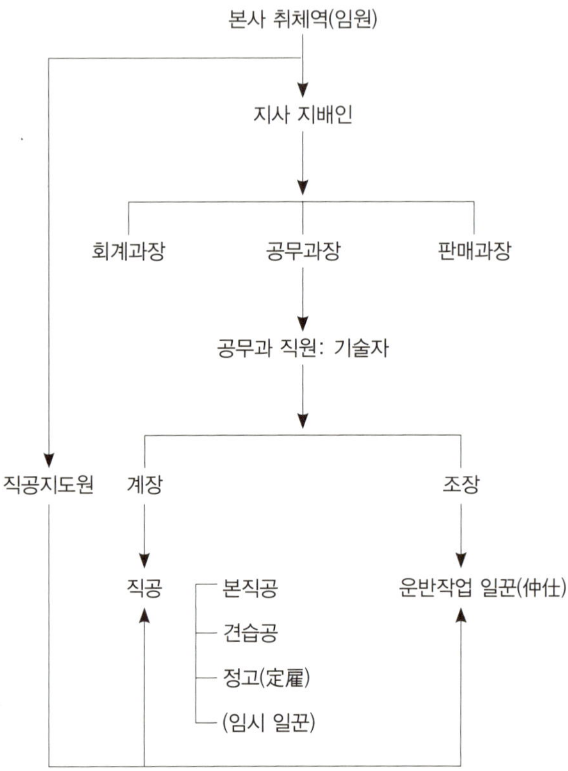

자료: 小野田セメント社, 『職工規則』 1926년, 『職員録』 참조하여 작성.

휼(救恤) 등이었다.

오노다시멘트사 경영진은 노무관리 및 지휘명령 체계를 유지하기 위해 노동규율을 제정하고 노동자들에게 이를 인식하도록 반복적으로 교육했다. 본사공장의 『직공규칙』(職工規則)은 '총칙, 입퇴사 및 복무, 공임 및 여비, 적립금, 부조(扶助)-구제(救濟), 상여(賞與)-우대(優待) 및 제재(制裁)'

의 6편으로 구성되었다.

'입퇴사 및 복무'에 대해 살펴보면, ① '입사-승진-휴직-퇴사'할 때 절차 및 방법과 그 기준, ② 출퇴근기록계(time recorder)의 취급 방법과 복장에 관한 내용인 '입문(入門) 및 출문(出門)', ③ '근무-휴게시간 및 휴일' 규정, ④ '결근-휴가-경조사' 및 '조퇴' 시 담당자와 경비원에게 신고하는 방법, ⑤ 30분 이상 '지각'하면 출근 거부, ⑥ 기계기구의 취급 방법 및 파손 시 변상, ⑦ '직공은 근면하고 예의와 염치를 중시하며 상사의 명령과 회사의 풍속 관례에 복종하고 협동하며 일치하여 직무에 충실'한다는 내용으로 상세히 서술되어 있었다. 또한 『직공규칙』의 마지막 부분에 있는 '직공심득(心得) 사항'은 '출퇴근기록계' 규정,[2] 공장 비품 보완 취급 규정, 식당 규정, 식사 외출 관련 규정, 목욕탕 규정으로 구성되어 있었다.

본사공장의 『직공규칙』은, 조선 오노다시멘트사의 『직공부조규정』(1938), 조선 각 공장의 『공무과 고과장』, 그리고 당시 일했던 조선인 노동자들의 증언을 종합해 보면, 조선 각 공장에도 적용된 것으로 판단된다.

오노다시멘트사의 각 공장은 1885년 본사 일본 야마구치현(山口縣) 오노다(小野田), 1907년 중국 랴오닝성(遼寧省) 다롄(大連), 1919년 평안남도 평양(平壤), 1928년 함경남도 천내(川內), 1936년 함경북도 고무산(古茂山), 1942년 강원도 삼척(三陟)에 건설되었다.[3]

한편, 일본에서는 1923년 개정된 「공장법시행령」에 의해 50인 이상의 모든 공장은 『취업규칙』을 제정하고 지방관청에 신고가 의무화되었다. 반면에 다롄과 조선의 각 공장에서는 공장법이 적용되지 않았기에 명문화된 『취업규칙』을 의무화하는 법적 규제가 없었다.

이상과 같이 오노다시멘트사 조선공장의 노무관리 및 지휘명령 체계는 본사공장의 『직공규칙』을 적용한 노동규율에 따라 이루어졌으나, 그것을 의무화하는 법적 규제가 없었기에 경영자의 자의적 판단에 따라 변경될 수 있었다.

2) 8시간 3교대제

오노다시멘트사 각 공장의 노동 조직은 8시간 3교대제 시행으로 크게 변화했다. 8시간 3교대제는 1899년 일반 작업에 비해 기술력과 주야간 연속작업이 필요한 연속(Dietzsch)소성(燒成)가마[4]가 도입된 본사 제1공장에서 처음 시행되었다. 시멘트 제조공정은 크게 원료 공정, 굽는 공정, 마무리 공정으로 나눌 수 있다. 굽는 공정의 중심 설비가 '소성가마'이며, 1913년부터는 '회선가마'로 대체되었다.[5] 8시간 3교대제는 1920년부터 모든 공장에서 시행되었다.[6]

8시간 3교대제는 작업능률을 향상시키고 처우도 개선하기 위해 시행되었다.[7] 첫째, 경영진은 작업시간이 길면 피로감 등으로 작업능률이 낮아지고 건강에도 악영향을 미쳐, 주야간 연속 교대근무로 인한 폐해가 크다는 것을 인식했다. 둘째, 따라서 작업시간을 단축하는 8시간제로 전환하여 작업능률을 높이고 건강도 보전하여 노동환경 개선을 실현하기 위해 실시했다. 셋째, 그러나 작업시간 단축에 따라 임금을 낮추지 않고 기존 임금을 그대로 적용했다.

8시간 3교대제 시행효과를, 1922년 본사 제1공장의 조사 결과에 기초하여 살펴보기로 한다(표 11-1). 2교대제에서 3교대제로 전환하면, 하루 기준으로 1교대분의 인원이 증가되어 인원의 50%가 증가해야 할 것으로 예

표 11-1 8시간 3교대제 시행 효과(본사 제1공장, 1922년)

	내역	2교대제	3교대제	증감률(%)
1일	인원	a 291명	b 378	15.1
	총일급	128.730엔	193.510	50.3
	1인당 일급	0.441엔	0.512	15.8
	작업능률(1인당)	(a+146명:1교대 분)/b×100=115.6 〈실제 1교대 분: 87명〉		15.6
연시간	연시간 A	1,443,018시간	1,360,726	−5.7
	생산량 B	46,419톤	48,000	4.3
	인원 C	144,301명	170,091	17.9
	공임 D	75,164.413엔	89,829.580	19.5
	1인당 생산량 B/C	0.32톤	0.28	−12.5
	1톤당 인원 수 C/B	3.11인	3.54	13.8
	1톤당 공임 D/B	1.62엔	1.87	15.4
	작업능률 A/B (1톤당 생산시간)	5.3시간	4.9	−7.5

주: 1) 1일은 2교대제 · 3교대제 조사 기간 각 3개월 간 1월 · 7월 평균치.
2) 연시간은 2교대제(1911~1913년), 3교대제(1914~1916년).
3) 2교대제: 주야 2교대 10시간 작업, 소성(焼窯)은 8시간 3교대제.
자료: 小野田セメント社(1922),『工場監督及職工ノ保護』.

상되지만, 실제로는 15.1%밖에 증가하지 않았다. 즉, 2교대제에서 3교대제로 전환할 때 계산상으로는 1교대분, 즉 146명의 인력을 투입해야 했지만 실제로는 87명만 투입해도 가동이 가능했다. 결론적으로 1인당 15.6%의 작업능률 증가로 2교대제에서 3교대제로 전환할 때 예상되었던 인원보다 적은 인원으로 가동할 수 있었다. 임금 면에서도 일급 인상분을 감안하고 1교대분의 증가분을 계산하면 임금총액 73.8%가 증가해야 하지만, 실제로는 50.3%밖에 증가하지 않았다. 이러한 조사 결과를 바탕으로 오노다시멘트사는 8시간 3교대제를 다른 지사 공장에 확대 시행하게 되었다.

평양공장에서의 8시간 3교대제 전환은 1920년 상반기부터 하반기에 걸쳐 이루어졌다.[8] 전체 노동자에 대한 시간당 임금을 인상하는 가운데, 일본인 노동자에 대해서는 교대 간 배치전환을 실시하고, 조선인 노동자에 대해서는 교대 간 배치전환과 동시에 증원하는 형태로 이루어졌다. 평양공장의 8시간 3교대제 전환은 본사 제1공장에서 작업능률 변화를 계산한 방식에 따르면, 1인당 작업능률이 44.5% 증가하는 효과를 거두었다.

즉, 평양공장에서 10시간 2교대제에서 8시간 3교대제로 전환한 결과, 인원이 3.8% 증가했고(일 110명→110명, 조 683명→713명), 1인당 총일급액이 57.2% 증가했다(일 189.46엔→257.13엔, 조 370.34엔→622.86엔). 결과적으로 본사공장의 총일급액 50.3%보다 높은 수치로 생산비용 절감효과는 본사공장보다 낮았다.

여기서 주목할 점은 평양공장에는 새로 만든 교대조를 지휘·감독하는 교대장을 주로 일본인 노동자로 배치했다는 점이다. 즉, 조선인 노동자는 노동강도의 강화로 임금이 상승했지만, 늘어난 교대장으로의 승진기회는 주어지지 않았다.

3) 현장작업 조직

8시간 3교대제 전환 이후 오노다시멘트사의 현장작업 조직은 다섯 개 직급으로 구성되었다.[9] 첫째, '본직공'(本職工)은 숙달된 기능을 바탕으로 공장 상시 업무에 종사했고, 둘째 '견습공'(見習工)은 본직공을 희망하여 서약하고 기능을 쌓았으며, 셋째 '정고'(定雇)는 본직공 또는 견습공을 희망하여 공장 상시 업무, 증축·개축 등의 공사 업무, 기타 잡무에 종사했고, 넷째 '일꾼'(仲仕)은 원료 및 제품 등 공장 내에서의 운반 도급 업무를 담당했으며, 다섯째 '임시일꾼'(臨時工夫)은 대규모 증축 또는 개축이 있을 때 공무과에 임시공사반을 만들어 고용되었다.

이와 같이 본직공, 견습공, 정고는 제품 생산에 직접 관여하는 작업을 하는 직급이며, 정고에서 견습공으로, 견습공에서 본직공으로 승급이 가능했다. 일꾼은 운반 작업, 임시일꾼은 현저한 증축 등의 작업을 담당했다.

이러한 작업 조직이 평양공장에서는 표 6-2에서 살펴본 바와 같이 민족별·기능별로 부(部)와 계(掛)로 구분하여 작업 배분이 이루어졌다. 전체 부서별로 살펴보면, 원동부(原動部)에서 조선인 직공 대비 일본인 직공 비율이 가장 높았고, 다른 부서에서는 평균 비율과 비슷하거나 그보다 낮았다.

첫째, 원동부의 일본인 노동자 비율은 0.7로 전체 평균 0.3보다 높았다. 특히 일본인 노동자는 '터빈계'에 조선인 노동자보다 2.5배 많이 배치되었다. 원동부의 조선인 본직공의 비율이 전체 조선인 본직공의 평균 비율 35.5%보다 높은 50.0%였다는 점도 주목할 만하다.

둘째, 제조부(製造部)는 시멘트 제조공정의 핵심으로 경영진의 노무관리가 집중된 부서였다. 즉, 각 교대마다 교대장 및 부교대장 아래 3교대 1조당 1명의 일본인 고참 노동자를 배치했고 각 교대조에 속한 일반 노동자를 지휘·감독하는 형태로 촘촘히 관리했다.[10] 제조부의 소속 노동자가 전체 노동자의 절반을 차지했으나 그중에 일본인 노동자의 비율은 낮았다. 원석 채굴, 포장, 적재 등 단순 작업을 담당하는 계에서는 조선인 노동자의 비율이 평균보다 높았고, 그 외의 계에서는 일본인 노동자의 비율이 평균보다 높았다.

한편, 고도의 기능이 필요한 '소성가마계'는 일본인 노동자의 비율이 높고, 본직공과 견습공으로만 구성되었다. 천내공장의 경우, 3개의 소성가마에 각각 온도 감시하는 사람, 주유(注油)하는 사람, 그리고 소수(燒手)가 있었다. 그들의 주요 임무는 가마가 운전되는 월 20일 동안에 이상(異常) 상황을 감지해 놓고, 가마가 정지되는 10일 동안 보수하는 것이었다. 여기에서 고도의 숙련이 필요한 기능은 가마가 운전될 때의 소리를 듣고 이상 상황을 미리 감지하는 것이었다. 그래야 가마 정지 기간 중에 신속히 보수할 수 있기 때문이었다.[11]

셋째, 수선부(修繕部)는 시멘트 제조공정을 지원하는 목공, 선반, 목형 등 다른 제조공장에서도 활용 가능한 범용 기능 업무가 대부분이었다. 수선부의 조선인 본직공 비율은 전체 평균보다 높았고, 일본인 본직공 비율은 전체 평균보다 낮았다.

넷째, 잡부(雜部)는 공장 출입을 단속하는 수위과를 비롯해 공장의 인사사무를 담당하는 공무과서무계 및 공무과예비계 부서가 포함되었다. 수위 및 공무과서무계는 일본인 노동자의 비율이 전체 평균보다 높고, 공무과예비계는 조선인 노동자의 비율이 전체 평균보다 높았다. 공무과예비계에는 입사 후 정식 배치를 기다리는 노동자들이 소속되어 있었다. 이 부서에 소속된 조선인 노동자 수가 잡부의 절반을 차지했다. 경기변동에 따라 공무과예비계에 소속된 노동자 수를 조절하여 경기변동에 대비했다. 예를 들어, 1931년 쇼와(昭和)공황의 영향으로 인원정리를 실시했을 때 해고된 공무과예비계 소속 노동자는 총해고자 48명 중 23명이었다.[12]

2. 인사제도

1) 전략적 선택

오노다시멘트사 경영진은 노사융합과 대우 개선을 인사제도의 방침으로 내세웠다.[13] 오노다시멘트사는 설립 초기부터 영리만을 목적으로 하는 회사와 다르다고 강조하며, 노동조직의 운영규칙인 인사제도 원칙으로 노사화합 정신을 부각시켰다. 종업원을 '몽매'(蒙昧)한 상태로 두는 것은 종업원의 불행만이 아니라 회사에게도 손실을 초래한다며 처우 개선 방침을 제시했다.

즉, 사회 발전에 따라 후생에 힘써 1890년에 주택 관련 제도와 '보호구제'제도인 공유금(共有金) 및 연금 제도를 시행했다. 1891년에 자선금(慈善金)제도를 마련했고, 앞서 살펴본 바와 같이 1899년에 8시간 3교대 근무를 시범적으로 실시하여 작업제도의 안정을 꾀했다. 3년에 한 번씩 노동자 육성을 위한 야학회를 개최하여 보충 교육도 시행했다.

오노다시멘트사 경영진은 창업 초기부터 노동자의 처우를 개선하고 노사화합을 이루어야 경영합리화를 실현할 수 있다는 판단에 따라 전략적으로 인사제도의 운영 방침을 수립했다. 이러한 방침은 회사의 각 공장에서 실행에 옮겨졌지만, 현장에서는 의도치 않은 결과도 발생했다.

2) 상여·복리후생

오노다시멘트사 경영진은 정고, 견습공, 본직공, 이른바 정규직 노동자를 대상으로 상여와 복리후생을 시행했다. 상여제도로는 근속상여금, 퇴직금, 특별상, 개근상, 근면상이 있었고, 복리후생제도로는 주택공급, 부조, 공제회가 있었다.

상여제도는, 첫째 '근속상여연금제도'가 있었는데 정착도를 높이는 데 결정적 역할을 했다. 노동자가 입사하여 정고 1년, 견습공 2년, 그리고 본직공이 되어 5년이 지나면 대상자가 된다. 적립액은 본직공 5년 차 5엔, 7년 차 8엔, 10년 차 14엔, 15년 차 25엔, 20년 차 40엔, 25년 차 60엔으로 근속연수가 쌓일수록 근속상여연금이 기하급수적으로 적립되었다. 매년 1월과 7월에 근속연수에 따라 적립되어 퇴직할 때 일괄 지급했다.

둘째, 본직공이 되어 10년 이상 근속하고 퇴직하는 직공에게 '퇴직금'을 지급했다. 지급액은 10년 근속자에 대해 최고 일급 200일분, 최저 일급 100일분이었다. 또한 11년 차부터는 1년마다 최대 16일분, 최소 8일분을 추가하여 지급했다.

셋째, '특별상' 및 '개근상'이 있었다. 발명, 작업 개선, 위험작업 발견, 모범적 직공에게 1엔 이상 100엔 이하의 '특별상', 6개월 동안 결근, 지각, 조퇴가 전혀 없는 직공에게 6엔의 '개근상'을 수여했다.[14]

넷째, 견습공 이상을 대상으로 1년에 2회 수여한 '장려상'이 있었다. 6개월 동안 결근, 지각, 조퇴가 단 한 번도 없는 직공에게 '1종'을, 결근 5일 이내 또는 지각과 조퇴를 합해 5회 이내(지각은 1회, 조퇴는 4회까지)인 직공에게 '2종'을 수여했다. 노동의욕 고취를 위해 대상자에게 어깨띠를 수여했으며, 제1종 대상자에게는 동절기에 여름옷 1벌과 수건 6장, 하절기에 겨울옷 1벌을, 세2종 대상자에게는 동절기에 어름바지 2벌, 하절기에 겨운옷 속바지 1벌을 지급했다.[15]

그림 11-2 장려상 수상률(1930~1941년) (단위: %)

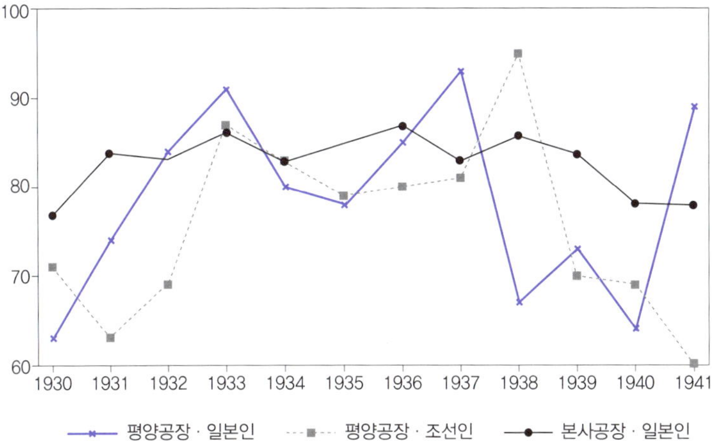

주: 수상률=수상자 수/견습공 이상 직공 수.
자료: 本社 · 平壤工場, 『工務課考課状』, 각 연도.

평양공장에서는 평양 시내 양복점에서 만든 옷과 바지를 지급했다.[16] 그러나 구습이나 '파업(罷工)적 언동'을 포함하여 '직공으로 지켜야 할 여러 규정을 위반하거나 상사의 명령에 불복하는 행위'에 대해 견책, 감봉, 출근 정지, 퇴사 등의 제재를 받은 직공은 수상 대상에서 제외했다.[17] 장려상 수상률은 본사공장에서 1938년 이후 감소했지만 전반적으로 안정적이었다(그림 11-2). 평양공장에서는 본사공장과는 대조적으로 큰 변동을 보이고 있지만, 대상자의 민족별 격차는 확인되지 않았다.

복리후생제도는, 첫째 주택구입을 도와주는 '주택공급제도'가 있었다. 본사공장의 현황을 살펴보면, 오노다시멘트사는 사원이 주택을 구입하거나 신축할 때 본인이 적립한 범위 내에서 자금을 대출해 주었다. 10년 이상 근속할 것으로 예상되는 자, 회사에 200엔 이상을 적립한 자, 근무성적이

우수하고 가족이 있는 자에게 신축주택 구입을 도왔다.[18]

둘째, '사택제공'제도가 있었다. 평양공장의 직공사택 이용현황을 살펴보면, 당시 주택공급 부족 상태에서 이용자 대부분은 일본인 노동자였고, 일부의 조선인 노동자만이 이용할 수 있었다.[19] 1938년 평양공장의 일본인 노동자가 입주한 사택은 35개 동(棟) 56명, 조선인 노동자가 입주한 사택은 11개 동 22명이었다.[20] 당시 평양공장 일본인 노동자 총수는 131명, 조선인 노동자 총수가 554명으로, 일본인 노동자의 42.7%, 조선인 노동자의 4.0%가 사택에서 살았다. 사택 입주 희망자는 많았으나 입주하기 어려워, 일반 노동자들은 사택을 '양반(兩班)사택'이라고 부르며 특권층이 사는 곳으로 여겼다.[21]

오노다시멘트사의 복리후생 기원은 1891년 본사공장의 자혜(慈惠)금제도와 공유(共有)금제도의 시행이었다.[22] 1916년 공장법 시행으로 두 제도의 일부 내용을 통합한 형태로 '부조'가 실시되었고, 평양공장에도 적용되었다. 부조 내용에 포함되지 않았던 전염병, 유족, 재해, 상해, 부상, 임산부 구조(救助), 전별금, 휴업수당, 혼인 및 출산 축하금, 위로금 등 구제항목과 분담금제도는 통합되어 공제회가 발족되었다.[23] 자금은 자혜금과 공유금 기금, 회사 보조금, 임원 기부금, 직공 회비로 충당했다. 분석 대상 전체 시기의 자료를 살펴본 결과, 부조 및 구호라는 복리후생제도의 대상자에 대한 민족별 격차는 확인되지 않았다.[24]

3) 임금체계

1920년대 초 오노다시멘트사 평양공장 조선인 노동자의 임금은 일본

그림 11-3 오노다시멘트사 민족별 임금구조(1930~1942년) (단위: 엔, %)

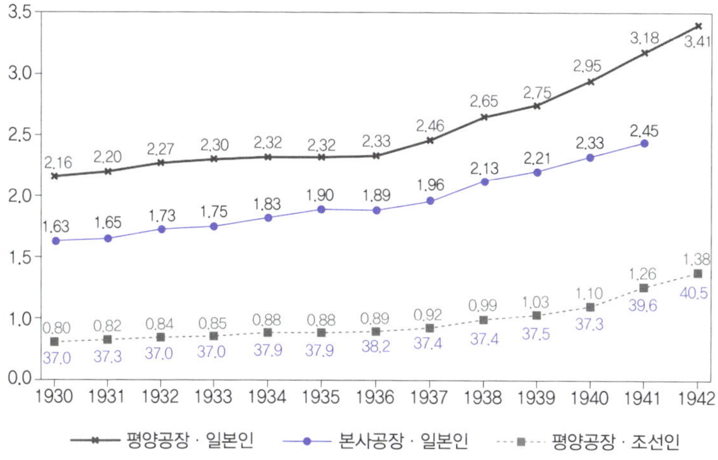

주: '평양공장 · 조선인' 아래 수치는 평양공장 일본인 임금에 대한 조선인 임금.
자료: 本社 · 平壤工場, 『工務課考課状』, 각 연도.

인 노동자의 40% 미만 수준이었다.[25] 주변의 다른 공장보다 높은 편이 아니었다. 이러한 민족별 임금구조는 1940년대 초에 그 격차가 조금 축소되는 경향이 있었지만, 1930년대 전체에 걸쳐 조선인 노동자의 임금이 일본인 노동자의 약 40% 수준을 유지했다(그림 11-3). 다만, 오노다시멘트사 평양공장 일본인 노동자의 임금 수준이 본사공장 일본인 노동자의 임금 수준보다 높았고, 일본인 노동자가 조선인 노동자보다 교육 수준과 연령도 높았다는 점을 유의해야 한다. 즉, 조선인 노동자가 일본인 노동자보다 임금 수준이 낮았던 것은 사실이지만, 기능 차이와 임금 차별로 구분하여 평가해야 한다.

한편, 전체 노동자 중 일급 상승 증액 대상자가 된 비율을 나타내는 '일급 상승 인원율'을 살펴보면, 1930년대 후반 본사공장의 비율이 평양공

그림 11-4 일급 상승 인원율(1930~1942년) (단위: %)

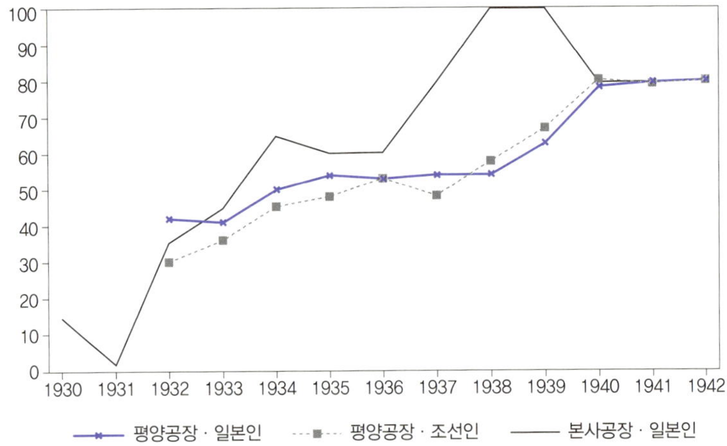

주: 상승 인원율=일급 상승자 수/전직공 수.
자료: 本社 · 平壤工場, 『工務課考課状』, 각 연도.

장에서보다 높았지만, 평양공장에서는 일본인 노동자와 조선인 노동자가 비슷한 수준이었다(그림 11-4). 전기(前期) 평균 일급에 대한 1인당 평균 인상액 비율인 '일급 인상률'을 살펴보면, 1930년대 후반과 1940년대 초에는 평양공장의 일본인 노동자 및 조선인 노동자의 인상률이 본사공장의 일본인 노동자보다 높았고, 평양공장에서는 조선인 노동자의 인상률이 일본인 노동자보다 일관되게 높았다(그림 11-5). 다만, 평균 일급 인상액에 대해서는 본사공장의 일본인 노동자와 평양공장의 조선인 노동자는 해당 액수가 오르내리지만, 평양공장의 일본인 노동자의 인상액은 본사공장의 일본인 노동자와 평양공장의 조선인 노동자의 인상액보다 일관되게 높았다(그림 11-6).

왜 이런 현상이 일어났을까? 그 이유는 평양공장의 초임에 민족별 격

그림 11-5 일급 인상률(1930~1942년) (단위: %)

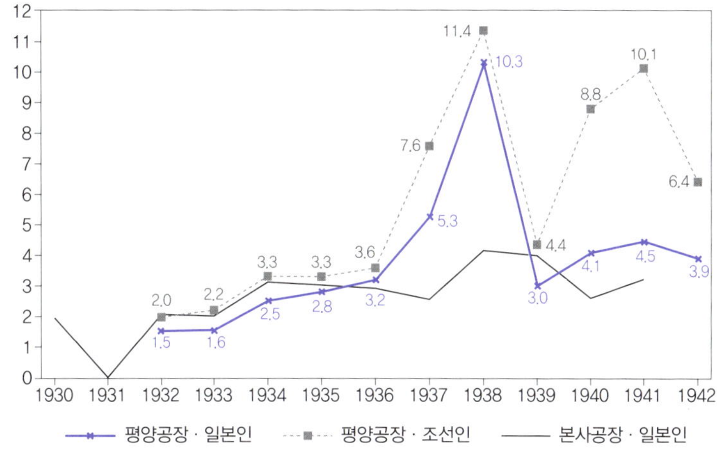

주: 인상률=1인당 평균 증급액/전기 평균 일급액.
자료: 本社 · 平壤工場, 『工務課考課状』, 각 연도.

그림 11-6 일급 증급률(1930~1942년) (단위: %)

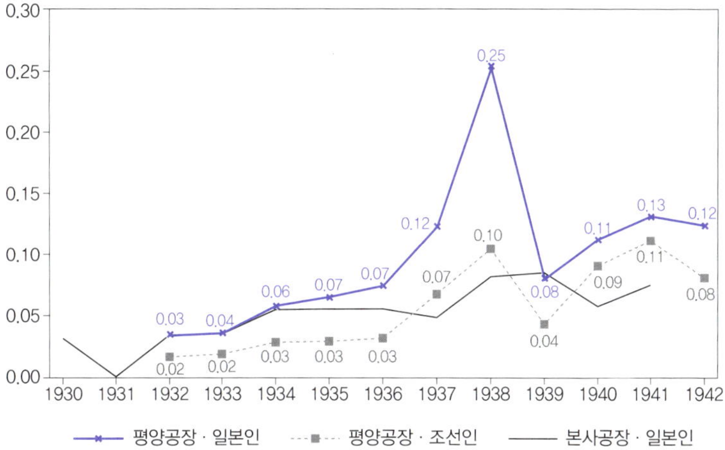

주: 증급률=증급액/전기 총임금 지급액.
자료: 本社 · 平壤工場, 『工務課考課状』, 각 연도.

표 11-2 신입자 표준 급료표(1921년) (단위: 엔)

직급	민족별	내용	갑	을	병
정고(定雇)	일본인	상당한 기술 있는 자	2.00	1.60	
		무경력자	1.48	1.30	0.80
	조선인	상당한 기술 있고, 일본어 가능자	0.90	0.72	
		상당한 기술 있고, 일본어 불가능자	0.85	0.68	
		무경력, 일본어 가능자	0.68	0.63	0.45
		무경력, 일본어 불가능자	0.65	0.60	0.40
평인부(平人夫)			0.55	0.50	0.45

자료: 平壤工場,『工務課考課狀』, 1921년 상반기.

차가 존재했기 때문이다. 1920년대 초 평양공장의 신입사원 표준 급료표를 보면, 조선인 노동자 중 가장 높은 '상당한 기술 있고 일본어 가능자'(갑) 초임은 일본인 노동자 중 가장 낮은 수준인 '무경력자'(병)의 초임보다 약간 높았다(표 11-2). 즉, 조선인 노동자의 일급 인상률이 일본인 노동자보다 지속적으로 높았음에도 불구하고, 초임에 민족별 격차가 있었기 때문에 조선인 노동자의 일급이 일본인 노동자 일급보다 지속적으로 낮았던 것이다. 이러한 이유로 그림 11-3에서 살펴본 바와 같이 평양공장의 일본인 노동자의 임금은 평양공장의 조선인 노동자 및 본사공장의 일본인 노동자보다 일관되게 높은 수준을 유지했다.

4) 승급(昇給)·승급(昇級)·승진

평양공장의 승급(昇級)은 상반기와 하반기에 1년에 두 번 정기적으로 이루어졌다.[26] 그렇다면 승급은 어떤 과정을 통해 이루어졌을까? 제6장 분석 결과를 활용하여 설명하고자 한다.

오노다시멘트사 노동자는 처음에 정고로 공장에 입사하여 1년을 근무한 후 회사 경영진이 유망하다고 판단하면 견습공으로 승급하여 정식 직공으로 계약하게 된다.[27] 견습공이 되어 2년을 근무한 후, 경영자가 장래성이 있다고 인정하면 본직공으로 승급한다. 평양공장의 경영자는 고임금의 일본인 노동자를 조선인 노동자로 대체하기 위해 이렇게 본직공이 된 조선인 노동자에게 '근속상여금 연금제도'와 같은 특전을 주어 장기근속을 유도했고 효과도 거두었다(표 6-9).

즉, '고참 노동자'의 존재가 장기근속 유도의 성과를 증명하고 있다(표 6-12). 여기에서 '고참 노동자'란 본직공이 되어 10년 이상 근속한 노동자를 가리킨다. 본직공이 된 지 10년째부터 근속연금에 더해 퇴직금 대상자도 되기 때문에 장기근속의 동기부여가 강하게 생겼다.

승급하고 상여 혜택도 받은 조선인 노동자들은 승진도 할 수 있었을까? 평양공장에서 본직공이 되어 10년 이상 근속한 이른바 '고참 노동자'의 추이를 살펴보면, 조선인 고참 노동자는 1930년대 초에 일본인 고참 노동자의 절반 수준이었으나, 지속적으로 증가하여 1940년대 초에는 일본인 고참 노동자의 3배가 되었다(표 6-12). 이에 반해, 소장, 부소장, 직공관리인과 같은 중간관리자의 추이를 살펴보면, 일본인 중간관리자 중에는 고참 노동자 이외의 본직공도 포함되어 있었다. 그러나 조선인 중간관리자 중에는 부소장과 직공관리인 각각 1명씩만 있었다.

이와 같이 오노다시멘트사 경영자는 승급(昇給)과 승급(昇級)을 민족 구분 없이 적용하여 조선인 노동자도 이 제도에 대응하며 근속연수를 쌓아

갔지만, 조선인 노동자를 일본인 노동자와 동등하게 중간관리자로 승진시키지는 않았다.

3. 노사협의제도: 일본 본사와의 비교

1) 양대 전간기의 협의기구

오노다시멘트사 본사공장과 평양공장에서 노사협의는 어떻게 구현되었을까? 즉, 경영진은 인사제도 방침으로 내세운 '노사화합'을 어떻게 실현하려 했고, 노동자들은 어떻게 대응했을까? 양대 전간기와 제2차 세계대전기의 노사협의기구의 내용과 운용 방식을 살펴보고, 노사갈등의 결과로 발생한 평양공장의 노동쟁의 내용과 원인을 분석하여 당시 본사공장과 평양공장의 노사협의 실태를 비교 검토하기로 한다.

첫째, 본사공장의 양대 전간기 노사협의제도로 '차담회'(茶話会)가 있었다.[28]

1891년 한 계장(掛長)이 제안하여 친목회 성격으로 회사 밖에서 매월 1회 희망하는 계장들이 모여 의견을 교환하며 시작되었고, 모임 후에는 때때로 뒤풀이를 가졌다. 이 모임은 물가상승으로 외부 모임 경비가 증가하여 휴회하는 등 모이는 횟수가 줄어들었다. 계장들은 1915년에 모임을 활성화시키려는 방법을 협의하고 회사 승인을 얻어 회사 내 직공식당에서 '계장 자남회'라는 이름으로 새로운 형태의 모임을 시작했다. 모임 목적을 회원과 종업원의 친목을 도모하고 업무상 각자의 직책에 관해 충분히 협의하여 회사 발전에 기여한다고 구체화했다.

1920년에 계장 전원이 참석하고 회사 승인을 거쳐 기존 회원인 계장 이외에 직공 전원에 의해 선출된 '직공 대표협의원(代表協議員)'을 회의에 참석시켜 의논하는 새로운 '차담회'로 개편되었다. 계장 및 직공지도원 26명과 '직공 대표협의원' 4명, 총 30명으로 구성되었다. 직공 대표협의원 4명의 임기는 1년으로 매년 선출했다.

이 차담회는 '직공 대표협의원'이 주도하고 직공 인사를 담당하는 공무과 직원이 배석했다. 회의는 직공의 처우 및 복리시설 개선, 작업 방식 개선 등에 대한 의견 및 요구사항을 제시하면, 배석한 직원이 직공들의 요구사항에 대한 조치와 경영 방침 등을 전하는 방식으로 운영되었다. 차담회는 1939년부터 '직공 차담회'로 그 이름이 바뀌어 직공 중심의 운영이 강화되었다.[29]

둘째, 평양공장의 양대 전간기 노동자 모임으로 '공려회'(共勵會)가 있었다.[30]

공려회는 본사공장에서 '차담회'가 새롭게 개편된 이듬해인 1921년에 평양공장에서 일본인 노동자에 의해 만들어졌다. 매월 1회 차담회를 열어 지식의 교환과 친목을 도모하고, 2월에서 3월 사이에는 무사도(武士道)를 고취하는 낭송회 등 종업원의 정신 수양에 관한 강연이나 아마추어 공연 등을 통해 지덕(智德)을 함양하고 정신적 안정을 꾀했다. '공려회'는 본사공장의 '차담회'와는 달리 '친목단체' 성격만 갖고 있었고, 1925년까지 그 존재가 확인된다.[31] 더욱이 공려회는 평양공장 노동자의 대다수였던 조선인 일반 직공을 배제하고 조직되었다.

평양공장에서 공려회 이외의 친목단체로는 공장 내에서는 일반 직공들이 '특권층' 모임으로 여겼던 일본인 및 조선인 직원들로 구성된 '클럽'(俱樂部)이 있었다.[32] 당시 직원은 직공과 신분이 엄격히 구분되어 임금과 복지면에서 우대를 받았다.

한편, 공장 밖에서는 조선인 20명 정도의 단위로 친목 및 자금 조성을 목적으로 하는 조선의 전통적 사적 조직인 '계'(契) 모임이 있었다.

이상과 같이 본사공장에서는 경영자의 '노사화합' 방침이 관철되면서 노동자들도 이에 호응하여 노사협의제도가 형성되었다. 그러나 평양공장에서는 일본인 노동자 단독 또는 일본인 및 조선인 직원으로 구성된 친목모임만이 존재했다. 즉, 본사공장과는 달리 평양공장에서는 대다수 노동자를 구성하는 조선인 노동자 대표와 일본인 공장경영자 간의 협의기구가 형성되지 않았다.

2) 제2차 세계대전기의 산업보국운동

제2차 세계대전기 산업보국운동의 전개에 따른 본사공장과 평양공장의 노사협의 방식은 어떻게 변화했을까, 아니면 변화가 없었을까?

첫째, 본사(本社)공장의 산업보국운동은 '국민정신총동원'을 바탕으로 비상시의 극복정신을 높이기 위해 정부의 통첩에 따른 산업보국회 조직으로 전개되었다.[33] 산업보국운동의 기반이 된 '산업보국회'는 기존의 차담회, 공제회, 방호단, 국민정신총동원공장실행위원회, 후방(銃後)생활혁신반, 보국저축조합 등 여러 종업원 입장의 대변 기구 등을 재구축하여 조직되었다. 당시 일본 국내 대부분의 공장 경영진은 '산업보국'이라는 명분을 추진함으로써 노사관계의 안정을 실현할 수 있다고 판단하여 받아들였다.[34]

소규모 공장의 산업보국회는 탁구대회를 개최하며 오락을 즐기기도 했고,[35] 양대 전간기와 비교하여 '처우' 문제가 포함되지 않는 등 간담회 성격이 변화했다는 평가가 있다.[36] 그렇지만 본사공장의 산업보국회는 경영진이 인정하는 종업원 입장을 대변하는 기구로 존속했다.

둘째, 평양(平壤)공장의 산업보국운동은 기존 모임의 통합 움직임이 없었다. 그 이유는 양대 전간기에 '노사화합'을 위한 회사 차원의 기구가 형성되어 있지 않았기 때문이다. 평양공장의 경영진은 1942년에 "최근 인력 부족과 관련하여 자질이 저하된 반도인(半島人) 신규 입사자를 유감스럽게 생각하고, 신원조사와 전력(前歷)조사로 엄격한 입사를 결정하는 등 질적 향상에 힘쓰고 있으며, 시국의 심각성을 인식하고 있다"[37]고 밝혀, 노사화합보다는 노동력 보충과 질적 향상에 집중했다.

노동력 보충과 질적 향상은 "산업보국정신의 고양과 반도인의 국어(國語, 일본어) 전해(全解)운동에 박차를 가하여 내선일체(內鮮一體)의 결실을 거두고 결전 아래 증산(增産) 일념으로 정진"하는 총력전 이념에 기초하여 추진되었다.

셋째, 천내(川內)공장에서는 "종업원의 규율과 풍기를 엄정히 유지함과 동시에 총후 생산보국의 철저를 도모"하기 위해, "종업원 모두가 총후 생산보국의 책임을 자각하고 '양품다산'(量品多産)을 목표로" 삼았다.[38]

"우리는 일치단결하고 협력하여 각종 기회를 이용하여 종업원의 교화(敎化) 훈련에 힘쓰고, 직공 일반이 시국을 인식하고 업무에 정진하여 공장 규율을 충분하고 엄숙하게 유지하도록 노력한다"는 기치 아래 진행되었다.

넷째, 중국과 소련의 국경에 인접한 고무산(古茂山)공장에서는 "내지(일본 국내)의 산업보국회에 준하는 국민총력 함경북도연맹공장부에서 중요

공장 노무원(勞務員)의 연성(練成)에 특별한 뜻을 두고 노무원지도교양위원회를 주축으로 각종 위원회 간담회 및 연성강습회 등을 개최하여 노동자의 정신동원에 박차를 가하고"[39] 있었다.

고무산공장에서는 1941년 3월부터 "매월 초 공장 휴무를 이용하여 종업원 전원의 부대 훈련을 시작"했다. "처음에는 고참 종업원들 사이에서 다소 난색을 보였으나, 회를 거듭할수록 성적이 크게 향상되어 현재(1941년 후반기)는 전원이 훈련에 참가하고 있으며, 공장 내 경례, 복무 상태 등 이른바 군대식 공장규율을 한 수준 높은 단계로 확립"했다. "총력연맹 공장부 직역(職域, 간부)간담회, 직역상회(常會), 사택부간담회, 사택상회 등을 통해 상의하달 하의상통(上意下達下意上通)을 도모"했다.

이와 같이 본사공장의 산업보국운동은 제2차 세계대전 이전에 형성된 노사협의제도를 바탕으로 '노사화합'의 일환으로 전개되었다. 그러나 평양공장을 비롯한 조선 각 공장의 산업보국운동은 '노사화합'을 위한 조직 재구축 과정이 없었고, 산업보국을 위해 내선일체 정신을 강조하여 '노동능률' 향상에 주력했으며, 군대식에 가까운 엄격한 공장규율에 입각하여 생산 현장을 통제했다.

즉, 본사공장에서는 총력전 체제를 성공시키기 위한 노동자의 '자발적 동원'이 시도되었지만, 조선의 각 공장에서는 조선인 노동자에 대한 '자발적 동원'을 시도하지 않았다.

4. 집단적 인격 무시

1) 노동쟁의

본사공장과 달리 노사협의제도가 형성되지 않았던 평양공장에서 조선인 노동자의 권익과 인격 존중이 실현되지 않을 때의 갈등은 어떻게 발생하여 어떻게 전개되었을까?

평양공장에서의 노동쟁의는 공장 건설 당시[40]와 세계대공황 직후의 쇼와공황 때 두 차례 확인된다. 여기에서 그 실태를 상세히 확인할 수 있는, 1930년 제2기 확장공사가 끝난 뒤에 쇼와공황으로 인원정리가 이루어지는 과정에서 발생한 노동쟁의를 살펴보기로 한다.

『동아일보』(1931. 5. 11)는 "평양부 외 승호리에 있는 오노다시멘트 공장에서 조선인 노동자 박문식(朴文植)이 일본인 하구(河口, 가와구치)를 때리는 등 몸싸움이 일어나자 수백 명의 노동자가 포위하여 박 씨를 응원하는 소동이 일어났다"고 전했다.[41] 쟁의 원인은 "해당 회사 석회공장에서 직공들을 (인원) 정리하면서 감독이나 교대장과 사이가 좋은 사람만 채용하고 그 외 직공들은 인부로 예비계(掛)에 소속"시켰기 때문이었다. 쟁의를 일으킨 노동자들은 "그 인부들은 거의 해고될 예정인데 이렇게 조치하는 것은 불공평(不公平)하다"고 주장했다. 이 쟁의에 대해 "경찰 당국은 앞으로 상황이 격렬하게 전개될 것으로 예상하고 있어 매우 경계하고 있다"고 보도했다.

평양공장의 1930년 하반기 퇴사자는 임시공 159명(조선인 129명, 일본인 30명), 직공 35명(조선인 32명, 일본인 3명)이었다.[42] 또한 1931년 상반기 퇴사자 106명(조선인 91명, 일본인 15명) 중 해고자가 48명이었다.[43]

오노다시멘트사 평양공장의 노동쟁의는 확장공사가 끝난 뒤에 노동자들을 대폭 정리하는 과정에서, 중간관리자인 일본인 감독 및 교대장의 '불공평'한 조치에 조선인 노동자들이 항의한 사건이었다.

당시 식민지 조선에서 발생한 노동쟁의 요구 내용은 임금 관련 이외에도 중간관리자의 일반 노동자에 대한 처우 시정, '인간적 대우', '민족 차별 철폐', '우마(牛馬)적 감독의 모욕적 언사 철폐' 등 '인격 무시'에 대해 항의하는 내용이 다수 있었다.[44] 오노다시멘트사 평양공장의 경영진은 이 쟁의에 대해 "최근 직공 정리 및 해고 등으로 인해 일시적으로 인심이 동요했으나 사상적 배경은 없고 종업원은 대체로 평온하다"[45]고 보고하여, 노동쟁의 발생 자체는 인정하면서도 '사상적 배경'은 없었다고 강조했다.

그러나 이 노동쟁의에서 '사상적 배경'은 없었던 것일까? 왜 조선인 노동자와 일본인 중간관리자가 몸싸움을 벌일 때 수백 명의 노동자가 조선인 노동자를 응원하고, 경찰은 왜 노동쟁의가 격렬하게 전개될 것을 경계했을까?

2) 능력 평가의 기준

노동쟁의의 '사상적 배경'에 대해 경영자, 학자, 연구기관의 견해를 살펴보기로 한다.

첫째, 1921년 도쿄제국대학 공과대학을 졸업한 직후에 오노다시멘트사에 입사하여 이듬해 평양공장에 파견되어 해방 직전까지 조선에 근무하며 신설공장을 가동할 때 기술지도를 했던 안도 도요로쿠(安藤豊禄)[46]의 증언을 새겨들을 필요가 있다.

즉, "그 당시에는 일본이 점점 조선을 똑같이 대하는 것처럼 겉으로는 모두들 그렇게 말했어요. 하지만 실제로는 아무것도 하지 않았어요. 말만 하고 실행은 제로였다"고 한다.[47]

그는 "내가 조선에 오래 살았기 때문에 조선인을 차별 대우하는 것은 무리가 있다. 문화적으로 볼 때 무리가 있다. 그렇게 하지 말고 좀 더 조선인과 일본인을 함께하게 해야 한다"고 호소했지만, "아무리 사장에게 말해도 '당신 말대로 하면 안된다'고 해서 받아들여지지 않았다"고 한다.

그는 이렇게 회사 경영진과 일본인 노동자가 조선인 노동자에게 동등한 대우 부여를 반대했던 이유를 "그렇게 되면 일본인은 굉장히 힘들어요. 예를 들어 일본인이 43%의 수당[48]을 받고 있었는데, 갑자기 23%로 되는 것이기 때문에 일본인 모두가 반대를 했다"고 한다. 일본인의 조선인 처우 상승에 대한 불만은 조선식산은행에서도 확인된다.[49]

둘째, 노동 현상을 생리학, 심리학, 위생학, 병리학 등 자연과학적 방법으로 연구하는 '노동과학'(勞動科學) 일본학계의 선구자 기리하라 시게미(桐原葆見)[50]의 의견에 주목할 필요가 있다.

기리하라는 당시 조선인 노동자에 대한 처우에 대해 "동화정책을 취한다면, 그 노무관리에 있어서 직장의 조직도, 임금도, 주거도, 그 외의 여러 사항을 완전히 동일하게 하여 차별을 두지 않는 것을 원칙으로 해야 한다"고 했다.[51]

기리하라는 당시 상황에 대해 "현재는 대체로 그렇게 되어 있다고 생각하지만, 예전에 반도(半島)에서 나는 내지인(內地人, 일본인) 경영의 어느 공장에서 지위, 임금 및 후생시설의 이용에 있어서 지극히 차별적인 대우를 받고 있는 것을 보았다." 그 이유를 일본인 경영진에게 물었더니, "반도인은 내지인에 비해 결근이 잦고, 작업능률이 낮고, 책임감을 갖지 못하기 때문에 내지인에 비해 차별할 수밖에 없다"고 답변했다고 한다.

기리하라는 이러한 상황에 대해 "출퇴근 상황이나 생산량 장부를 보면 그렇다"고 사실로 인정했지만, "그때 단 한 번이라도 이 공장에서 반도인을 책임 있는 지위에 앉혀 본 적이 있는지, 그래서 동일한 대우를 해 본 적이 있는지 물었더니, 아직 단 한 번도 없다"고 답했다고 한다.

한편, 기리하라는 조선인이 운영한 공장의 작업성적에 대해, "그래서 앞의 사실 중 어느 것이 원인이고 어느 것이 결과인지 의문을 품은 채, 다음에는 반도인이 경영하는 제사공장에 가서 작업 방식과 능률, 출근 상황을 조사하고, 내지(일본 국내)의 동종 동일양식의 가장 우량한 공장과 비교한 결과, 조금도 손색이 없을 뿐만 아니라 여성의 작업에서는 오히려 우수한 성적을 보이고 있다는 것을 알게 되었다. 그 이유는 이 공장은 주뇌자(主腦者)를 비롯한 전 종업원이 반도인이었다"라고 한다.

여기에서 기리하라가 조선인 노동자의 능력을 일본인 노동자의 능력과 비교하여 차이가 없었다는 점을 강조한 데에는 정책적 의도가 있었다는 점도 유의해야 한다. 즉, 제2차 세계대전 총력전의 노동력 부족 상황에서 일본과 조선에서 조선인 노동자를 양성하고 적절히 배치하는 노동정책을 성공시키기 위해, 일본인 경영자의 조선인 노동자에 대한 평가를 재검토하게 하여 조선인 노동자를 적극 활용하도록 촉구했던 것이다.

셋째, 노동과학연구소(勞動科學硏究所)[52] 연구 결과를 살펴보기로 한다.

일본 후생성(厚生省)의 위탁으로 1943년 민족별 작업능력을 조사 분석한 노동과학연구소는 "내지(일본 국내)에서 내지인(內地人, 일본인)들과 함께 같은 교육을 받은 반도인(半島人) 아동에 대해 유사한 검사를 실시한 결과,

지능, 작업능력에 있어서 내지인들과 차이가 거의 없는 것으로 나타났다"고 밝혔다.[53]

"작업능력은 (조선인이: 인용자) 열등한 경향이 있지만, 그 차이를 좌우하는 요인은 일반적인 소질(素質)적 차이보다는 생활관습이나 환경적 여러 조건에 현저한 작업 태도, 작업 의지의 차이가 결정적이라는 것이 인정된다"고 밝혔다.

5. 소결: 입신출세 신화와 인격 존중

오노다시멘트사 일본인 경영진은 경영합리화 실현을 위해 고임금의 일본인 노동자를 저임금의 조선인 노동자로 대체하려 했다. 즉, 일본인 경영자는 사내양성제도를 통해 조선인 노동자의 기능 향상을 꾀했고, 조선인 노동자에게 근속상여연금제도와 복리후생제도를 적용하여 공장에 정착시키려 했다. 조선인 노동자도 자신의 권익과 지위 향상을 통한 입신출세를 실현하기 위해 이에 적극 대응했다.

그러나 오노다시멘트사 일본인 경영진은 일본인 노동자와 동등하게 조선인 노동자의 승진을 허용하지 않았고, 평양공장에서는 본사공장과 같이 노동자의 권익과 지위에 대해 같은 테이블에 앉아 협의하는 노사협의제도도 허용하지 않았다. 일본인 경영자가 조선인 노동자를 중간관리자로 승진시키면 일본인 중간관리자와 동일한 지위와 권한을 부여할 수밖에 없고, 그렇게 되면 일본인 노동자에 의한 조선인 노동자 관리라는 식민지 조선의 노무관리 기본구조가 흔들릴 수 있다고 판단했기 때문이다. 또한 조선인 노동자를 승진시키면 중간관리자가 된 그들을 조선인 일반 노동자의 공식적인 대표로 인정하지 않을 수 없게 되고, 노사협의제도를 마련하지 않을 수 없다고 생각했기 때문이었다.

이러한 민족 구분에 따라 능력 평가를 달리하는 집단적 인격 무시에 기준한 '불공평'한 처사는 노동쟁의 등 노사관계제도의 불안정한 운용을 초래했다. 조선인 노동자는 노사화합을 주창했지만 민족 간 구분이 명확하여 인격 존중이 결여된 인사제도 운용에 대응하는 과정에서 능력주의 신화를 몸소 체험하게 되었던 것이다.

종장

독립과 성장을 넘어 '공평한 자유'로

종장
독립과 성장을 넘어 '공평한 자유'로

1. 능력주의 신화의 기원: 신양반층과 집단적 인격 무시
2. 능력주의 신화를 넘어 인격 존중주의로: 효용 가치에서 노동 가치로

1. 능력주의 신화의 기원: 신양반층과 집단적 인격 무시

오늘날 부와 권력의 대물림은 공공연한 비밀이다. 식민 시대에서 탈식민 시대로의 전환 과정에서 공정하여 세습되지 않는다는 능력주의 신화가 새로운 지배권력 계층인 '신양반층'을 탄생시켰다. 신양반층은 관료, 경영자, 상급 노동자 등으로 구성되었고, 대부분이 일본인이었지만 높은 학력의 조선인과 어려운 훈련 과정을 거친 조선인 노동자 일부가 진입했다. 향상심(출세욕망)에 충실한 개인이 '식민주의 규율'에 적응한 결과였다. 그러나 그 규율은 생산성 향상이라는 '효율'과 상반되는 개인에 대한 평가가 아닌 개인이 속한 집단을 기준으로 평가하는 '집단적 인격 무시'를 적용시켜 '불공정'한 보상체계가 만들어졌다.

1) '은밀한' 지배는 언제 시작되었는가

종주국의 식민지 지배 지역을 800년부터 기록한 Index of Possessions and Colonies 데이터베이스에 따르면, 1918년에 지배 지역이 450개로 최고조에 달했다. 1919년부터 줄어들기 시작했지만 2015년에도 200개 지배 지역이 유지되었다.

종주국의 식민지 지배 정도를 나타내는 시대별 연평균 지배 지역 수가 소련연방 해체 이후 1993~2015년에도 대항해 시대 전반기 수준에 머물러 있다. 아일랜드는 1171년부터 잉글랜드 지배를 받았으나, 751년 만인 1921년에 독립했다. 카탈루냐는 아일랜드에 앞서 1164년부터 스페인 지배를 당해 왔고 862년이 지난 2025년 현재에도 독립을 지향하고 있다.

제1차 세계대전을 정점으로 19~20세기에 식민 시대에서 탈식민 시대로의 전환은 공공연한 지배의 종언을 알렸다. 이러한 시대의 변화를 인식한 권력지배층은 '은밀한' 지배체제로의 전환을 꾀했다.

2) 능력주의 신화는 어떻게 덕목이 되었는가

(1) 협동과 능률은 새로운 전통인가?

한반도와 일본열도에서 개인 능력에 대한 사회적 평가는 '오래된 전통'인 두레 등 농촌 공동노동 작업 과정에서도 작동되었다.

이는 조선과 일본이 가족 단위를 기본으로 농사를 경영했던 소농 사회였기에, 농번기는 물론 평소에도 공동의 능률 향상을 위해 협동관계를 유지해야만 했다. 따라서 농촌 공동체의 협업조직인 두레(조선)와 유이(일본)의 운영에 대해 구성원이 동의하고, 그 조직을 효율적으로 운영하기 위해서는 노동력 교환의 공정한 기준이 필요했다.

두레를 시작할 때 나이와 평판을 기준으로 소년을 정식 구성원으로 승격시키는 절차가 있었다. 그러나 신분제가 강고했던 전통적인 농촌 공동체에서의 능력주의는 사회적 이동을 가능하게 하는 사회덕목으로까지 자리잡을 수는 없었다는 점에서 한반도와 일본열도의 상황이 같았다.

(2) 능력주의 신화를 어떻게 받아들였는가?

사회직 이동을 가능하게 하는 능력주의는 식민 시대에서 탈식민 시대로 전환되는 과정에서 사회덕목으로 자리잡기 시작했다.

능력주의는 영국 산업혁명 후에 노동자 기여에 대한 공정한 보상 문제가 대두되는 과정에서 확산되었다. 즉, 19세기 중반에 "하늘은 스스로 돕는 자를 돕는다"라는 『자조론』(*Self-Help*)의 보급으로 전 세계에 확산되기 시작했다. '최대 다수의 행복 추구'의 공리주의자 존 스튜어트 밀의 영향을 받은 『자조론』은 1859년 영국에서 출판되었다.

*Self-Help*는 일본에서 1871년에 '서양에서 뜻을 세우는 방법'이라는 『서국입지론』으로 번역되어 베스트셀러가 되었고, 1906년에 『자조론』으로 번역되었다. 『자조론』은 한반도에서 1906년부터 번역되기 시작했고, 1908년 유길준의 『노동야학독본』에 핵심 내용이 소개되었으며, 1918년에 최남선의 번역으로 『자조론』(상)이 출판되었다.

『자조론』은 1920년에 설립된 한반도 최초 전국노동자단체인 조선노동공제회의 '노동 존중, 자조, 사회 헌신(social service)'이라는 기본 정신 수립에 영향을 미쳤다. 한반도에서 『자조론』의 보급으로 확산된 능력주의는 1921년 『조선일보』의 사설에 언급되는 등 사회덕목이 되었다.

(3) 능력주의 신화를 어떻게 내면화시켰는가?

일본 정부는 안정적인 식민통치를 위해 동화의 논리를 보급했다. 일본 정부는 중국에 종속되어 왔기에 독창력이 부족한 조선인을 일본인에 동화시켜 조선 사회를 발전시켜야 한다는 논리를 관철시키려 했다.

조선총독부 관료와 일본인 경영자는 조선인 노동자를 게으르고 무책임하며 부화뇌동하는 존재로 인식했다. 한편, 총독부 관료와 일본인 경영자는 사회안정과 생산성 향상을 위해 조선인 노동자에게 교육훈련 기회를 제공하여 능력을 향상시켜야 한다고 주장하고 실행했다.

제2차 세계대전기 총력전에는 조선총독부가 사회안정과 생산성 향상 극대화 방안으로 조선인 노동자의 자발성을 유도하기 위해 일본인 경영자에게 조선인 노동자에 대한 인격 존중을 요구했으나 관철되지 않았다.

이러한 과정에서 배타적 권력과 절대적 권력에 의해 만들어진, 강한 자가 성과를 더 가져가는 것이 당연하다는 논리가 조선인 노동자에게도 스며들게 되었다.

3) 능력주의 신화는 어떻게 만들어졌는가

(1) 식민지 공업화는 고용기회를 확대했는가?

국세조사(인구센서스)에 따르면, 1930년에 비교하여 1940년에 총유업자 수 5.6%에 해당하는 55만 명이 감소했다. 그 이유는 남성 유업자 16만 3,000명이 증가했으나 여성 유업자 71만 3,000명이 감소했기 때문이다.

따라서 식민지 공업화에 따라 남성의 고용기회는 확대되었지만, 여성의 고용기회는 감소했다. 새로운 기술이 도입되는 경제발전 과정 초기에 여성 노동참가율이 하락하는 것은 여러 나라의 공통 현상이다. 그 이유는 공장제품에 비해 가내공업제품의 가격이 하락하여 가내공업의 주요 노동력인 여성 노동력의 수요가 감소하기 때문이다.

그러나 경제성장이라는 관점의 덫에 빠진 기존 연구는 전수조사로 정확도가 높았던 국세조사의 결과를 근거 없이 불신했다. 그 결과 식민지 공업화가 총체적인 고용기회 감소를 초래한 사실을 인정하지 않았다.

식민지기와 해방 후의 연속적 고용기회 변화를 알 수 있는 '취업인구' 추계에 따르면, 남성은 1930년부터 1960년대 중반까지 감소했다가 증가하여 1975년에 정점을 찍고 감소했다. 여성은 1930년에 비해 1940년에 크게 감소했다가 1944년에 급증했다. 해방 후에 급감했다가 1960년부터 증가하여 1975년에 정점을 찍고 감소했다. 총력전 체제 때 여성 노동력 동원과 1975년이 노동력 수요의 정점이었던 이미 밝혀진 역사적 사실과 어울린다.

(2) 능력주의 신화는 어떻게 정착되었는가?

능력주의 신화에 자극받은 조선인 노동자는 사회적 이동을 가능하게 하는 도시라는 신천지에 진출하여 일자리를 구했다. 식민지기 공업화 기간에 농업 등 1차산업 유업자는 줄었고, 2차 및 3차산업 유업자가 늘었다.

대부분 농림수산업에 종사했던 조선인은 상업, 교통업, 공무·자유업, 그리고 광공업으로 서서히 진출했다. 조선인의 1/50 규모의 조선에 이주한 일본인은 공무·자유업, 상업, 교통업, 광공업에 대부분 종사했고 일부는 농림수산업에 종사했다.

이러한 과정에서 신양반층이 나타나기 시작했다. 조선인 노동자는 교육훈련을 받거나 근속을 통해 숙련도를 향상시키고 개인 능력을 높게 평가받아 신양반층에 진입하기도 했다.

그러나 한반도에 거주했던 일본인 노동자의 높은 비율이 신양반층에 속하는 반면, 조선인 노동자는 소수만이 신양반층에 진입할 수 있었다.

(3) 조선총독부는 사회안정을 위해 개입했는가?

3.1운동 이후 조선총독부는 전통적인 사회경제구조를 재편성하고 지배구조를 개편하여 사회안정을 꾀하려 했다. 안정적인 노사관계를 형성하여 사회안정을 꾀하려 했던 조선총독부 경무국 및 내무국 관료는 1831년 영

국, 1911년 일본에서 제정된 공장법을 조선에도 적용하려 했다. 그러나 식산국 관료는 일본 국내 자본을 유인하기 위해 노동조건을 규제하는 공장법의 식민지 조선 적용에 반대했다.

한편, 식민지 조선의 대규모 일본인 경영 공장은 일본 국내 공장법 적용을 경험했기에 식민지 조선에서의 적용을 준비하고 있었다. 그러나 중소규모 공장은 공장법 기준에 미달하는 노동환경에 처해 있었다.

『동아일보』와 같은 저널리즘은 공장법 적용을 일관하여 주장했다. 조선노동공제회와 신간회 같은 노동운동 및 사회운동단체는 공장법 적용을 관철시켜 최소한의 노동조건을 확보하려는, 민중 생활에 밀착된 운동방침을 견지했다.

조선총독부는 공장법을 적용하여 식민지 조선의 경영자와 노동자 간의 규율 형성에 개입하려 장기간 시도했으나 결국 일본 국내 자본의 압박으로 포기하고 자유방임 입장을 견지했다.

(4) 총력전으로 노사 간 소통이 확대되었나?

노동력 동원정책 실천조직이었던 국민총력조선연맹의 사무총장 가와기시는 '국민총력운동'이 관료와 민간인이 함께, 직업과 관계없이, 일본인과 조선인, 유산자와 무산자, 남녀 구분 없이 모든 힘을 발휘하는 운동이라고 강조했다.

일본 국내의 노동력 동원정책은 대일본산업보국회라는 노동력 기저조직을 설립하고 재편하여 전개되었다. 이 기저조직의 목표는 노동조직을 부대조직으로 개편하여 통제력을 강화하고 간담회를 정비하여 소통을 통한 단결력 향상이었다. 한편, 식민지 조선의 노동력 동원을 위한 기저조직이 애국반이었는데, 전쟁 장기화에 따라 목숨을 바쳐 일하는 조직이라는 의미의 사봉대로 재편되었다.

노동력 기저조직 총괄책임자 마치다는 노동자와 의사소통을 확대해야 노동력 기저조직이 활성화된다고 강조했다. 일본 국내에서는 경영자, 직원, 공원이 하나로 조직된 산업보국회 운영을 통해 의사소통을 확대했다. 그러나 식민지 조선의 노동력 기저조직에 의사소통 확대 기능은 없었다. 그 이유는 일본인 노동자가 교육 수준이 낮아 무지한 조선인 노동자를 진두지휘해야 효율적이라고 판단했기 때문이다.

4) 능력주의 신화는 어떻게 작동했는가

(1) 고학력 화이트칼라는 어떻게 등장했는가?

신분제 해체 이후 개인 능력에 대한 평가는 학력에 따라 크게 좌우되었다. 조선식산은행(한국산업은행) 사례는 신분제 해체 이후 고학력자들이 신양반층에 진입하는 전형적인 형태를 보여 준다.

조선식산은행은 유력자 추천을 받은 중등학력자 이상이라면 일본인과 조선인 구분 없이 선발했다. 조선식산은행은 일본인에게 최고의 직장이 아니었지만, 조선인에게는 최고의 직장이었다. 따라서 조선인의 이동률이 일본인보다 낮았다.

민족 간 임금 격차는 1920년대와 비교하여 1940년대 전반에 줄어들었다. 조선식산은행은 다른 직장과 달리 일본인만이 아니라 조선인에게도 외지수당을 지불한 것이 민족 간 임금 격차를 줄이는 데 큰 영향을 미쳤다.

한편, 일본인 남성과 조선인 남성의 임금 격차는 줄어들었지만, 일본인 여성과 조선인 여성과의 임금 격차는 1940년대 전반에 오히려 늘었다.

(2) 향상심 또는 출세욕망이 실현되었는가?

식민지 조선의 최대 규모 회사인 일본질소(흥남질소비료)의 사례는 조선인 노동자가 신양반층에 진입하기 어려웠던 실태를 체계적으로 보여 준다. 흥남질소비료의 조선인 노동자와 일본인 노동자의 임금 격차는 해방 직전까지 유지되었다.

뚜렷한 이유 없이 조선인 노동자의 초임이 일본인 노동자보다 낮았고, 흥남질소비료 종업원 자녀 양성공의 초임도 같은 학력의 조선인이 일본인보다 낮았다. 조선인 노동자는 하급 지휘명령을 할 수 있는 지위까지 승진했으나, 해방 직전까지도 중급 이상의 지휘명령을 할 수 있는 권한이 주어지지 않았다.

조선인 노동자가 하급 노동자에서 상급 노동자로 전환되는 등용시험에 합격해도 일본인 노동자와는 달리 실제 등용되는 기회가 거의 없었다. 또한 흥남질소비료에서는 조선식산은행과 달리 일본인에게 외지수당을 지불했으나 조선인에게는 지불하지 않았다.

(3) 소통을 통한 인격 존중이 이루어졌는가?

제조업 공장에서는 조선인 노동자가 신양반층에 진입하기가 매우 어려웠다. 오노다시멘트(동양시멘트)의 사례가 전형적이다.

평양 오노다시멘트공장 가동 초기인 1920년대에는 일본에서 건너온 일본인 노동사들이 조선인 노동자보다 학력이 높고 근속 기간이 길고 나이도 많았다. 이 실태를 반영하여 노동조직은 일본인 노동자가 조선인 노동자에게 작업을 지시하는 구조로 편성되었다.

조선인 노동자는 사내양성제도와 일본 본사 파견을 통해 기능을 향상시켰다. 근속 기간에 따라 점증하는 퇴직금제도는 조선인 노동자의 근속 기간을 늘렸고 숙련도 향상에도 영향을 미쳤다. 한편, 고등학력 이상의 조선인 기술자는 보상에서 일본인 기술자와 큰 차이가 없었고, 일본인 기술자와 같이 '양반 사택'에 살 수 있었다.

그러나 조선인 노동자는 일부 임금 격차를 줄일 수 있었지만, 지휘명령을 할 수 있는 지위에 오르기는 어려웠다. 또한 평양공장에는 일본 본사 공장과는 달리 노사 간의 의사소통제도가 존재하지 않았다.

2. 능력주의 신화를 넘어 인격 존중주의로: 효용 가치에서 노동 가치로

식민 시대에서 탈식민 시대로의 전환 과정에서 자본주의 시장경제 시스템은 세계대공황이라는 최대 위기를 맞이했다. 세계대공황의 파도가 한반도 생산 현장에도 밀려들어 조선인 노동자의 일자리를 빼앗았다. 삶을 부정당하는 실업 위기에 닥친 조선인 노동자는, 개인 능력 평가에 기준하지 않는, 즉 테일러리즘에 어긋나는 집단적 인격 무시에 기준한 일본인 관리자의 해고에 항의했다. 노동자 다수가 항의한 조선인 노동자를 지지하고 응원했다. 노력한 만큼 보상을 받는 능력주의가 아닌, 집단적 인격 무시에 기초하여 운영된 '능력주의 신화'의 근본 문제는 어디에서 출발했고 어떻게 극복할 수 있을까?

애덤 스미스(Adam Smith, 1723~1790)는 『국부론』(1776)에서 '자연가격'과 '시장가격'을 분리하여 설명했다. 즉, 거래하는 상품의 가치는 근본적으로 그것을 생산하는 데 투여된 노동 가치에 의하여 결정된다는 '노동가치설'을 주장했다. 그렇다고 노동 가치에 의해 설정된 자연가격이 거래에서 그대로 실현되는 것이 아니라, 수요와 공급의 상태에 따라 시장가격이 형성된다고 했다. 그럼에도 불구하고 스미스는 '자유로운 거래'의 기준을 '노동 가치'로 삼았다.

스미스의 사상은 다양한 형태로 발전했다. 카를 마르크스(Karl Heinrich Marx, 1818~1883)는 『자본론』(1867)에서 가치 기준이 노동력 투입량에 따라 결정된다는 스미스의 주장은 계승했지만, 시장거래에 기반을 두어서는 자본주의의 근본 모순을 해결할 수 없다고 주장했다.

한편, 레옹 발라(Marie Esprit Léon Walras, 1834~1910)는 『순수 정치경제학 원론』(1874)에서 경제 행위의 최적 기구가 '시장'이라는 점에 대해서는 스미스를 계승하나, 하나의 가치에 '자연가격'과 '시장가격'이라는 두 개의 가격이 존재한다는 스미스의 주장을 반박했다. 즉, 시장거래를 할 때의 가격은 '노동 가치'라는 객관적 가치가 아닌 '효용 가치'라는 주관적 가치에 의해 결정된다고 생각하여, 시장거래에서 자연가격 개념을 제거했다.

이러한 발라의 생각은 이론적 발전에는 기여했으나, 자유로운 시장거래를 확보하여 분업을 발달시키고 그 결과 사회적 격차를 줄여야 한다는 스미스 주장의 출발점에서는 멀어지는 결과를 초래했다. 즉, 아무리 열심히 일을 해서 상품을 생산해도 누군가가 효용 가치를 느끼지 못한다면 그 일의 가치는 존재하지 않는 것이 된다. 이러한 점이 현재 진행 중인 사회적 격차 확대의 근본적 문제의 출발점이다.

경제 현상을 처음으로 체계적으로 설명한 스미스는 당시의 사회적 격차를 초래하는 독점 현상을 타개하기 위한 시장거래의 중요성과 그것을 지탱하기 위한 분업의 필요성을 주장했다. 또한 스미스는 시장거래의 기준이 해당 상품의 수요와 공급 상황에 따른 시장가격에 의해 결정되는 것은 사실이지만, 시장거래의 근본 기준은 각 개인의 자기 사랑의 실현을 위해 투여한 노동력을 기초로 한 자연가격에 의해 결정된다고 생각했다.

이 책에서 우리는 오늘날 사회 구성원 다수의 사고와 행동 양식을 지배하는 사회규율인 능력주의 신화의 기원에 대해 살펴보았다. 즉, 물리력으로 타자를 지배하는 것이 당연했던 식민 시대에서, 최대 다수 개인의 최대 행복을 추구하나 집단적 인격 무시로 그 실현이 좌절된 탈식민 시대로의 전환 과정을 추적했다.

이른바 근대화가 되었다고 믿고 있기에 능력주의도 실현되고 있다고 믿겠지만, 현실의 능력주의는 신화에 불과하다. 능력주의 신화가 사회 구성원 다수가 지지하는 사회규율로 존속하는 한 최상의 사회적 효율을 달성할 수 없고 공정한 보상체계도 존재할 수 없다.

효용 가치에 기반한 능력 평가로는 능력주의 신화의 주술에서 벗어날 수 없다. 능력주의 신화라는 공고한 벽을 무너뜨리기 위해서는 인격 존중주의로 나아가야 한다. 같은 노동 가치에 같은 보상을 제공한다는 동일 '노동 가치' 동일 '보상'이라는 노동 가치의 공정한 평가에 기초한 능력주의 운용원리가 우리에게 절실히 요구되는 때이다.

주

서장

1. White(1991), p. ix.
2. 고주현(2018).
3. 선재원(2016). 이하 같음.
4. 『성경전서』, 신명기 8:17(표준새번역 개정판).
5. '능력자 지배체제'로 번역하는 것이 적절하다는 주장이 있다(장은주[2016]).
6. Markovits(2019), p. 33(번역서).
7. Weber(1920), pp. 206~207(번역서).
8. Sandel(2020), pp. 75~80(번역서). 이하 같음.
9. Bregman(2019).
10. Markovits(2019), p. 450(번역서).
11. Markovits(2019), p. 70(번역서).
12. Sandel(2020), p. 349(번역서).
13. McNamee(2014), p. 275(번역서).
14. 최윤재(2010), pp. 11~83(번역서).
15. Sen(1999), pp. 150~151(번역서).
16. Mill(1982, 원저 1859), p. 20(번역서); 이근식(1999), p. 775.
17. 이근식(1999), pp. 155~160.
18. 이근식(1999), p. 173.
19. Mill(2015, 원저 1863), p. 15(번역서).
20. Mill(2015, 원저 1863), pp. 41~42, 48.
21. 서병훈(2012).
22. 서병훈(2012), pp. 154~155. 이하 같음. 그러나 밀을 비판한 토크빌도 알제리를 기반으로 아프리카 대륙에의 프랑스 식민지 구축을 주장했다(서병훈[2011]). 본서는 자유주의의 토대가 되는 계몽주의와 보편주의가 식민주의로 연계된다는 진보적 제국주의(liberal imperialism) 자체를 지적(서병훈[2011], p. 127)하는 것에 중점을 두는 것이

아니라, 그 현상이 현재 우리에게 어떤 영향을 미치고 있는가에 주목하고 있다.

23. 서병훈(2012), pp. 156, 161~162. 이하 같음.
24. Mill(1861), p. 264(번역서).
25. 최형묵(2022), pp. 460~461.
26. Rawls(1971), p. 60(번역서). 존 롤스의 『정의론』의 출발점인 논문 「공정으로서의 정의」와 마이클 영의 디스토피아 소설 『능력주의』가 제2차 세계대전 후 인류역사상 처음으로 전 세계가 경제성장을 구가했던 1958년 같은 해에 출판되었다는 점이 흥미롭다.
27. Rawls(1971), p. 63.
28. Rawls(1971), pp. 731, 735. 이하 같음.
29. 『한국민족문화대백과』. 이하 같음.
30. 국역 윤치호 영문 일기2, 1894년 11월 1일(음력 4일, 목요일), 국사편찬위원회 한국사 데이터베이스(db.history.go.kr).
31. 박노자(2005), pp. 243~251. 이하 같음.
32. 표 7-1 참조. 이하 같음.
33. 原朗(2014).
34. 이이화(2020).
35. Said, pp. 453~454(번역서). 이하 같음.
36. Fanon(1952), p. 21(번역서). 이하 같음.
37. Fanon(1952), pp. 157~159.
38. 정종현(2019), pp. 13~17. 이하 같음.
39. Morris ed.(2010), p. 138(번역서). 이하 같음.
40. 조경달(2012), pp. 12~13.
41. 山之内靖(1995); Yamanouchi, Koschmann, and Narita eds.(1998). '커뮤니케이션적 이성'을 주장하는 하버마스의 논의는 Habermas(1996) 참조.
42. Parsons의 공리주의 비판은 Luhmann(1984) 참조.
43. 宮田節子(1985). 이하 같음.
44. 宮田節子(1985), p. 148.
45. 송호근(1996)은 '화자와 청자 간에 이해가능성, 진리성, 정당성, 진실성 등에 대한 타당성 요구를 제기하고 서로 인정하게 되는 상호이해석 과정'을 의사소통적 행위라고 규정한다(송호근[1996], p. 134).

46. 宮嶋博史(2020), p. 161(번역서). 이하 같음.
47. 宮嶋博史(1994a), pp. 2~5. 이하 같음.
48. 宮嶋博史(1994a), p. 5; 宮嶋博史(1994b), pp. 93~94.
49. 宮嶋博史(1994b), pp. 70~72. 이하 같음.
50. World Inequlity Database(https://wid.world), 2025. 7. 13 접속. 이하 같음.
51. Woodside(2006), pp. 23~52(번역서). 이하 같음.
52. 미야지마(2013), pp. 189~190. 미야지마의 양반론에 대해서는 宮嶋博史(1995) 참조.
53. 성주현(2020), p. 205.
54. 김은희(2022)는 한국 사회를 지배하는 586의 권력을 비판하며 '신양반 사회' 개념을 제시했다.
55. 『역사비평』 특집(2022, 통권 140호): 이기훈a, 「'공정'의 신화를 넘어서」; 조형근, 「능력주의, 말과 담론이 걸은 역설의 길을 벗어나기」; 이기훈b, 「능력주의의 식민지적 기원: 조선일보 독자란에 나타난 입신주의」; 황병주, 「개발 연대와 능력주의」; 오제연, 「고등교육 대중화와 학력 불평등: 엘리트 의식과 학력주의 문제를 중심으로」; 이상록, 「불평등 속의 노동자들, 능력주의적 열망과 좌절의 웅얼거림」.
56. 조형근(2022), p. 12.
57. 이기훈(2022b), p. 36.
58. 황병주(2022), p. 71.
59. 오제연(2022), p. 136.
60. 이상록(2022), pp. 169~170.
61. 박권일(2021), pp. 20~22, 93, 126, 133, 214. 이하 같음.
62. 김두식(2018). 이하 같음.
63. Gutman(1976), p. 95(번역서). 이하 같음.
64. Nelson(1992). 이하 같음.
65. Weber, Max(1910~1914).
66. Taylor(1911), p. 168(번역서). 이하 같음. 이 일본어 번역서는 *A Piece Rate System*(1895), *Shop Management*(1903), *Entering Business*(1909)(성공론: 공업계를 지망하는 청년에게[일리노이[Illinois]대 학생 대상 연설), *Principles of Scientific Management*(1911), 『과학적 관리법에 관한 테일러 증언 미국 국회 속기록』(1912)을 번역하여 편집한 테일러 전집이다. Guide to the Frederick Winslow Taylor Collection[https://web.stevens.edu/

libraryexhibits/FindingAids/FWT_FindingAid.html], 2025. 6. 16 접속) 참조.

67. Nelson(1992). 이하 같음.
68. Nelson(1992). 이하 같음.
69. Woodside(2006), p. 44(번역서).
70. Dunlop(1958).
71. Sen(1999).
72. O'Rourke 외(1999).
73. 신용하(1987).
74. 鄭英一(1979), 윤수종(1990).
75. 조경만(1987).
76. 대한제국 정부와 통감부가 발주한 도로수리, 준설, 위생업무 등 관급공사를 위한 노무공급 조직이었지만 일반 노동자로 구성된 '평의회'의 임원 선출과 해임 등의 조직운영 행위, 임금체불과 중간착취에 항의하여 경찰서나 헌병대에 고소하는 등의 집단행동을 했던 대한제국 말기 과도적 노동단체로 1908년에 설립된 '노동회'가 존재했었다(윤진호[2012]).
77. 김현주(2008), pp. 44, 61~71.
78. 조경달(2012), p. 64.
79. 조경달(2012), p. 70.
80. 김남이·하상복(2010), p. 240.
81. 'Indians are the Rock, European Peoples are the Sea'라고 표현하며 '동화와 타자성(他者性)'(Assimilation and Otherness)을 강조한 White(1991)를 참조.
82. 旗田巍(1969), pp. 6~7. 후속작이라 할 수 있는 旗田巍(1983)도 참조.
83. 姜東鎭(1984).
84. 吉野誠(1989).
85. 中塚明(1993).
86. 富山一郎(1990), p. 5.
87. 溝口敏行·梅村又次 편(1988), 김낙년 편(2006).
88. 허수열(2009).
89. 차명수(2006).
90. 주익종(2006).

91. 최성진(2006).
92. 김낙년(2003), p. 192.
93. 김낙년(2010), p. 149.
94. 김낙년(2003), p. 184.
95. 박기주(2006a), pp. 102~105.
96. 堀和生(1995). 이하 같음.
97. 강필구(2022).
98. 大河内一男(1944), pp. 239~319.
99. 東條由紀彦(1988), pp. 204~205.
100. 東條由紀彦(1988), pp. 235~236.
101. 權赫泰(1991), 曺晟源(1993).
102. 곽건홍(2001), 이상의(2006).
103. 愼英弘(1984).
104. 金三洙(1993), pp. 21~27. 이하 같음.
105. 君島和彦(1977), pp. 82, 90~91, 100.
106. 君島和彦(1977), pp. 74, 76.
107. 庵逧由香(2006). 식민지 본국 일본을 중심으로 노동력 동원정책에 관한 체계적이고 종합적인 분석은 河棕文(1996)을 참조.
108. 庵逧由香(2006), pp. 251~255. 이하 같음.
109. 황선미(2021), pp. 127~133. 이하 같음.
110. 윤효정(2021).
111. 이우연·차명수(2007).
112. 김낙년·박기주(2010).
113. 安秉直(1988)에서 사용된 일본질소의 사내 자료는 양지혜(2016, 2017) 그리고 본서에서도 사용되었다. 이 세 연구가 공통으로 사용한 일본질소 사내 자료는 안병직 교수가 일본에 체재할 때(1985~1986) 오랜 기간 공을 들여 연락하고 자료보관 창고에서 직접 복사하여 수집한 자료이다. 안 교수는 2013년 수집한 모든 일본질소 사내 자료를 저자에게 기증했다. 저자는 자료를 정리하여 목록을 만들었고, 오진석 교수는 모든 자료의 디지털화 작업을 위해 수고했다. 저자는 안 교수의 유지에 따라 2016년 일본질소 연구를 추진해 왔던 양지혜 교수에게 모든 자료를 공개하고 디지털 자료의

전부를 증여했다. 어렵게 수집한 자료를 공개한 안병직 교수께 감사드린다.

114. 김원(2010).

115. 『한국민족문화대백과』.

116. 식민지 조선의 노동쟁의 요구는 '임금인상' '임금인하 반대' 등 경제적 보상 요구만이 아니라, '대우개선' '감독배척' 등 인격존중 요구도 다수 있었다(김경일[1992], pp. 530~567).

117. 이명학(2023), p. 312.

1장

1. Jane Burbank and Frederick Cooper(2010).
2. Bouda Etemad(2007), p. 171.
3. D. K. Fieldhouse(1967).
4. Sen(1999); OECD(2014), pp. 200~203(번역본).

2장

1. 園田茂人(1993), pp. 16~19.
2. 鈴木栄太郎(1939), pp. 74~76.
3. 小泉幸一(1935), pp. 32~33.
4. 鈴木栄太郎(1939), pp. 80~81.
5. 小泉幸一(1935), pp. 33~34.
6. 福岡県 柳川 지방의 '組'에서는 규칙을 어길 경우에 '따돌림'(村八分) 제재가 있고, 교류는 물론 도움을 주는 것과 유이를 받는 것도 불가능했다(小泉幸一[1935], pp. 17~18).
7. 이러한 제재는 공동 작업만이 아니라 마을 일 전반에 걸쳐 강력하게 적용되었다. 이러한 유이 도움과 같은 상호 원조기구 또는 마을회의에서 결정된 연긴 행시계획, 공동 작업 등은 집단 지상명령으로 구성원을 구속하고 의무를 게을리하는 자는 매우 강

한 제재를 받았다(荒木博之[1973], pp. 39~40).

8. 印貞植(1943b), p. 2.
9. 小泉幸一(1935), p. 7.
10. 有賀喜左衛門(1957), p. 1; 小泉幸一(1935), p. 14.
11. 小泉幸一(1935), pp. 16~17.
12. 小泉幸一(1935), p. 12.
13. 姜鋌澤(1941), p. 3.
14. 이태진(1989), p. 2.
15. 조경만(1987), p. 42.
16. 姜鋌澤(1941), p. 3.
17. 印貞植(1943b), p. 1.
18. 이태진은 두레의 고대기원설을 비판하며, 17세기 후반 이후 이앙법의 보급에 따라 향도(香徒) 조직의 분화에 의해 발생했다고 주장했다(이태진[1989], p. 29). 호리(堀)는 농촌 공동체에서 구성원의 이동이 증가하는 추세임에도 불구하고, 농계(農契)와 함께 농사(農社)가 다양한 형태로 계속 사용되고 있었다는 점을 강조했다(堀新一[1940], p. 82).
19. 姜鋌澤(1941), p. 26.
20. 鄭英一(1979), p. 8.
21. 스즈키는 각 농촌 사회 집단, 즉 행정지역 또는 관설(官設), 근린지역, 촌락자영의 사회 집단, 머슴(名子) 집단, 시주(施主) 집단(檀徒), 장례 집단(講中), 특수공동이해 집단, 그리고 공동 작업 조직에 대해 일본과 조선과의 비교조사 결과를 조선총독부 발행의 『調査月報』에 1943년 9월, 11월, 12월에 게재했다.
22. 鈴木栄太郎(1943a), p. 11.
23. 鈴木栄太郎(1958), pp. 103~105(『著作集Ⅴ』의 쪽수).
24. 鈴木栄太郎(1943b), p. 25(『著作集Ⅴ』의 쪽수).
25. 鈴木栄太郎(1943a), 6頁.
26. 여기에서 노임은 화폐 형태만이 아니라 소고기 등의 물품 형태도 있었다(조경만[1987], pp. 23~24).
27. '농사실행조합'은 1930년대 중반부터 일본의 농촌갱생운동의 전개 과정에서 촌락공동체의 구성원 간 공동관계를 재생하기 위해 조직되었다(大門正克[1994], pp. 335~342).

28. 저자는 1994년 9월 19일에 쓰카보리 마을을 방문하여 농사에 종사하고 있는 다카하시 기요시(高橋清氏 1912년생) 씨를 만나 1941년 당시 전반적인 마을 상황에 대해 들었다. 다음 날인 20일에 스즈키 기요시와 함께 마을 일을 했던 다카하시 다다오 씨를 만나 당시 공동 작업의 실제 운영에 대해 들었고, 스즈키 기요시 씨가 조합장이었다는 사실을 확인했다. 쓰카보리 마을을 방문할 수 있도록 소개해 준 당시 요코테시 총무부 총무과 문서통계계장 이시가미 구요코(石上久代子) 씨께 감사드린다.
29. 有賀喜左衛門(1957), p. 2.
30. 小泉幸一(1935), p. 14.
31. 小泉幸一(1935), p. 4.
32. 다카하시 다다오 씨의 면담에 따르면 작업반이 전통적으로 동반(東班), 서반(西班), 개반(開班)으로 나뉘어 공동 작업이 시행되었다고 한다.
33. 조경만(1987), pp. 17, 31.
34. 鈴木清(1942).
35. 小泉幸一(1935), pp. 26~27. 이하 노동력 교환에 관한 내용은 같은 인용.
36. 鈴木栄太郎(1944), 「湖南農村調査野帳抜書」, 『朝鮮』 353호, 朝鮮総督府. 신전마을에 관한 기술은 특기사항이 없는 경우에는 이 조사에 따르고 있다.
37. 1994년에는 8월 25일과 26일에 '조선근대지역자료연구회' 회원들과 전라도 답사 중에 방문했다. 김재봉(金在奉, 1928년생, 해룡마을) 씨와 주옥련(周連玉, 1930년생, 신전마을) 씨를 포함한 주민을 면담했다. 면담 중에 연구회 회원인 니이노 유타카(新納豊) 교수와 김익한 교수로부터 귀중한 조언을 들었다. 1995년에는 8월 29일과 30일에 혼자 방문하여 신덕봉(辛德奉, 1911년생, 신전마을), 손원기(孫源基, 1920년생, 신전마을), 백해인(白海仁, 1918년생, 장내마을), 백형무(白亨珷, 1923년생, 장내마을), 김자근(金慈根, 1907년생, 해룡마을), 정대채(鄭大采, 1913년생, 해룡마을), 고귀임(高貴壬, 1920년생, 해룡마을)을 면담했고, 공동노동 조직의 운영에 대해 박순선(朴淳善) 씨와 김재봉 씨 등에게 집중적으로 물었다. 면담에 응해 주신 주민 여러분께 감사드린다.
38. 印貞植(1941), pp. 41~42.
39. 姜鋌澤(1941), p. 23.
40. 朝鮮農村社会衛生調査会編(1940), 姜鋌澤(1940), 姜鋌澤(1941), 小川徹(1957), 梶村秀樹(1980), 문소정(1990), 허영란(2015).

41. 허영란(2015), p. 124.
42. 주민 면담에 의해 스즈키 에이타로가 명명한 '어른(大人)두레'와 '어린이(小人)두레'가 각각 '대동두레'와 '소동두레'로 불리었다는 사실을 알게 되었다.
43. 송재성(1992).
44. 신덕봉, 손원기의 면담.
45. 姜鋌澤(1941), p. 3.
46. 행수(行首)와 같은 통솔자를 영수(領首), 좌상(座上), 반수(班首), 영좌(栄座), 좌장(座長), 고원(高員)이라고도 불렀다(姜鋌澤[1941], p. 7).
47. 머슴은 1년, 계절, 월 단위로 계약하고, 숙련도에 따라 상머슴, 중머슴, 전머슴이 있었다. 상머슴은 다수를 고용하여 작업할 때에 직접 작업하지 않고 감독만 하는 고용주의 대리인 역할을 하기도 했다(조경만[1987], pp. 21~22, 45~46).
48. 印貞植(1943b), pp. 3~4; 조경만(1987), pp. 29~30.
49. 姜鋌澤(1941), pp. 4~5.
50. 荒木博之(1973), pp. 33~35.
51. 백형무와 백해인의 면담.

3장

1. S. Smiles(1902).
2. 이영석(1993), pp. 320~322.
3. Kinmonth(広田照幸 역[1995]), pp. 23~24(역서 쪽수. 이하 같음).
4. Kinmonth(広田照幸 역[1995]), pp. 38~39.
5. 中村正直 역(1926년판), 畔上賢造 역(1906).
6. 최희정(2020), p. 20.
7. Cole(1948), pp. 137~174.
8. 『한국민족문화대백과』.
9. 박노자(2005), p. 229.
10. 박노자(2005), p. 230.
11. 박노자(2005), p. 230.

12. 조윤정(2013), pp. 407~408.
13. 유길준(1908), 조윤정 편역(2012). 이하 같음.
14. 류시현(2009), p. 88.
15. 최희정(2004), p. 10; 류시현(2009), p. 88.
16. 류시현(2009), p. 88;『한국민족문화대백과』.
17.『한국민족문화대백과』.
18. 최희정(2004), p. 17.
19. 최희정(2004), p. 50.
20. 崔南善 譯說(1918).
21. 崔南善 譯說(1918).
22. Smiles(1902), p. 1.
23. 김남이·하상복(2010), pp. 258~260.
24. 이영석(1993); Kinmonth(広田照幸 역[1995]), p. 27.
25. 이영석(1993), p. 324.
26. 崔南善 譯說(1918), p. 10. 이하 같음.
27. 최희정(2004), p. 36.
28. 김남이·하상복(2010), pp. 256~257.
29. 崔南善 譯說(1918), pp. 1~2.
30. 崔南善 譯說(1918), p. 82.
31. 김남이·하상복(2010), pp. 262~263.
32. 김윤환(1978), pp. 55~58; 신용하(1986), pp. 71~84.
33. 林宥一·安田宏(1985), 武田晴人(1992).
34. 鈴木正幸(1985), pp. 227~229.
35. 박애림(1992), pp. 20~21.
36. 박애림(1992).
37. 이균영(1993), p. 41.
38.『共濟』第7号, p. 93.
39. 崖溜(1920),「擺脫된 우리」,『共濟』창간호, p. 86.
40. 李萬珪(1920),「共濟를 創刊함에 對하여」,『共濟』창간호, p. 102.
41. 金明植(1920),「勞動問題는 社會의 根本問題이라」,『共濟』창간호, p. 16.

42. 石如(1920), 「平等의 光明과 勞動의 神聖」, 『共濟』 창간호, p. 69. 이하 같음.
43. 石如(1920), 「平等의 光明과 勞動의 神聖」, 『共濟』 창간호, p. 70. 이하 같음.
44. 卞熙瑢(1920), 「勞動者問題의 精神的方面」, 『共濟』 창간호, pp. 75~76. 이하 같음.
45. 『東亞日報』, 1920. 4. 17. 이하 같음.
46. 박애림(1992), 부록 1.
47. 朴重華(1920), 「朝鮮勞動濟會主旨」, 『共濟』 창간호, pp. 167~170. 이하 같음.
48. 신용하(1986), pp. 126~130.
49. 박노자(2005), p. 230.
50. 유길준(1971), pp. 47~48.
51. 박노자(2005) p. 236.
52. 『朝鮮日報』, 1921. 5. 18.

4장

1. 旗田巍(1969).
2. 宮田節子(1985).
3. 石井寬治(1986).
4. 旗田巍(1969), pp. 6~7.
5. 姜東鎭(1984), p. 314.
6. 高橋亨(1920), p. 25.
7. 高橋亨(1920), p. 7.
8. 高橋亨(1920), p. 61. 이하 같음.
9. 吉野誠(1989), pp. 43~44; 旗田巍(1969), pp. 40~41 참조.
10. 同光會本部(1923), 『朝鮮民情視察報告』.
11. 高橋亨(1920), p. 65.
12. 高橋亨(1920), p. 66.
13. 高橋亨(1920), p. 62.
14. 高橋亨(1920), pp. 62~63.
15. 『朝鮮の風習』은 1925년부터 1928년까지 발행된 것이 확인된다.

16. 村上勝彦(1992). 이하 같음.
17. 桜井義之(1933), pp. 24~25.
18. 村山智順(1926), p. 62.
19. 『한국민족문화대백과』. 이하 같음.
20. 南滿州鐵道株式會社(1933), pp. 69~70.
21. 廣崎眞八郎(1943b).
22. 조경달(趙景達)은 근대 일본의 통속 도덕(通俗道德)의 형성 과정에 관한 마루야마 요시오(安丸良夫)의 연구(1974)에 의거하며, 일본인이 자기노동관에 기초해 조선인 노동자를 인식하고 있었다고 분석했다(趙景達[1991], p. 127).
23. 桜井義之(1934), p. 76. 이하 같음.
24. 高橋亀吉(1935), p. 424. 이하 같음.
25. 橋本伝左衛門(1935), pp. 10~11. 이하 같음.
26. 村山智順(1927), pp. 199~200. 이하 같음.
27. 田中聡(1994), pp. 211~220.
28. 伊藤信親(1939), pp. 76~79.
29. 小野田セメント古茂山工場,『工務課考課狀』 1936년 하반기.
30. 小野田セメント川内工場,『工務課考課狀』 1940년 상반기.
31. 朝鮮総督府殖産局(1930), pp. 4~5.
32. 高橋龜吉(1935), pp. 402~403.
33. 桜井義之(1934), p. 77.
34. 宮孝一(1945), p. 12.

5장

1. 堀和生(1986), p. 90.
2. Sang-Chul Suh(1978), p. 40.
3. 허수열(1992), pp. 264~265.
4. 河野節夫(1930), p. 7.
5. 木村光彦(1981), p. 14.

6. 劉怡怜·斎藤修·谷口忠義(1998), p. 147.
7. 박이택(2007).
8. 류승현(1998). 류승현(1998)은 『調査月報』(朝鮮總督府)의 조사 자료에 근거하여 조선인 여성의 첫 결혼의 연령별 비율을 제시(1912~1936년)했다. 당시의 조혼풍습은 사회의 커다란 문제로 취급되어 다수 보도되고 있으며(한국역사정보통합시스템 http://www.koreanhistory.or.kr/), 관련 연구로 김경일(2007)을 참조하길 바란다.
9. 1930년대 후반의 가내공업 부문의 축소에 관해서는 이미 여러 연구에서 언급되었다(허수열[1992]; 장지용[1999]; 김낙년[2003]).
10. 공장종사자에 대한 기존 추계(박기주[2006a])는 '기타종업자'에 대한 명확한 언급이 없어 과대평가의 가능성이 있다.
11. 권태환·김두섭(2002), pp. 3~20.
12. 권태환·김두섭(2002), p. 319.
13. John D. Durand(1948), p. 197.
14. 一橋大学経済研究所編(1961), p. 39; 総務省統計局統計研修所, 第19章「労働·賃金」, 『日本の長期統計系列』.
15. 一橋大学経済研究所編(1961), p. 39.
16. 권태환·김두섭(2002), pp. 242~245.
17. 溝口敏行(1996), pp. 3~4.
18. 溝口敏行(1999), p. 5.
19. 박섭(2001), pp. 40~43.
20. 식민지 시기 제주도는 전남 지역에 속해 있었다.
21. 김종한·박섭·박영구(2006), pp. 37~40.
22. 金哲(1965), pp. 128~129.

6장

1. 경기에는 관영공장인 조선총독부 철도국 경성공장(총 노동자 수 1,318명) 및 동 전매국 경성지국 담배공장(1,203명)이, 경남에는 조선방직(1,913명), 평남에는 오노다시멘트사 평양공장(963명), 함남에는 조선질소비료(4,246명) 등 대규모 공장이 있었다(朝鮮

総督府学務局社会課, 『工場及鉱山に於ける労働状況調査』, 1933, pp. 244~252).

2. 小野田セメント百年史編纂委員会(1978), 『ヒアリング安藤相談役回顧録』(이하 『安藤相談役回顧録』), p. 79. 안도 도요로쿠(安藤豊禄, 1897~1990)는 1921년 도쿄제국대학 공과대학을 졸업한 직후 오노다시멘트사에 입사했다. 이듬해인 1922년 평양공장에 부임하여 1945년 해방 때까지 천내(川内)공장 건설 등 오노다시멘트사의 조선 각 지사에서 주로 활동했다(安藤豊禄, 1984).

3. 小野田セメント社平壌工場, 『工務課考課状』(이하 平壌工場 『考課状』), 1925년 하반기.

4. 평양공장 가동 초기 일본인 노동자의 평균 일급이 2.27엔으로 동 공장 조선인 노동자의 평균 일급 0.88엔은 물론 본사공장의 1.54엔보다 높았다(平壌工場, 『考課状』, 1921년 상반기, 小野田セメント社本社工場, 『工務課考課状』[이하 本社工場, 『考課状』], 1921년 상반기). 이근태(李根太, 1922년 평양공장과 인접한 중화군 상원면 출생→15세에 보통학교 졸업→평양부에서 상업에 종사→승호리 기술학교 중퇴 후 평양공장에 입사하여 1939~1950년 경리부 창고과 직원으로 근무)의 인터뷰(1993년 2월 12일 및 1994년 2월 28일, 서울)에 따르면, 평양공장에서 근무한 일본인 노동자에게는 일급의 40%를 해외수당으로 지급했다고 한다.

5. 평양공장의 경우, "본사 파견 실습생으로 취업한 제4회 실습생 중 근무성적이 우수하고 신체가 건강하며 영구근무가 기대되어 선발된 내지인(일본인) 1명과 조선인 3명을 1월 중 파견하여 현재 실습 중에 있으며, 그 성적이 비교적 양호한 정보를 접하고, 감독직원의 지도와 교습에 최선을 다하는 등 강한 의욕을 보이고 있어, 장래에 또 다른 기회를 얻을 수 있도록 최선을 다하고 있다. 향후에도 상기 해당자를 선발하여 파견 연습을 실시할 것"(平壌工場, 『考課状』, 1922년 상반기)과 "8월 1일부터 12월 말까지 4개월간 내지인 직공 1명, 조선인 직공 10명을 본사에 파견하여 연습을 실시할 것"(平壌工場, 『考課状』, 1928년 하반기)이라는 기록이 확인된다.

6. 직급에 관한 자세한 설명은 제11장 제1절을 참조하기 바란다.

7. 『引揚者特別交付金支給事務処理実績表』(若槻泰雄[1995], p. 274 재인용).

8. 조사 대상 산업별 공장 수 및 노동자 수는 방적(15개소/5,928명), 기계기구(1/85), 도자기(2/986), 화학(6/6,515), 인쇄제본(3/511), 식료품(3/902), 기타(3/776), 관영(3/2,097) 순이었다(朝鮮商工会議所, 1936, 『朝鮮人職工に関する一考察』).

9. 이하 일반학교 취학률은 후루카와 노부코(古川宣子)(1993), pp. 40~41 참조.

10. 취학률은 '100.0% - 무학 비율=취학률'로 산정했다.

11. 오노다시멘트사 본사공장은 1883년 3월에 건설되었다(『小野田セメント百年史』, pp. 158~159).
12. 隅谷三喜男(1971), 岩内亮一(1989).
13. 鷹野良宏(1992), pp. 1, 135~136.
14. 本社工場, 『考課状』, 1941년 하반기. 이하 같음.
15. 1931~1935년의 수학 교관은 이인욱(李寅郁) 기사(技師)였다(平壤工場, 『考課状』, 각 연도). 한편, 관영기업인 철도국에서도 조선인 교관이 확인된다(鄭在貞[1990], p. 356).
16. 平壤工場, 『考課状』, 1928년 상반기.
17. 平壤工場, 『考課状』, 1927년 하반기.
18. 우에노 다카시(上野孝, 1916년생, 후쿠오카현 이즈카시(福岡県 飯塚市) 출생→구마모토(熊本) 고등공업학교 기계공학과 졸업→1937년 입사→같은 해 천내공장 공무과 배치→1943년 이후 만주지사 공장에 근무하고 1946년 7월 철수→같은 해 10월 본사 기술부 배치→이후 다하라(田原) 공장장, 상무이사 역임)의 인터뷰(1995년 10월 2일, 도쿄).
19. 평양공장의 사비연수는 1931년 하반기부터 1933년 3월까지 전기과 조선인 견습공 1명에 대해 실시된 것으로 확인된다(平壤工場, 『考課状』, 각 연도).
20. 오병호(吳秉鎬, 1921년생) 인터뷰(1992년 2월 27일 및 1994년 2월 22일, 한국 대전).
21. 구사카와 신타로(草川慎太郎). 그는 1928~1936년 평양공장에서 물리, 화학 교육을 담당하기도 했다(平壤工場, 『考課状』, 각 연도).
22. 오노다시멘트사 삼척공장의 해방 후 재건 과정과 한국 시멘트 산업의 형성 과정에 대한 자세한 내용은 Soon-Won Park(1999), pp. 168~179를 참고하기 바란다.
23. 社会局労働部, 『改訂増補 工場法規解釈例規』, 1930년.

7장

1. 이영석(1994), 이영석(2012). 이하 같음.
2. 社會局勞動部(1930), 『改訂増補 工場法規解釈例規』(이하 『工場法規』), pp. 1~58; 社會局勞動部(1935), 『工場監督年報 제20회』, p. 3; 石井寛治(1972); 隅谷三喜男(1977)을 참조.
3. 朝鮮總督府(1935), 『施政二十五年史』(이하 『二十五年史』), p. 315. 이하 같음.

4. 朝鮮總督府(1940), 『施政三十年史』(이하 『三十年史』), pp. 134~135.
5. 『三十年史』, p. 165.
6. 金子文夫(1986), p. 195.
7. 『二十五年史』, p. 514. 이하 같음.
8. 『二十五年史』, pp. 670~671. 이하 같음.
9. 朝鮮總督府, 『統計年報』 1930년판.
10. 『三十年史』, p. 315.
11. 金子文夫(1993), p. 29.
12. 金子文夫(1993), p. 33.
13. 『二十五年史』, pp. 793~794. 이하 같음.
14. 『東亞日報』, 1922년 2월 17일.
15. 이하 특별한 언급 없이 「공장법」이라 할 경우에는 「일본 개정 공장법」을 말한다.
16. 『官報』 8327호, 1911년 3월 29일(間宏감수[1987], 『日本労務管理史資料集』, 第1期 第2卷, 工場法, 五山堂書店에서 재인용).
17. 小林端五(1965); 戸塚秀夫(1966), pp. 186~201.
18. 『工場法規』, pp. 1~58.
19. 『工場法規』, pp. 128~147. 제27조의 2 및 4는 1923년에 개정되었을 때 추가되었다.
20. 『会社及工場』. 이하 같음.
21. 『会社及工場』, pp. 25~28.
22. 『東亞日報』, 1922년 2월 17일.
23. 『会社及工場』, pp. 4~5.
24. 『東亞日報』, 1922년 2월 17일.
25. 『東亞日報』, 1922년 7월 18일.
26. 『三十年史』, p. 386.
27. 『東亞日報』, 1926년 7월 4일. 이하 같음. 조선총독부 경무국에 의한 노동상황조사 결과는 찾을 수 없었다.
28. 『東亞日報』, 1933년 10월 28일. 이하 같음.
29. 『二十五年史』, p. 951. 이하 같음.
30. 『東亞日報』, 1934년 4월 11일. 이하 같음.
31. 『朝鮮日報』, 1934년 4월 11일.

32. 『東亞日報』, 1934년 6월 3일.
33. 『東亞日報』, 1934년 11월 10일. 이하 같음.
34. 『東亞日報』, 1935년 10월 11일. 이하 같음.
35. 石井寛治(1972), p. 397.
36. 片倉製糸紡績株式会社(1941), 『片倉製糸紡績株式会社二十年誌』, pp. 13, 191~197, 연표. 이하 같음.
37. 藤井光男(1987), p. 553.
38. 松村敏(1992), pp. 186~275. 어렵게 수집한 가타쿠라 제사의 사내 자료를 제공해 준 마쓰무라 도시히로(松村敏) 교수의 호의에 감사드린다.
39. 精選版 日本国語大辞典(https://kotobank.jp/word/).
40. 猪俣津南雄(1934), pp. 77~82.
41. 본(盆)은 정월(正月)과 더불어 일본의 2대 명절이며 음력 7월 15일에 선조를 기리는 날로, 우리나라 추석에 대비된다.
42. 片倉製糸紡績株式会社庶務課, 『重要事項記録』(이하 『重要事項記録』) 1931년.
43. 『重要事項記録』 1929년.
44. 『重要事項記録』 1931년.
45. 『重要事項記録』 1927년.
46. 小野田セメント社, 『職人扶助規定』 1926년 7월.
47. 朝鮮小野田セメント社, 『職工扶助規定』 1920년 5월 제정, 1938년 1월 개정.
48. 小野田セメント平壌工場, 『工務課考課状』 1921년 상반기.
49. 鐘紡製糸四十年史編纂委員会(1965), 『鐘紡製糸四十年史』(이하 『鐘紡製糸四十年史』), p. 388.
50. 『鐘紡製糸四十年史』, p. 596.
51. 『鐘紡製糸四十年史』, p. 598.
52. 石井寛治(1972), pp. 395, 412. 이하 같음.
53. 木村健二(1982), pp. 103~104.
54. 朝鮮商工会議所(1936), 『朝鮮人職工に関する一考察』(이하 『朝鮮人職工』), p. 1.
55. 『朝鮮人職工』, pp. 45~46. 이하 같음.
56. 『朝鮮人職工』, p. 46.
57. 『東亞日報』, 1925년 3월 14일. 이하 같음.

58. 『東亞日報』, 1931년 7월 25일. 이하 같음.
59. 『東亞日報』, 1933년 10월 29일. 이하 같음.
60. 朴重華, 「朝鮮勞動共済会主旨」, 『共済』 창간호, 1920년 9월, p. 170.
61. 이균영(1993), pp. 17, 260; 송건호(1977), p. 444. 창립 당시의 간부의 경력과 직업에 관해서는 水野直樹(1981), pp. 300~301을 참조할 것.
62. 송건호(1977), pp. 452~453.
63. 조선 전체를 대상으로 한 공장법이 적용된 것은 아니지만, 여기서 말하는 공장법은 앞서 언급한 도(道) 단위의 '공장단속규정'(예: 경기도)을 가리킨 것으로 보인다.
64. 송건호(1977), pp. 453~454.
65. 全朝鮮內地人実業家有志懇話会(1920), 『全朝鮮內地人実業家有志懇話会速記録』, p. 13.
66. 『全朝鮮內地人実業家有志懇話会速記録』, pp. 13~14.
67. 金子文夫(1986), pp. 182~192.
68. 『二十五年史』, pp. 732~733. 이하 같음.
69. 京城府(1933), 『京城府産業調査会』.
70. 朝鮮総督府(1936), 『朝鮮産業経済調査会諮問答申書』(이하 『経済調査会答申』).
71. 原朗(1976), p. 218.
72. 『經濟調査会会議』, p. 9.
73. 『經濟調査会会議』, pp. 7~8.
74. 『經濟調査会会議』, p. 27.
75. 『經濟調査会会議』, p. 36.
76. 宮島英昭(1986), pp. 1, 21.
77. 『經濟調査会会議』, p. 45.
78. 『經濟調査会会議』, pp. 45~47.
79. 『經濟調査会会議』, pp. 423~425.
80. 『經濟調査会会議』, pp. 81~82.
81. 『經濟調査会会議』, p. 397.
82. 『経済調査会答申』, pp. 32~33.
83. 『經濟調査会会議』, p. 421. 기쓰이 마코토(橘井眞)는 명부에 기재되어 있지 않았다.
84. 『經濟調査会会議』, pp. 378~379.

85. 『東亞日報』, 1937년 6월 8일.
86. 佐口和郎(1991), p. 149.
87. 朝鮮總督府(1938), 『時局対策調査会諮問答申書』(이하 『対策調査会答申書』). 이하 같음.
88. 『対策調査会答申書』, p. 103. 이하 같음.
89. 『対策調査会答申書』, pp. 113~122.
90. 조선총독부, 『官報』, 1939년 7월 31일. 이하 같음.
91. 服部英太郎(1969), p. 368.
92. 服部英太郎(1969), p. 369.
93. 『三十年史』, p. 871.
94. 『東亞日報』, 1940년 2월 22일.
95. 허수열(1985), p. 302.

8장

1. 朝鮮総督府(1936), 『朝鮮産業経済調査会諮問答申書』, pp. 27~30; 朝鮮総督府(1938), 『朝鮮総督府時局対策調査会諮問案参考書(労務ノ調整ニ関スル件)』.
2. 森武麿(1993), p. 199; 君島和彦(1977), pp. 88~91을 참조.
3. 川岸文三郎(1941), 「国民総力運動の趣旨」, 『朝鮮』, 1941년 3월호, p. 33.
4. 朝鮮総督府(1944), 『朝鮮の国民総力運動』, p. 17. 이하 같음.
5. 『国民総力』, 1940년 11월호, p. 25. 이하 같음.
6. 川岸文三郎(1941), 「国民総力運動の趣旨」, 『朝鮮』, 1941년 3월호, p. 34.
7. 『国民総力』, 1940년 11월호, p. 24.
8. 『朝鮮』, 1941년 9월호, pp. 60~61. 이하 같음.
9. 田花為雄, 「国民皆労の倫理性」, 『朝鮮』, 1941년 11월호, pp. 7~19.
10. 森谷克己, 「国民皆労の意義」, 『朝鮮』, 1941년 11월호, pp. 20~26.
11. 宮孝一, 「朝鮮皆労運動」, 『朝鮮』, 1941년 11월호, pp. 1~6.
12. 宮孝一, 「朝鮮皆労運動」, 『朝鮮』, 1941년 11월호, pp. 1~6.
13. 宮孝一, 「朝鮮の錬成」, 『朝鮮』, 1942년 12월호, pp. 19~26.

14. 渡辺 代蔵(三陟開発炭砿),「四つの指導訓練」,『朝鮮』, 1944년 9월호.

15. 桜井秀三(日鉄西朝鮮製鉄所長),「『和を以て貴し』となす」,『朝鮮』, 1944년 9월호.

16. 倉員隆而(日本マグネ金属興南工場長),「野口精神につゞけ」,『朝鮮』, 1944년 9월호.

17. 美安利一(朝鮮セメント海州工場長),「栄誉にこたへん」,『朝鮮』, 1944년 9월호.

18. 纓片清次(小林鉱業上東鉱山長),「細かい点への緻密な注意」,『朝鮮』, 1944년 9월호.

19. 中村繁夫(中村郡北鉱山所長),「陣頭指揮と指導精神」,『朝鮮』, 1944년 9월호.

20. 노무자 연성에 관한 소개는 이 특집 이외에도 「增産戦士の錬成兼二浦に鉄鋼労務者訓練所」(『朝鮮』, 1943년 7월호, p. 34),「鉱山仕奉隊現地報告」(『国民総力』, 1944년 3월 1일호, pp. 20~23)를 참조할 것.

21. 中村繁夫(中村郡北鉱山所長),「陣頭指揮と指導精神」,『朝鮮』, 1944년 9월호, pp. 72~81.

22. 京城商工会議所(1943),『朝鮮主要会社表』.

23. 宮孝一(1945), p. 4.

24. 朝鮮総督府(1944),『朝鮮の国民総力運動』, p. 20.

25. 朝鮮総督府(1944),『朝鮮の国民総力運動』, pp. 21~22.

26. 糟谷憲一(1992).

27. 『朝鮮』, 1941년 11월호, pp. 59~56; 1941년 12월호, pp. 54~55; 1942년 12월호, pp. 90~92; 1944년 1월호, pp. 83~87; 1944년 11·12월 합병호, pp. 70~71. 조선총독부 조직 개편의 주요 내용은 朝鮮総督府財務局(1944),「太平洋戦争終末期の行政機構改革」(友邦協会[1969],『朝鮮総督府管制とその行政機構(萩原彦三述)』, pp. 85~86에서 재인용)을, 구체적인 국(局)과 과(課) 개편 과정은 アジア経済研究所(1974),「韓国統監府·朝鮮総督府所属官署概表」,『旧植民地関係機関刊行物総合目録 朝鮮編』, pp. 204~207을 참고할 것.

28. 朝鮮総督府(1944),『朝鮮の国民総力運動』, p. 31.

29. 庵逧由香(1995), p. 11.

30. 朝鮮総督府(1944),『人口調査結果報告 其ノ一』. 단위가 호와 세대로 되어 있는 것에 주의해야 하는데, 1호에는 1세대 이상이 포함되어 있다. 식민지 조선의 인구통계는『朝鮮総督府統計年報』와『朝鮮国勢調査報告』가 있는데, 가족을 파악하는 통계단위로서 전자는 호를 후자는 세대를 사용하고 있다.

31. 朝鮮総督府(1944),『昭和十八年 朝鮮労働技術統計調査結果報告』.

32. 佐口和郎(1991), pp. 183~211을 참조.

33. 法政大学大原社会問題研究所(1971), 『日本労働年鑑 別巻 太平洋戦争下の労働者状態·労働運動』 復刻版, 労働旬報社, pp. 259~260.
34. 三輪泰史(1988), p. 198; 佐口和郎(1991), p. 204.
35. 곽건홍(1998), pp. 143~145.
36. 朝鮮総督府(1944), 『朝鮮の国民総力運動』, pp. 41~43.
37. 町田辰二郎(1944), 「半島の仕奉運動におくる」(『国民総力』, 1944년 6월 15일호, pp. 4~6). 이하 같음.
38. '진두지휘'의 필요성을 강조하고 있는 총독부 관료의 발언에 대해서는 中谷忠治(朝鮮総督府鉱工局調査官)(「朝鮮人労務管理に関する覚書」, 『朝鮮』 1944년 10월호, pp. 63~66)을 참조.

9장

1. 정병욱(2004), pp. 56~78.
2. 정병욱(2003)이 한국산업은행에서 원본 자료를 발견하여 공개했고, 이후 선재원과 박현 등이 임금 격차 분해가 가능한 자료로 정리했다.
3. 최종 분석에서는 만주 또는 미국에서 교육을 받은 5명의 종업원에 대해 36개의 관측이 이루어졌다.
4. 동일한 수준의 교육이 다른 수준의 인재의 부가가치를 제공한다면, 교육의 질에 따른 차이로 인해 임금방정식에서 민족별 교육 계수가 달라져 측정된 임금 차별에 영향을 미칠 수 있다.
5. 예를 들어, 조선인이 수학한 학교의 질이 상대적으로 낮았기 때문에 일본인에 비해 조선인 교육 기간에 대한 추정계수의 값이 낮게 나왔다. 따라서 이 낮은 계수 값의 일부는 차별의 효과로 해석될 수 있는 조선인이 수학한 학교 위치에 따른 교육의 질 차이를 반영한 것이다. 이는 Card and Krueger(1992)에서 학교 교육의 질과 흑백 인종 소득 격차 축소 역할에 대해 논의한 것과 유사하다.
6. 방법론의 이론적 배경과 조건부 사분위수 회귀와 무조건 사분위수 회귀의 차이점에 대한 자세한 논의는 Firpo 외(2009)를 참조.

10장

1. 허수열(2005), p. 181.
2. 日本窒素肥料株式会社(1940).
3. 安秉直(1988)은 일본질소의 『사보』(社報)와 『품의서』(稟議書)를 면밀히 검토하고 조선인 사원을 찾아내어 조선질소비료주식회사에 1930년 3명(화학, 전기, 기계 각 1명), 1939년 14명(사원 3[의사 1], 준사원 7, 촉탁 4), 1940년 18명(사원 5[의사 1], 준사원 9, 촉탁 4[의사 2])이 재직했음을 밝혔다. 1940년 2월 현재 조선질소비료주식회사(朝鮮窒素肥料株式會社)는 흥남비료공장, 영안공장, 부전강 제1, 제2, 제3, 제4 수력발전소와 흥남 및 영안화력발전소 그리고 주을, 길주, 용문광업소를 포함하고 있었다(日本窒素肥料株式会社[1940]). "조선공장에서 계장이라는 것은 수백 명 있었지만, 조선인으로 계장 이상 된 사람은 발전소에서 임이라는 사람 혼자였어요"(요코이 사부로[横井三郎] 인터뷰, 1979년 8월; 岡本達明·松崎次夫編[1990], pp. 130~131). 요코이는 1937년 도쿄제국대학 응용화학과를 졸업하고 같은 해에 일본질소에 취직하여 흥남비료공장으로 배치되었다. 계원으로 2년간 지내고 계장을 3년 거쳐 차장으로 승진했다.
4. 직원에 대한 연령별, 민족별로 구분된 개인정보는 일부 알 수 있으나, 총괄정보를 알 수 있는 자료는 존재하지 않는다.
5. 흥남금속공장의 월보는 1945년 5월까지 연령별·민족별 정보를 포함하고 있고, 본궁공장의 월보는 1945년 6월까지 연령별·민족별 구분 없는 합계만의 정보를 포함하고 있다.
6. 표 10-3의 연령별·민족별 임금수치와 계의 수치는 저자가 계산한 것이 아니라 원자료 수치를 그대로 사용했다. 여기에서 자료의 수치를 여러 방법으로 계산해 보았으나 연령별 일본인 공원에 대한 조선인 임금의 비율이 '계'의 임금 비율보다 모두 높은 수준의 이유에 대해서는 현재 판명하기 어렵다. 다만 연령별 임금은 중위값이고 계의 임금은 평균값일 가능성이 있다. 그렇게 예상하는 이유는 조선인 임금 수준이 최하위에 몰려 있기 때문이다.
7. "게다가 메이지 이후의 교육에서 조선인은 무책임하고 게으르고 한번도 국가를 세운 적이 없는 민족이라고 가르쳐 오니까. 조선인이 있으면 성가실 정도. 신용하지 않는다고 할까. 그런 거 넣으면 공장 망하니까 그렇지. 그래서 일본인이라면 고용했지만 조선인은 고용하지 않아. 조선인 모집은 하지 않아. 그래도 일본 때문에 모두 난민 같은

상태니까 공장이 생기자 조선인이 몰려오지. 흥남에는 조선에서 왔지. 그것은 인부로 쓰고 아주 우수한 자를 골라서 공원으로 고용했지. 일본질소의 조선인에 대한 방침은 없었어. 방침을 세울 필요가 없었지”(시모이이자카 마사쿠라[下飯坂正蔵] 인터뷰, 1984년 10월; 岡本達明·松崎次夫編[1990], pp. 83~84). 시모이이자카(下飯坂正蔵)는 1937년 도쿄대 법학과를 졸업하고 같은 해에 일본질소에 취직하여 경성지사에 배치되어 2년간 지내고 3년간 영안공장에서 서무업무를 했다.

8. 日本窒素肥料株式会社 興南金属工場, 『工員賃金規則』, 1943년 12월. 이하 같음.
9. “3년 정도 공원으로 일하고 고향에서 부모님이 사망하여 그만두고 돌아가는데 퇴직금 받으려고 해도 여비가 되지 않아. 그 공원은 전라남도에서 왔었어. 이건 말도 안되는 거지, 일하지 않는 것도 당연하다고 생각했어…”(시모이이자카 인터뷰, 1984년 10월; 岡本達明·松崎次夫編[1990], pp. 83~84).
10. 日本窒素肥料株式会社, 『部場長会議議事録』, 1942년 5월. 이하 같음. 표 3과 대비하여 설명하면, 준공원은 2등공원에 해당되고, 정공원은 1등공원 및 상등공원에 해당된다고 판단할 수 있다.
11. 1945년 전 일본 국내와 식민지 조선의 기업에서 공원에서 사원으로 등용되는 경우는 중일전쟁 이전부터 있었다. 다만 중일전쟁 이후 노동력 부족으로 등용의 기회가 확대되었을 것이라는 예상이 가능하다.
12. 日本窒素肥料株式会社, 『部場長会議議事録』, 1938년 6월. 이하 같음.
13. 등용되었을 때 1회에 한하여 사원 월급 5엔, 준사원은 일급 10전이었다.

11장

1. 小野田セメント社, 「職員録」, 小野田セメント社(1926), 『職工規則』(이하 『職工規則』), pp. 2~3. 이하 같음.
2. 출퇴근 시 개인별 출퇴근기록계에 기록된 근무시간에 따라 일당이 지급되었다고 한다(이근태 인터뷰).
3. 『小野田セメント百年史』, p. 386.
4. セメント協会(1986), 『セメントの常識』, pp. 6~13.
5. 『小野田セメント百年史』, pp. 219~220.

6. 小野田セメント社(1922),『工場監督及職工ノ保護』(이하『監督及職工ノ保護』), pp. 5~6;『小野田セメント百年史』, p. 264.
7. 『監督及職工ノ保護』, p. 5.
8. 平壤工場『考課状』1920년 하반기. 이하 같음.
9. 『職工規則』. 이하 같음.
10. 이근태 인터뷰,『安藤相談役回顧録』, p. 79.
11. 우에노 다카시(上野孝) 인터뷰.
12. 平壤工場『考課状』1931년 상반기. 인원정리 내역은 의원면직 22명, 사망 4명, 결근 11명, 제재 2명, 용퇴 신청 19명, 해고 48명(공무과예비계 23명, 서무 4명, 마대 여공 19명, 기타 2명)이었다.
13. 『監督及職工ノ保護』, 서문, 이하 같음.
14. 『職工規則』, pp. 42~45.
15. 『職工規則』, pp. 43~44.
16. 平壤工場『考課状』1932년 하반기.
17. 『職工規則』, pp. 51~59.
18. 小野田セメント社(1922),『職工住宅建築規定』.
19. 平壤工場,『考課状』각 연도.
20. 平壤工場,『考課状』1938년 하반기.
21. 이근태 인터뷰.
22. 『小野田セメント百年史』, p. 62; 小野田セメント社(1926),『職工扶助規定』; 朝鮮小野田セメント社(1938),『職工扶助規定』(1920년 제정 · 1938년 개정). 이하 같음.
23. 小野田セメント社(1918),『本社共済会規定』. 이하 같음.
24. 平壤工場,『考課状』각 연도.
25. 平壤工場,『考課状』1922년 상반기.
26. 平壤工場,『考課状』1932년 상반기.
27. 실제 고용계약은 처음에는 해당 과장과 면접을 통해 일단 취업하고, 정식 직공이 되면 회사가 임용장을 발급하고 보직명령을 내리는 형태로 이루어졌다고 한다(이근태 인터뷰).
28. 『監督及職工ノ保護』, pp. 23~24. 이하 같음.
29. 本社工場,『考課状』1939년 상반기.
30. 平壤工場,『考課状』1923년 하반기.

31. 平壌工場, 『考課状』 1925년 상반기.
32. 이근태 인터뷰 및 小野田セメント社, 『職員錄』. 이하 같음.
33. 本社工場, 『考課状』, 1939년 하반기. 이하 같음.
34. 佐口和郎(1991), p. 183.
35. 森清(1981), pp. 271~272.
36. 三輪泰史(1988), 佐口和郎(1991).
37. 平壌工場, 『考課状』, 1942 하반기. 이하 같음.
38. 川內工場, 『考課状』, 1940년 상반기. 이하 같음.
39. 古茂山工場, 『考課状』, 1941년 하반기. 이하 같음.
40. Park(1999), pp. 125~126.
41. 『동아일보』, 1931년 5월 11일. 이하 같음. 1931년 5월 11일부터 한 달간 『동아일보』를 추적하여 살펴보았으나 관련 기사를 찾을 수 없었다.
42. 平壌工場, 『考課状』 1930년 하반기.
43. 平壌工場, 『考課状』 1931년 상반기.
44. 김경일(1992), pp. 530~567.
45. 平壌工場, 『考課状』 1931년 상반기.
46. 安藤豊禄(1984).
47. 『安藤相談役回顧録』, p. 71. 이하 같음.
48. 오노다시멘트사는 일본인노동자들에게 일당의 40%를 해외수당으로 지급했다(이근태 인터뷰).
49. Moskowitz(1979), p. 159.
50. 기리하라 시게미(桐原葆見)(1937), 동(1938a), 동(1938b), 동(1940), 동(1944) 등.
51. 기리하라 시게미(桐原葆見)(1942), pp. 158~159. 이하 같음.
52. 1919년 일본 최초의 노동문제연구소인 '大原社会問題研究所'를 설립한 구라시키(倉敷) 방적 사장인 오오하라 마고사부로(大原孫三郎)가 1921년에 노동과학연구소(勞動科學研究所)를 설립했다(大原記念勞動科學研究所 https://www.isl.or.jp). 노동 문제를 사회과학적 방법과 자연과학적 방법으로 연구하기 위함이었다. 노동과학연구소 초대소장인 데루오카 기토(暉峻義等)는 노동생리(勞動生理)학자로 일본 노동과학의 창시자이다(日本大百科全書 https://kotobank.jp).
53. 労働科学研究所(1943), 『半島人労務者の作業能力に関する科学的見解』, p. 21.

참고문헌

1. 통계 및 관련

朝鮮総督府, 『簡易国勢調査結果表』, 1925년판.

_____, 『朝鮮国勢調査報告 全鮮編』, 1930년판.

_____, 『朝鮮国勢調査報告 全鮮編』, 1935년판.

_____, 『朝鮮国勢調査結果要約』, 1940년판.

_____, 『人口調査結果報告』 1, 2, 1944년판.

_____, 『統計年報』, 1911~1942년판.

_____, 『朝鮮労働技術統計調査結果報告』 제2회(1942), 제3회(1943).

_____, 『官報』, 1930년 5월 17일(「1930년 조선국세조사 종사원의 신고서 기입 주의사항」), 1940년 6월 20일(「1940년 조선국세조사 종사원의 신고서 기입 주의사항」).

河野節夫(1930), 「1930년 국세조사 시행에 대하여」, 『朝鮮』, 14-3, 2-8.

한국통계청, 『簡易人口調査』, 1949년판.

_____, 『総人口調査』, 1955년판.

_____, 『인구 및 주택센서스』, 1960, 1966, 1970, 1975, 1980년판.

_____, KOSIS(http://kosis.nso.go.kr).

경제기획원 조사통계국(1985), 『한국통계조사현황』, 경제기획원.

김낙년 편(2006), 『한국의 경제성장, 1910-1945』, 서울대학교출판부.

内閣統計局, 『國勢調査』, 1930, 1940년판.

_____, 『労働統計実地調査報告』, 1930, 1933년판.

総務省統計局統計研修所, 「第19章 労働·賃金」, 『日本の長期統計系列』(http://www.stat.go.jp/data/chouki/index.htm).

一橋大学経済研究所 편(1961), 『解説 日本経済統計: 特に戦後の分析のために』, 岩波書店.

溝口敏行(1996), 「韓国(戦前『朝鮮』を含む)長期経済統計の作成方針」, 一橋大学経済研究所 Discussion Paper No. D96-3.

_____(1999), 「Korea長期経済統計データベースの作成」, 一橋大学経済研究所 Discussion Paper No. D99-5.

溝口敏行·梅村又次 편(1988), 『旧日本植民地経済統計』, 東洋経済新報社.

劉怡伶·斎藤修·谷口忠義(1998), 「戦前台湾における有業人口の新推計」, 一橋大学経済研究所, 『経済研究』 제49권 제2호.

安藤良雄 편(1979), 『近代日本經濟史要覽』 제2판, 東京大学出版会.

三和良一·原朗 편(2010), 『近現代日本経済史要覧』 보정판, 東京大学出版会.

宮崎犀一·奥村茂次·森田桐郎 편(1981), 『近代国際経済要覧』, 東京大学出版会.

Maddison, Angus(2003), *The World Economy: Historical Statistics*, OECD.

OECD(2014), *How was Life?: Global Well-Being since 1820*, Clio Infra, OECD(OECD開発センター 편저, 徳永優子 역[2016], 『幸福の世界経済史: 1820年以降, 私たちの暮らしと社会はどのような進歩を成し遂げてきたのか』, 明石書店).

World Inequlity Database(https://wid.world).

2. 실태조사

朝鮮総督府内務局社会課(1923), 『会社及工場に於ける労働者の調査』.

朝鮮総督府殖産局(1930), 『朝鮮に於ける鉱夫労働事情』.

朝鮮総督府学務局社会課(1933), 『工場及鉱山に於ける労働状況調査』.

南満州鉄道株式会社経済調査会(1933), 『朝鮮人労働者一般事情』.

朝鮮商工会議所(1936), 『朝鮮人職工に関する一考察』.

労働科学研究所(1943), 『半島人労務者の作業能力に関する科学的見解』.

京城商工会議所(1943), 『朝鮮主要会社表』.

同光会本部(1923), 『朝鮮民情視察報告』.

京畿道内務部社会課(1924), 『京畿道農村社会事情』.

朝鮮農村社会衛生調査会 편(1940), 『朝鮮の農村衛生: 慶尚南道達里の社会衛生学的研究』, 岩波書店.

朝鮮農会 편(1942), 「愛知県碧海郡六ッ美村に於ける共同作業」, 『朝鮮農会報』 제16권 제12호.

農商務省商工局(1903), 『職工事情』.

新潟県庁社会課内中野財団(1930), 『製糸工場の概況』.

社会局労働部(1935), 『工場監督年報』 제20회.
帝国農会 편(1940), 「農業共同作業特輯」, 『帝国農会報』 제29권 제8호.

3. 정책 · 법령 · 자료집

全鮮内地人実業家有志懇話会(1920), 『全鮮内地人実業家有志懇話会速記録』.
京城府(1933), 『京城府産業調査会』.
朝鮮総督府(1921), 『産業調査委員会議事速記録』.
_____(1935), 『施政二十五年史』.
_____(1936), 『朝鮮産業経済調査会諮問答申書』.
_____(1938), 『時局対策調査会諮問案参考書(労務ノ調整ニ関スル件)』.
_____(1940), 『施政三十年史』.
_____(1944), 『朝鮮の国民総力運動』.
朝鮮総督府財務局(1944), 「太平洋戦争終末期の行政機構改革」(友邦協会[1969], 『朝鮮総督府管制とその行政機構(萩原彦三述)』).
アジア経済研究所(1974), 「韓国統監府·朝鮮総督府所属官署概表」, 『旧植民地関係機関刊行物総合目録 朝鮮編』.
社会局労働部(1930), 『改訂増補 工場法規解釈例規』.
有斐閣 편(1986), 『労働保護法関係旧法令集(戦前)』, 有斐閣.
間宏 감수(1987), 『日本労務管理史資料集 第1期 第2巻 工場法』, 五山堂書店.
村上勝彦(1992), 「解題」, 『桜井義之文庫目録』, 東京経済大学図書館.
韓洪九·李在華 편(1988), 『韓国民族解放運動史資料叢書1』, 경원문화사.
大原記念勞動科學研究所(https://www.isl.or.jp).
Guide to the Frederick Winslow Taylor Collection(https://web.stevens.edu/libraryexhibits/FindingAids/FWT_FindingAid.html).

4. 신문 · 잡지

『国民総力』, 『共濟』, 『独立新聞』, 『東亜日報』, 『社会政策時報』, 『朝鮮』, 『朝鮮日報』, 『朝鮮総督府官報』.

5. 백과 · 사전 · 연감 · 디지털정보 · 기타

『성경전서』(표준새번역 개정판), 대한성서공회, 2003년판.

한국사사전편찬회(1990), 『한국근현대사사전』, 가람기획.

한국역사정보통합시스템(http://www.koreanhistory.or.kr).

국사편찬위원회 한국사데이터베이스(db.history.go.kr).

한국학중앙연구원 한국민족문화대백과사전(https://encykorea.aks.ac.kr).

成瀬治 외 감수(1994), 『世界史総合図録』, 山川出版社.

山口修 편(1997), 『年表世界史』 증보개정판, 山川出版社.

日立デジタル平凡社(1998), 『世界大百科事典』.

日本大百科全書(https://kotobank.jp).

法政大学大原社会問題研究所(1971), 『日本労働年鑑 別巻 太平洋戦争下の労働者状態·労働運動』 復刻版, 労働旬報社.

McEvedy, Colin(1984), *The Century World History Factfinder*, Century Publishing.

McEvedy, Colin and Richard Jones(1978), *Atlas of World Population History*, Penguin Books.

Salter, Christopher L. et al.(1998), *Essentials of World Regional Geography*, 2nd ed., Saunders College Pub.

Stoddard, Robert H., David J. Wishart, and Brian W. Blouet(1989), *Human Geography: People, Places, and Cultures*, 2nd ed., Prentice-Hal.

WorldStatesmen.org, Index of Possessions and Colonies(http://www.worldstatesmen.org/COLONIES.html).

6. 사내 및 관련

片倉製糸紡績株式会社庶務課, 『重要事項記録』, 1929년, 1931년.

_____(1941), 『片倉製糸 紡績株式会社二十年誌』.

鐘紡製糸四十年史編纂委員会(1965), 『鐘紡製糸四十年史』.

朝鮮殖産銀行, 『退職死亡者台帳』, 1925년, 1928년, 1933년, 1937년, 1941~1944년.

_____(1928), 「朝鮮殖産銀行十年志」.

_____(1938), 「朝鮮殖産銀行二十年志」.

日本窒素肥料株式会社, 『日本窒素事業概要』, 1940년.

_____, 『部場長会議事前協議事項』, 1936년 12월, 1938년 6월.

_____, 『部場長会議議事録』, 1942년 5월, 1943년 5월.
_____, 『部場長会議議案』, 1942년 5월.
_____, 興南肥料工場, 『工員給与月報』, 1944년 10~11월, 1945년 1~3월.
_____, 『工員員数月報』, 1944년 10~11월, 1945년 1~3월.
_____, 宮本工場, 『工員給与月報』, 1944년 10~11월, 1945년 1~6월.
_____, 『工員員数月報』, 1944년 10~11월, 1945년 1~6월.
_____, 興南金属工場, 『工員給与月報』, 1944년 10~11월, 1945년 1~5월.
_____, 『工員員数月報』, 1944년 10~11월, 1945년 1~5월.
_____, 『工員賃金規則』, 1943년 12월.
_____, 『人事部報』 第24号, 1944년 5월.
朝鮮窒素肥料株式会社, 『地方手当支給の件』, 1941년.
岡本達明 · 松崎次夫 편(1990), 『聞書水俣民衆史』 第5巻(植民地は天国だった), 草風館.
小野田 · 平壌 · 川内 · 古茂山工場, 『工務課考課状』, 1920~1942년, 각 연도.
小野田セメント社, 『職員録』, 各年度.
_____, 『職人規則』, 1912년, 1921년.
_____(1918), 『本社共済会規定』.
_____(1922), 『工場監督及職工ノ保護』.
_____(1922), 『職工住宅建築規定』.
_____(1926), 『職工規則』.
_____(1926), 『職人扶助規定』.
朝鮮小野田セメント社(1938), 『職工扶助規定』.
小野田セメント百年史編纂委員会(1978), 『ヒアリング安藤相談役回顧録』.
_____(1981), 『小野田セメント百年史』.
上野孝(1982), 『礎: 小野田セメント社海外十八工場終戦記録』.
安藤豊禄(1984), 『韓国わが心の故郷』, 原書房.
セメント協会(1986), 『セメントの常識』.

7. 인터뷰

1) 아사히촌(旭村) 쓰카보리마을(塚堀組)/ 대산리(大山里) 신전동(薪田洞)

이름	생년	거주지	인터뷰 일시
다카하시 기요시(高橋清)	1912	塚堀組	1994. 9. 19~20
다카하시 다다오(高橋忠雄)	1919	塚堀組	1994. 9. 20
金在奉	1928	海龍마을	1994 .8. 25~26 1995. 8. 29~30
周連玉	1930	薪田마을	1994. 8. 25~26
金慈根	1907	海龍마을	1995. 8. 29~30
辛德奉	1911	薪田마을	1995. 8. 29~30
鄭大采	1913	海龍마을	1995. 8. 29~30
白海仁	1918	墻內마을	1995. 8. 29~30
高貴壬	1920	海龍마을	1995. 8. 29~30
孫源基	1920	薪田마을	1995. 8. 29~30
白亨珷	1923	墻內마을	1995. 8. 29~30
朴淳善	–	–	1995. 8. 29~30

2) 오노다시멘트사

이름	생년	근무 부서	자격	근무 기간	인터뷰 일시	인터뷰 장소
吳秉鎬	1921	삼척공장공무과	기사	1942~1946	1992. 2. 27 1994. 2. 22	대전
李根太	1922	평양공장창고과	고원	1939~1950	1993. 2. 12 1994. 2. 28	서울
이시즈 요시토 (石津儀人)	1905	평양공장회계과	사무 직원	1928~1945	1995. 10. 13	도쿄
우에노 다카시 (上野孝)	1916	천내공장공무과	기사	1937~1943	1995. 10. 2	도쿄

8. 도서 · 논문 · 보고서

[ㄱ]

金子文夫(1986), 「1920年代における朝鮮産業政策の形成: 産業調査会を中心に」, 原朗 편, 『近代日本の経済と政治』, 山川出版社.

_____(1993), 「植民地投資と工業化」, 『岩波講座 近代日本と植民地』 제3권, 岩波書店.

糟谷憲一(1975), 「戦時経済と朝鮮における日窒財閥の展開」, 『朝鮮史研究会論文集』 제12집.

_____(1992), 「朝鮮総督府の文化政治」, 若林正丈 외 편, 『近代日本と植民地2 帝国統治の構造』, 岩波書店.

川岸文三郎(1941), 「国民総力運動の趣旨」, 『朝鮮』, 1941년 3월호.

梶村秀樹(1980), 「1920-30年代朝鮮農民渡日の背景: 蔚山郡達里の事例」, 『在日朝鮮人史研究』 제6호(『梶村秀樹著作集』 제3권에 재수록).

Gutman, Herbert George(1976), *Work, Culture, and Society in Industrializing America: Essays in American Working-Class and Social History*, Random House(大下尚一·野村達郎·長田豊臣·竹田有 역[1986], 『金ぴか時代のアメリカ』, 平凡社).

姜東鎮(1984), 『日本言論界と朝鮮, 1910-1945』, 法政大学出版局.

姜鋌澤(1940), 「朝鮮農村の人口排出機構」, 日満農政研究会, 『日満農政研究報告』 제9집.

_____(1941), 「朝鮮に於ける共同労働とその史的変遷」, 『農業経済研究』 제17권 제4호.

강필구(2022), 「1930년대 만철(滿鐵)의 조선인 노동력 조사와 북선(北鮮) 개발」, 『한국독립운동사연구』 제79집.

小泉幸一(1935), 『農村における「ユヒ」の組織: 農村労働組織の一様式』(『帝国農会報』 제25권 제8, 9, 10호).

고주현(2018), 「스페인 카탈루냐 지역 분리 독립과 인정의 정치」, 『유럽연구』 제36권 제3호.

Goldin, Claudia(1995), "The U-Shaped Female Labor Force Function in Economic Development and Economic History," in T. Paul Schultz ed., *Investment in Women's Human Capital*, The University of Chicago Press.

곽건홍(2001), 『일제의 노동정책과 조선노동자, 1938-1945』, 신서원.

倉員隆而(日本マグネ金属興南工場長), 「野口精神につゞけ」, 『朝鮮』, 1944년 9월호.

권태환·김두섭(2002), 『인구의 이해』, 서울대학교출판부.

權赫泰(1991), 「日本帝国主義と朝鮮の蚕糸業: 植民地特質としての'二重構造'」, 『朝鮮史研究会論文集』 제28집.
桐原葆見(1937), 『労務管理』, 千倉書房.
_____(1938a), 『産業心理学』, 千倉書房.
_____(1938b), 『職業指導と補導』, 千倉書房.
_____(1940), 『労働と青年』, 科学主義工業社.
_____(1942), 『戦時労務管理』, 東洋書館.
_____(1944), 『女子勤労』, 東洋書館.
木村健二(1982), 「戦前期朝鮮における商工会議所刊行図書について」, 早稲田大学大学院商学研究科, 『商経論集』 제42호.
木村光彦(1981), 「植民地下台湾·朝鮮の民族工業」, 名古屋学院大学産業科学研究所 Discussion Paper No. 3.
君島和彦(1977), 「朝鮮における戦争動員体制の展開過程」, 藤原彰·野沢豊 편, 『日本ファシズムと東アジア』, 青木書店.
김경일(1992), 『일제하 노동운동사』, 창작과비평사.
_____(2007), 「일제하 조혼문제에 관한 연구」, 『동아시아문화연구』 제41호.
김낙년(2003), 『일제하 한국경제』, 해남.
_____(2008), 「일제시기 우리나라 GDP의 도별 분할」, 『경제사학』 제45호.
_____(2010), 「식민지기 조선의 유업자: 호구조사와 국세조사」, 『경제사학』 제48호.
김낙년·박기주(2010), 「해방 전(1906-1943) 조선의 임금 재론: '조선총독부통계연보'의 임금을 중심으로」, 『경제사학』 제49호.
김남이(2010), 「1910년대 최남선의 '자조론(自助論)' 번역과 그 함의: 『자조론(自助論)』(1918)의 변언(弁言)을 중심으로」, 『민족문학사연구』 제43호.
김남이·하상복(2010), 「최남선의 『자조론(自助論)』 번역과 중역된 '자조'의 의미: 새뮤얼 스마일즈(Samuel Smiles)의 『자조(Self-Help)』, 나카무라마사나오(中村正直)의 『서국입지편(西國立志編)』과의 관련을 중심으로」, 『어문연구』 제65호.
김두식(2018), 『법률가들: 선출되지 않은 권력의 탄생』, 창작과비평사.
Kim, Duol and Ki-Joo Park(2008), Colonialism and Industrialisation: Factory Labour Productivity of Colonial Korea, 1913-37, *Australian Economic History Review*, Vol. 48, No. 1.

金明植(1920),「勞動問題는 社會의 根本問題이라」,『共濟』 창간호.

金炳軾(1919),「朝鮮農家の慰安に適当なる娯楽機関に就て」,『朝鮮農会報』 제14권 제1호.

金三洙(1993),『韓国資本主義国家の成立過程, 1945-53年, 政治体制·労働運動·労働政策』, 東京大学出版会.

김상봉(2004),『학벌사회: 사회적 주체성에 대한 철학적 탐구』, 한길사.

김　원(2010),「노동사로부터 거리 두기: 재현, 역사서술 그리고 정치적인 것」,『사회와 역사』 제85집.

김윤환(1978),『한국노동운동사』, 청사.

김은희(2022),『신양반사회: 586, 그들이 말하는 정의란 무엇인가』, 생각의힘(전자책).

김종한(1998),「1928년 조선에서의 민족별 임금차별: 토목건축관계 노동자의 임금격차 분해를 중심으로」,『경제사학』 제24호.

김종한·박섭·박영구(2006),「한국전쟁과 부산의 인구 및 노동자 상태 변화」,『한국지역사회학회』 제14권 제3호.

金　哲(1965),『韓国の人口と経済』, 岩波書店.

김현주(2008),「'노동(자)', 그 해석과 배치의 역사: 1890년대에서 1920년대 초까지」,『상허학보』 제22호.

[ㄴ]

中村隆英·原朗·阿部武司 편(2015),『明治大正史』 상권, 東京大学出版会.

中村哲 외 편(1988),『朝鮮近代の歴史像』, 日本評論社.

中村繁夫(中村郡北鉱山所長)(1944),「陣頭指揮と指導精神」,『朝鮮』, 1944년 9월호.

中塚明(1993),『近代日本の朝鮮認識』, 研文出版.

中谷忠治(朝鮮総督府鉱工局調査官),「朝鮮人労務管理に関する覚書」,『朝鮮』, 1944년 10월호.

Nelson, Daniel(1992), "Scientific Management in Retrospect," in *A Mental Revolution: Scientific Management since Taylor*, edited by Daniel Nelson, Ohio State University Press(アメリカ労務管理史研究会 역[1993],『科学的管理の展開: テイラーの精神革命論』, 税務経理協会).

[ㄷ]

田中聡(1994),『衛生展覧会の欲望』, 青弓社.

田花為雄(1941),「国民皆労の倫理性」,『朝鮮』, 1941년 11월호.

鷹野良宏(1992),『青年学校史』, 三一書房.

武田晴人(1992),『帝国主義と民本主義』, 日本の歴史19, 集英社.

_____(2019),『日本経済史』, 有斐閣.

高橋亀吉(1935),『現代朝鮮経済論』, 千倉書房.

高橋昌郎(1988),『中村敬宇』, 吉川弘文館.

高橋亨(1915),『朝鮮人特性之研究』(筆写本).

_____(1920),『朝鮮人』, 朝鮮総督府学務局.

竹内洋(1995),『日本のメリトクラシー: 構造と心性』, 東京大学出版会.

竹内均(2002),「譯者解說」(Smiles, Samuel,『自助論』, 三笠書房.

Dunlop, John T.(1958), *Industrial Relations Systems*, Henry Holt and Company.

東條由紀彦(1988),「工場法の法理」, 高村直助 편,『日露戦後の日本経済』, 塙書房.

戸塚秀夫(1966),『イギリス工場法成立史論』, 未来社.

Durand, John D.(1948), *The Labor Force in the United States 1890-1960*, Social Scicnce Research Council.

[ㄹ]

Rawls, John(1971), *A Theory of Justice*, Harvard University Press(황경식 역[2003],『정의론』, 이학사[저본 Revised Edition, 1999]).

Luhmann, Niklas(1984), *Soziale Systeme: Grundriß einer Allgemeinen Theorie*, *Suhrkamp Verlag* (佐藤勉 역[1985],『社会システム理論の視座: その歴史的背景と現代的課題』, 木鐸社).

류승현(1998),「구한말-일제하 여성조혼의 실태와 조혼폐지 사회운동」,『성신사학』 제16호.

류시현(2009),『최남선 연구: 제국의 근대와 식민지의 문화』, 역사비평사.

Livi-Bacci, Massimo(1989), *Storia Minima della Popolazione Mondiale*, Loescher(Carl Ipsen 역[2007], *A Concise History of World Population*, Blackwell Pub.; 송병건 · 허은경 역[2009],『세계인구의 역사』, 해남).

[ㅁ]

Marx, Karl, 김수행 역(1999), 『자본론』 I(상), I(하), II, 비봉출판사.

マルクス・エンゲルス全集刊行委員会 역(1982), 『カール・マルクス資本論』, 青木書店.

마르크스·레닌주의연구소(1973), 김대웅·임경민 역(2018), 『마르크스 전기』 1, 2, 노마드.

松田利彦(1991), 「日本統治下の朝鮮における警察機構の改編: 憲兵警察制度から普通警察制度への転換をめぐって」, 京都大学文学部, 『史林』 제74권 제5호.

松本武祝(1998), 『植民地権力と朝鮮農民』, 社会評論社.

_____(2005), 『朝鮮農村の'植民地近代'経験』, 社会評論社(윤해동 역[2011], 『조선농촌의 식민지 근대 경험』, 논형).

松村敏(1992), 『戦間期日本蚕糸業史研究: 片倉製糸を中心に』, 東京大学出版会.

町田辰二郎(1944), 「半島の仕奉運動におくる」, 『国民総力』, 1944년 6월 15일호.

Markovits, Daniel(2019), *The Meritocracy Trap: How America's Foundational Myth Feeds Inequality, Dismantles the Middle Class, and Devours the Elite*, Penguin Press(서정아 역[2020], 『엘리트 세습: 중산층 해체와 엘리트 파멸을 가속하는 능력 위주 사회의 함정』, 세종서적).

McNamee, Stephen J. and Robert K. Miller Jr.(2014), *The Meritocracy Myth*, 3rd edition, Rowman & Littlefield Publishers, Inc(김현정 역[2015], 『능력주의는 허구다: 21세기에 능력주의는 어떻게 오작동되고 있는가』, 사이).

문소정(1990), 「일제시대 공장노동자계급의 가족적 배경에 관한 연구」, 『일제의 식민지배와 생활상』, 한국학중앙연구원.

森清(1981), 『町工場: もうひとつの近代』, 朝日新聞社.

森武麿(1993), 『アジア・太平洋戦争 日本の歴史20』, 集英社.

Morris, Rosalind C. ed.(2010), *Can the Subaltern Speak?: Reflections on the History of an Idea*, Columbia University Press(태혜숙 역[2013], 『서발턴은 말할 수 있는가?: 서발턴 개념의 역사에 관한 성찰들』, 그린비).

守屋栄夫(1924), 『朝鮮の開発と精神的教化の必要』, 朝鮮総督府.

森谷克己(1941), 「国民皆労の意義」, 『朝鮮』, 1941년 11월호.

Moskowitz, Karl(1979), "Current Assets: The Employees of Japanese Banks in Colonial Korea," Ph.D. Thesis, Harvard University.

村山智順(1925),『朝鮮の風習』, 朝鮮総督府.

_____(1926),『朝鮮の群衆』, 朝鮮総督府.

_____편(1927),『朝鮮人の思想と性格』, 朝鮮総督府.

三輪泰史(1988),『日本ファシズムと労働運動』, 校倉書房.

美安利一(朝鮮セメント海州工場長)(1944),「栄誉にこたへん」,『朝鮮』, 1944년 9월호.

宮島英昭(1986),「1930年代日本の独占組織と政府: 重要産業統制法の運用と36年法改正」,『土地制度史学』제110호.

宮嶋博史(1994a),「東アジアの経済社会」, 溝口雄三 외 편,『アジアから考える』제6권 長期社会変動, 東京大学出版会.

_____(1994b),「東アジア小農社会の形成」, 溝口雄三 외 편,『アジアから考える』제6권 長期社会変動, 東京大学出版会.

_____(1995),『兩班: 李徵社會の特權階層』, 中央公論社(노영구 역[2014],『미야지마 히로시의 양반: 우리가 몰랐던 양반의 실체를 찾아』, 너머북스).

미야지마 히로시(2013),『나의 한국사 공부』, 너머북스.

宮嶋博史 저, 박은영 역(2020),『한중일 비교 통사: 역사상의 재정립이 필요한 때』, 너머북스.

宮孝一(1941),「朝鮮皆労運動」,『朝鮮』, 1941년 11월호.

_____(1942),「朝鮮の錬成」,『朝鮮』, 1942년 12월호.

_____(1945),『朝鮮の労務者』, 東都書籍.

宮田節子(1985),『朝鮮民衆と「皇民化」政策』, 未来社(이형랑 역[1997],『조선민중과 '황민화'정책』, 일조각).

水野直樹(1981),「新幹会の創立をめぐって」, 飯沼二郎 · 姜在彦 편,『近代朝鮮の社会と思想』, 未来社.

Mill, John Stuart(1982), *On Liberty*, Currin V. Shields ed., Bobbs-Merrill Educational Publishing(원저 1859, 서병훈 역[2017],『자유론』, 책세상).

_____(1861), *Consideration on Representative Government, in Three Essays*(Ishay, Micheline[2004], *The History of Human Rights: from Ancient to the Globalization Era*), University of California Press(조효제 역[2005],『세계인권사상사』, 도서출판 길, 수록).

_____(2015), *Utililitarianism*, Oxford World's Classic(원저 1863, 이종인 역[2020],『공리주의』, 현대지성[전자책]).

Mills, C. Wright(1956), *White Collar: the American Middle Class*, Oxford University Press(강희경 역[1980], 『화이트 칼라: 현대 미국 중간 계급의 연구』, 돌베개).

[ㅂ]

박권일(2021), 『한국의 능력주의: 한국인이 기꺼이 참거나 죽어도 못 참는 것에 대하여』, 이데아.

박기주(2006a), 「식민지 조선의 공장생산액과 노동생산성 증가」, 『경제사학』 제40호.

_____(2006b), 「광업 제조업」, 김낙년 편, 『한국의 경제성장, 1910-1945』, 서울대학교출판부.

박노자(2005), 『우승열패(優勝劣敗)의 신화: 사회진화론과 한국민족주의 담론의 역사』, 한겨레신문사.

박　섭(2001), 「농업성장, 1912-1960」, 안병직 편, 『한국경제성장사』, 서울대학교출판부.

박성진(2003), 『한말-일제하 사회진화론과 식민지 사회사상』, 선인.

Park, Soon-Won(1999), *Colonial Industrialization and Labor in Korea: The Onoda Cement Factory*, Harvard University Asia Center.

박애림(1992), 「朝鮮勞動共濟會의 活動과 理念」, 연세대학교대학원 사학과 석사학위논문.

박이택(2007), 「식민지 조선의 인구와 노동력」, 낙성대경제연구소 발표논문.

朴重華(1920), 「朝鮮勞動濟會主旨」, 『共濟』 창간호.

박지향(2003), 『일그러진 근대: 100년 전 영국이 평가한 한국과 일본의 근대성』, 푸른역사.

_____(2008), 『슬픈 아일랜드』, 기파랑.

박찬승(1992), 『한국근대정치사상사 연구』, 역사비평사.

Walras, Marie Esprit Léon(1874), *Éléments d'économie politique pure*(이승무 역[2021], 『순수정치경제학 원론』, 지식을만드는지식[전자책]).

Burbank, Jane and Frederick Cooper(2010), *Empires in World History: Power and the Politics of Difference*, Princeton University Press(이재만 역[2016], 『세계제국사: 고대 로마에서 G2시대까지 제국은 어떻게 세계를 상상해왔는가』, 책과함께).

卞熙瑢(1920), 「勞動者問題의 精神的方面」, 『共濟』 창간호.

Weber, Max(1956), Wirtschaft und Gesellschaft, Grundriss der verstehenden Soziologie, vierte, neu herausgegebene Auflage, besorgt von Johannes Winckelmann, Kapitel IX, Soziologie der Herrschaft(원저 1910-1914, 世良晃志郎 역[1960], 『支配の社会学1: 経済と社会 第2部 第9章 1節-4節』, 創文社; 이상률 역[2018], 『관료제』, 문예출판사).

_____(1920), Die Protestantische Ethik und der Geist des Kapitalismus, aus: Gesammelte Aufsätze zur Religionssoziologie, J. C. B. Mohr, Tübingen(원논문 1904-1905, 박문재 역[2018], 『프로테스탄트 윤리와 자본주의 정신』, 현대지성).

Becker, Gary Stanley(1971), *The Economics of Discrimination*, University of Chicago Press.

Blinder, Alan S.(1973), "Wage Discrimination: Reduced Form and Structural Estimates," *Journal of Human Resources*, 8(4).

Bregman, Rutger(2019), De Meeste Mensen Deugen(*Humankind: A hopeful history, translated by Elizabeth Manton and Erica Moore*, Brown and Company(조현욱 역[2021], 『휴먼카인드: 감춰진 인간 본성에서 찾은 희망 연대기』, 인플루엔셜[전자책]).

[ㅅ]

佐口和郎(1991), 『日本における産業民主主義の前提: 労使懇談制度から産業報国会へ』, 東京大学出版会.

Said, Edward Wadie(1978), *Orientalism*, Pantheon Books(박홍규 역[1991], 『오리엔탈리즘』, 교보문고).

桜井義之(1933), 「朝鮮のルムペン: 半島に於けるルムペン生活の特相」, 協調会, 『社会政策時報』 제159호.

_____(1934), 「朝鮮に於ける鉱山労働事情」, 協調会, 『社会政策時報』 제171호.

桜井秀三(日鉄西朝鮮製鉄所長)(1944), 「『和を以て貴し』となす」, 『朝鮮』, 1944년 9월호.

Sandel, Michael J.(2020), *The Tyranny of Merit: What's Become of the Common Good? Farrar*, Straus and Giroux(함규진 역[2020], 『공정하다는 착각: 능력주의는 모두에게 같은 기회를 제공하는가』, 와이즈베리).

서병훈(2011), 「'유치한 제국주의': 토크빌을 위한 변명」, 『정치사상연구』 제17집 제2호.

_____(2012), 「존 스튜어트 밀의 위선?: '선의의 제국주의'」, 『철학연구』 제98집.

Suh, Sang-Chul(1978), *Growth and Structural Changes in the Korean Economy*, Council on East Asian Studies, Harvard University.

石如(1920), 「平等의 光明과 勞動의 神聖」, 『共濟』 창간호.

선재원(2016), 「세계 최장수 기업 고용시스템의 역사와 복지자본주의: The Hudson's Bay Company, 1880-1930」, 『경영사학』 제80호.

성주현(2020), 『근대전환기 서구문명의 수용과 민족운동』, 선인.

Sen, Amartya(1999), *Development as Freedom*, Oxford University Press(박우희 역[2001], 『자유로서의 발전』, 세종연구원).

園田茂人(1993), 「フィールドとしてのアジア」, 溝口雄三 외 편, 『アジアから考える』 제1권 交錯するアジア, 東京大学出版会.

손준종(2017), 『한국교육의 사회적 풍경: 교육사회학의 주요 쟁점』, 학지사.

송건호(1977), 「신간회운동」, 윤병석 · 신용하 · 안병직 편, 『한국근대사론』 Ⅱ, 지식산업사.

송재성(1992), 「한말 · 일제하 지주제의 형성과 전개 과정에 관한 연구: 수원 '차씨가'의 사례 분석」, 고려대학교대학원 농업경제학과 석사학위논문.

송호근(1996), 「하버마스에 대한 비판적 독해」, 한국사회학회 심포지엄 논문집.

Smiles, Samuel(1859), *Self-Help*, John Murray(Sinnema, Peter W. ed.[2002], Oxford University Press).

Smiles, Samuel, 中村正直 역(1871), 「西國立志編」.

_____(1902), *Self-Help: with Illustrations of Conduct and Perseverance*, John Murray.

_____(2002), *Self-Help: with Illustrations of Character, Conduct and Perseverance*(Peter W. Sinnema edited with an Introduction and Notes), Oxford University Press.

Smiles, Samuel 저, 中村正直 역(1926), 『改定 西國立志編』, 博文館.

_____(1991), 『西國立志編』, 講談社.

_____(2009), 『自助論: 西國立志編 上 · 下』(渡部昇一 · 宮地久子 현대어역), 幸福の科学.

Smiles, Samuel 저, 畔上賢造 역(1906), 『自助論』, 内外出版協會.

Smiles, Samuel 저, 竹内均 역(2002), 『自助論』, 三笠書房.

Smiles, Samuel 저, 崔南善 譯說(1918), 『自助論』(국한혼용문) 상권, 新文館.

Smiles, Samuel 저, 장만기 역(2006), 『자조론 · 인격론』, 동서문화사.

Smith, Adam(1759), *The Theory of Moral Sentiments*, A. Millar(박세일 · 민경국 역[2009], 『도덕감정론』, 비봉출판사).

_____(1776), *An Inquiry into the Nature and Causes of the Wealth of Nations*, T. Cadell (大内

兵衛·松川七郎 역[1959-1966],『諸国民の富』제1-5권, 岩波書店; 김수행 역[1992],『국부론』상·하, 동아출판사).

隅谷三喜男 편저(1971),『日本職業訓練発展史: 日本的養成制度の形成』하, 日本労働協会.

隅谷三喜男(1977),「工場法体制と労使関係」, 隅谷三喜男 편저,『日本労使関係史論』, 東京大学出版会.

鈴木正幸(1985),「デモクラシーと社会主義の思想」, 歴史学研究会·日本史研究会 편,『講座 日本歴史』제9권(근대3), 東京大学出版会.

鈴木栄太郎(1939),「部落組織と共同作業」,『帝国農会報』제29권 제8호(『著作集』Ⅳ 수록).

_____(1943a),「朝鮮の農村社会集団に就いて 1, 2, 3」, 朝鮮総督府『調査月報』제14권 제9, 11, 12호.

_____(1943b),「朝鮮の農村」, 東亜社会研究会 편,『東亜社会研究』제1집.

_____(1944),「湖南農村調査野帳抜書」,『朝鮮』제353호.

_____(1958),「朝鮮の契とプマシ」,『民俗学研究』제27권 제3호.

_____(1973),『著作集Ⅴ 朝鮮農村社会の研究』, 未来社.

鈴木清(1942),「共同作業の実証的研究」,『帝国農会報』제32권 제2호.

椎名重明(1987),「総論」, 椎名重明 편,『ファミリー·ファームの比較史的研究』, お茶の水書房.

慎英弘(1984),『近代朝鮮社会事業史研究: 京城における方面委員制度の歴史的展開』, 緑陰書房.

신용하(1986),「조선노동공제회의 창립과 노동운동」,『한국사회사연구논문집』제3집, 문학과지성사.

_____(1987),「두레 공동체와 농민문화」, 서울대학교사회학연구회 편,『현대자본주의와 공동체 이론』, 한길사.

[ㅇ]

荒木博之(1973),『日本人の行動様式: 他律と集団の論理』, 講談社.

有賀喜左衛門(1957),「ユイの意味とその変化」,『民族学研究』제21권 제4호(『著作集Ⅴ 村の生活組織』, 未来社[1968]에 재수록).

安廓(1920),「有識階級에 對하야」,『共濟』 제2호.

安秉直(1988),「日本窒素における朝鮮人労働者階級の成長に関する研究」,『朝鮮史研究会論文集』 제25집.

안병직(1989),「식민지조선의 고용구조에 관한 연구」, 안병직 외 편,『근대조선의 경제구조』, 비봉출판사.

_____(1998),「조선후기의 직업관」,『경제논집』 제37권 제2·3호.

庵逧由香(1995),「朝鮮における戦争動員政策の展開:『国民運動』の組織化を中心に」, 津田塾大学,『国際関係学研究』, No. 21 別册.

_____(2006),「조선총독부의 '총동원체제'(1937~1945) 형성 정책」, 고려대학교대학원 사학과 박사학위논문.

八木紀一郎(1993),『経済思想』, 日本経済新聞社.

山之内靖(1995),「方法論的序論: 総力戦とシステム統合」, 山之内靖 외 편,『総力戦と現代化』, 柏書房.

Yamanouchi, Yasushi, Victor Koschmann, and Ryuichi Narita eds.(1998), *Total War and 'Modernization'*, Cornell University.

安丸良夫(1974),『日本の近代化と民衆思想』, 青木書店.

양지혜(2016),「전시체제기 일본질소비료주식회사의 식민지 노사관계」,『한국사연구』 제175호.

_____(2017),「전시체제기 일본질소 흥남비료공장의 임금규정과 '민족문제'」,『사학연구』 제127호.

崖溜(1920),「擺脫된 우리」,『共濟』 창간호.

Young, Michael Dunlop(1958), *The Rise of the Meritocracy*, Transaction Publishers(유강은 역[2020],『능력주의: 2034년, 평등하고 공정하고 정의로운 엘리트 계급의 세습 이야기』, 이매진).

纓片清次(小林鉱業上東鉱山長)(1944),「細かい点への緻密な注意」,『朝鮮』, 1944년 9월호.

Etemad, Bouda(2000), *La possession du monde: Poids et mesures de la colonisation*, *Editions Complexes*(Andrene Everson 역[2007], *Possessing the World: Taking the Measurements of Colonisation from the Eighteenth to the Twentieth Century*, Berghahn Books).

小川徹(1957),「南朝鮮の一農村における村落生活と民具について: 1936年慶尚南道蔚山

邑達里調査個人報告」, 『民族学研究』 제21권 제4호.

O'Rourke, Kevin H. and Jeffrey G. Williamson(1999), *Globalization and History: The Evolution of a Nineteenth-Century Atlantic Economy*, The MIT Press.

Oaxaca, Ronald(1973), "Male-Female Wage Differentials in Urban Labor Markets," *International Economic Review*, Vol. 14, No. 3.

大門正克(1994), 『近代日本と農村社会: 農民世界の変容と国家』, 日本経済評論社.

大河内一男(1944), 『社会政策の基本問題』, 日本評論社.

오제연(2022), 「고등교육 대중화와 학력 불평등: 엘리트 의식과 학력주의 문제를 중심으로」, 『역사비평』 제140호.

若槻泰雄(1995), 『戦後引揚げの記録』, 時事通信社.

渡辺代蔵(三陟開発炭砿)(1944), 「四つの指導訓練」, 『朝鮮』, 1944년 9월호.

吉野誠(1989), 「福沢諭吉の朝鮮論」, 『朝鮮史研究会論文集』 제26집.

Woodside, Alexander(2006), *Lost Modernities: China, Vietnam, Korea, and the Hazards of World History*, Harvard University Press(민병희 역[2012] 『잃어버린 근대성들: 중국, 베트남, 한국 그리고 세계사의 위험성』, 너머북스).

Wooldridge, Adrian(2021), *Aristocracy of Talent: How Meritocracy Made the Modern World*, Skyhorse Publishing(이정민 역[2022], 『능력주의 두 얼굴: 능력주의, 공정한 차선인가?』 상상스퀘어[전자책]).

兪吉濬(1890), 허경진 역(2004), 『서유견문: 조선 지식인 유길준, 서양을 번역하다』, 서해문집.

_____(1908), 조윤정 편역(2012), 『勞動夜學讀本』, 경진.

윤수종(1990), 「한국농업생산에서의 노동조직의 변화과정에 관한 연구」, 서울대학교대학원 사회학과 박사학위논문.

윤진호(2012), 「대한제국기 '노동회'의 성격과 활동에 관한 연구: 한국 노동운동의 기원과 관련하여」, 『경제발전연구』 제18권 제1호.

윤해동(2003), 『식민지의 회색지대: 한국의 근대성과 식민주의 비판』, 역사비평사.

_____(2010), 「식민지근대와 공공성」, 『사이間SAI』 제8호.

윤효정(2021), 「전시체제기 『매일신보』의 근로 담론 연구」, 『사림』 제77호.

이균영(1993), 『신간회 연구』, 역사비평사.

이근식(1999), 『자유주의 사회경제사상』, 한길사.

이기훈(2022a), 「'공정'의 신화를 넘어서」, 『역사비평』 제140호.
_____(2022b), 「능력주의의 식민지적 기원: 조선일보 독자란에 나타난 입신주의」, 『역사비평』 제140호.
猪俣津南雄(1934), 『窮乏の農村』, 改造社.
李萬珪(1920), 「共濟를 創刊함에 對하여」, 『共濟』 창간호.
이명학(2023), 「총동원체제기(1938-45) 주택지경영사업의 전개와 사택촌의 형성: 경인지역을 중심으로」, 『한국사학보』 제91호.
이상록(2022), 「불평등 속의 노동자들, 능력주의적 열망과 좌절의 웅얼거림」, 『역사비평』 제140호.
이상의(2006), 『일제하 조선의 노동정책 연구』, 혜안.
石井寬治(1972), 「工場法成立過程の一断面: 製糸業との関連」, 『市民社会の経済構造: 松田智雄教授還曆記念』Ⅱ, 有斐閣.
_____(1986), 「問題提起」(全国大会共通論題: 日本資本主義と植民地)」, 『社会経済史学』 제51권 제6호.
이영석(1993), 「자조: 영국 중간계급의 가치와 노동귀족」, 노명식 외, 『시민계급과 시민사회: 비교사적 접근』, 한울아카데미.
_____(1994), 『산업혁명과 노동정책: 19세기 영국의 공장법 연구』, 한울아카데미.
_____(2012), 『공장의 역사: 근대 영국사회와 생산, 언어, 정치』, 푸른역사.
이우연 · 차명수(2007), 「식민지 조선의 임금 수준과 구조」, 『경제사학』 제43호.
이이화(2020), 『이이화의 동학농민혁명사』 1, 2, 3, 교유당(전자책).
岩内亮一(1989), 『日本の工業化と熟練形成』, 日本評論社.
이태진(1989), 「17 · 18세기 향도(香徒) 조직의 분화와 두레 발생」, 『진단학보』 제67호.
伊藤信親(1939.10), 「雜感 朝鮮の工場に就て」, 『朝鮮』.
이 한(2024), 『조선, 시험지옥에 빠지다』, 위즈덤하우스(전자책).
印貞植(1941), 『朝鮮の農業地帯』, 生活社.
_____(1943a), 『朝鮮農村再編成の研究』, 人文社.
_____(1943b), 『朝鮮農業雑記』, 東都書籍.

[ㅈ]

장은주(2016), 「메리토크라시와 존엄의 정치: 시민적 주체의 형성 문제와 관련하여」, 『사회와 철학』 제32집.
장지용(1999), 「1930년대 조선의 가내공업」, 부산대학교대학원 경제학과 박사학위논문.
전강수(2023), 『세상을 고치는 경제 의사들』, 내일을여는책(전자책).
정병욱(2003), 「한국인의 식민지 경험과 근대주체 형성: 조선식산은행원을 중심으로」, 『역사문제연구』 제11호.
_____(2007), 「조선식산행원, 식민지를 살다」, 『역사비평』 제78호.
鄭英一(1979), 「韓国農業における雇用労働力および共同労働組織の変化」, 『アジア経済』 제20권 제8호.
鄭在貞(1990), 『朝鮮總督府鐵道局の雇用構造』, 中村哲 외 편, 『朝鮮近代の經濟構造』, 日本評論社.
정종현(2019), 『제국대학의 조센징: 대한민국 엘리트의 기원, 그들은 돌아와서 무엇을 하였나?』, 휴머니스트(전자책).
趙景達(1991), 「朝鮮人の勞動觀: 大韓帝國期を中心に」, 『はたらく在日朝鮮人』 ほるもん文化2, 新幹社.
조경달(2007), 「식민지 조선에서의 근검 사상의 전개와 민중」, 김용덕·미야지마 히로시 편, 『근대교류사와 상호인식 II: 일제강점기』, 아연출판부.
_____(2012), 정다운 역, 『식민지기 조선의 지식인과 민중: 식민지 근대성론 비판』, 선인.
조경만(1987), 「농업노동형태의 생태경제적 맥락에 관한 일고찰: 1940년 전후 추양리 두레를 중심으로」, 『한국문화인류학』 제19권 제1호.
曺晟源(1993), 「植民地朝鮮棉作綿業の展開構造」, 東京大学大学院経済学研究科博士学位論文.
조윤정(2013), 「노동자 교육을 둘러싼 지식의 절합과 계몽의 정치성: 유길준의 『노동야학독본』 고찰」, 『인문논총』 제69집.
_____(2018a), 「유길준의 『노동야학독본』과 『노동야학』 비교 고찰」, 『구보학보』 제19집.
_____(2018b), 「유길준의 『노동야학』 해제」, 『근대서지』 제17호.
조형근(2022), 「능력주의, 말과 담론이 걸은 역설의 길을 벗어나기」, 『역사비평』 제140호.
Jones, Owen(2011), *Chavs: The Demonization of the Working Class*, Verso(이세영·안병률 역[2014], 『차브: 영국식 잉여 유발사건』, 북인더갭).
주익종(2006), 「민간소비지출의 추계」, 김낙년 편, 『한국의 경제성장, 1910-1945』, 서울대학교출판부.

[ㅊ]

차명수(2006),「경제성장, 소득분배, 구조변화」, 김낙년 편,『한국의 경제성장, 1910-1945』, 서울대학교출판부.

_____(2014),『기아와 기적의 기원: 한국경제사, 1700-2010』, 해남.

차명수 · 황준석 · 이우연(2014),「우리나라 금융 산업에서의 학력별 임금 격차, 1922-2011」,『경제사학』 제56호.

최성진(2006),「식민지기 신장변화와 생활수준」,『경제사학』 제40호.

최윤재(2010),「해제: 맨더빌의 삶과 생각」(Mandeville, Bernard[1924], edited by F. B. Kaye, *The Fable of the Bees, or, Private Vices, Public Benefits*, Clarendon Press(최윤재 역[2010],『꿀벌의 우화: 개인의 악덕, 사회의 이익』, 문예출판사)).

최재석(1975),『한국농촌사회연구』, 일지사.

최형묵(2022),「사회주의혁명과 정의」,『신학과 교회』 제17호.

최희정(2004),「한국 근대 지식인과 '자조론'」, 서강대학교대학원 사학과 박사학위논문.

_____(2011),「1910년대 최남선의 '자조론' 번역과 '청년'의 '자조'」,『한국사상사학』 제39집.

_____(2020),『자조론과 근대 한국: 성공주의의 기원과 전파』, 경인문화사.

[ㅋ]

Card, D. and A. Krueger(1992), "School Quality and Black-White Relative Earnings: A Direct Assessment," *The Quarterly Journal of Economics*, 107(1).

Cole, G. D. H.(1948), *A Short History of the British Working-Class Movement*, George Allen & Unwin(김철수 역, 장석준 감수[2012],『영국 노동운동의 역사』, 책세상).

Collins, Randall(1979), *The Credential Society: an Historical Sociology of Education and Stratification*, Academic Press(정우현 역[1989],『학력주의 사회』, 배영사).

小林端五(1965),『工場法と労働運動: わが国工場法成立過程における労働運動』, 青木書店.

小林英夫(1967),「1930年代朝鮮『工業化』政策の展開過程」,『朝鮮史研究会論文集』 제3집.

_____(1973),「1930年代日本窒素肥料株式会社の朝鮮の進出について」, 山田秀雄 편,『植民地経済史の諸問題』, アジア経済研究所.

Kochan, Thomas A., Harry C. Katz, and Robert B. McKersie(1986), *The Transformation of*

American Industrial Relations, Basic Books.

Cotton, Jeremiah(1988), "On the Decomposition of Wage Differentials," *Review of Economics & Statistics*, 70(2).

Clark, Gregory(2007), *A Farewell to Alms: A Brief Economic History of the World*, Princeton University Press (이은주 역[2009],『맬서스, 산업혁명 그리고 이해할 수 없는 신세계』, 한스미디어).

Kinmonth, Earl H.(1981), *The Self-Made Man in Meiji Japanese Thought: from Samurai to Salary Man*, University of California Press(広田照幸 · 加藤潤 · 吉田文 · 伊藤彰浩 · 高橋一郎 역[1995],『立身出世の社会史』, 玉川大学出版部).

[ㅌ]

Taylor, Frederick Winslow(1911), *Shop Management*, Harper & Brothers(원저 1903, 上野陽一 역[1969],『科学的管理法』, 産能大学出版部, 수록).

冨山一郎(1990),『近代日本社会と「沖縄人」:「日本人」になるということ』, 日本経済評論社.

戸塚秀夫(1966),『イギリス工場法成立史論』, 未来社.

Thompson, E. P.(1991), *The Making of the English Working Class*, Peguin Books(나종일 · 노서경 · 김인중 · 유재건 · 김경옥 · 한정숙 역[2000],『영국 노동계급의 형성』 상 · 하, 창작과비평사).

[ㅍ]

Fanon, Frantz(1952), *Peau Noire, Masques Blancs, Seuil*(노서경 역[2022],『검은 피부, 하얀 가면』, 문학동네[저본: 1971년판], 전자책).

Fieldhouse, D. K.(1967), *The Colonial Empires: A Comparative Survey from the Eighteenth Century*, Delacorte Press.

Firpo, S., N. Fortin, and T. Lemieux(2009), "Unconditional Quantile Regressions," *Econometrica*, 77(33).

Fortin, N., T. Lemieux, and S. Firpo(2011), "Decomposition Methods in Economics," In O. Ashenfelter and D. Card eds., *Handbook of Labor Economics*, Elsevier.

[ㅎ]

原朗(1976), 「戦時統制経済の開始」, 『岩波講座 日本歴史20 近代7』, 岩波書店.

_____(2014), 『日清·日露戦争をどう見るか: 近代日本と朝鮮半島 · 中国』, NHK出版(김연옥 역[2015], 『청일, 러일전쟁 어떻게 볼 것인가: 동아시아 50년전쟁[1894~1945] 다시보기』, 살림).

Habermas, Jürgen(1996), 「나는 왜 시민사회론을 주창하는가: Why Am I Advocating a Theory of Civil Society?」(위르겐 하버마스 저, 한상진 편[2017], 『현대성의 새로운 지평: 하버마스 한국 방문 7강의』, 나남출판.

橋本伝左衛門(1935), 「農業労働問題」, 『帝国農会報』 제10권 제10호.

林宥一 · 安田宏(1985), 「社会運動の諸相」, 歴史学研究会 · 日本史研究会 편, 『講座 日本歴史』 제9권(근대3), 東京大学出版会.

河棕文(1996), 『戦時労働力政策の展開: 動員のロジック, 動員機構, 労働力需給状況を中心に』, 東京大学日本史学研究叢書2, 東京大学日本史学研究室.

旗田巍(1969), 『日本人の朝鮮観』, 勁草書房.

_____(1983), 『朝鮮と日本人』, 勁草書房.

學部 편집국 편(1895), 강진호 편역(2012), 『國民小學讀本』(국한혼용문), 學部.

服部英太郎(1969), 『戰時社會政策論』 著作集 제4권, 未來社.

허수열(1981), 「일제하 실질임금(변동)추계」, 『경제사학』 제5호.

_____(1985), 「조선인노동력의 강제동원의 실체: 조선내 강제동원정책의 전개를 중심으로」, 차기벽 편, 『일제의 한국식민통치』, 정음사.

_____(1992), 「일제하 조선의 산업구조: 고용기준분석을 중심으로」, 『국사관논총』 제36집.

_____(1993), 「일제하 조선의 실업률과 실업자수 추계」, 『경제사학』 제17호.

_____(2005), 『개발 없는 개발』, 은행나무.

_____(2009), 「전시기 조선의 공장공업의 변화」, 경제사학회 연말학술대회 발표논문.

허영란(2015), 「1936년 '달리(達里)조사'와 식민지 농촌 아카이빙(archiving)」, 『사학연구』 제120호.

堀和生(1986), 「日本帝国主義の植民地支配史試論: 朝鮮における本源的蓄積の一側面」, 『日本史研究』 제281호.

_____(1995), 『朝鮮工業化の史的分析: 日本資本主義と植民地経済』, 有斐閣(주익종 역

[2003], 『한국 근대의 공업화: 일본 자본주의와의 관계』, 전통과현대).
堀新一(1940), 「朝鮮の契」, 『帝国農会報』 제30권 제8호.
White, Richard(1991), *The Middle Ground: Indians, Empires, and Republics in the Great Lakes Region, 1650-1815*, Cambridge University Press.
황병주(2022), 「개발 연대와 능력주의」, 『역사비평』 제140호.
황선미(2021), 「『총동원』을 통해 살펴본 전시체제기 '국민' 형성 기획의 특징과 성격」, 『사림』 제79호.
현명호(2021), 「원산총파업의 공간적 전개」, 『한국독립운동사연구』 제73집.
船越光雄(1929), 「農業労作の共同化」, 『朝鮮農会報』 제3권 제3호.
古川宣子(1993), 「植民地期朝鮮における初等教育: 就学状況の分析を中心に」, 『日本史研究』 제370호.
藤井光男(1987), 『戦間期日本繊維産業海外進出史の研究: 日本製糸業資本と中国·朝鮮』, ミネルヴァ書房.
廣崎眞八郎(1941), 『日本の勞務管理』, 東洋書館.
_____(1942), 『勤労人の鍊成』, 東洋書館,
_____(1943a), 『工員月給制度の研究』, 東洋書館.
_____(1943b), 「原地との関連性より見たる半島人の勤労管理」, 協調会, 『社会政策時報』 제268호.

찾아보기

1. 사항

[ㄷ]

[ㅂ]

[ㅅ]

[ㅈ]

[ㅊ]

2. 인물

[ㄱ]

[ㄴ]

[ㄷ]

[ㄹ]

[ㅁ]

[ㅈ]

[ㅊ]

[ㅋ]

[ㅌ]

[ㅍ]

[ㅎ]

저자약력

선재원

평택대학교 국제지역학부에서 2002년부터 가르치고 연구해 왔으며, 2017년부터 사학혁신 교육운동에도 참여하고 있다. 학생들의 잠재능력과 합의경험을 키우는 토론수업 방식을 고수하며 개선해 왔고, 노사관계의 역사를 노동자의 능력에 대한 평가의 역사로 재해석하는 연구를 진행하고 있다. 최근에는 헌법으로 합의된 교육기회 균등 추구의 권리(제31조)를 대학생에게 적용시키기 위해 사학혁신 교육운동을 전개하고 있다.

학력·경력

1986 서울시립대 경상대학 무역학과 졸업
1993 일본 동경대 경제학연구과 석사
1996 일본 동경대 경제학연구과 박사
1996~1999 일본 동경대 경제학연구과·경제학부 조수(文部教官)
2000~2002 미국 하버드대 방문학자(라이샤워일본연구소·경제학부)
민교협(민주평등사회를위한전국교수연구자협의회) 상임공동의장(2022~2025)

저서

『近代朝鮮の雇用システムと日本: 制度の移植と生成』(東京大學出版會, 2006)
『사회적 합의의 역사적 교훈: 일본의 구조조정과 노사정관계, 1890-1990』(해남, 2015)
『인재형성과 기술혁신: 해방, 전쟁, 재건의 한국경제』(해남, 2022)

편저

『韓國經濟發展への經路: 解放·戰爭·復興』(日本經濟評論社, 2013)
『韓國經濟發展の始動』(日本經濟評論社, 2018)

공저

『復興期の日本經濟』(東京大學出版會, 2002)
『高度成長始動期の日本經濟』(日本經濟評論社, 2010)
『高度成長展開期の日本經濟』(日本經濟評論社, 2012)
『일본의 기업과 경영』(한국방송대학교출판문화원, 2012)

https://jaewonsun.wordpress.com/